U0541376

中华文化祖先神话大数据研究

以伏羲女娲神话为案例

王京 著

中国社会科学出版社

图书在版编目（CIP）数据

中华文化祖先神话大数据研究：以伏羲女娲神话为案例 / 王京著. —北京：中国社会科学出版社，2021.12
ISBN 978－7－5203－9421－5

Ⅰ.①中… Ⅱ.①王… Ⅲ.①神话—研究—中国 Ⅳ.①B932.2

中国版本图书馆 CIP 数据核字（2021）第 264852 号

出 版 人	赵剑英
责任编辑	史慕鸿
责任校对	李 莉
责任印制	戴 宽

出　　版	中国社会科学出版社
社　　址	北京鼓楼西大街甲 158 号
邮　　编	100720
网　　址	http://www.csspw.cn
发 行 部	010－84083685
门 市 部	010－84029450
经　　销	新华书店及其他书店

印　　刷	北京君升印刷有限公司
装　　订	廊坊市广阳区广增装订厂
版　　次	2021 年 12 月第 1 版
印　　次	2021 年 12 月第 1 次印刷

开　　本	710×1000　1/16
印　　张	22.25
插　　页	2
字　　数	366 千字
定　　价	128.00 元

凡购买中国社会科学出版社图书，如有质量问题请与本社营销中心联系调换
电话：010－84083683
版权所有　侵权必究

目 录

绪 论 ……………………………………………………………（1）
  一 伏羲女娲神话选题的依据 ………………………………（1）
  二 伏羲女娲神话专题大数据研究的可行性 ………………（8）
  三 伏羲女娲神话专题研究及数据研究的状况 ……………（13）
  四 主要理论依据与方法 ……………………………………（23）

第一章 伏羲女娲神话数据的基本问题 ………………………（25）
  第一节 文化发展史与人文学科大数据研究 ………………（25）
    一 从人类早期记忆到数据研究发展历程回顾 …………（25）
    二 人文数据研究的必要性与现实意义 …………………（29）
    三 选择伏羲女娲神话作为数据研究的设想 ……………（32）
  第二节 伏羲女娲神话数据的界定 …………………………（38）
    一 神话的界定与特征 ……………………………………（38）
    二 伏羲女娲神话的界定与基本内容 ……………………（41）
    三 伏羲女娲神话专题数据研究的客观基础 ……………（44）
  第三节 伏羲女娲神话数据特征分析 ………………………（50）
    一 伏羲女娲神话数据的丰富性 …………………………（50）
    二 伏羲女娲神话数据的客观性 …………………………（55）
    三 伏羲女娲神话数据的主观性 …………………………（57）
    四 伏羲女娲神话数据的独立性 …………………………（61）

第二章 伏羲女娲神话数据的选择与生成 ……………………（63）
  第一节 伏羲女娲神话数据选择的基本问题 ………………（63）
    一 神话文本数据选择的目的 ……………………………（63）

二　伏羲女娲神话资料选择的原则……………………………(64)
　　三　伏羲女娲神话文本数据选择的方法……………………(68)
第二节　伏羲女娲神话数据来源的几种类型………………………(71)
　　一　以叙事主体为参照的数据选择…………………………(72)
　　二　以不同载体为参照的数据选择…………………………(78)
　　三　以语言类型为参照的数据选择…………………………(89)
第三节　伏羲女娲神话文本数据的采集与生成……………………(91)
　　一　神话文本数据提取与呈现的理论依据与标准…………(91)
　　二　神话文本数据的基本构成与分解………………………(94)
　　三　神话文本数据的清洗与增值……………………………(101)

第三章　伏羲女娲神话文本的数据结构……………………………(108)
第一节　伏羲女娲神话数据结构的理论与定位……………………(108)
　　一　关于叙事结构的相关理论探讨…………………………(108)
　　二　伏羲女娲神话结构分析中的几种常见定位……………(110)
第二节　母题视角下的伏羲女娲神话数据结构……………………(112)
　　一　伏羲女娲神话母题的界定、特征与类型………………(113)
　　二　伏羲女娲神话母题体系的基本结构……………………(115)
　　三　伏羲女娲神话母题结构的层级与描述…………………(117)
　　四　伏羲女娲神话母题结构体系的特点……………………(123)
第三节　民族与地理视角下的伏羲女娲神话数据结构……………(144)
　　一　民族与地理概念在伏羲女娲神话结构分析中的意义…(144)
　　二　伏羲女娲神话的地理分布与地理结构分析……………(147)
　　三　以中原地区为例考察伏羲女娲神话的地理分布………(158)

第四章　伏羲女娲神话数据的关联性………………………………(164)
第一节　伏羲女娲神话的几种基本关联模式………………………(164)
　　一　国内外关于人文学科知识关联的研究与实践…………(165)
　　二　伏羲女娲神话文本的时间关联…………………………(173)
　　三　伏羲女娲神话文本的空间关联…………………………(178)
　　四　伏羲女娲神话文本与研究成果的关联…………………(182)
第二节　伏羲女娲神话在民族间的关联……………………………(183)

一　伏羲女娲神话形象在各民族的传播符合史实 …………… (183)
　　二　伏羲女娲神话关联中的民族认同 ……………………… (193)
　　三　伏羲女娲神话民族间关联的案例分析 ………………… (194)
　第三节　伏羲女娲神话的母题关联 ………………………………… (204)
　　一　伏羲女娲神话母题关联性质的确定 …………………… (204)
　　二　伏羲女娲神话母题的类型与层级 ……………………… (205)
　　三　以壮族伏羲女娲神话为例看母题关联的实现 ………… (216)

第五章　伏羲女娲神话数据的开发与应用 ……………………… (226)
　第一节　伏羲女娲神话数据的应用与实践价值 …………………… (226)
　　一　专题数据建设与研究的应用价值 ……………………… (226)
　　二　伏羲女娲神话数据在中华民族传统文化研究中的运用 … (232)
　　三　伏羲女娲神话数据助力神话学学科发展 ……………… (238)
　第二节　伏羲女娲神话知识图谱的构建与应用 …………………… (251)
　　一　知识图谱在神话研究中的几个问题 …………………… (252)
　　二　神话领域知识图谱的几个特征 ………………………… (254)
　　三　神话知识图谱的建构方法探究 ………………………… (260)
　第三节　伏羲女娲神话数据的创造性转化 ………………………… (265)
　　一　通过神话数据研究探讨神话转化的多样性 …………… (265)
　　二　伏羲女娲神话数据现实应用的调查问卷分析 ………… (272)
　　三　伏羲女娲神话数据在新媒体中的开发与应用 ………… (284)
　　四　伏羲女娲神话数据在文化旅游产业中的案例分析 …… (293)

结　语 ………………………………………………………………… (299)

附录　女娲神话母题数据层级示例 ……………………………… (302)

参考文献 ……………………………………………………………… (337)

后　记 ………………………………………………………………… (350)

绪　　论

当今社会已经进入全球信息化的新时代,数据技术的广泛运用正在全面影响着人们的工作和生活,特别是科学研究方面,关于数据的多维度研究更成为一种基础性创新。但相对于自然学科而言,大多数人文学科的数据研究还相对滞后。本书选择多民族伏羲女娲神话这一具有代表性的文化现象作为专题案例,以数据研究与建设为切入点,试图通过不同角度的分析、论证与阐释,为文学、文化学、民族学、历史学等人文学科的研究方法创新作出积极尝试,并为多民族传统文化的当今文化实践提供有益的借鉴。

一　伏羲女娲神话选题的依据

本书把中华民族伏羲女娲神话专题数据建设与分析作为研究重点,并根据所学专业和研究对象的学术价值两个方面确定了选题方向。

(一) 选题中涉及的几个概念

为把本书论题交代清楚,首先对"中华民族伏羲女娲神话数据研究"中的几个关键词作出简单说明。

1. 伏羲女娲神话的数据范围

伏羲女娲神话的数据范围包括中国各民族流传的关于伏羲或女娲的神话,我们又可以称之为中华民族伏羲女娲神话。中国是一个历史悠久的统一的多民族国家。"民族"概念既属于民族学范畴,也是历史的范畴。研究者一般认为,"中华"一词源于中国古代华夏民族,如《左传·定公十年》中记载的"裔不谋夏,夷不乱华",孔颖达疏为"夏,大也。中国有礼仪之大，故称夏；有服章之美，谓之华。华、夏一也"①。如果用神话学、考古学等方法解释，这里的"华"也可能为原来黄河流域曾存在的以"花"为图腾名称的部落联盟，而"夏"则与中国最早进入文明的"夏朝"有关，其实质则可以作为一个国家或民族的名称或象征。就"中华民族"作为特定概念的产生而言，梁启超在写就于1901年的一篇《中国史叙论》散文之"第二节　中国史之范围"中，首次提出"中国民族"的概念。此后梁启超又在1902年发表的《论中国学术思想变迁之大势》一文中正式使用了"中华民族"的概念，并解释说："齐，海国也。上古时代，我中华民族之有海权思想者，厥惟齐。故于其间产出两种观念焉，一曰国家观；二曰世界观。"② 目前，学术界使用的"中华民族"的概念是由中华人民共和国政府定义的中国境内获得认定的56个民族的统称，是中华民族共同体意识的体现，也是唯一代表中国现代民族的共同体名称。

如何确定神话的民族属性，在伏羲女娲神话专题数据研究中是一个无法回避的问题。特别是对特定少数民族神话的民族属性进行鉴别时，会受到多种主客观因素的影响，从而形成很多不同的说法。如有的人认为要从叙述的内容方面界定，有的强调要从语言、表达等形式方面界定，还有的主张从内容、形式、讲述人等多方面界定。如果这一问题混淆不清，会对整个专题神话数据建设与研究的目标、过程和结果产生影响。因此，我们根据目前少数民族文学学科的界定，认为少数民族神话是与中国汉族神话相对应存在的概念。目前"少数民族文学"作为一个独立的学科，主要依据就是作品创作者的民族身份，即中华人民共和国成立之后确立的56个民族名称以及历史上已有明确定论的古代民族名称去确定作品的民族属性。虽然神话这个文类在创作与传承中具有其特殊性，民族属性很难用今天的概念去框定，如属于古代劳动人民集体创作的口头作品，不会记录下来创作者，在流传中又会出现多次加工改造，有时同一个神话会流传在多个民族之中，特别是民族作为一个动态的历史的范畴，许多古老的民族名称已经消失或变化，等等。但这些恰恰是神话数据建设与数据研究的重要意义之一，即通过古今对照努力探索中华民族的民族发展与融合。

---

① 《春秋左传正义》，《十三经注疏》（标点本），北京大学出版社1999年版，第1587页。
② 梁启超：《论中国学术思想变迁之大势》，《梁启超全集》第3卷，北京出版社1999年版，第573页。

特别是中华人民共和国成立后采集的大量的民族地区的神话资料，许多讲述人的民族归属还是非常明确的，所讲述的内容也往往会在很大程度上反映出一个民族的历史、情感、心理和审美意识等诸多方面，所以我们在梳理各民族神话资源时完全可以据此作为神话民族属性的依据。

　　在具体采集、分析、梳理神话的民族属性时，也应注意到"民族"的内涵和外延，不仅一个现代民族在漫长的历史发展中可能存在多源或名称变化等问题，有时同一个族称中也可能存在众多的分支。如据有关资料显示，瑶族、彝族、蒙古族等有30多个支系之多，有时民族的名称又是动态的，如《明实录》先后出现"白苗""黑苗""红苗"等关于苗族的不同称呼，清代雍乾年间编纂的《贵州通志》中列出了"仲苗""花苗""青苗""东苗""西苗""克孟牯羊苗""谷蔺苗"等9个名称，而清代陈鼎的《黔游记》中则出现了"花苗""西苗""牯羊苗""白苗""青苗""谷蔺苗""紫姜苗"等21个不同支系名称。"这些名称虽不科学，有的也不是今天的苗族先民，但从客观上看，在一定程度也反映了苗族支系的众多。"①

　　从目前见到的资料看，同一神话主题在不同民族支系中的说法有可能大相径庭，如苗族不同支系中就存在关于民族祖先的不同叙述，除以伏羲女娲为祖先之外，还广泛存在盘古祖先、盘瓠祖先、蚩尤祖先、炎帝祖先（亚鲁王祖先）、狗祖先（犬图腾）、蝴蝶祖先（蝴蝶图腾）、枫木祖先（枫木图腾）等等。这些丰富的神话数据对我们深入研究中华民族传统文化与民族关系的融合都是非常有益的。

　　2. 伏羲女娲神话

　　关于伏羲女娲神话的界定，涉及以伏羲为叙事主体的神话，以女娲为叙事主体的神话，也包括以二者为共同叙事主体的神话。根据实际需要，这一问题的具体解释放在第一章第二节"二　伏羲女娲神话的界定与基本内容"中作进一步说明。在此对伏羲女娲的身份这一数据的基础性问题作出简单阐述。

　　关于伏羲女娲身份的一般认定，主要由后世神话研究者根据二者的神话叙事归纳出来。由于研究者对不同时代、不同地区、不同文本的观察角

---

① 石建中：《〈百苗图〉与苗族的历史和文化》，《中央民族大学学报》1997年第1期。

度不同，因而产生了许多不同的说法，但"伏羲""女娲"二者在本质上具有许多相似或相同之处则是学界普遍认可的事实。大致而言主要有如下几种：一是伏羲女娲是神，这里的神包括天神、地神、祖先神、农神、婚姻神等多种观点；二是伏羲女娲是祖先，与"祖先神"相比，这里的"祖先"更突出二者的"人性"，带有一定程度的现实主义色彩；三是伏羲女娲是文化英雄；四是伏羲女娲是普通的人或具有特殊本领的人，诸如氏族酋长、部落首领、巫师医者等；五是伏羲女娲具有其他一些特定的身份，诸如伏羲女娲是龙，是蛇，是龟，是蛙，是葫芦，是瓜等一些情形。此外，伏羲女娲在特定情形下还扮演了一些其他特定的角色，这里不再一一赘述。

从目前大量的神话文本和研究成果看，对上述有关伏羲女娲身份的诸种情况，学界大都出现了不同的解析，围绕概念展开争论是学术研究的常态，最后的结果也许会在这种看似热闹的喋喋不休中消亡，也可能在无休止的争论中产生更多的共识。如有人认为伏羲女娲是文化英雄，那么怎样才能算是"文化英雄"呢？其实神话中的"英雄"与我们目前现实生活中所谓的"英雄"概念存在很大不同。"英雄"在文化产品的叙事中又可称为"文化英雄"。今天人们所说的一般意义上的"英雄"就是那些为了正义事业英勇奋斗，献出自己的才干乃至生命的一类人，他们最终会因为自己的英勇与顽强举动获得人们的敬仰，如有研究者分析"英雄"形象时认为"横看中外，传世英雄多是在重要历史关头站在民族前列，或肇始文明，或创业开基，或扶危救亡，或砥柱中流，或叱咤风云，发挥引领时代、扭转乾坤的巨大历史作用，唯有他们，才能得到全民族的高度认可，才有巨大的感召力"[①]。但神话中的"英雄"，既是特定的"人"，某种程度上又与"神"存在密切联系，主要指神话中那些能够给人类带来利益的具有神性的人，或者那些具有超常力量的人物，这些人往往带有不断被重塑的特点，他们具有不平常的来历和非凡的能力，经历或参与了重大文化创造发明的过程，诸如发明火，将渔猎技艺、手工劳作技艺等生产生活技能传授给族人，制定社会规则，明确婚丧嫁娶制度，制定礼仪节令，等等。他们在死后常常被后人奉为神灵，能保佑后代，带有明显的民间信仰

---

① 李旭阳、颜建国：《努力培育和提振英雄文化》，《求是》2014年第6期。

特色。这一系列的特点都能很好地解释伏羲女娲为什么能在中国许多民族和地区流传，至今仍具有强大的生命力。

3. 数据研究

目前，无论是自然科学研究还是人文社会科学研究都面临着大数据日益普及的现实情形。在研究方法创新方面，信息挖掘与存储技术、共享数据平台等新的技术手段为包括神话学等在内的社科类学科研究注入了新鲜的血液。对神话而言，这种新技术为神话多类型文本的搜集、储存与呈现方面提供的便捷性已超过以往任何一个时代，正如中国社会科学院朝戈金所说，从目前人类口头传统的资源采集与呈现看，各种视频与音频技术的运用导致文字向"超文本"迈进的趋势，"科学技术的飞速进步，带来了无数新的契机和新的可能。例如知识生产、传播和应用的景观已经发生巨大的变化。大数据、海量存储、便捷搜索等，带来新的学术维度和新的学术生长点。各领域之间亘古未见的广泛合作和交互影响的时代已然来临"[①]。"超文本"使以往学术研究得以前所未有的解放，不仅为创作、传播、接受与研究提供了全新的媒介，而且还让使用者看到了文类无限拓展的新希望。数据建设与开发则可以为神话资料的归类、检索、资源共享及全方位研究搭建一个广阔的知识平台。

本书的"数据"指的是神话专题数据，主要是以伏羲女娲神话为案例，探讨以下两个基本问题，一是数据采集与呈现问题，二是数据的分析与应用。

（二）选题的学术价值和实践意义

通过伏羲女娲神话的数据研究，可以利用目前日益普及的信息技术，解决以往神话资料虽然丰富但利用率不高的问题。如果从中国各民族神话的数量看，用海量来概括并不过分，这些神话不仅历史悠久，样式繁多，而且任何一个类型都有大量异文和研究成果存世。伏羲女娲神话并不仅仅是人们从汉文典籍中看到的零星片言只语，而是在不同民族、不同时代、不同地区大量流传着的、鲜活存在着的神话讲述、遗迹及有关记载。特别是我国许多少数民族由于社会进程的不平衡，直至今日还以各种方式保存

---

① 朝戈金：《创造性转化，创新性发展》，《光明日报》2018年3月29日第2版。

着自己的神话，仍有大量的活态神话存在。但遗憾的是，目前针对中国各民族神话的研究，由于资料采集、民族语言与呈现诸方面的限制，并没有引起学术界的普遍关注，特别是大量的文本和其他形式的资料被束之高阁，并没有真正实现价值最大化利用。令人欣慰的是，2017年1月中共中央办公厅、国务院办公厅印发的《关于实施中华优秀传统文化传承发展工程的意见》中，对中华文化研究阐释提出了在社会发展新时期的更高要求：中华文化研究的阐释工作特别强调突出中华民族的文化自信，体现出相应的文化高度，重点着力于对历史的溯源研究和发展走向研究，对科研工作者提出"深刻阐明传承发展中华优秀传统文化是建设中国特色社会主义事业的实践之需，深刻阐明丰富多彩的多民族文化是中华文化的基本构成，深刻阐明中华文明是在与其他文明不断交流互鉴中丰富发展的，着力构建有中国底蕴、中国特色的思想体系、学术体系和话语体系"[1]的工作任务。党的十九届四中全会审议通过的《中共中央关于坚持和完善中国特色社会主义制度、推进国家治理体系和治理能力现代化若干重大问题的决定》中明确提出"推进中华优秀传统文化传承发展工程"[2]的国家文化发展战略，中华民族古老神话作为中国各民族弥足珍贵的重要文化遗产，是中华优秀传统文化传承发展工程的有机构成部分。中国各民族世代相传的神话，包括以伏羲女娲为代表的文化始祖神话全面系统的研究，对发掘中华民族的文化传统和优秀文化精神无疑是一项具有重要实践意义的课题。

神话专题数据的采集与整理，有利于改善目前现有神话资源严重流失的局面。目前，对于以口头传统为主要传承渠道的神话而言，在外来文化的不断冲击下，其生存环境正变得非常脆弱，无论是经济快速发展导致的人的生产生活方式的巨大变化，还是当下信息技术对人类知识获取与传承的巨大影响，都使神话赖以生存的口传语境发生了巨大改变。由此造成古老神话传承链条断裂，其结果无疑将是大量传统神话的消失，当然也可能会出现神话转基因再生，但原生信息的消失，则意味着民族文化传统的消亡——不仅神话生存的土壤悄然发生了改变，且诸多讲述神话的民间歌

---

[1] 中共中央办公厅、国务院办公厅：《关于实施中华优秀传统文化传承发展工程的意见》，《人民日报》2017年1月26日。
[2]《中共中央关于坚持和完善中国特色社会主义制度、推进国家治理体系和治理能力现代化若干重大问题的决定》，载《〈中共中央关于坚持和完善中国特色社会主义制度、推进国家治理体系和治理能力现代化若干重大问题的决定〉辅导读本》，人民出版社2019年版，第40页。

手、艺人等正面临人亡歌息的困局。如有研究者在20世纪末一次民族地区田野调查时所萌生的感慨：一度闻名遐迩的民间演说家、表演者和歌手已经逐渐消逝于瞬息万变的历史洪流中，更不要提那些"全能型"的民间艺人了。依附于上述艺人而存活的口传神话和民俗事象，也随之渐渐消散。不少田野工作者在当下可以搜集到的资料已今非昔比，无论在内容、形式还是数量上都不尽如人意，当地传统民间文化的一部分甚至是核心部分已经消亡了，想要在这样的状态之中挖掘出那些真实的、完整的、内隐的传统文化，对于田野工作者来说是巨大的挑战。① 从这个意义上讲，通过大数据对中国各民族传统神话加以系统全面的保护，不仅是必要的，也是可行的。当然，这方面有不少研究成果和经验，如有研究者针对人文科学数据研究实践，提出了利用大数据平台可以更好地对古文献、少数民族文献和手抄本等珍贵资料进行存储、共享和传播。不仅如此，海量的同质或异质数据为跨领域的文化资源保护与研究提供了可能，这种手段为珍贵文化资源的永续传承和利用开辟了一条新的道路。②

目前学术界重点关注伏羲女娲神话的文本内容、形式特点等方面的研究，但大数据时代背景下的理论与方法创新却相对薄弱。本书以数据方法为突破口，努力探讨伏羲女娲神话数据体系建构，从伏羲女娲神话的类型、结构、数据分析方法等多维度进行综合性分析，力求研究的科学性、体系性和创新性。所谓"数据"并非一般意义上的数值或数字，它更多包含的是以此为载体的信息，本书既涉及伏羲女娲神话文本、图像等一般数据，也兼及民俗仪式等活态传统数据。本书将通过对传统文献文本、已出版的民间口头文本、田野调查数据的提炼和整理，探寻小数据与大数据之间的关联性，将包含丰富文化信息的数据进行叙事类型、母题视角、民族地理区域视角等不同维度的分类和解析，进而找到各民族关于共同文化始祖塑造方法、表达方式、传承方式等的一般规则或规律。

从该选题的学术价值而言，目前关于中华民族传统文化的研究包括神话专题性研究，尚未形成较为适合中国本土特色的理论方法，本书通过选取伏羲女娲神话这一典型案例，将数据研究方法引入研究之中，通过叙事

---

① 参见李子贤《云南少数民族传统文化保存教育刍议——以怒江峡谷诸民族为例》，《思想战线》1998年第4期。
② 参见傅守祥《文学经典的大数据分析与文化增殖》，《中国科学报》2019年1月30日第3版。

类型的梳理、叙事结构分析、母题视角下的数据建构以及地理信息视角下的数据分析，试图找到系统观察和研究中国传统文化的新方法，为推进民族文学学科建设提供有益参考。同时，该选题也是以文本、图像、民俗仪式、人文景观等多类型资料为基础的资料学方法研究，可以为中国神话学研究包括民族学、民俗学、人类学等领域的研究提供丰富而有效的资料，从而推动上述领域的资料学建设。

从当代实践意义而言，全面探讨中华民族 56 个民族源远流长的文化融合，特别是像炎黄、伏羲女娲等这类文化祖先所表现出的民族文化认同，对培育正确的民族观无疑具有重要的现实意义，也是中华民族古老优秀传统文化的当今文化价值的再现。习近平总书记多次提出要积极培育中华民族共同体意识，反复强调铸牢中华民族共同体意识的重要性，并在党的十九大报告中明确提出："全面贯彻党的民族政策，深化民族团结进步教育，铸牢中华民族共同体意识，加强各民族交往交流交融，促进各民族像石榴籽一样紧紧抱在一起，共同团结奋斗、共同繁荣发展。"[①] 选择伏羲女娲神话专题数据作为研究对象，通过对伏羲女娲形象的产生、发展、演变、创新与转化等问题的全面审视，分析各民族的文化交流与融合，从中系统考察伏羲女娲形象的传承、再创造与再发展，借由以伏羲女娲人文始祖为代表的中华民族传统文化，对中华民族命运共同体的历史进行溯源挖掘，进一步探讨各民族文化祖先的认同，对于弘扬中华民族的优秀文化传统，促进民族团结与中华民族伟大复兴，无疑具有重要而积极的作用。

二 伏羲女娲神话专题大数据研究的可行性

伏羲女娲神话专题数据研究的可行性问题，主要基于该类型神话的数量，信息的可使用性，以及现有理论、技术支持等方面。

（一）伏羲女娲神话具有客观的丰富的研究对象

本书主要基于数量丰富的伏羲女娲神话的文本研究对象。通过数字

---

① 习近平：《决胜全面建成小康社会，夺取新时代中国特色社会主义伟大胜利》，人民出版社 2017 年版，第 11 页。

化与数据分析处理,形成相对稳定的客观研究对象。具体情况详见第一章第二节"三 伏羲女娲神话专题数据研究的客观基础"。在此不做赘述。

(二) 目前已具备相对成熟的理论研究成果和技术

1. 关于大数据理论的研究成果

1980 年,美国学者阿尔文·托夫勒便在《第三次浪潮》一书中,强调了大数据在未来社会或将扮演的重要角色,意识到"数据"在"第三次浪潮"的巨大作用。更接近于当今"大数据"这一概念的定义,则由全球知名咨询公司麦肯锡(McKinsey)提出。随后,维克托·迈尔-舍恩伯格和肯尼斯·库克耶于 2012 年面世的《大数据时代:生活、工作与思维的大变革》[①]一书中最早洞见了大数据时代发展趋势,并准确提出"大数据指不用随机分析法(抽样调查)这样捷径,而采用所有数据进行分析处理"的核心概念。从精确概念的提出到全球多行业的广泛应用,仅用了短短几年的时间。

在数据技术的具体理论方面也涌现出不少成果,如 Anand Rajaraman 等在《大数据:互联网大规模数据挖掘与分布式处理》[②]一书中,对互联网大数据挖掘的基本概念和相关理论作出探讨,为数据挖掘的各个环节提供了技术处理手段。吴军在《智能时代:大数据与智能革命重新定义未来》[③]一书中,围绕数据的概念演变、数据的作用、数据的相关性和数据模型等相关理论展开论述,并深刻探讨了大数据对商业和智能革命的强大推动作用。涂子沛在《数据之巅》[④]一书中,详尽阐述了初数时代、内战时代、镀金时代、进步时代、抽样时代、大数据时代的演变历程和时代特征,对文化的数据属性进行了整体性的梳理和把握,该书也明确指出了当代中国数据文化发展的不足和短板,在此基础之上,结合国际发展趋势,对中国和世界数据文化的发展方向和前景进行了合理预测,等等。总的来

[①] 参见[英]维克托·迈尔-舍恩伯格(Viktor Mayer-Schönberger)等《大数据时代:生活、工作与思维的大变革》,浙江人民出版社 2012 年版。

[②] [美]Anand Rajaraman,Jeffrey David Ullman:《大数据:互联网大规模数据挖掘与分布式处理》(*Mining of Massive Datasets*),王斌译,人民邮电出版社 2012 年版。

[③] [美]吴军:《智能时代:大数据与智能革命重新定义未来》,中信出版集团 2016 年版。

[④] 徐子沛:《数据之巅》,中信出版社 2014 年版。

看，数量丰富的大数据理论研究成果为相关研究提供了重要的参考和借鉴。

2. 开源大数据技术和其他相关技术的推动

开源软件的大规模发展对大数据的演变起到了重要的推动作用。如在 MySQL 开源数据库、Apache 开源网络服务器及 PHP 开源脚本语言等的商业应援下，Linux 得以迅速普及，而以红帽子 Linux（Red Hat）为标杆的企业级商业支持和保障进一步使大型关系数据库得以飞速发展。① 此外，围绕 Hadoop② 出现的一系列开源技术的研发，使得数据存储和处理能力突破了只能从商业软件供应商处依靠专门硬件获取的限制，从而大大降低了使用大数据的先期投入，并极大激发了大数据接触更多潜在用户的应用。此外，通过模拟大脑神经网络处理、记忆信息方式进行信息处理的神经网络（Neural Network）技术，致力于实现人机自然语言有效通信的自然语言处理技术，能够实现知识关联和概念语义检索的智能化语义检索技术，以及链接挖掘技术和 A/B 测试技术等大数据关键技术的问世和大规模应用，为大数据在多领域中的应用提供了更加切实有效的实践基础。

3. 人文学科大数据应用的有益尝试

我国在人文学科大数据的理论和实践方面虽有些薄弱，但许多卓有成效的尝试从未停歇。从这些尝试中可以看出，数据和计算机网络的新思维模式在一定程度上影响了传统人文社科研究的基本认知，深入拓宽了各学科的研究领域和应用范围，最明显的反馈就是覆盖各学科、各领域的专题数据库、数字博物馆等的建设和投入应用。综合类的如中国知网（CNKI）、万方数据库、维普数据库、人大复印报刊资料全文数据库等，此外还有各专业领域的专题数据库乃至各大高校自建的数据库，等等，正如有研究者在分析这一现象时提出的"人文学科的数字研究呈现出大视野、定量化、跨学科、集成化及多维度分析等新特点"③。

（三）学科理论为伏羲女娲专题数据研究提供相应的学科支撑

目前除数据理论成果日益丰富、相关研究持续深入之外，人文学科的

---

① 参见周苏、王文《大数据导论》，清华大学出版社 2019 年版，第 195—196 页。
② Hadoop 是由 Apache 基金会开发的一个开源分布式计算平台，用户可以在不了解分布式底层细节的情况下进行程序开发。
③ 欧阳剑：《大数据视域下人文学科的数字人文研究》，《图书馆杂志》2018 年第 10 期。

许多理论诸如叙事学、类型学、母题学、结构学、口头程式理论等,为该选题的研究提供了人文理论支持。在此择其几点作些阐述。

1. 叙事学

神话作为叙事作品,在数据建设与分析解构中离不开叙事理论的指导。目前学术界所提出的"叙事学"主要是指关于叙事作品、叙述、叙述结构以及叙述性的理论,也是在结构主义基础上发展起来的对叙事文本进行研究的理论。其核心内容就是关于文本的叙述结构的研究。

如果对叙事研究与叙事理论的产生进行追溯,会发现早在古希腊时期哲学家柏拉图(公元前427—公元前347年)就提出了对叙事进行"模仿"(mimesis)与"叙事"(diegesis)的著名二分说,该学说中已经涉及叙事问题。截至20世纪,中外学术界已明确提出了一系列相对成熟的叙事学理论,为后世深入研究奠定了理论基础。一般而言,叙事学作为结构主义和形式主义双重影响产生的叙事理论,强调从构成事物整体的内在各要素的关联性的角度全面考察和分析事物,特别是索绪尔的结构主义语言学从语言的内在结构的共时性角度考察语言,这种研究思路与后来叙事学理论关系密切。俄国结构主义叙事学的先驱民俗学家普罗普1928年出版的《民间故事形态学》一书可以看作叙事学领域里程碑式的著作。他根据阿法纳西耶夫故事集中100个俄罗斯故事进行形态比较与结构分析,归纳出这些神奇故事的结构要素及其组合规律,提取出这些故事的31种功能,并总结出若干重要结论,如民间故事已知的功能数量是有限的,这些功能在童话叙事因素中是稳定的不变的,功能的次序总体上具有一致性,等等。普罗普提出的这些理论和观念,颠覆了传统意义上的童话分类方式,他从形态学和结构学角度入手,将"功能"视角引入故事分类之中,将分类从一般意义的人物和情节中解脱出来,把故事中出现的动作作为叙事功能的一种顺序组合,超出了以往叙事研究中表层的经验描述,使叙事研究更趋科学化,为叙事体结构和要素分析开创了一条新路。这一理论对叙事作品的进一步解析提供了方法论方面的支持。又如法国符号学理论家、结构主义思想家罗兰·巴特(Roland Barthes),他明确提出任何材料都可以作为叙事的材料,除文学作品的绘画、电影、连环画、社会杂闻、会话等,口头或书面的有声语言、固定或活动的画面、手势等都可以对叙事进行充分的表达,而作为叙事承载物存在。

特别是20世纪60年代，叙事学正式作为一门学科进入人们的视野，其主旨是通过研究所有形式叙事中的共同叙事特征和个体差异特征，进而描述控制叙事及叙事过程中与叙事相关的规则系统。如法国作家、哲学家、人类学家、结构主义人类学创始人列维－斯特劳斯在其《野性的思维》《结构人类学》《神话学》等著作中，不仅很好地分析了事物的命名与分类方式、结构与事件的关系、自然与文化的关系、个体名称与一般名称关系等问题，而且认为神话的"深层逻辑"包括着产生各民族社会自己的"原本话语"的规则，并把索绪尔的结构语言学研究纳入神话研究领域，试图用语言学模式发现人类思维的基本结构，形成了自己独特的结构主义神话学，等等。

上述叙事与理论以及许多关于叙述方式方法的探讨，对全面解读与解构伏羲女娲神话数据结构无疑具有启发意义。

2. 类型学

类型的划分也是任何一个学科得以深入研究的基础，是研究某种特定对象的相似性与差异性的重要前提。按照通常的说法，类型学就是一种研究分组归类方法体系的科学，一般而言，类型划分的原则是用假设的属性及标准进行识别的，其分类的结果可以把全部相互联系又能区分的对象生成相对准确的定位，可以归类于特定的集合中，又可以作出质与量的区分，通过在各种现象之间建立有限的关系而帮助所有对象的阐释、分析、论证与探索。不同学科甚至一个学科的不同对象都可以依据不同标准划分出不同类型。如叙事类型、故事类型、结构类型、数据类型、语言类型、母题类型等，每一种类型理论都无一例外地强调其使用的便捷性与内在的逻辑性，包含了一系列具体的分类原则、分类标准和分类结果。

3. 母题学

母题研究是当今人文学科研究特别是叙事文类研究中的一个重要手段。"母题"作为一个学术概念，既是一个外来词汇，也是汉语可以合理表达内涵的词汇。它最早可能产生于直觉判断或量化的需求，如有研究者认为，表示"母题"概念的词汇在德国浪漫主义作品中第一次出现，其德文表述为 Motiv，其最初代表的含义是 "motivation"[①] 或 "Eine treibende

---

① Motivation：德语，动机。

Kraft"①，这种说法由建筑艺术与音乐领域逐渐过渡到民俗学研究领域，显然"是19世纪西方学者把民俗学或民间文学研究变成林奈式的自然科学这样一个意图和努力的产物"②。近现代研究中，母题学路径在叙事研究中发挥着越来越重要的作用，正如研究者所说"运用母题（主题）学方法研究民间故事的范式，贯穿整个20世纪。母题（主题）作为故事学的一个核心概念，很早就被学者所认识并纳入学术操作。母题（主题）学的民间故事研究往往与类型学、原型批评等方法结合在一起，充分显示了母题（主题）学研究范式的丰富性和可塑性"③。研究母题的分类、层级结构的设定与本书数据研究过程具有密切的联系。引入母题研究方法，并建立起适合伏羲女娲神话专题数据研究实际的母题分类系统，对伏羲女娲数据的采集整理乃至知识谱系的呈现具有重要作用。

三　伏羲女娲神话专题研究及数据研究的状况

中华民族对伏羲女娲神话的关注从先秦到当今从未间断过。特别是进入20世纪，学术界包括一些国外学者在研究过程中形成了极其丰富的研究成果。这些成果一方面体现出伏羲女娲专题研究的重要性；另一方面也为本书的专题数据研究提供了重要参考与学术支撑。

（一）伏羲女娲神话的文本及其他载体的传播情况

伏羲女娲神话的文本资源包括古代文献和近现代采集的从民间口头中整理出来的文本，总的来看，文本的数量众多，形式多样，既有散文体的文本，也有韵文体的文本，还有散体和韵文体相结合的文本。其流传情况也复杂多样，不同的民族和地区往往存在不同的流传形式，有些是以特定的节日或场合下进行演述，表现出神圣的仪式感；有些是由特定的艺人或者故事讲述家采取口耳相承的方式代代流传；有些是一般民间场合下进行讲述和传承；有些属于碑刻文献和文物遗存，如庙宇中的碑文、文物发掘中的画像和塑像等；有些融入一般的民间习俗中，表达了民众对伏羲女娲

---

① Eine treibende Kraft：德语，可理解为"某种驱动力"或"某种推动力"。
② 参见户晓辉《母题（英语Motif，德语Motiv）》，《民间文化论坛》2005年第1期。
③ 万建中：《民间故事母题学研究概观》，《文化学刊》2010年第6期。

的敬仰之情；还有一些是通过与时俱进的文化景观设计、生产产品开发等实现对伏羲女娲神话元素的借用。这些情形都使伏羲女娲的神话的内容得以不断传承和延伸。总的来看，关于伏羲女娲的文本和各类载体非常丰富，综合不同角度可以形成相对完整的可分析的数据资源。

（二）伏羲女娲神话的学术研究情况

伏羲女娲神话的学术研究为专题数据库建设提供了许多理论依据和基础数据资料。从其研究的源头看，早在先秦时期，许多作品中就出现了对伏羲女娲的阐释与评价，之后，几乎在各个朝代都可以发现对伏羲女娲的有关评注，表达出不同的观点或见解。特别是进入20世纪后，随着中国神话学研究的兴起，学术界对伏羲女娲的研究经历了一个不断发展的过程，下面分三个阶段进行概述。

1. 20世纪上半叶的伏羲女娲研究

以五四运动为发端，随着新文化新思想在国内的兴起，中国学术界关注到神话现象与中华民族历史、民族信仰之间的关系，这一时期对伏羲女娲神话的专门研究虽然尚未深入，但已开始把伏羲女娲作为中华民族的人文始祖去研究。如茅盾在《神话杂论》[1]和《中国神话研究ABC》[2]等书中多次述及伏羲、女娲神话，并运用当时流行的人类学派观点解释女娲神话与北欧女神神话在起源方面具有某种亲近性的缘由，并试图通过两者异同性之比较，进而寻找到根植于中国先民之中的生殖理念、自然理念和宇宙理念。中国史学与民俗学大家"古史辨派"代表顾颉刚，运用"层累地造成的古史观"的学术方法，根据传统的考据法把神话和传说从古史中大量清理出来。他在1930年发表于《清华学报》的《五德终始说下的政治和历史》[3]，标志着"古史辨运动"进入了一个崭新的发展阶段，并举作为五帝之一的"伏羲"为例，进一步将《帝系考》系统化。特别是他与杨向奎同著的《三皇考》[4]一书中，引经据典地考证并概述了"三皇"之渊源及相关神话传说的传承与变化历程，书中同时运用大量篇幅就女娲作为三

---

[1] 茅盾：《神话杂论》，世界书局1929年版。
[2] 玄珠（沈雁冰）：《中国神话研究ABC》，上海书店出版社1990年版。
[3] 顾颉刚：《五德终始说下的政治和历史》，《清华学报》1930年第1期。
[4] 顾颉刚、杨向奎：《三皇考》，哈佛燕京学社1936年（民国二十五年）1月版。

皇之一的历史身份稽古、外形流变考据和神位变迁等内容进行了充分阐释。

这一时期，闻一多在《伏羲考》①一书中，经由多学科知识的综合与比较终于使得伏羲、女娲神话背后的中国文化"大传统"得以呈现。他将传统的训诂考据与现代社会科学方法相结合来多方面地分析伏羲、女娲神话的治学理念，在其所著《从人首蛇身像谈到龙与图腾》《战争与洪水》《汉苗的种族关系》《伏羲与葫芦》②等几部分篇章中得以进一步体现。再如芮逸夫在1938年发表的《苗族的洪水故事与伏羲女娲的传说》③一文中，对流传在湘西苗族中的伏羲女娲传说进行实地考证，从语言文化学和叙事比较学的角度剖析并认为伏羲女娲神话源自苗族和彝族的兄妹洪水传说。闻一多、芮逸夫等学者从历史的角度，通过文献考证的方法提出了伏羲女娲产生于南方的说法，这一研究方法在后来伏羲研究中影响深远。该时期另一位学者吕振羽在《史前期中国社会研究》④一书中，围绕古代氏族社会的演变历程进行了充分论述，该书主要运用了包括考古学方法与文献分析法等在内的研究方法，将散佚在古代书籍中的神话传说叙事与考古证据进行融合分析，用"二重证据"的视角结合唯物主义观念对女娲神话进行梳理与阐释。时至今日，从社会文化史角度探索伏羲、女娲神话仍然是一条重要的途径。值得关注的是，随着考古发掘工作的不断展开，战国楚先王庙堂画、汉武梁祠石室画像以及南阳、简阳汉墓壁画雕像等画像石刻纷纷见之于世，该时期对伏羲、女娲的图像稽古研究开始萌芽，如常任侠写于1939年的《重庆沙坪坝出土之石棺画像研究》⑤首次从考古学角度出发，结合现代苗瑶洪水神话对伏羲、女娲之身份特征进行了考证和明确，认为伏羲和女娲应为一对对偶神，其形象特征一般为人面蛇身，这一说法也在后续大量田野发现中得到了进一步证实。此阶段，钟敬文、马学良等学者

---

① 闻一多撰，田兆元导读：《伏羲考》，上海古籍出版社2006年版。此书由世界书局于1929年初版。

② 今本《伏羲考》共分包括引言及上述四篇在内的五部分内容，其中《战争与洪水》《汉苗的种族关系》《伏羲与葫芦》三部分原是各自独立的篇章，闻一多在世期间并未发表，后在朱自清编《闻一多全集》（开明出版社）中得以整理成篇，以《伏羲考》为题于1948年出版。

③ 芮逸夫：《苗族的洪水故事与伏羲女娲的传说》，见马昌仪编《中国神话学文论选萃》，中国广播电视出版社1994年版，第371—417页。

④ 吕振宇：《史前期中国社会研究》，人文书店1934年（民国二十三年）6月版。

⑤ 常任侠：《重庆沙坪坝出土之石棺画像研究》，《常任侠艺术考古论文选集》，文物出版社1984年版，第1页。

也在民族民俗田野调查方面做了不少涉及伏羲女娲的实践和理论研究。

不难看出，20世纪上半叶，伏羲女娲研究多限于历史研究或溯源研究的范畴，以历史文献考据或考古佐证为依据，对神话中的相关现象进行探讨。同时，随着相当数量的西南少数民族神话和传说文本的面世，将二者分开进行专门研究的成果开始出现，对神话自身的流传演变、伏羲与女娲的关系、洪水与女娲、少数民族族源等问题都有开创性的探索和尝试。

2. 中华人民共和国成立后至20世纪70年代末的伏羲女娲研究

1949年中华人民共和国成立到70年代末，也出现了不少与伏羲女娲相关的文化活动及成果发表。特别是民族识别与民族政策的不断推进与完善，以及民族民间文化大调查，进一步促进了伏羲女娲研究的纵深向发展，学术界也开始从民族的角度对一些少数民族地区的神话研究进行卓有成效的探索。在何愈所著《西南少数民族及其神话》①一书中，在马学良的《彝族的祖先神话和历史记载》②和《关于苗族古歌》③及吕薇芬的《试论苗族的洪水神话》④等论文中，都自觉地从少数民族神话研究的视角对伏羲女娲神话及相关现象进行了分析。不少学者在一些1949年后出版的旧著修订本中，对这一说法进行了进一步的完善和发展，如徐旭生在20世纪60年代重版的《中国古史的传说时代》⑤一书中，进一步考证、阐释了"伏羲和女娲来自于南方"的说法，书中作为论据支撑的核心观念，一是体现在大量古代文献中出现的"女娲补天"事象中并未出现伏羲这一人物形象，二是相关资料显示伏羲女娲兄妹婚过程中，往往是作为女方的"女娲"推动了关键事件的发展，这与许多南方少数民族先民的婚姻俗制不谋而合，由此便可大致推断出该类型神话传说萌生于母系始祖社会时期。这一时期，有些台湾学者对伏羲女娲神话研究表现出持续关注的态势，在管东贵的《川南鸦雀苗的神话与传说》⑥、许世珍的《台湾高山族

---

① 何愈：《西南少数民族及其神话》，新世纪出版社1951年版。
② 马学良：《彝族的祖先神话和历史记载》，《历史教学》1951年第10期。
③ 中央民族大学中国少数民族语言文学学院：《马学良文集（下）》（民间文学与民俗学篇），中央民族大学出版社2009年版，第164—169页。
④ 吕薇芬：《试论苗族的洪水神话》，《民间文学》1966年第1期。
⑤ 徐旭生：《中国古史的传说时代》，科学出版社1960年版。此书由中国文化服务社于20世纪30年代初版。
⑥ 管东贵：《川南鸦雀苗的神话与传说》，台北《"中研院"历史语言研究所集刊》1974年第5期。

的始祖创生传说》①、李霖灿的《么些族的洪水故事》②等论著中可以发现少量关于伏羲女娲作为中华民族文化始祖的论述，一定程度上丰富了东南地区伏羲女娲神话研究数据。

3. 20世纪70年代末至今的伏羲女娲研究

20世纪70年代末至今，这期间的神话研究取得了长足发展，无论是研究的广度，还是研究的深度都有了空前的提升。主要表现在四个方面：

（1）伏羲女娲神话研究的内容进一步拓展。如侯哲安在《伏羲女娲与我国南方诸民族》③一文中强调伏羲为三皇五帝人文始祖之一。田兆元在《论中华民族神话系统的构成及其来源》④一文中，提出伏羲女娲属于中原神话的系统。石宗仁在《亦谈伏羲女娲》⑤一文中，认为伏羲女娲与南蛮中的苗、九黎等存在渊源关系。易谋远在《中华民族祖先是彝族祖灵葫芦里的伏羲女娲吗？——和刘尧汉先生商讨》⑥一文中，否认了刘尧汉说中华民族"文化共祖"是彝族祖灵葫芦里的龙女娲和虎伏羲的说法，通过民族融合迁移、文化传播等相关论述，得出中华民族的祖先应为黄帝、炎帝的结论。胡雄伟等在《标准之始祖——浅析"伏羲女娲规矩图"》⑦一文中，认为在人文始祖初期即出现了万物运行之标准规范，伏羲女娲自汉代起便为中华民族标准始祖。

（2）对伏羲女娲神话的内容流变研究持续深入。如刘宗迪在《伏羲女娲兄妹婚故事的源流》⑧一文中，认为伏羲、女娲兄妹婚故事是中国上古历法中"苍龙纪时"制度的产物，进而得出伏羲、女娲兄妹婚故事原本是用来解释婚姻制度和风俗起源的论断。刘亚虎在《伏羲女娲、楚帛书与南

---

① 许世珍：《台湾高山族的始祖创生传说》，《民族学研究所集刊》1956年第2集。
② 《么些族的洪水故事》，李霖灿、张琨、和才《么些经典译注九种》，台北："国立"编译馆中华丛书编审委员会编印，1978年，第21页。
③ 侯哲安：《伏羲女娲与我国南方诸民族》，《求索》1983年第4期。
④ 田兆元：《论中华民族神话系统的构成及其来源》，《史林》1996年第2期。
⑤ 石宗仁：《亦谈伏羲女娲》，《黔东南民族师专学报》1998年第3期。
⑥ 易谋远：《中华民族祖先是彝族祖灵葫芦里的伏羲女娲吗？——和刘尧汉先生商讨》，《民族研究》1994年第3期。
⑦ 胡雄伟、卢丽丽、张元林：《标准之始祖——浅析"伏羲女娲规矩图"》，《标准生活》2010年第2期。
⑧ 刘宗迪：《伏羲女娲兄妹婚故事的源流》，《民族艺术》2005年第4期。

方民族洪水神话》①一文中,针对伏羲女娲两者由"分"而"合"的叙事发展脉络,得出伏羲、女娲与洪水兄妹婚神话三者可能在南方地区实现粘连的结论。李丹阳在《伏羲女娲形象流变考》②一文中,系统展现了伏羲女娲形象从各自独立,到形成对偶神,再至渐趋独立的过程,揭示了其内在变化发展的规律性。而冯小娟在《信仰崇拜对伏羲和女娲神话的影响》③一文中,从文字和图像资料两方面论证了伏羲女娲神话故事及其图像的流变过程,并从古人信仰与崇拜的角度剖析了伏羲女娲文化兴衰过程。

(3) 对伏羲女娲文化价值的研究广受关注。如姜志刚在《中国上古神话中透视出的生死观——以伏羲、女娲神话为例》④一文中,对以伏羲女娲为代表的远古先民追求生死的奥秘进行剖析,认为中国古代的神灵信仰是人民最早进行生死问题思索的产物,且与后世儒道释中关于生命观、宇宙观及道德体系紧密相关。封巍在《伏羲女娲文化西传图像秩序构建与地域文化的融通》⑤一文中,认为伏羲女娲文化既是一种历史文化,也是一种地域文化,深刻揭示了该类图像符号所承载的内涵和情感寄托价值。安德明在《文体的协作与互动——以甘肃天水地区伏羲女娲信仰中的神话和灵验传说为例》⑥一文中,围绕口头艺术文体之间的相互关系展开了讨论,认为神话的功能在于证实和确立相关信仰最初合法性的基础,并从功能应用角度阐明了神话和灵验传说之间的联系,这一联系性具有维护民间信仰系统的作用。

(4) 围绕伏羲女娲神话中的民族关系等问题展开讨论。如石朝江在《苗族创世神话:洪水故事与兄妹结婚》⑦一文中,提出洪水故事与兄妹结婚叙事是苗族人民流行最广最古老最庄严的民族探源神话。蔡运章在《论

---

① 刘亚虎:《伏羲女娲、楚帛书与南方民族洪水神话》,《百色学院学报》2010年第6期。
② 李丹阳:《伏羲女娲形象流变考》,《故宫博物院院刊》2011年第2期。
③ 冯小娟:《信仰崇拜对伏羲和女娲神话的影响》,《包装世界》2012年第5期。
④ 姜志刚:《中国上古神话中透视出的生死观——以伏羲、女娲神话为例》,《三门峡职业技术学院学报》2006年第2期。
⑤ 封巍:《伏羲女娲文化西传图像秩序构建与地域文化的融通》,《美术教育研究》2012年第5期。
⑥ 安德明:《文体的协作与互动——以甘肃天水地区伏羲女娲信仰中的神话和灵验传说为例》,《西北民族研究》2014年第1期。
⑦ 石朝江:《苗族创世神话:洪水故事与兄妹结婚》,《贵州大学学报》(社会科学版)2011年第6期。

伏羲、女娲氏与少典、有蟜部族》①一文中，得出以河南舞阳贾湖为代表的裴李岗文化和仰韶文化遗址可能是伏羲、女娲以及黄帝部族的文化遗存的结论。郑先兴在《论汉代的伏羲女娲信仰（上）》②一文中，对汉砖石画像中的伏羲女娲形象进行了分析，并阐述了伏羲女娲交尾形象与外婚制、日月神话及佛教因素的关联性。

20世纪70年代至今，研究者对伏羲女娲神话的理论与方法研究持续深入，经过一段时期的迅速发展后，基本达到了理论相对成熟的阶段。正如神话学家刘锡诚所说："对于中国神话来说，20世纪是其学科建设从草创到初步建成的重要时期。"③这一时期伏羲女娲神话研究的成熟与创新主要表现在以下几个方面：

（1）图像学研究方法异军突起。这与人们对神话图像重要性认知有关，正如叶舒宪所言，神话图像"相当于找到先于文字而存在和外于文字而存在的一套思想观念表达的符码系统，借此有助于重建无文字时代和无文字民族的复数的神话历史"④。台湾学者刘惠萍在《吐鲁番墓葬出土伏羲女娲画像述论》⑤一文中，采用图像学方法探讨新疆吐鲁番阿斯塔那、哈拉和卓出土的几幅伏羲女娲绢麻画，在《象天通神——关于吐鲁番墓葬出土伏羲女娲图的再思考》⑥一文中用神话图像解读了其中的神话内涵，特别是在她的《神话与图像——日月神话之研究》⑦一书中，阐述了利用图像研究神话的方法问题，认为"对伏羲女娲的研究应注重从图像本身出发，将图像整体视为统一的符号，将图像载体与出土地视为有机整体，探究图像所蕴涵的神话学问题"。余德章在《"伏羲女娲·双龙"画像砖试释》⑧一文中，试图探寻"伏羲女娲·双龙"画像砖与古籍传说之间的关

---

① 蔡运章：《论伏羲、女娲氏与少典、有蟜部族》，《黄河科技大学学报》2007年第6期。
② 郑先兴：《论汉代的伏羲女娲信仰（上）》，《宁夏师范学院学报》2008年第2期。
③ 刘锡诚：《20世纪中国神话学概观——〈中国神话学文论选萃〉（增订本）序言》，《西北民族研究》2010年第1期。
④ 叶舒宪：《神话历史与神话图像》，《民族艺术》2017年第1期。
⑤ 刘惠萍：《吐鲁番墓葬出土伏羲女娲画像述论》，载《第六届唐代文化学术研讨会论文集》，台北：中国文化大学，2003年。
⑥ 刘惠萍：《象天通神——关于吐鲁番墓葬出土伏羲女娲图的再思考》，《敦煌学》（第二十七辑），台北：乐学书局有限公司2008年版。
⑦ 刘惠萍：《神话与图像——日月神话之研究》，台北：文津出版社2011年版。
⑧ 余德章：《"伏羲女娲·双龙"画像砖试释》，《四川文物》1984年第3期。

联性。陈峰在《汉画中的日月神——伏羲、女娲》①一文中，同样运用了图像学对南阳县北辛店乡熊营村东发掘出的汉代画像石墓伏羲女娲画像进行图像分析。赵吴成在《河西墓室壁画中"伏羲、女娲"和"牛首人身、鸡首人身"图像浅析》②一文中，运用图像学理论对河西墓室壁画中伏羲女娲形象进行了解读，试图探寻神话信仰与民族宗教仪式之间的密切关联，等等。这种方法创新，对伏羲女娲神话图像数据的形成颇有启发。

（2）利用原型及图腾研究方法推动神话研究。如陈泳超在《关于"神话复原"的学理分析——以伏羲女娲与"洪水后兄妹配偶再殖人类"神话为例》③一文中，利用原型理论对伏羲女娲神话的原生形态作出深入探讨。朱玉杰在《淮阳担经挑与汉代伏羲女娲交尾画像》④一文中，通过对淮阳地区担经挑仪式的分析，从形式、空间、文化内涵等方面讨论了汉画像石中伏羲女娲交尾图像与仪式的关联性。常金仓在《伏羲女娲神话的历史考察》⑤一文中，采用中国历史文化因素综合考量的研究方法，得出伏羲、女娲均为战国文献中新出现人物的结论。上述方法在其他类型的神话研究中也应用广泛。

（3）传播学研究理论的广泛应用。颜廷亮在《关于伏羲文化的西向传播问题》⑥一文中，采用符号理论、接受理论、功能理论等相关理论，对伏羲文化的西向传播问题进行了探讨，得出了"伏羲文化西向传播不仅较诸东向传播晚了数千年，且其是由东向传播的终极地区直接西传至今敦煌、吐鲁番地区一带"的结论。

（4）民族志与神话主义方法在神话研究中的应用。杨利慧在《现代口承神话的民族志研究——个案调查与理论反思》⑦一文中，把神话民族志

---

① 陈峰：《汉画中的日月神——伏羲、女娲》，《南都学坛》1992年第2期。
② 赵吴成：《河西墓室壁画中"伏羲、女娲"和"牛首人身、鸡首人身"图像浅析》，《考古与文物》2005年第4期。
③ 陈泳超：《关于"神话复原"的学理分析——以伏羲女娲与"洪水后兄妹配偶再殖人类"神话为例》，《民俗研究》2002年第3期。
④ 朱玉杰：《淮阳担经挑与汉代伏羲女娲交尾画像》，《寻根》2017年第4期。
⑤ 常金仓：《伏羲女娲神话的历史考察》，《陕西师范大学学报》（哲学社会科学版）2002年第6期。
⑥ 颜廷亮：《关于伏羲文化的西向传播问题》，《敦煌研究》2006年第6期。
⑦ 杨利慧：《现代口承神话的民族志研究——个案调查与理论反思》，《民族艺术》2014年第2期。

理论应用于神话研究,提出了"综合研究法"的观念,并据此提出"四个结合"的神话学研究主张,即宏观历史—地理区域与微观特定区域研究的结合,表演理论的"情境性语境"与具体表演的结合,静态的文本阐释与动态的表演过程的结合,把对集体传承的研究与对个人创造力的研究结合起来。此外,杨利慧提出并进一步丰富了"神话主义"的概念,在她的论文和著作中多次提到当今文化背景下如何把女娲神话作为一种非遗,作为一种产业的一些设想。杜谆在《文化再生产视野中的伏羲女娲信仰》[①]一文中,以河北赵县人祖庙为研究对象,探讨了当地是如何围绕伏羲女娲信仰这个中心,充分利用当地民间文艺活动、庙会会期以及神话传说等民间文化资源完成产业和文化再生产的问题。

在伏羲女娲神话专题研究方面,也出现了许多全面系统的研究成果。如杨利慧在《女娲的神话与信仰》[②]一书中,以中国民族信仰为大背景,全面考察了女娲在历史和现时中的种种文化现象,具体分析了女娲的神格、女娲神话的发展与演变、古代的女娲信仰、现代的女娲信仰、女娲信仰的功能以及女娲在中国民族信仰中的地位等一系列问题,特别是重点分析了女娲在中国几千年的历史传承中发展及其演变的规律。书中附图《女娲神话的分布图》《汉族兄妹婚神话分布图》等,为伏羲女娲神话数据库的建构提供了参考。再如刘惠萍在《伏羲神话传说与信仰研究》[③]一书中,广集70余部古籍著述之史料文献,融近百部专书之观点,并结合新近发掘的考古材料,以及各民族志、民俗志、各地民间神话传说、史诗等人类学资料,重新梳理了伏羲神话传说的形成背景,整合了伏羲神话传说的形成与发展脉络,总结了伏羲神话传说的演变与流传规律。书中涉猎的古籍文献、图形图像和民俗基础数据资料为伏羲神话数据库建构提供了有益参考。

总的来看,该时期国内学者关于伏羲女娲神话研究的重心在于:一是对该类神话的流布、传承问题的讨论;二是对两位人物身份、形象及属族的讨论;三是对伏羲、女娲两者之间关系的可能性争论;四是围绕这两位核心人物,深入探究其象征意义及历史文化作用,等等。与之前两阶段相比,这一时期的伏羲女娲研究涉及的方法论更加丰富,研究方向更加细化

---

① 杜谆:《文化再生产视野中的伏羲女娲信仰》,《民间文化论坛》2011年第2期。
② 杨利慧:《女娲的神话与信仰》,中国社会科学出版社1997年版。
③ 刘惠萍:《伏羲神话传说与信仰研究》,陕西师范大学出版总社有限公司2013年版。

和深入，无论是在少数民族神话资料的田野调查和采集方面，还是在理论的宏观研究、专题研究方面及理论创新方面，都取得了长足的发展。

国外关于伏羲女娲神话的研究，主要集中在欧美国家的神话学者和亚洲汉字文化圈的一些国家的学者。如德国学者艾伯华在《中国民间故事类型》①一书中提到了兄妹婚类型的母题结构；美国华裔学者丁乃通在《中国民间故事类型索引》②一书中涉及中国男女文化始祖兄妹婚；俄罗斯学者李福清在《中国神话故事论集》③一书中认为伏羲女娲兄妹二人成亲的神话是非原生的，洪水后二人成亲这一古老情节在汉族神话叙事中是后来才固定下来的。此外，艾伯华与董晓萍合作的《丁乃通的〈中国民间故事类型索引〉：以口头传统与无宗教的古典文学文献为主》④一文中，论述了如何使用 AT 分类标准探讨中国神话故事分类的问题，这对伏羲女娲的关系研究也有一定的启发作用。在周边国家汉字文化圈的伏羲女娲研究中，主要有日本华裔学者王孝廉、日本学者森三树三郎、谷野典之等，如王孝廉的《伏羲与女娲——闻一多〈伏羲考〉批判之一》⑤，谷野典之的《女娲、伏羲神话系统考》⑥，等等，都体现出国外学者对伏羲女娲神话的高度关注。

从上面梳理的伏羲女娲神话专题研究学术史不难看出，在对以伏羲女娲为代表的中国传统文化的长期研究中，虽然对该问题的研究在各个时代众多的研究者中都有广泛涉猎，且在理论、方法和学术实践方面有了长足发展，但也存在一些不足，一是对伏羲女娲研究个案较多，宏观研究类较少；二是借用传统理论和外国研究方法较多，方法创新方面还难以与中国数量较多的神话需要相适应；三是对该神话的现象研究偏重于主观性结论，而对数据的客观分析稍显不足。

（三）与伏羲女娲神话有关的数据研究

习近平总书记在谈到如何繁荣发展中国特色哲学社会科学时指出，要

---

① ［德］艾伯华：《中国民间故事类型》，王燕生、周祖生译，商务印书馆1999年版。
② ［美］丁乃通：《中国民间故事类型索引》，孟慧英译，春风文艺出版社1983年版。
③ ［苏联］李福清著，马昌仪编：《中国神话故事论集》，中国民间文艺出版社1988年版。
④ ［德］艾伯华、董晓萍：《丁乃通的〈中国民间故事类型索引〉：以口头传统与无宗教的古典文学文献为主》，《民族文学研究》2008年第3期。
⑤ ［日］王孝廉：《伏羲与女娲——闻一多〈伏羲考〉批判之一》，《中国的神话世界》（上册），台北：时报文化出版企业有限公司1987年版。
⑥ ［日］谷野典之：《女娲、伏羲神话系统考》（上），《南宁师院学报》1985年第1期。

善于"运用互联网和大数据技术,加强哲学社会科学图书文献、网络、数据库等基础设施和信息化建设"①,这也为社会科学的数据研究指明了方向,并提出新的要求。

许多研究者在数字人文和人文社科大数据方面作出了很多积极的尝试。如刘京臣在《大数据时代的古典文学研究》一文中提出:"随着大数据、云计算、图像检索等技术的发展,古典文学信息化的重点应当由数据检索向数据分析、数据挖掘转型。在图像处理领域,针对疑难文字的OCR技术与利于版本校勘的图像检索,是值得期待的方向。"②欧阳剑在《大数据视域下人文学科的数字人文研究》③一文中认为,数字化资料集成与融合以及计算机分析或将在未来成为数字人文研究的重要组成,为人文社科类大数据发展提供了一条可行的路径。关于神话数据建设的重要性与方法,王宪昭在《数据建设与神话创造性转化》一文中,认为神话的创造性转化需要数据建设的有力支撑,"在当今学术进步与文化产业化的大背景下,随着数据库在日常学术研究与项目论证中的逐步完善与普及,借助于计算机与数据库对海量的资源进行有目的的研究与分析则成为今后整个研究领域和产业开发领域最切实有效的方法"。④针对以伏羲女娲为代表的神话专题数据库研究方面,一些学者也进行了卓有成效的尝试和探索。如王宪昭在《中国神话母题W编目》⑤一书中,不仅在神话人物母题类型中列出伏羲、女娲的产生、身份、职能与事迹等,而且在世界的起源、文化的起源等母题类型中也列出了大量相关母题,在中国神话基础数据库建设方面作出了积极的尝试。

四 主要理论依据与方法

"工欲善其事,必先利其器",积极借鉴与合理使用一些成功的研究方法对一项专题研究而言,无疑具有重要意义。本书采用的研究方法主要有

---

① 习近平:《在哲学社会科学工作座谈会上的讲话》,《人民日报》2016年5月19日。
② 刘京臣:《大数据时代的古典文学研究——以数据分析、数据挖掘与图像检索为中心》,《文学遗产》2015年第3期。
③ 欧阳剑:《大数据视域下人文学科的数字人文研究》,《图书馆杂志》2018年第10期。
④ 王宪昭:《数据建设与神话创造性转化》,《长江大学学报》(社会科学版)2019年第1期。
⑤ 王宪昭:《中国神话母题W编目》,中国社会科学出版社2013年版。

以下几种。

一是数据学方法。本书在研究和写作过程中采用数据建构法，兼涉类型学方法、母题方法等，对收集来的伏羲女娲神话数据进行梳理、提炼，对数据本体进行定性定量分析，进一步提取有效信息并进行逻辑结构搭建，从而形成编排相对合理、实用性强的文本数据结构，以便于对该类神话文本数据作出详细研究和阐释。

二是模型分析法。本书在研究中的模型分析有两层含义，一是针对特定研究对象，如伏羲女娲神话流传度较广的少数民族地区等，分析其各文化因子之间相互作用机制，根据理论推导，或通过对数据的分析，或依据实践经验设计不同类型的模型来呈现所研究的对象；二是针对本书涉及的大量神话文本数据，采用物理空间模型和数据建构模型，充分利用地理信息系统（Geographic Information System）建立不同维度的数据空间分布模型，进而寻找伏羲女娲神话文本流布和空间渗透方面的规律性。

三是多重证据法。本书采用神话文献文本、口头文本神话图像和文物等作为"多重证据法"的证据来源，以伏羲女娲神话文本资料为基础，并有意识地强调影音图文材料的搜集和应用，尝试运用多重证据探索伏羲女娲神话这一传统文化的丰富内涵与本质特征，积极发现文字符号与非文字符号互动规则，进而全面审视中华民族人文始祖研究的意义与价值。

此外，还应用到田野调研法。田野调查作为神话学、民族学、民俗学的重要研究方法之一，在研究中拟对选取的目标调研地，通过田野调查中常用的观察、访谈、口述史采录等方法，一方面对已有的伏羲女娲神话文本进行跟踪验证；另一方面对该神话数据资料进行再搜集，多层次细化第一手资料，采用图像记录、建模等技术手段对伏羲女娲神话的现实资源做好数据需求与应用方面的探讨，进而对中华民族始祖文化的创造性转化与创新发展作出理论与实践方面的探索。

第一章　伏羲女娲神话数据的基本问题

伏羲女娲神话是中华民族众多神话中一种重要的神话类型。它以塑造中华民族的文化祖先为核心，通过对有关伏羲、女娲的出生、成长、发明创造、文化纪念活动等系列内容的描述，反映出人们歌颂文化英雄、纪念文化祖先的积极向上的民族精神和家国情怀。而"数据"原本是计算机术语，后其内涵逐渐扩充至指对客观事件进行记录并可以鉴别的一般性符号或符号组合，具备可识别性、抽象性、关联性等一般特征。以伏羲女娲神话作为专题数据进行系统研究，既具有客观基础和丰富内容，又属于目前人文学科研究方法创新的一种尝试。本章重点对这一研究中的基本概念的界定和相关问题做些必要的阐释。

第一节　文化发展史与人文学科大数据研究

进行伏羲女娲神话专题数据的具体研究之前，有必要把人文数据建设的问题放在大的历史背景下做一些必要的考察，其核心问题集中于以下两方面：一是人类记忆的产生与发展历程；二是对人类记忆的记录与管理，以更好地把握伏羲女娲神话专题数据研究中的数据边界、数据结构、数据规律等问题。

一　从人类早期记忆到数据研究发展历程回顾

人类的生存与发展离不开记忆，特别是离不开对人类历史的记忆，这其中不仅仅是简单的"以史为鉴可以知兴替"，更重要的是人类可以通过发掘历史找到更多的生存与发展的智慧。

1. 人类历史是一个缺乏准确记忆的漫长发展历程

据考古发现，人类产生与发展的历史很长，也有人曾打过比方，如果把生命的产生与人类的产生看成千里之行，那么人类的出现可能只是最后的几步；如果把人类能够追溯的记忆（记忆所指）与今天我们能得到和使用的记忆（能指）相比，同样也只能是短短几步的距离。但我们目前难以找到对远古历史的记忆，并不是说这些久远的记忆不存在，而是通过对这些客观史实的剖析，有助于我们从宏观视角对当今大数据建设与应用的重要性和多元性进行观察与理解。

人们走进博物馆往往会看到考古出土的古生物、古人类化石，考古学家们还可以根据地壳上不同时期的岩石和地层的地质年代划分出诸如宙、代、纪、世、期、时等时间单位，以此为前提，人类自产生以来的历史大致可以分为史前史和文明史两大阶段。但人类对自身产生与发展的认知也是一个动态的判断，如19世纪中叶以前，比较普遍的观点认为人类历史只有几千年的时间。但到了1856年德国尼安德特河谷地附近洞穴中发现古人类化石，把人类历史改写为5万至10万年。20世纪60年代，考古发现了东非埃塞俄比亚奥莫河谷和阿法低地距今250万年前的石器，由此人类历史的纪录突破了200多万年。20世纪70年代，学术界又把原来不属于人类的南方古猿看作是人类的远祖，人类历史追溯到距今约400万年。2000年非洲肯尼亚发现了距今600万年前的原始人，人类历史又创下600万年的新纪录。

上面如果算是世界范围内的特殊案例的话，我国1965年在云南省元谋县考古发现的"元谋人"，据测定生活年代距今约有170万年的历史。从中国考古分期得出的结论看，尽管具体时期划分会有不同说法，但相对应的时间轴也比较清晰。本书参考不同的考古年表，大致梳理一下我国考古分期中与神话记忆有关的若干事件，如以元谋、蓝田等文化遗址为代表的旧石器早期距今200多万年，以大荔、许家窑等文化遗址为代表的旧石器中期距今约7万—20万年，以水洞沟、山顶洞等文化遗址为代表的旧石器晚期距今约2万—7万年，这一时期可以看作是混沌时代。此后又有以大地湾、玉蟾岩等文化遗址为代表的中石器时代，这一时代距今约1.3万—2万年，称为鸿蒙纪，是"前三皇"时代，主要以母系氏族社会为主，这一时期出现了陶器。以大地湾、裴李岗、仙人洞等文化遗址为代表的新石器早期，距今约1万—1.3万年，这一时期出现了岩画与结绳记事。以大地湾、磁山等文化遗址为代表的新石器早中期，距今约0.9万—1万年，这一时期出现了图腾。以大地湾、后李、甑皮岩等文化遗址为代表的新石器中期，距今约0.8万—0.9万年，这一时期出现了旗徽。以大地湾、裴李岗等文化遗址为代表的新石器中后期，距今约0.76万—0.8万年，这一时期出现了画符。以大地湾、裴李岗、北辛等文化遗址为代表的新石器晚期，距今约0.73万—0.76万年，这一时期出现了画字。以老官台、大地湾、裴李岗、北辛等文化遗址为代表的新石器末期，距今约0.7万—0.73万年，这一时期出现了画字的组合与分化。学界很多成果认为，新石器时期主要是以母系社会为主体，特别是晚期已经出现了口头神话，像天皇氏、地皇氏、女娲氏、燧人氏、有巢氏、五龙氏等都有这一时期的影子。这也为古老神话的定位提供了相应的时间参照坐标。

当然，关于后三皇时代太昊伏羲的出现，在考古学中不少人认为，这已经到了铜石并用时代早期，代表性文化遗址如仰韶、半坡、河姆渡、大地湾、马家浜等，距今约6000—6600年，这一时期出现了原始农业、氏族联盟等等。再往后出现文字，则是到了铜石并用时代的晚期，代表性文化遗址如良渚、三星堆、石峁、大汶口、马家窑、红山等，距今约4200—4600年，这一时期出现了原始联邦体制以及传说中的黄帝蚩尤之争，等等。关于此后的青铜时代、铁器时代的考古时间定位越来越清晰，关于三皇五帝时代的事迹也越来越丰富，不再一一列举。以这个时间轴为线索，可以为神话所叙述的许多内容作出大致的定位。

2. 神话是联系史前文明和当今文化的桥梁

神话的本质是人类的口头传统，产生于没有文字之前，因此对神话产生的时间作出准确判断相当困难。神话作为人类史前文明时期的产物，它的产生往往与人类的生存需求和特定的社会形态相联系，一定程度上记录了初民特定历史阶段的特定文化心理。这就是马克思认为的神话产生于人类野蛮期的低级阶段，即人类的童年时期。上面考古学方面的发现也表明，早在新石器时代中晚期，人类的群体活动与社会组织已有雏形，已经出现了原始生产、原始宗教与原始艺术，这是神话产生与兴起的契机。也有研究者认为，从人类进入旧石器时代的晚期开始，如一些关于解释自然现象的简单神话就产生了，但关于整个宇宙产生之类的创世神话，与之相比应该产生较晚，而创世神话中"有关财富、权力观念的神话，其起源就更晚了。如说神话形成于野蛮时期的低级阶段，则可能是比较符合实际的"①。这类关于不同类型神话产生的时序性的探讨，可以作为我们分析神话数据的一种参考。

针对伏羲女娲神话涉及的内容而言，应该产生于原始群居时代之后的以母系氏族社会形态为主体的氏族公社时代和以父系氏族社会形态为主体的部落社会时代。一般认为，母系氏族社会又可分早、中、晚三个阶段，其中的早期阶段相当于旧石器晚期，这时人类的生产方式虽然以采集为主，但已出现了人工取火、树叶兽皮缝制衣服以及盖简陋的房屋等。一般认为，把神话的产生时间界定于旧石器晚期的观点较为合理。

不同地区不同民族的生产方式与社会形态进程存在不同步性，有的文明进程较快的民族可能在一万年前后就产生了相对完整的神话，进入文明时代后，这些民族的神话可能会发生不同程度的演化与再创造；而有些民族则可能因为社会形态变化相对缓慢，直到相当晚近的时期仍处于原始社会阶段，则会保留下来更多的相对原始的神话内容与形式。

3. 人类进入文明社会后，记忆技术发展迅速

人类进入文明社会之后，记录数据的工具和手段有了长足发展，从原始社会的结绳记事、岩画雕刻，特别是作为人类交际工具的语言产生之后，人类的思维、人类的记忆表达、人类情感的表达进一步变得丰富。而文字的产生使原来的一些图形记忆和动态记忆进一步固定下来，如殷商甲骨文距今已有3600多年的历史，由此开启的文字记载，一定程度上记录了中华民族五千多年的文明史。

随着人类社会进程的不断演进，数据在数量上有了质的飞跃，对不同类型的、不同载体的数据进行管理和处理，便成为一种社会需求。人类进入20世纪后，随着工业化进程的迅速发展，出现了电报、录音机、照相机等信息记忆工具，特别是电子计算机更新换代的迅速发展，互联网的迅速普及，使数据的记忆迅速普及人们的生产生活中。对于数据的采集、管理和处理，一般认为经历了三个阶段：第一阶段是20世纪50年代之前的

---

① 杨堃、罗致平、萧家成：《神话及神话学的几个理论与方法问题》，《民间文学论坛》1995年第1期。

人工管理阶段，这一阶段以数据不具备共享性和独立性且强烈依靠人工进行管理和维护为特点，缺少一定的智能化，却为后世的数据管理技术的进一步发展奠定了资料基础；第二阶段是20世纪50年代末至60年代中后期的文件管理阶段，这一阶段的数据可以长期保存，有专门的软件进行数据管理和相互转化，但依旧保持相对低的共享性和独立性；第三阶段是20世纪60年代末至今的数据库管理阶段，这一阶段数据管理技术的快速发展与计算机技术和网络技术的迅猛发展相辅相成，实现了数据的结构化，数据的共享性和独立性大大提升，也基本实现了同一管理和控制，表明此时期数字化已经进入了人们的生活。

特别是近年来，国内外神话数据的建设取得了令人瞩目的成果。如将神话研究和数据文化结合起来，积极运用计算机共享平台实现神话数据的海量存储与流动，针对神话载体丰富多样的特性，在资料收录、梳理提炼和可视化呈现等环节积极探索新形式，逐步实现了对碎片式神话数据资源的系统性整合，进而向规范化的管理、多维度的应用与智能式的永续发展方面迈进。在数据的采集、梳理和功能设置方面，对不同国家和地区民族民间神话资源的抢救与采集重视程度不断加强，突出了数据分析的功能，数据分类与动态呈现方式的范围不断拓宽。伴随着大数据技术的日臻成熟，神话专题数据库建设也随着数字化软件的持续性开发和日益成熟，数据的立体化与智能化正一步步走向现实。

通过上述数据信息化技术的发展与普及，可以看出，伏羲女娲专题数据建设与研究已具备了客观条件与基础。

二 人文数据研究的必要性与现实意义

从当今人文社会科学研究的发展看，人文数据的研究已经成为科学研究方法创新的重要渠道，正如研究者提出的"科学数据在科学研究中的作用日益显著，数据密集型知识发现方法受到科学界的普遍关注；科学家不仅通过对大量数据实时、动态地监测与分析来解决科学问题，更基于数据来思考、设计和实施科学研究。数据不仅是科学研究的结果，且成为科学研究的基础"[1]。

---

① 孙建军：《大数据时代人文社会科学如何发展》，《光明日报》2014年7月7日第11版。

1. 国家发展战略中对包括社会科学在内的数据建设与研究高度重视

习近平在致2019年8月26日召开的2019中国国际智能产业博览会贺信中强调"中国高度重视智能产业发展，加快数字产业化、产业数字化，推动数字经济和实体经济深度融合"①，意味着以互联网、大数据、人工智能等为代表的现代信息技术正在影响着新一轮科技革命和产业变革，对中国的经济发展和社会进步将产生重大而深远影响。从人文社科研究看，我国也深刻认识到社会科学数据研究的重要性。如考察近几年《国家社科基金重大项目立项名单》中与数据有关的立项，2017年中就有"英雄史诗《格萨（斯）尔》图像文化调查研究及数据库建设""'一带一路'沿线各国民族志研究及数据库建设""中国少数民族神话数据库建设"等在内的多个关涉社科资源数据化的立项项目，在总项目数量中占比近1/10，展现出良好的发展态势。2018年的国家课题立项之中同样非常突出，在300余个国家社科基金重大项目中有近30项与之相关的课题，如"大数据驱动的社交网络舆情主题图谱构建及调控策略研究""中国北方岩画文化遗产资料集成及数据库建设"等，在数量比例持续稳定提升的基础上，研究所涉及的信息技术手段与领域也更加有针对性。2019年11月公布的《2019年度国家社科基金重大项目立项名单》，366个立项项目中有"易学古籍数据库建设""满族民间历史档案资料整理研究与数据库建设""明清时期黄河治理工程文献的整理研究与数据库建设""宋代'广韵—集韵'系统韵书韵字大成、数据库建设及宋代韵书史建构""中国电影文化竞争力与海外市场动态数据库建设""我国四大古典文学名著维吾尔文、哈萨克文译本的接受、影响研究及其数据库建设""大小凉山彝文经籍文献语音资源库建设""俄藏《格萨尔》文献辑录及电子资料库建设""东方古代文艺理论重要范畴、话语体系研究与资料整理""回鹘式蒙古文文献数据库建设"等近30项立项课题都与大数据建设与文学资料学建设有关，显示出社会科学资料学建设的巨大社会需求和重要学术价值。

2. 数据方法可以推进当今中国神话学的发展

在当今神话学研究特别是神话学方法创新方面，只有通过大数据技术与平台，才能更好地走向创新与深入。利用大数据的前提，即应充分

---

① 杨帆、戴娟、张珺：《习近平向2019中国国际智能产业博览会致贺信》，http：//guoqing.china.com.cn/2019-08/27/content_ 75142190.html，《重庆日报》2019年8月27日。

占有相当数量的研究资料，在这个基础上，才能使结论更加科学、准确。这就是马克思主义原理中所说的由量变到质变的辩证关系，也是学术创新的一个基本规律。从中国文化的发展历程看，无论是盛世修典还是研究大家所谓的皓首穷经，其目的无非就是提供或占有充分的学术资源，在此基础上，才能更好地分析、把握诸类文化现象的本质。如学术大家胡适、茅盾、顾颉刚、季羡林等，无不从博览群书中发现别人没有发现的问题，找到别人想说而未说的结论，他们有一个共同的特征，就是建立在对大量资料的考据基础之上。神话研究也不例外，如袁珂之所以成为神话学大家，他不仅采集、分析了各个时代文献中的中国神话经典，而且还高度关注少数民族地区口耳相传的神话文本，正是对这不同资源的充分利用，才有了等身之作。这充分说明神话数据资源在神话研究中的重要性。

3. 实践证明神话数据在当今文化建设中发挥了重要作用

当今许多研究机构及研究者已经利用现代信息新技术涉入神话数据的研究与开发，已经关注到古代文献神话、口头文本神话、民间活态神话、图像文物神话等所构成的立体的神话数据资源。这些资源通过数据技术，得到不同方式的呈现，使原来单一的纸质的神话资源逐渐发展为"超文本"的、多语境的、可视化资源。在神话资源的系统整理方面，也出现了由数字化逐渐向数据化发展的良好态势。如 21 世纪初启动的中国口头文学遗产数字化工程，在首期项目中便搜集了 5000 余册口头文本材料，这些资料主要包括各县卷本的三套集成，文字总量近 10 亿。这样庞大的民间口头文学工程在史上留下了浓墨重彩的一笔，也引起了学界乃至整个社会对民间文学的广泛瞩目。在首期工程接近尾声之时，系统共计收录了包括 TXT、PDF 等格式在内的神话作品、民间故事与传说等 28 万余篇，为现世及后续研究奠定了扎实的数据资料基础。[①] 据国家统计局社科文司发布的资料显示，改革开放 40 多年来，中国文化事业建设不断加强，文化产业发展成绩显著，"文化产品和服务的生产、传播、消费的数字化、网络化进程加快，新的文化业态应运而生。数字内容、动漫游戏、视频直播等基于互联网和移动互联网的新型文化业态成为文化产业发展的新动能和新

[①] 参见叶舒宪《盛世修书大业　再现神话中国——贺〈中国民间文学大系·神话·云南卷（一）〉出版》，《中国艺术报》2019 年 12 月 23 日第 5 版。

增长点,'互联网+文化'成为文化产业发展的重要趋势"①。这也是中国文化包括神话在内的创新与转化的重要支撑与前提。

三 选择伏羲女娲神话作为数据研究的设想

选择伏羲女娲神话作为专题数据研究是人文学科数据研究的一种尝试,它一方面建构在中华民族优秀传统文化大数据的框架之下,另一方面又可以作为人文学科研究方法方面的一个创新,主要表现在以下两个方面。

其一,通过伏羲女娲神话专题数据全面审视中华民族共同体意识的历史与实践。

伏羲女娲是中华民族的共同祖先。正如有研究者所提出的:"华夏先民将自己关于世界起源、始祖活动和民族形成的创世纪神话传说,记载保留在有关的汉文古籍中。流传甚广的伏羲和女娲,就是传说时代华夏先民的始祖夫妇。伏羲和女娲是汉族和有些少数民族共同尊奉的华夏始祖夫妇。华夏先民的创世纪神话和传说,是依照东方华夏农耕民族的独特方式来流传、保存和表述的,而不像西方那样,将它视为神的行为,存见于宗教经典之中。"② 伏羲女娲神话在我国各个地区的分布广泛,从目前采集的神话文本看,几乎涉及了绝大多数民族地区,不仅一些民族地区的汉族中熟知伏羲女娲神话,而且许多少数民族民间艺人都能讲述比较完整的伏羲女娲神话,诸如苗族、壮族、瑶族、羌族、彝族、布依族、毛南族、仡佬族等少数民族中流传有伏羲女娲洪水后结为夫妻再次繁衍人类的神话,把伏羲女娲看作是民族的祖先,还有一些少数民族神话中将伏羲女娲拆分为"伏哥""羲妹"或表述为"伏羲兄妹""伏仪兄妹"等,显然这应该是讲述人或采录者由于记忆偏差或音译混淆造成的结果,我们可以认为与伏羲、女娲具有本质的相通性。这些神话蕴藏了大量反映中华民族文化的信息,也是中华民族共同体意识的一种体现。许多研究者对这类问题也提出明确的判断,如有研究者认为,在南方一些少数民族聚集区,伏羲女娲神

---

① 国家统计局社科文司:《文化事业建设不断加强,文化产业发展成绩显著》,统计局网,http://www.gov.cn/xinwen/2018-09/14/content_5321864.htm,2018年9月14日。
② 徐亦亭:《伏羲和女娲是传说时代东方华夏的始祖夫妇》,《西北民族大学学报》(哲学社会科学版)2004年第6期。

话往往与其他类型的神话或信仰结合紧密，如伏羲女娲神话与洪水神话的融合，再如在伏羲女娲神话的主干情节中引入"葫芦崇拜"的意向，甚至有些地方的民众将伏羲女娲与当地氏族祖先或地方神灵形象进行了融合，等等。这种情况在毛南族、彝族、布依族、苗族、瑶族等民族中流传广泛，变体也非常丰富，往往关涉婚姻、人类繁衍、文化起源等方面，体现了伏羲女娲兄妹婚在少数民族地区的高接受度。[1]

还有的学者从地域板块不同民族的地缘关系考察这一问题时发现，在江汉流域和西南少数民族地区中流传的洪水后人类再生神话类型，尤其以苗族、瑶族的相关叙事最为普遍，以从广西壮族自治区、湖南省、贵州省、云南省以及四川省大凉山多个少数民族采集的45个该类神话故事为分析对象，发现在叙事情节上高度一致，如洪水泛滥，人类灭绝，幸存一对兄妹，兄妹结婚生怪胎，怪胎变成多个民族，等等。更有学者分析提出"其中苗族占20个，瑶族15个，彝族5个，壮族、侗族、傈僳族各1个，大部分兄妹名号与伏羲、女娲发音相同"。"这说明苗、瑶等族洪水故事，正是伏羲、女娲传说在少数民族中流传的反映。"[2] 显然，这里所列举的神话文本只是一种抽样，并不是该类神话的全部，但也从一个侧面反映出伏羲女娲专题数据与中华民族文化祖先塑造的密切关系。

这里把伏羲女娲视为中国多民族的祖先的现象实际上表达的是多民族关于祖先的高度认同。同样，从更大的跨地域、跨语言或跨文化的角度看这个问题时，有些研究者还提出"不仅苗族、仡佬族流传始祖伏羲女娲的神话，新疆也出土有大量伏羲女娲图像，且阿斯塔那唐墓伏羲的帽子、胡子都是维吾尔族的特征，说明苗族、维吾尔族等民族也认同他们是自己的祖先"[3]。大量"地下证据"的发现和历史文献相佐证，与存在于民间活态的口传文本一道，某种程度应和了多民族溯源至相同祖先的结论，共同书写了中华民族多元一体格局的壮丽篇章。

此外，据一些田野调查以及当今民间叙事中也发现同样的结论。不仅我国南方地区少数民族彝族、哈尼族、白族、纳西族、土家族、傈僳族、普米族等民族中有关于伏羲、女娲是祖先的神话传说，在北方民族中的诸

---

[1] 参见刘亚虎《伏羲女娲、楚帛书与南方民族洪水神话》，《百色学院学报》2010年第6期。
[2] 侯哲安：《伏羲女娲与我国南方诸民族》，《求索》1983年第4期。
[3] 刘辉：《伏羲女娲图腾与民族精神》，《人民日报》2015年10月18日第12版。

如蒙古族、满族以及西北地区的许多民族中都有关于伏羲女娲的叙事，体现出中华民族对文化祖先的高度认同。

其二，通过伏羲女娲神话数据比较进一步探究传统文化形成与发展的内在规律。

伏羲女娲神话是叙事中华民族文化祖先的神话，在两者的身上也体现着中华民族的文化英雄特征，正如有研究者在进行中西方神话的比较研究时，认为两者之间具有天然的差异性：从大量神话文本中不难发现，西方神话中不乏以自然神作为叙事的重点对象，而中国神话中则大量浸润着浓厚的英雄与祖先崇拜的意识，换言之，"中国神话根本不存在所谓'神话历史化'，因而21世纪中国神话学有必要重新建立自己的体系"[①]。究竟如何发现诸多神话中呈现的文化英雄特质及其内在的文化精神，通过大量的数据进行比较研究也许会成为重要路径之一。

（1）通过多维度数据准确判断神话的内容、形式与特征。从目前伏羲女娲神话的数据维度讲，我们可以选择不同的角度进行深入研究，如时间、空间、民族、传承载体等。本节以作为载体的图像为例，对伏羲女娲神话的分布情况加以分析和判断。刘惠萍在《伏羲神话传说与信仰研究》[②]一书中提供的"伏羲、女娲人首蛇身像分布一览表"数据显示，从西汉到明代各个时代都有关于伏羲女娲形象的墓葬发现，其中一些墓葬中包含着不同的石棺画像，大致情况是：西汉4处，新莽5处，东汉80处，魏晋南北朝9处，隋唐2处，明代1处。当然，对这些墓葬图像的考古发现并不能代表全部的地下文物含量。通过上述图像数据，我们可以得出的结论是，在不同的时代，人们对于伏羲女娲与丧葬的关系的关注程度存在差异性，但通过这些图像，我们则会更好地发现伏羲女娲神话与民俗结合的长期性，在不同地区和民族中接受程度的普遍性。此外，我们在伏羲女娲不同的图像中，还会发现他们外表特征、交尾情况、手中所拿的物品、与他们相关的动物背景、日月所在的位置等都有很大的区别，这种情况，我们也可以看出伏羲女娲叙事在民间的不同变化以及一些地域性特色。如隋唐

[①] 常金仓：《中国神话学的基本问题：神话的历史化还是历史的神话化?》，《陕西师范大学学报》（哲学社会科学版）2000年第3期。

[②] 刘惠萍：《伏羲神话传说与信仰研究》，陕西师范大学出版总社有限公司2013年版，第248—254页。

时代新疆古高昌国阿斯塔那古墓中的彩色绢画，伏羲女娲的面部已经有了明显的西域特征。如果对这些画像的地理分布情况加以分析，我们则会发现伏羲女娲的形象在这一历史阶段中就出现在湖南、河南、山东、四川、重庆、江苏、云南、贵州、北京、甘肃、陕西、吉林、新疆等不同地区。对同一地区分布情况的数据进行进一步的考察分析，我们也可以更确切地找出伏羲女娲神话在特定县域与当地民俗的关系。以山东为例，会发现东汉山东长清孝堂山郭氏墓石祠、山东肥城栾镇村画像石墓、山东梁山后银山壁画墓、山东嘉祥县纸坊镇武梁祠、山东滕县龙阳店画像石、山东济宁城南张画像石、山东费县潘家疃画像石等。如果对画像的具体细节加以分析，我们还会看出伏羲女娲与汉代兴盛起来的升仙观念有关。

（2）通过数据寻找伏羲女娲神话与其他同类神话中的文化共性。马克思运用辩证唯物主义明确提出面对人类文化优秀成果时应持有"批判地继承"的态度，即共性中包含个性、个性反映出个性的普遍性与特殊性的关系原理。这一原理在不同时代、不同地区、不同民族的伏羲女娲神话中同样会得到充分验证。例如各民族在塑造文化祖先时，最常用的核心母题无非就是繁衍人类、造福后人等伟大业绩，其中把伏羲女娲作为男女祖先一起塑造的情况，则会通过二者的婚姻关系加以表现。为了更好地突出这个主题，叙事结构上一般会设置灾难灭绝人类，然后伏羲女娲兄妹作为仅有的幸存者，经过特定人物的劝婚或多次难题验婚，二者为了繁衍人类在万般无奈的情况下结为夫妻。许多神话为了渲染二人不得已而为之还会给出一些道德方面的评判，如婚后生育怪胎、二人用泥土造人等，但最后的结果都是无一例外地繁衍出人类，或民族、百家姓、村落人烟等。这一明确的主题就是这类神话的突出共性。

由于时空变化、讲述人或采集者的不同，不同神话的具体叙事往往会各有特色。如有的神话中哥哥的名字叫"伏羲"，而"妹妹"的名字却各不相同；有时出现的"妹妹"是"女娲"，而哥哥的名字则是"盘古"；有时灾难后幸存的一对男女不是"兄妹"而是"姐弟"；有时"兄"和"妹"的名称在不同民族或同一民族的不同神话中都完全不同，如流传于云南省梁河县的神话《九种蛮夷本是一家人》[①]中说，遮帕麻与遮咪麻兄

[①]《九种蛮夷本是一家人》，中国民间文学集成全国编辑委员会编《中国民间故事集成》（云南卷），中国 ISBN 中心 2003 年版，第 183—184 页。

妹滚磨成婚，生葫芦籽繁衍出百家姓，变成傣、汉、景颇、傈僳、阿昌、德昂等九种蛮夷。流传于云南省碧江县的白族神话《氏族来源的传说》①中说，洪水后，阿布帖和阿约帖兄妹成婚，生的5个女孩繁衍了熊、虎、蛇、鼠4个氏族。流传于贵州省六圭河畔和水城特区的仡佬族神话《阿仰兄妹制人烟》②中说，洪水后，幸存的阿仰兄妹婚生仡佬族、苗族、彝族、布依族等"九种夷苗"。流传于云南省红河州的哈尼族神话《兄妹传人类》③中说，洪水后，莫佐佐龙兄妹婚生后代，繁衍哈尼族、彝族、汉族、傣族和瑶族。流传于云南省景洪县的基诺族神话《阿嫫尧白造天地》④中说，洪水后，幸存的玛黑玛妞双胞胎兄妹婚生7个儿女，繁衍出不同的民族支系。流传于四川省木里县的纳西族神话《错则勒厄》⑤中说，洪水后，幸存的错则勒厄兄妹经难题成婚，生的3个儿子，成为藏、汉、纳西族的祖先。上述神话叙事细节的异同中本质上反映的是个性与共性的统一。

有时同一个民族的此类神话中也会出现兄妹名称的不同。如同样是侗族神话，叙述洪水后一对兄妹结婚繁衍人类时，流传于贵州省天柱县的神话《捉雷公》⑥中说是"丈良、丈美兄妹"；流传于广西壮族自治区三江县的神话《祖先的事》⑦中说是"张良张妹"；流传于湖南省新晃县的神话《姜郎姜妹》⑧中则说成是"姜郎姜妹"，等等。这类情形都是共性与个性的体现，我们在梳理与分析数据时，需要注意到各种神话文本叙事中的共性与个性，在个性中归纳共性，在共性中辨析个性，才能更合理更科

---

① 《氏族来源的传说》，大理州《白族民间故事》编辑组编《白族民间故事》，云南人民出版社1982年版，第81页。
② 《阿仰兄妹制人烟》，中国民间文学集成全国编辑委员会编《中国民间故事集成》（贵州卷），中国ISBN中心2003年版，第54—57页。
③ 《兄妹传人类》，中华民族故事大系编委会编《中华民族故事大系》（第6卷），上海文艺出版社1995年版，第14—17页。
④ 《阿嫫尧白造天地》，中华民族故事大系编委会编《中华民族故事大系》（第16卷），上海文艺出版社1995年版，第794—796页。
⑤ 《错则勒厄》，中国民间文学集成全国编辑委员会编《中国民间故事集成》（四川卷），中国ISBN中心1998年版，第1419—1421页。
⑥ 《捉雷公》，燕宝、张晓编《贵州神话传说》，贵州人民出版社1997年版，第28—32页。
⑦ 《祖先的事》，中国民间文学集成全国编辑委员会编《中国民间故事集成》（广西卷），中国ISBN中心2001年版，第60—63页。
⑧ 《姜郎姜妹》，中国民间文学集成全国编辑委员会编《中国民间故事集成》（湖南卷），中国ISBN中心2002年版，第28—30页。

学地开发利用好各类数据。

（3）改进以往以单一来源或简单指向为主的研究方法。毋庸讳言，从传统神话学研究方法而言，有些以文献为主，形成以查阅资料浪里淘沙阅读经典的经院学派研究方法，但大量的信息查找过分依赖于有限的纸质书籍，虽然试图皓首穷经把握尽可能多的图书资源，但由于个体大脑记忆的有限性和学术时间的限制，有时难免会在研究中心有余而力不足，或者走向对某些稀有资料的过于执着。这种情况忽视了目前学术资源与各方面信息已实现了网络平台的日趋开放，如果把传统的"人脑"记忆作为捕捉学术信息的基础，远远不如借助于网络数据这个超强"外脑"在短时间内获取的结果。从另外一个角度讲，由于研究者个体把握信息的有限性，在形成结论作出判断时往往在很大程度上带有个人主观推测；相反，由于数据库本身资源的丰富性，无论是资源最大化方面的量化分析，还是关联性事件的多方位比较，都有利于研究者更为客观的判断，这对把握所研究问题的本质也是极其重要的。可以预见，在未来的人文社科研究中，谁把握了本领域专业数据的采集与分析方法，谁就有可能生产出更多优秀的成果。

在中国人文社会科学研究中还存在一种较为普遍的现象，就是由于对中国古代与当今大量文化资源的不能系统把握或者说是不自信，既不能像古人那样十年寒窗式的窗间老一经，对极其丰富的文化资源作出耐心的梳理，而且也很难从一个理论或原理出发进行耐心细致的演绎论证，而是利用见到的某些已有的或者外来的理论采取主题先行乃至先入为主的研究方法。这样无论是在资料的搜集上，还是选择与应用上，其根本目的不是发现某些新问题，提出某些新观点，也不是解释现实实践中需要解决的问题，而是力图找些谷子芝麻之类的论据，哪怕是孤证，来证明已有理论或观念的正确性。事实上，所研究对象的现实是什么样并不是研究者根据某种理论预设的那个样子，在其现象与本质之间也许需要很多其他方面的可能。上述现象在实质上不是一种科学研究的方法，甚至可以说是一种学术研究中的偷懒，这对学术创新的需要无疑是无益甚至有害的。从这个角度说，任何理论都不是封闭的，任何知识体系都是一个始终开放的体系，这样的体系才不会成为干河枯井，而是百川汇海形成的知识的海洋。

值得欣慰的是，目前人文科学数据库包括专题数据库建设与应用方面的普及，将各种可以关联的知识以某种逻辑有效整合起来，并能有效生成一些智能判断,这就在一定程度上替研究者完成了论据采集与分析对比这一环节,也会从根本上取代一些无谓的简单的证明式的研究,这不仅能为研究者提供更广阔的研究视野,而且提供了更多从实践、从已有材料和经验归纳出新的学术结论的可能性。这样无论是对本土文化的回归,还是培育中国学术研究的文化自信都无疑是积极而必要的。

第二节 伏羲女娲神话数据的界定

尽管上文已经涉及神话、伏羲女娲神话文本等相关概念,但鉴于神话专题数据建设与研究的实际需要,在本节有必要对神话、伏羲女娲神话、数据研究的基础等几个基本概念或基本问题做进一步阐释。

一 神话的界定与特征

神话是人类最早的文化产品。一般认为它产生于史前文明时代,属于新石器时期中晚期的产物,因为它产生时间早,流传时间长,叙事内容复杂,呈现形式多样,学术界对它的定义也是众说纷纭。"神话"的核心问题应落脚于关于"神"的探讨上,从文字象形角度来说,"神"字始见于西周金文,古字形由表示祭台的"示"和表示雷电的"申"构成,这大致有古人将闪电等自然现象视作神迹,并以祭祀形式加以供奉和祭奠之义,其异体字有"魖""神""䄠""神""裑""禮""种"等。古籍中关于"神"字之含义,《说文解字》中说:"天神,引出万物者也。"[1]《史记正义》中说:"民无能名曰神。"《大戴礼记·曾子天圆》中说:"阳之精气曰神。"《易·说卦》中说:"神也者,妙万物而为言者也。"《礼记·祭法》中说:"山林川谷丘陵能出云为风雨见怪物皆曰神。"《孟子·尽心下》中说:"圣而不可知之谓神。"其他神话作品或民间传说中也同样对"神"之含义有所反馈,如"宗教指天地万物的创造者和统治者,迷信的人指神仙或能力、道行高超的人死后的灵魂","神话传说中的人物,有超人的能力"[2]。我们在很多研究成果中会发现,有些学者在考察神话中的神

---

[1] (汉)许慎:《说文解字》,中华书局1963年版,第8页。
[2] 参见王宏印、李宁《民族典籍翻译的文化人类学解读——〈福乐智慧〉中的民俗文化意蕴及翻译策略研究》,《民族文学研究》2007年第2期。

时，经常把"神"与"鬼神""神灵""神仙""神圣""神怪""灵怪"等概念混杂使用。以上种种情况，都无一例外地突出了神的非人特性，从其本质上大都离不开精神、崇拜、不平凡的基本内核。

马克思在论及希腊神话时曾站在历史唯物主义的高度对神话的概念进行了界定，认为"希腊艺术的前提是希腊神话，也就是已经通过人民的幻想用一种不自觉的艺术方式加工过的自然和社会形式本身"[①]。这是目前学术界所普遍认可的基石，具备历史唯物主义和辩证唯物主义的高度。中国神话的概念经历了引援西方理论到完成本土化发展的过程。神话学大家袁珂将神话的概念分为广义和狭义两种，所谓狭义的神话是指产生于原始社会野蛮时期，到奴隶社会逐渐消亡这一阶段的作品。正如刘魁立在对神话的实质进行界定时，认为神话作为一种古代劳动人民充满幻想色彩的艺术创作形式，在产生时间、形成方式和反映内容等方面有其特殊性，大致反映了处于原始社会时期的人们对于周遭世界和所处社会群体的感知，"孩童般的"叙事中处处体现了创作者朴素的世界观，人们"不自觉地把自然界和社会生活加以形象化、人格化"[②]，大量的相关叙事在时间的层积作用下凝练成了特定族群中的原始信仰，而形成的、与原始信仰相关联的一种特殊的幻想神奇的语言艺术创作"。这里强调了"原始公社时期""原始思维"等相关概念，重点强调的是神话产生的时间和背景。目前不少神话研究者都以这种观念考察神话，认为人类进入文明时代之后，神话的创作也就不存在了。如马克思提出的那样"任何神话都是用想象和借助想象以征服自然力，支配自然力，把自然力形象化；因而，随着这些自然力实际上被支配，神话也就消失了"[③]。

这里有一些不可忽视的客观现实，一是尽管随着人类进入文明社会之后真正意义上的神话的创作可能消失，但神话的传承与再利用或者称之为再创造却不可能戛然而止，甚至随着社会文化的发展需要可能有发扬光大的趋势。人类发展的历史也证实，神话不仅会独立传承，而且还会融合在传说、民间故事、戏剧、小说等不同的文化样式之中，甚至以其强大的生

[①] 马克思：《〈政治经济学批判〉导言》，《马克思恩格斯选集》（第二卷），人民出版社1995年版，第29页。
[②] 参见刘魁立《刘魁立民俗学论集》，上海文艺出版社1998年版，第37页。
[③] 马克思：《〈政治经济学批判〉导言》，《马克思恩格斯选集》（第二卷），人民出版社1995年版，第29页。

命力影响着人们的文化观念。二是不同民族或地区社会形态的进程是不一致的,如我国有不少少数民族直到中华人民共和国成立前,生产方式的发展状况仍然参差不齐,在不少民族地区的实际情况中既有原始社会经济形态,也有奴隶社会、封建社会以及半殖民地半封建社会等多种社会形态。像云南地区的怒族、傈僳族、景颇族、独龙族、佤族等,在中华人民共和国成立前后的相当长的一段时期不同程度上保存着生产资料公有制,社会产品平均分配,物物交换的形式普遍存在;像纳西族的摩梭人支系中很大程度上保留着母系氏族传统甚至群婚制的残余,等等。这些特定的社会背景都是神话不断产生的土壤,甚至直到当今仍然有一些活态神话存在。三是从神话客观传承与存在角度而言,也存在一个自身发展与演变的规律问题,神话产生的时间久远,从原始社会开始跨越了人类社会发展的诸多阶段,当神话从一个较低的社会发展阶段进入一个较高的社会发展阶段时并没有消亡,而是自然成为一种文化遗存或者"社会化石",甚至在特定地区与民族之间依然保持着鲜活的生命力,以口传、民俗乃至生产生活方方面面的丰富形式存续着,随着时代变迁演绎出新的内容与表达。从这个意义上讲,我们考察神话需要时刻持有辩证的眼光。

　　对此有不少研究者本着更大程度上挖掘中华民族传统文化的考虑,提出了"广义神话"的概念。在广义神话的概念范畴之中,不仅包含了狭义神话的概念,更将其内涵进行了更大范围的扩充,认为随着社会的不断演进,产生于原始社会的神话也依附于丰富的载体不间断地传承着、变化着、发展着,甚至与其他类型的文化产生了融合。原始时期萌生狭义神话的社会基质虽已消亡,但广大民众基于时代当下的创作欲望与精神文化需求并没有消退,不同时期对远古神话人物和事迹"古为今用"的新神话作品层出不穷,这些叙事无论从叙事核心还是反映主旨上都可归为神话的范畴,这类神话非古典派的界说所能概括。后续茅盾对神话的概念也进行了相应的阐释:"神话是一种流行于上古时代的民间故事,所叙述的是超乎人类能力以上的神们的行事,虽然荒唐无稽,可是古代人民互相传述,却确信以为是真的。"[①] 对此,有研究者从广义神话出发,提出由"中国神话"到"神话中国"的理论构想,认为中国神话研究从 20 世纪 80 年代中

[①] 茅盾:《神话研究》,百花文艺出版社 1981 年版,第 3 页。

期的神话原型批评开始,到今天正在努力探索一套适合中国本土文学和文化实际的新理论体系。其中,"一个主要的学术突破是打破了文学本位的神话观,将神话研究引向文、史、哲与宗教学相互整合的大视野"①。显然,关于"神话中国"命题的提出,既是一种学术范式的变革,也是中国神话理论与方法方面的学术自觉,其真正意义不是所谓的泛神话论,而是尽最大可能地通过对中国神话的关注,努力进行中华民族的文明探源与优秀文化传统的传继或修复。鉴于对上述中华民族神话文化意义的思考,本书把伏羲女娲神话数据作为研究对象,以马克思的神话观为指导,使用学术界目前广泛认可的广义神话概念,这一概念既包括早期产生的与伏羲女娲相关的神话,也包括后世传承直至现当代在民间通过创新、发展所形成的伏羲女娲神话。

二 伏羲女娲神话的界定与基本内容

关于伏羲女娲神话的界定,在目前神话学界有不同的观点。这些观点的差异性主要源于对神话定义的不同标准。如有人主张从神话的叙事主体上去界定神话类型的名称,如盘古神话、三皇五帝神话、文化英雄神话等。有人主张从神话叙事的主要内容角度出发界定神话类型名称,划分出创世神话、人类起源神话、洪水神话、灾难神话等。还有人主张从神话的叙事特征中界定神话名称,划分出原生神话、次生神话、拟神话等。其中原生神话又称"原生态神话",有研究者认为"原生态神话是指原始氏族公社时期及其以前的初民所创作和讲述的神话"②。"次生神话"主要是指人类进入传说时代的类似神话的作品,而"拟神话"则是更为晚近的人们有意识地利用神话思维创作的神话。就本书而言,根据伏羲女娲神话数据研究的实际需要,综合研究者所提出的不同神话类型做出了适合于本研究的一些标准界定。

从伏羲女娲神话涉及的主体以及这些神话主体的生平事迹出发,本数据库涉及的伏羲女娲神话研究对象分三个不同的层次,即伏羲神话、女娲神话和伏羲女娲神话。从这三个层次概念产生的时序看,伏羲女娲神话既

---

① 叶舒宪、公维军:《从"中国神话"到"神话中国"——文学人类学对神话研究范式的变革》,《文化学刊》2017年第3期。
② 陈建宪:《神话解读》,湖北教育出版社1997年版,第13页。

可以看作两个不同时期形成的神话，也可以看作后世合二为一的神话。研究者一般认为女娲神话作为以表现母系氏族的女性神英雄事迹的神话，其产生时间应该早于以表现父系时代的神灵伏羲神话的产生，有研究者从考古学角度出发，将元谋人、蓝田人已学会用火的考古证据与"燧人取火"神话相关联，推断出有巢氏、燧人氏神话产生于旧石器时代。依照此思路继续回溯，便可得到神农神话产生于荒蛮时期，女娲神话则产生的时序更加早古。正如一些学者认为："伏羲、女娲大约与兄妹婚神话原本没有什么关系，他们在汉代的史乘和汉墓画像中才开始被频繁地联系在一起，与兄妹婚神话的粘连大约更晚。"① 伴随着母系社会产生的女娲神话在时序上较早出现，正如陶阳所说："作为女性创世大神，女娲神话当产生于母系氏族社会时代。"② 而后随着父系社会的萌芽、发展，代表氏族男性形象的伏羲才应运而生，肩负着"初造王业""画卦结绳""制嫁娶之礼"等历史使命，强调了男性在父系社会中的主导地位，自此之后，女娲和伏羲的形象往往结伴出现，衍生出夫妻、兄妹、父女等多种关系形态。如果严格按照伏羲女娲产生时间的先后逻辑，这一复合的概念应定义为"女娲伏羲神话"，但本书还是依据学术惯例将其表述为"伏羲女娲神话"。这样不仅符合大家已经形成的接受习惯，而且在数据排序的结构上也能够大致与多数神话文本中的叙事表达相一致。

1. 伏羲神话

伏羲作为特定的神话人物，也可以看作历史上客观存在的历史人物，被中华民族尊为文化始祖，位列三皇五帝，福佑社稷之正神。楚帛书记载其为创世神，是中国最早的有文献记载的创世神。关于伏羲身份之探讨，朱炳祥在《伏羲与中国文化》③ 一书中提出了"伏羲是一个跨越时空的群体概念而非个体概念"的说法。刘惠萍等学者所持观点也大抵相似，认为伏羲已在某种程度上被符号化为中华民族始祖文化的代表，作为上百万年先民创造之后，经累世凝结、沉淀的产物，与女娲一道代表了不同历史时期的文化意蕴。从伏羲神话所表现的内容来讲，一般来说应囊括以下两个基本要素：一是以伏羲作为叙事主体；二是在伏羲的叙述过程中形成了相

---

① 杨利慧：《女娲的神话与信仰》，中国社会科学出版社1997年版，第14—19页。
② 陶阳、牟钟秀：《中国创世神话》，上海人民出版社2006年版，第31页。
③ 参见朱炳祥《伏羲与中国文化》，湖北教育出版社1996年版。

对完整的情节链，如伏羲的出生、伏羲的成长、伏羲的特征、伏羲的职能、伏羲的身份、伏羲的能力、伏羲的事迹、伏羲的关系、伏羲的寿命与死亡、伏羲的纪念以及与伏羲有关的风物等。关于"伏羲"的称谓，我们从目前问世的各民族神话或传说叙事中发现，又有写作或称作"伏牺""必（宓）羲""庖（包）牺""太昊""虑戏（羲）""虑羲""伏义""伏依"等诸多情形。

正是基于中华民族在长期发展过程中对伏羲的尊崇，才产生和传承了大量的关于伏羲生平事迹的叙事，这些叙事中有些带有明显的联想、幻想等神话思维，我们可以称为一般意义上的伏羲神话，而有些作品属于对伏羲作为历史真实人物的记录，如关于伏羲的传说、关于伏羲与现实风物的自然联系，甚至有些作品如戏剧、诗歌等，只涉及伏羲的简单情节。本书根据研究需要，也将其看作与伏羲神话密切关联的数据或作为伏羲神话的有机构成部分。

2. 女娲神话

女娲是中华民族人文之先始，亦是与伏羲同为福佑社稷之正神。先秦文献古籍《史籀篇》《楚辞》《礼记》《山海经》和秦汉以来的《淮南子》《史记》《汉书》《风俗通义》《帝王世纪》《独异志》《路史》《绎史》等史料中均有女娲之记载，所涉及称谓及名号纷繁众多，仅封号便有"娲皇""凤皇""女皇""女帝""阴皇""神女""帝娲""阴帝""帝女"之多，散见在民间口传和习俗信仰中的相关叙事更是浩如烟海。本书所谓女娲神话，指的是在叙事中包含了有关女娲的出生、女娲的成长、女娲的特征、女娲的职能、女娲的身份、女娲的能力、女娲的事迹、女娲的关系、女娲的寿命与死亡、女娲的纪念以及与女娲有关的风物、古迹等方面的文本作品。女娲神话与伏羲的界定相同。

3. 伏羲女娲神话

从涉及范围上讲，不仅包括伏羲与女娲个体的诸类事迹或行为，更强调二者之间共同的事件及与之相关的情节母题，如作为兄妹关系的伏羲女娲、作为父女关系的伏羲女娲、作为合作伙伴的伏羲女娲、作为夫妻关系的伏羲女娲、作为男女始祖的伏羲女娲，等等。特别是洪水后伏羲女娲兄妹婚再生人类，是目前许多地区和民族中广泛流传的神话类型。从伏羲女娲神话产生的时间上限来讲，正如上文所述，伏羲与女娲在早期神话中并没有以兄妹或夫妻等对偶神的形象出现,甚至谈不上任何关联性。在伏羲女娲二者实现粘连的时间问题研究上,不少学者认为它或产生于人类社会步入文明时期,且与两性意识的萌芽有着千丝万缕的联系,认为人类产生源于两性结合,从而关注到婚姻关系在伏羲女娲神话中的反馈或映射。伏羲、女娲在人类进入对偶婚阶段或更晚时期才得以粘连的结论在随后出现的地下文物遗迹中可以得到有力佐证,如西汉时期出土于湖南长沙马王堆墓帛画中的伏羲女娲交尾图,普遍认为是目前发现最早的伏羲女娲对偶图,还有新莽时期现河南唐河电厂画像石前室壁柱上的伏羲女娲交尾壁像、山东嘉祥武氏祠的汉代画像中出现的伏羲女娲人面蛇身交尾图,等等。在古代文献方面,如东汉应劭的《风俗通义》、晚唐李冗的《独异志》等记载中,也有对伏羲女娲关系、洪水后婚生人类的记述,但至于最早在什么时间结合起来却不得而知。有学者提出,大量的事实"都证明了洪水后伏羲女娲成亲这一古老情节在汉族是后来才固定下来的。固定下来的时间想必已经在古代,而且并非在中国所有地区都固定了下来"①。

由于神话叙事的差异性,许多与伏羲女娲有关的神话在表述中可能使用的不是伏羲女娲这样一个明确的名称,有的使用"伏羲兄妹",有的使用"伏哥羲妹",有的说成"伏依兄妹",等等,因为其叙事本质的一致性,这些神话也列为伏羲女娲神话。

三 伏羲女娲神话专题数据研究的客观基础

(一)伏羲女娲神话作为专题数据建构与分析的客观基础

伏羲女娲神话作为专题数据的客观依据是与该类型神话的自身特征分不开的。

1. 伏羲女娲神话产生时间早

神话作为人类最早的文化创造,承载着人类最古老的文化记忆,其口耳相传的历史长度远远超过了文字和文献。关于神话产生的历史上限之探讨,国内学者普遍持有"产生于人类史前文明的早期阶段"的认知,这种说法与摩尔根《古代社会》一书中对人类古代社会之蒙昧期的阶段划分相印证。②

---

① [苏联] 李福清:《中国神话故事论集》,中国民间文艺出版社1988年版,第110页。
② [美] 摩尔根:《古代社会》,杨东莼、张栗原、冯韩骥等译,商务印书馆1971年版,第12—17页。

还有学者从语言学角度证实了这一猜测，认为伴随着简单语言的产生"先祖的具象思维已经形成，因而上古神话具备了发生的载体"①，加之考古学文物遗迹之佐证，基本可以定位于早于旧石器时代的晚期。而产生于母系氏族社会时期的女娲神话，在历史分期上正是属于旧石器时代中晚期，换言之，女娲神话的历史最早应追溯至中华民族神话之源头。

伏羲女娲神话产生时间早，一方面从数据量的角度意味着"数量"的累计十分可观，不仅各朝各代文献记载和民间散轶的文本大量存世，在祭师、巫师、头人、歌手及艺人等相传与演述中，岩崖石刻、墓葬文物、绘画俗信中也多有反映，实现了数据库"海量数据"的资料积累；另一方面，存在于不同时期中的伏羲女娲事象带有鲜明的时代烙印，深刻反映出该历史时期的社会性质和文化意蕴，随着历史的演进实现了时间维度的线性积累和层次划分，极大增加数据复杂程度和整合难度的同时，也必然提升了伏羲女娲专题数据库的丰富度和实用度。也正是由于伏羲女娲神话发生时间早古、历史跨度大等特性，数据甄别、类型分层和结构搭建等诸多问题既是客观存在又是理论难题和技术需求，自然构成了数据库建构与分析的时间维度的客观基础。同时，伏羲女娲神话跨越五千余年的数据属性为历史学、考古学等相关学科的专题数据库留有了融合和关联的可能性，更大层面的数据融合和开发亟待在实践中得以发掘和印证。

2. 流传地区广和涉及民族多

伏羲女娲神话文本和口传神话在诸多民族和地区数量众多且流布广泛，这无疑是民众和学术界的通识。据笔者已搜集到的数据，伏羲女娲神话在我国 20 多个民族近 30 个省份中均有流传，特别是女娲造人、女娲补天和女娲灾难后创世等主题的叙事更是反复大量出现。排除原生神话和次生神话的考量，这一数据结论是相当可观的，其具体内容将在"第三章 伏羲女娲神话文本的数据结构"的"第三节 民族与地理视角下的伏羲女娲神话数据结构"作详细论述，此处不再重复论述。

无疑，伏羲女娲神话的上述特性特别是基于地理分布的空间特性为大数据的可视化应用提供了客观基础。所谓数据可视化（Data visualization），指的是目标数据的最终呈现方式，一般而言由静态或动态的图像、图表或

---

① 段友文、林玲：《中国上古神话与原始宗教发生的文化逻辑》，《贵州民族大学学报》（哲学社会科学版）2018 年第 2 期。

其他形态作为基本的交互呈现模式，想要达到这一目的，需要后台对数据进行图像处理，运用到计算机图形学、计算机视觉、计算机辅助设计等相关技术。它是大数据的一个重要应用，其简单、直观的表达形式也在枯燥数据和更加多元的受众之间搭建起桥梁。比较常用的地理空间数据可视化软件和技术路径有 Leaflet，Turf，Polymaps 和 Vega 等。以 MapD Vega 为例，它是基于 Jeffrey Heer 及其在华盛顿大学的团队开发的开源 Vega 规范，主要应用 Vega 作为可视化语法，用于创建、保存和共享交互式可视化设计，从而实现数据加载、转换、缩放、地图投影、轴、图例和图形标记等。[①]其优势在于使用者可以借助可视化工具轻松了解收集的数据，并且可以轻松支持自定义算法和高级可视化技术。使用 Vega 进行可视化分析的基础数据之一便是经纬度（X，Y）和频次，所以在对伏羲女娲神话地理分布数据进行可视化处理前，必须对相关数据进行地理属性的赋值，而包括伏羲女娲神话口传文本的流传地信息、相关文物古迹的地理坐标等在内的诸多类目均可通过地图开放平台的"拾取坐标系统"工具轻易获得，进而通过数据属性—标记属性—尺度属性的分析层次获得期望的可视化结果，上述便自然构成了大数据地理空间可视化的客观基础。

3. 伏羲女娲神话文类多与载体丰富

伏羲女娲神话从发生、发展、演化，历经累世而绵延至今，展现出极强的生命力，充分体现了其"活形态"的文化属性和传播特质。在神话见诸文献记载之前，主要通过与人类或族群祭典相关的神圣叙事实现传承和传播。汉字出现之后，一些古籍如《山海经》《穆天子传》《楚辞》《淮南子》等文献中出现了有关神话的零散记载。但中国古代文化的农业型物态特征决定了历史上许多朝代都倾向推行"重实际而黜玄想"的统治思想，加之儒家倡导不言"怪力乱神"，导致文献中记载的神话非常有限，神话经由文献途径进行传播的渠道并不顺畅。

事实上，伏羲女娲神话不仅有汉文古籍、部分民族文字古籍、口头文本等丰富的神话文本，而且还大量存在于古今散文、论文、诗歌、史诗、戏剧、小说等多种文类之中，如在湖北省神农架林区发现的汉族史诗《黑暗传》中就叙述了大量有关伏羲女娲的事迹，在目前许多新创作中包括影

---

① Gene，"Vega Makes Visualizing BIG Data Easy"，网址：https://www.jianshu.com/p/25420d597c2b。

视作品、手机游戏作品中都大量出现伏羲女娲的影子，这些都可以看作可关注的伏羲女娲数据资源。当然许多地方的文物考古报告、民俗活动中的伏羲女娲祭祀事象，以及被不断确认的有关伏羲女娲的庙宇、墓碑、字画、遗迹，等等，都以不同载体或多或少地保留了伏羲女娲的很多数据元素。可以说伏羲女娲作为中华民族特有的古老传统文化在中国大地上绵延大约五千年，不仅广泛在中原地区流传，而且在许多少数民族地区都有明显的传播记忆或图文古迹。如果单就与女娲神话相关的文化载体进行讨论，一般常见的多见诸纸张、手稿、竹简之上，包含或详尽或简明的神话文本；此外，在象形、拟音、表意的社会发展阶段，它们也常以相对固定的形态出现在壁画、墓室雕刻、陶器、乐器、生活器具之上，甚至文字发端时期的甲骨与青铜器中也可寻觅到她的影子。[①] 伏羲女娲神话的众多文类和多样化的载体，为其专题数据库的建设与应用提供的客观支撑是不言而喻的。

（二）伏羲女娲神话作为数据库案例的可操作性

数据库为计算机术语，简言之，即按照数据结构来组织、存储和管理数据的集合。将伏羲女娲神话资源纳入数据库体系范畴中，大致可以划分为信息采集、信息处理和信息呈现三个环节，只有同时实现上述三个步骤的可操作，才能确保伏羲女娲神话作为数据库案例的完全可行。

1. 伏羲女娲神话数据在信息采集环节的可操作性

在进行伏羲女娲神话数据信息采集之前，目前已经明确具备相当数量的资源并且相关群体持有数字化的积极意愿，受众基础较好且社会的基本认知有了一定程度的提升，这是进行数据采集的前置条件。在此基础上，针对前文已提及的伏羲女娲神话所涵盖的基本内容和类别，可将伏羲女娲神话资源粗略划分为文本和非文本两类：对于非文本类的资源，可充分利用数码相机、音视频采录设备等进行数字化采集，特别针对三维立体数据（伏羲女娲雕塑、雕刻、生活生产器具、风物、建筑等）的数字化，则可利用标靶法、后视定向法和基于点云自动拼接的数据采集法等技术，配合后期计算机解析测图技术实现基础数据的采集；对于文本类资源的数字化采集，针对目前伏羲女娲神话文本数据主要来源集中于各类书籍影音版本

---

① 参见曾少武《从女娲文化史迹分布探寻女娲行踪》，《学习月刊》2007年第18期。

的现实实际，目前尚多采用人工录入与计算机图形识别相结合的技术路径。

此外，随着计算机文本挖掘技术的日臻成熟，对网络数字环境中的伏羲女娲神话信息获取或将成为未来的主流，特别随着云计算和深度学习等一系列新技术的广泛使用，以文本分类、文本聚类和信息检索为技术核心的文本挖掘已在人文社科领域表现出广阔的应用前景，共同助力伏羲女娲神话信息的采集。

2. 伏羲女娲神话数据在信息处理环节的可操作性

斯图亚特·霍尔（Stuart Hall）的编码/解码理论为伏羲女娲神话信息的处理提供了理论基础，他提出适用于任何话语生产的分析中的编码与解码模式遵循马克思主义所描述的生产、流通、使用、再生产四个商品环节，并重点强调了在信息发布之前对信息进行重新构建的重要意义和必要性。霍尔借助符号学中索绪尔的论述说明了符号与编码的关系，同时吸收了罗兰·巴特的语言学关于外延和内涵两层意义的思想，为文本传播信息的处理和构建提供了成熟的理论依据。在此基础上，对伏羲女娲神话数字资源的抽象和分离成为信息处理环节的核心内容。所谓抽象，应既包括信息本身的多维度降维和约化，又涵盖对众多数据的合理归类和综合特征描述，最后形成结构化的数据库体系。

目前对以文献为主的神话文本资源进行结构和重组已经开始了实践并有了卓有成效的进展，加之高速发展的时代背景为神话资源的数字化和结构化提供了技术支持，以王宪昭《中国神话母题 W 编目》系列工具书为代表的研究成果表明，依据目前世界神话学、民间故事学研究领域中通用的"母题 AT 分类法"，结合中国神话的实际情况，对中国神话母题进行整体性的梳理，形成相应的规则体系和编目，将神话个案进行重新解构和母题提取，并通过神话类型的界定、细分将"母题"作为神话中具有典型含义并能在文化传承中独立存在的基本单位（即计算机语言中的数据概念），很大程度上实现了小数据和大数据之间的关联，使神话资源的批量化信息处理和结构性重组成为可能。

3. 伏羲女娲神话数据在信息呈现环节的可操作性

所谓数据呈现，一般而言指的是通过大屏显示系统、音响系统和控制系统将数据以图像和声音的方式呈现出来的操作和应用系统。一般而言，狭义的数据可视化指的是借助静态或动态图形或表格的形式，将数据用较为直观的方式展示出来，而广义范围中则不仅包含数字信息且包含非数字的信息，并对其进行可视化处理，如图片、视频、音频等，而针对伏羲女娲神话数据库而言，应当包括狭义的数据可视化以及部分信息可视化。以伏羲女娲神话狭义的数据可视化为例，目前涉及的可视化类型主要包括以下三类：

一是对统计数据的可视化，如特定叙事类型的数量统计、不同母题类型的比较统计、民族之间某一特定文本类型的数量统计等，可运用 HighCharts、ECharts、G2、Chart.js 和 FineBI 等软件进行数据库表的分析，从而达到展示目的。

二是关系数据的可视化，主要表现采用流程图、网络图、UML 图、力导图等表现节点和边的关系，如探究某一叙事的传播路径、探究某区域特定神话现象的影响范围等，实践中较为常用的有框架软件有 mxGraph、GoJS、G6 等。

三是地理空间数据的可视化，主要运用 Polymaps 等软件对神话文本分布等进行处理。此外还有时间序列数据可视化、文本数据可视化等，均可辅助从实用和操作层面实现神话数据的可视化呈现。从更大的概念范围来讲，网站也是一种非常有效的数据呈现形式，目前包括中国非物质文化遗产数字博物馆（www.ihchina.cn）、DIICH 非遗大数据（www.diich.com）、中国俗文学文献数据库等，此类文化遗产类数据库网站已经有了可喜的成果，但国内尚未出现比较成熟的神话类专题数据库。

将伏羲女娲神话与数据甚至数据库概念相结合的设想，并非无源之水。在人文科学大数据的时代背景下，对人文数据的学科与领域划分将更为细化，专题数据库在可预见的未来将面临井喷式的社会需求。根据研究表明，国内外数据库管理尚未下沉到知识层面的阶段，知识管理在图书馆界也多处于理论研究阶段，具体实践更加处于浅层次的探索阶段[①]。就浩如烟海的中国神话数据而言，更加面临着海量文献、图片及音视频尚未实现数字化的尴尬局面。在数据之间建立关联性并实现开发利用，就更加显得尤为必要，所以尽快实现神话数据库的建设和开发势在必行。

---

① 参见黄少如《国内外图书馆知识管理发展比较及趋势研究——基于 CNKI 与 Ebsco 数据库期刊论文的比较分析》，《图书馆学刊》2019 年第 9 期。

第三节　伏羲女娲神话数据特征分析

中华民族伏羲女娲神话具有在多民族中广泛流传的特点，其数量丰富，形式多样，在不同地区、不同民族中流传时间不一，传承情况复杂，其中既有可以基于现实的客观性，又有艺术创造的主观性，同时每一个文本以及文本中包含的信息又有数据的独立性。

一　伏羲女娲神话数据的丰富性

伏羲女娲神话数据的丰富性主要反映在数量多、内容广，语言形态多样和研究成果丰富等诸多方面。

1. 数量与内容的丰富性

包括伏羲女娲神话在内的中华民族神话由汉族和各少数民族共同创造，并在相互影响与融合中得以存继和不断发展。这些神话依托文献古籍存世，也在民间和田野以活态的形式不断发展演变，跨越几千年的时间传承至今并不断创新发展。但就目前采集到的与伏羲女娲有关的各类神话文本（包括异文、传说、碑文、诗词、文人创作、新媒体创作等）已有2000余篇，与伏羲女娲神话可关联神话文本4600余篇。这些神话文本叙事的涉猎范围极为宽泛，从天地产生、万物产生、人类起源、动植物起源、自然现象起源、社会现象起源，到秩序的产生、文化的起源等事象无所不及，特别是与人类自身生存发展相关的生育繁衍、婚姻嫁娶、丧葬祭祀、宗教习俗、道德伦理、知识技艺、节俗活动，等等，也在这些文本的叙事中得到解释。这从某个方面也反映出伏羲女娲神话内容的开放性和多元性。

若从全国范围内看，有20多个省（直辖市、自治区、特别行政区）都可以发现流传或存在有关于伏羲女娲的神话、传说、文物、遗迹或民俗，有些地区还形成了相对清晰的伏羲女娲（伏羲或女娲）文化圈或文化带。如果考察一个特定的区域，就会发现相对伏羲女娲文化集中的地方可能会存在一些多维度的神话数据资源，如甘肃省天水市一带关于伏羲女娲文化的采集、开发与研究，该地区采集了一系列伏羲女娲神话或历史考据类出版物,如《伏羲女娲的故事》①、《人文甘肃 千年回眸》(历史卷)②、《伏羲文化渊源考辨》③、《伏羲文化研究》④,等等,凡此种种,数量众多。这方面以往也有研究者专门做过分析,近30年时间内,甘肃省境内出版的各类出版物(民间故事集、地方志等)中收录的流传于天水一带的伏羲女娲神话有近200篇之多,究其缘由,徐凤在《甘肃伏羲女娲神话扩布之探源》一文中给出了一些参考,如当地留存的大量伏羲女娲遗迹遗俗和建筑物给人们提供了实物依托和演说见证物,古代文献中对该地区流传有伏羲女娲神话的叙事提供了有力的理论依据,"羲里娲乡"自称的自豪感给传说伏羲女娲神话注入了情感动力,并且随着大地湾文化的逐渐挖掘,其中出土文物与伏羲女娲产生年代的吻合增强了当地人的神话自信心,以及近年来文化产业的发展给传说伏羲女娲神话提供了新的契机,等等。⑤

2. 语言形态的丰富性

在神话讲述的过程中,我们所遇到的神话文本在语言形态上存在多种形式,如有的神话是用散体来讲述的,没有韵律;有的是用韵文体歌唱的,一般讲究合辙押韵;还有的是边讲边唱,将散体语言与韵文融合使用。从语言的形态上看,中华民族作为一个多民族的大家庭,语言的分系、分支也非常复杂,如有汉藏语系、阿尔泰语系、南岛语系、南亚语系和印欧语系等,每个语系下面又分诸多语族,诸语族下面又细分为若干语支。以流传伏羲女娲神话较多的瑶族为例,按照语言谱系划分,瑶族的语言大致分为"勉语"、"布努语"、"拉珈语"和"炳多优语"四种,其中大部分属于汉藏语系—苗瑶语族—瑶语支,也有属苗语支和壮侗语族侗水语支和汉语的。在不同的语支中,所发现的伏羲女娲神话情况是不一样的。下面主要从神话的散体、韵体的角度做一简单说明。

(1)散体神话。散体神话是目前所见到的神话资料中数量最多、流传地域最广、涉及民族最多的一种神话语言形态表现形式。这类神话大概占

---

① 王光庆:《伏羲女娲的故事》,甘肃人民出版社2011年版。
② 张克复、张国藩:《人文甘肃 千年回眸》,敦煌文艺出版社2010年版。
③ 任维东:《伏羲文化渊源考辨》,甘肃文化出版社2016年版。
④ 杜松奇:《伏羲文化研究》,中国社会科学出版社2013年版。
⑤ 参见徐凤《甘肃伏羲女娲神话扩布之探源》,《兰州文理学院学报》(社会科学版)2016年第1期。

到神话总数的 70% 以上，特别是中华人民共和国成立之后，由政府部门组织的对民族民间文学的大调查，形成了以县域为代表的县卷本，其中包含了大量的散体神话。这些神话都属于民间相对完整的叙事作品，一般包含了事件发生的原因、时间、地点、经过、结局等，这些作品一般语言平实易懂，句子长短不一，却能表达出一个明确的主题，具有地域性特征和民族语言特色。但这些作品在不同的讲述者或采录者那里，具有不稳定性。

（2）韵体神话。韵体神话都是以合辙押韵作为语言表达形式，这种形式在没有文字的少数民族中非常多见，因为它的表达具有一定的程式化，所以便于记忆和传承，在内容结构上具有相对稳定性，不像散体神话那样在讲述过程中会发生较多变化。这类神话由于过分强调韵律，可能情节的丰富性上会受到一定的限制，但仍然可以作为神话数据的重要资源。如在湖北省神农架地区发现的具有汉族首部创世史诗之称的《黑暗传》，据有关介绍，其从明、清时代开始流传，全诗 5000 余行，其演唱形式主要为打"丧鼓"时所唱，其内容跨度很大，从盘古开天辟地开始，一直讲到了人类起源及中华民族历史上许多历史发展阶段，包括混沌、盘古、女娲、伏羲、炎帝神农氏、黄帝轩辕氏等众多文化英雄艰难创世的系列神话叙事。著名学者袁珂、刘守华认为它可作为"汉民族广义神话史诗""远古文化的活化石"来看待，对于探究我国各个历史时期的真实面貌意义重大，同样也可以看作汉族伏羲女娲在民间叙事的一种表现形式。

（3）散韵结合的神话。这类神话数量不多，散体部分一般叙述有关情节的发生与开展，而韵文部分一般是神话中人物的唱词或情节概括，表现出一定的民族语言特色。

3. 研究成果的丰富性

在这里特别强调关于伏羲女娲神话研究成果在专题数据建设中的作用是非常值得重视的学术问题。有不少神话研究者在以往的学术研究中或片面强调神话文本，或过于强调田野调查，或专注于某个特定领域，或偏重于使用某个特定的方法，等等，但基于大数据量的甚至全数据的学术史研究却明显不足。这样不仅不利于对研究对象的系统性整体性把握，而且也不利于学术创新。因此从研究本身而言，亟须把特定专题的研究成果作出相应的总体观察。令人欣慰的是，目前许多网络平台已经为我们提供了这类数据生成的路径。通过简单的检索我们能很快得到相对详尽的目录且数量丰富的关联性研究成果。如在目前国内最大的知识发现网络平台知网中，以检索条件"主题='女娲'"或"题名='女娲'"或"v_subject=中英文扩展（女娲）"或"title=中英文扩展（女娲）"，在跨库文献数据库中进行模糊匹配检索，可以得到5118篇文献，分属于民间文学、伏羲女娲、伏羲氏、女娲神话、汉画像石等若干主题门类之下，并在2005—2021年保持了较高的发文量增长趋势（见图1-1）。

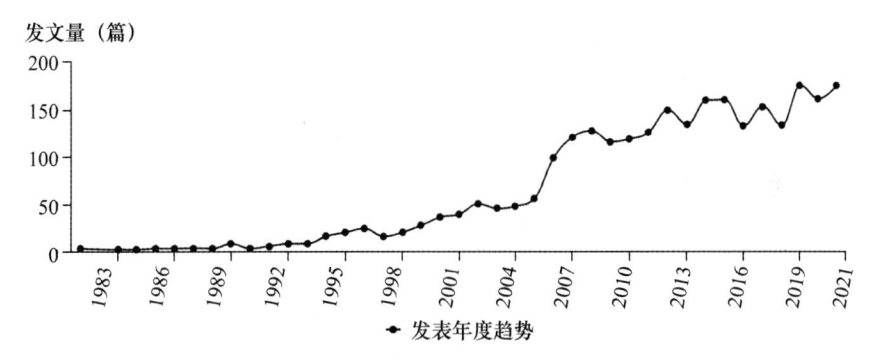

图1-1 以"女娲"为检索对象论文发表年度趋势图
（来源于知网可视化分析结果）

从不同的研究成果中我们会发现许多值得深入探讨的问题，如通过对"伏羲女娲"与"三皇五帝"的关系研究，我们会发现不同的古代评判或著述中，对"三皇"有许多不同的说法：如《史记·秦始皇本纪》中把"三皇"说成是"天皇、地皇、泰皇"，没有提及伏羲女娲与"三皇"的关系；而《补三皇本纪》中把"三皇"说成是"天皇、地皇、人皇"，也没有明确伏羲女娲与"三皇"的关系，即使有关系的话，也只可能列入"人皇"之中；《白虎通义》中把"三皇"解释为"伏羲、神农、燧人"或"伏羲、神农、祝融"；《风俗通义》中把"三皇"解释为"伏羲、女娲、神农"，或"伏羲、祝融、神农"，或"宓戏、燧人、神农"，或"燧人、伏羲、神农"四种不同情况；《通鉴外纪》中把"三皇"解释为"伏羲、神农、共工"；《帝王世纪》中把"三皇"解释为"伏羲、神农、黄帝"；《春秋命历序》中把"三皇"解释为"燧皇、伏羲、女娲"，等等。上面这些情况在不同的研究成果中都有不同角度不同方法的论述与阐释，我们可以看出有的把"伏羲女娲"同时列入了"三皇"，有的没有把

"伏羲女娲"列入"三皇",有的只把"伏羲"列入"三皇",这里还有不少研究者把"伏羲"与"神农"并列,不少论文认为"伏羲"就是"神农",等等。在研究中只有通过数据整合把这些基本问题和已有研究成果整理清晰,才有助于从更高的角度对所研究的问题加以分析,站在前人的肩膀上得出更有新意的结论。

4. 伏羲女娲神话丰富性导致分析结果的复杂性

伏羲女娲神话数据文类纷繁复杂,不仅有古代文人整理的文献、当今采集出版的口头文献,还有大量保存在文物中的神话、民俗活动中的活态神话,以及根据当今人们对于美好生活的精神需要而创作的与伏羲女娲有关的文学作品、电视电影、网络游戏和新媒体神话作品。从伏羲女娲专题数据的建构与研究而言,这些不同类型的数据都是需要关注的内容。以女娲作品的文本资源为例,从不同年代采集整理的文本而言,内容有很大差异,如战国、西汉不同时代形成的《山海经·大荒西经》记载"有神十人,名曰女娲之肠,化为神,处栗广之野";战国时代屈原的女娲之名较早见诸《楚辞·天问》中提出的"女娲有体,孰制匠之?"但并没有叙述清楚女娲到底是怎样的神话形象。西汉刘安及其门人编撰的《淮南子·说林训》中记载"黄帝生阴阳,上骈生耳目,桑林生臂手,此女娲所以七十化";东汉许慎在《说文解字》中把女娲的"娲"解释为"古之神圣女,化万物者也";唐代司马贞撰《补史记·三皇本纪》,"(女娲)末年焉,诸侯有共工氏,任智刑以强,霸而不王";宋代罗泌撰《路史·后记二》中记载"女娲祷祠神,祈而为女媒,因置婚姻。以其载媒,是以后世有国,是祀为媒之神";清代张澍在《世本》集补注本中的"女娲作笙簧"等。从这些记录看,我们看到的都不是有关女娲的统一叙事,而是具有互补性或者说是具有矛盾性的一些零零散散的记载,这些数量众多的神话资源,只有以数据的形式加以整理,才能为当今进一步分析研究提供有益的平台。

鉴于神话文本内涵方面的考虑,对同一文本的阐释也可以从多维度进行解读,从而得出不同的结论和分析。同样是关于"女娲补天"叙事原因的分析,就有史前地震说、天降陨石说、帝王治水说、原始巫仪说、缝补天维说、修补日历说,等等。有的研究者认为,"女娲补天"的神话故事是真实发生过的,"天漏"对应地震或洪水灾害,"补天"则寓意着女娲带领民众抗击灾难的过程。① 有的研究者认为,"女娲补天"叙事的产生源自历史上曾经发生的一次陨石雨灾害。② 有的研究者认为,"女娲补天"是一次典型的"交感巫术"施用过程。③ 有的研究者认为,女娲补天事实上就是人们渴望神救于危难之间绝望的幻想。④ 有的研究者认为,道禅宗里的"女娲补天"的过程便是佛教普度众生、帮其解脱烦恼与痛苦的过程,此时"女娲"便被看作佛教的创立者释迦牟尼了。⑤ 有的研究者从宇宙观出发认为,由于事实上并不存在以石为天的信仰,女娲补天神话不能简单地理解为女娲用石块去补坍塌的天空,其本质就是女娲用五色石针,以及用绳索或麻丝缝补被共工破坏的维护天空秩序的天维,等等。⑥

二 伏羲女娲神话数据的客观性

伏羲女娲神话数据可以分为文本数据和母题数据两个层级,两个层级均具有内容与形式上的客观性。以伏羲女娲口传神话文本为例,一般由人物、情节、主题等要素构成,往往受文本形成时期的时代与环境特色影响,忠实或部分反映了所处时空中民族特色、宗教信仰、民俗生活、历史哲学和习惯律法等诸多社会现实,某种程度上体现了民间的群体性需求,这些客观实在自然形成了神话文本自身的客观性,可以理解为,每一篇神话文本都是客观存在的可分析叙事载体。

数据的客观性,也可以称为一般学者所强调的"真实性"。所谓的"客观性"或"真实性",就是努力发现神话中所反映的本真问题,也就是神话的本来面目。流传在民间的活态的口传神话作品与文献作品有着本质区别,前者从表面来看是不具备真实性的,因为从产生的目的、过程和

---

① 参见王黎明《古代大地震的记录——女娲补天新解》,《求是学刊》1991年第5期;吴伯田《"女娲补天"是抗地震》,《求索》1985年第4期;等等。
② 这种说法,见张星海《"女娲补天"源自一次陨石雨灾害》,《中州今古》2004年第9期;王若柏《白洋淀流域特殊地貌——撞击成因与相关问题的探讨》,《地学前缘》2004年第2期。
③ 参见湛利华、张竹君《近年女娲补天神话研究综述》,《科教文汇》(上旬刊)2009年第4期。
④ 参见杨立琼《"女神"的文学演变——以女娲、巫山女神为代表》,《重庆电子工程职业学院学报》2015年第6期。
⑤ 参见成长春、刘民红《"女娲补天"的全新阐释》,《江南大学学报》(人文社会科学版)2014年第6期。
⑥ 参见李道和《女娲补天神话的本相及其宇宙论意义》,《文艺研究》1997年第5期。

最终呈现结果中体现了人类早期有关生产生活和祭祀等重大活动的记忆，所谓的神话作品便源于这些记忆和创作，是具有神圣性的文化产品。口传神话中记叙的神与神性人物，在人的生活中无法被看到，也无法被客观记录和捕捉，所以很大程度上失去了现实依据。所以，至今仍有不少人认为神话是瞎话，是假话，是人们想象出来的，是虚诞的和脱离现实的叙事。但是，神话的真实性也是客观存在的，"神话是原始初民生活现实和宇宙观的反映，只不过它的反映形式不是直接的、照像式的"[①]。如何从大量口头的作品中发现它的真实性，是我们数据采集过程中一个不容忽视的问题。任何神甚至神的事迹都可以在生活中找到原型，我们可以在诸多神话作品中找到生活中鲜活的印记，如汉族有许多叙述盘古开天地的同类型作品，其中《盘古分天地》中有如下相关叙述：

> 很久很久以前，天和地是相连的，像一粒大鸡蛋。……他（盘古）醒来的时候……猛力向前劈去，只听得"哗啦"一声，大鸡蛋破裂了，混沌黑暗被搅动了，轻而清的东西变成蓝天，重而浊的东西变成大地。[②]

这里关于天地混沌状态的描述主要来源于对生活中"鸡卵"的观察，不仅形似，连蛋清和蛋黄都与天的清气和地的浊气合理对应起来，而蛋中生出生命的意向，则与盘古劈开混沌生天地万物的情节相呼应。类似的描述在诸多流传着盘古开天神话的民族和地区存量众多，至今仍保留着鲜活的生命力，从某种程度上说可以理解为真实生产生活的写照。

论及伏羲女娲神话时，同样可找到大量的佐证，就表达女娲补天这一主题的神话而言，人们观察到天上时雨时风甚至天降洪水，由此猜测是天出现了漏洞，于是要补天。《女娲补天治水》中叙述说：

> 不周山一倒，天塌了个窟窿，天河里的水便哗啦啦流到地面上来，造成世上大雨倾盆，女娲想，天塌了个窟窿，如果不补上，天上

---

① 谷德明：《论少数民族神话的历史地位》，《民族文学研究》1984年第2期。
② 《盘古分天地》，中国民间文学集成全国编辑委员会编《中国民间故事集成》（福建卷），中国ISBN中心1998年版，第3页。

的水还会不断流到地上来，女娲伸手抓起这炼好的石糊糊，一块一块地将天上的窟窿补上。①

分析这类叙事会发现，在现实生活中根本不会出现山倒天塌、天河流水、天上有窟窿、炼石补天等事象，这段叙事无论是背景还是行为，都是想象的结果。但这些想象如果脱离了现实，听众就无法感受与理解，之所以接受者能够认可这种叙事，其关键仍然是这些想象具有广泛的现实生活基础，是一种带有"客观性"的艺术创造，在文艺批评界称为"源于生活又高于生活"。

众所周知的"女娲造人"亦然。同样源于生产力相对低下的早期社会，人们对男女结合产生人的情况并不了解，于是先民创作了用泥造人的叙事，一方面反映了原始社会时期制陶或手工制作发展到特定时期的真实写照；另一方面也表现了女性始祖的神圣性，迎合了生育崇拜和人类繁衍的内在需求。② 所以，通过这种对自然现象和生殖现象的创作和解读，我们可以窥探到神话产生时期人们的真实生产活动和思维。

三 伏羲女娲神话数据的主观性

就伏羲女娲神话的表达方式和语言特色而言，很大程度上取决于神话讲述者的个人认知、讲述技巧和创造性发挥，可以说在某种程度上具有完全的主观性，体现出口传神话的活态和变异的特性。从目前人们对神话的认识看，本身就是一种带有明显主观彩色的现象，如绝大多数人可以说是坚信唯物主义的无神论者，有些人可能是半信半疑者，有些可能是有神论者，即使有神论者相信神也不可能见过真正的神，所以关于本体的神只能是主观意识的产物。就"神"这一特定的词语而言，也是一个多义词，它在本义上可能源于通天达地的至高无上的境界或人们心中的一种最高理想，如老子所说的"人法地，地法天，天法道，道法自然"（《老子·二十五章》），所谓的"自然"或"超自然"就是"神"的精髓所在，但由于人的认识与思维差异，会导致今人对"神"的含义赋予多种阐释，甚至

---

① 《女娲补天治水》，陶阳、钟秀编《中国神话》（上册），商务印书馆2008年版，第399—400页。原文标注选自《民间文学》1986年第6期。
② 王宪昭：《论女娲神话女性始祖文化身份的建构》，《社会科学家》2016年第8期。

有不少研究者也会经常把"神"与"鬼神""神仙""灵魂""鬼怪""怪异"等混杂在一起。而在许多民族神话中关于"神"的表述也存在众多差异，甚至很多讲述人心中与口中的"神"并不一致，很多民众也分不出"神话"与"社会历史""民间传说""民间故事"等等的区别。像笔者在田野调研中发现，景颇族神话中往往"鬼"与"神"不分，"祖先鬼"就是"祖先神"；而珞巴族神话中的"乌佑"则带有"鬼神""精灵""灵怪"等多种含义。所以，我们在处理伏羲女娲神话数据时应该注意到文本来源与文本本身的主观性。

神话文本中叙事主观性的表现比比皆是。如以流传于甘肃省天水市北道区中滩乡一则有关伏羲女娲成婚的《伏羲女娲成婚》[①]为例，该神话叙述：以前世界上没有人，只有一个老婆子。一天她在河边看到一只巨大的脚印，当两只脚踏上去的一刹那，老婆子眼一黑昏倒了。回家后她就怀孕了，十个月后生了一男一女两个孩子，兄妹二人长大后结为夫妻，人类便繁衍开来，从此世上便有了人烟。哥哥是伏羲（人祖爷），妹妹是女娲（人祖婆）。这则叙事中老婆子"踏大脚印而生伏羲女娲"的情节，可能源于古文献"大迹出雷泽，华胥履之，生宓牺"[②]的描述，古籍中记载的情节或许给了讲述者雷兴旺（男，65岁，农民，不识字）一些灵感，奠定了讲述这则故事的基本结构，但经雷氏加工过的叙事则表现出浓郁的主观色彩，如"华胥"被描述成"老婆子"，"卦台山上的人祖爷爷伏羲"和"余家峡龙马洞的人祖婆婆女娲"等富有地方特色的描述则很大程度上被讲述者地方化了，形成了一种新的地方性知识。

导致伏羲女娲神话文本具有强烈主观色彩的原因很多。从讲述者方面讲，讲述人在不同的时间、不同的场合面对不同的采集者，甚至讲述人的不同心情等都会造成神话文本采集结果的不同。如果他讲述很投入，往往会将情节讲述得非常丰满，当其讲述情绪低落或处于特定的年龄阶段或讲述经验不足时，那么他在传达信息的数量、质量和内涵等方面则会大大缩水，可以说讲述者的个人行为很大程度上决定了神话演述的过程和结果。同时，伴随讲述人在一定时期内的多次演绎，在不断追求新颖情节的心理

[①]《伏羲女娲成婚》，中国民间文学集成全国编辑委员会编《中国民间故事集成》（甘肃卷），中国 ISBN 中心 2001 年版，第 10 页。

[②]《太平御览》卷七八引《诗含神雾》。

驱使下,他们也会有意识"提升讲述内容的精彩程度",或将自己的见闻创造性地添加到已有的情节中。如笔者听到民间有这样一则关于"耶稣"的叙事,也可以算是圣经神话流传中的一种无意识的主观变异,说是有一个刚刚信奉基督的人向一些民众讲述基督的事迹,结果因为把耶稣的名字记忆成"耶叔",当听众听到这位"耶叔"的事迹之后,根据生活经验就问"耶婶"的情况,于是在传承过程中就不知不觉地给他增加一个名为"耶婶"的配偶,据说后来还真给"耶婶"编出了一些事情,这种现象在神话口耳传承中非常普遍。

同一则神话在流传过程中融进主观性的情况非常复杂,有时可能源于讲述者方面的原因,如讲述者受教育程度、记忆的准确性、讲述时的情绪变化等等。对采录者而言,也有自身的主观好恶、表达水平等方面的原因,如东晋时期的干宝,自幼博览群书,是当时著名的文学家、史学家,可以称得上中国志怪小说的鼻祖,人们所熟知的由其编撰的《搜神记》,就是一部记录古代民间传说中神奇怪异故事的作品集。其中以《宋定伯捉鬼》为代表的叙事是表现人如何战胜鬼的典型作品,颇有些"破除巫术迷信"的意味,但由于干宝自幼爱好阴阳术数,还对自己的一些"神遇"如数家珍,例如对他父亲的侍婢随其父入葬数年不死、兄长死亡之后几天后复活等事件的真实性的证明颇为用心,所以他编撰这本志怪作品的本心却是为了表达对鬼神的深信不疑。我们对这些事情的真假虚实暂且不论,但可以肯定的是,由于魏晋时期的巫风盛行,文人对神话怪异的主观倾向性非常明显,这种情形反映到文人创作中就会有不同程度的体现。

神话接受者对神话的解读也同样会融入大量主观判断。如不同研究者在不同视角下运用不同研究路径,对伏羲女娲神话结果的判断会截然不同。如在关于女娲祖先身份的判定中,有的研究者认为,"女娲既是汉族先民的始祖夫妇,同时也被历史上一些少数民族如巴人、越人和南蛮后裔苗人等认同为先祖"[1]。有的研究者认为,"女娲是龙族始祖"[2]。有的研究者认为,"女娲是高句丽的母系祖先"[3]。有的研究者认为,女娲是夏人的

---

[1] 于希谦:《西南民族文化古今谈》,陈梧桐、徐亦亭《中国文化杂说》(民族文化卷),北京燕山出版社1997年版,第181—235页。
[2] 涂平、林国清:《伏羲女娲神话的流播》,《福建江夏学院学报》2015年第3期。
[3] 梁志龙:《高句丽隧神考》,《北方文物》2001年第4期。

始祖，"女娲即涂山氏。涂山氏生夏启，明其为夏人的女祖"①。有的研究者认为，女娲是以鲵鱼为图腾氏族的祖先，"女娲源于西北渭水上游以鲵鱼为祖先神的信仰，所以女娲的最初形象，大约来自鲵鱼"②。有的研究者认为，女娲是九黎远祖，"'九黎'源自东夷集团，其远祖先人与伏羲女娲有密切的关系"③。还有的研究者认为，"女娲氏实际上是原始社会母系氏族时期以蛙为图腾的氏族的传说祖先"④。等等。上述种种情形表明，人们对神话的理解与解读都会带有主观性，这也是我们进行数据分析时需要考虑的因素。

　　无论是神话创作中的想象还是神话解读时的主观判断都会导致神话内容与含义的多样性。由此，在建构和分析神话资料时就要处理好"客观"与"主观"的关系，当然，这些"关系"是辩证的，是由数据的客观性和神话的特殊性决定的，通过数据资料向世人展现出了更多的、更真实的神话原貌。如法拉格所言："神话既不是骗子的谎言，也不是无所谓的想象的产物，它们不如说是人类思想的朴素的自然的形式之一。"⑤ 一些学者秉持着氏族创造了神话，神话产生于母系氏族社会，繁荣于父系氏族社会，式微于奴隶社会⑥的观点，认为神话是人类童年的产物，一旦历史的车辙驶离原始社会，神话的生产就不复存在了。那么是不是人类进入封建社会乃至更加晚近的社会阶段之后，民间创作和流传的神话就失去了真实性呢？事实上我们应该辩证地去分析，因为不同的地区，不同的民族，人类生产发展的阶段是不一样的，神话强调它的原始性，当时可能是真实的神话的记录。而到了后世活动中，人们仍然根据生产和自己信仰的需要再创作一些新神话文类，如《牛郎织女》《孟姜女哭长城》《梁山伯与祝英台》《白蛇传》等四大民间传说也属于神话的范畴，乃至蒲松龄所采集的《聊斋志异》等志怪小说及四大名著中的《西游记》里也大量融合了神话的情

---

① 刘毓庆：《"女娲补天"与生殖崇拜》，《文艺研究》1998年第6期。
② 杨利慧：《女娲溯源——女娲信仰起源地的再推测》，北京师范大学出版社1999年版，第103—104页。
③ 石朝江：《"九黎"考》，《凯里学院学报》2007年第1期。
④ 涂殷康：《蛙神话源流》，《民间口承文化研究》，学林出版社1993年版，第52页。
⑤ [法]拉法格：《宗教与资本》，王子野译，生活·读书·新知三联书店1963年版，第2页。
⑥ 潘定智：《神话的科学基石——马克思神话理论的意义》，《贵州民族学院学报》（社会科学版）1983年。

节和元素,等等。现当代社会中对神话资源的重新解读和建构更加明显,大量的神话、传说从之前的语境剥离出来并移植到全新的环境里,经由新讲述者的重新演绎,将神话本身蕴含的不同意义展现给不同的群体,并为特定的群体所接受。

关于如何分析与把握神话的真实性,从某种程度上讲,无论神话的表述外衣如何改变,其作为叙事要素和内涵核心的母题却时刻保持着相对稳定性,无论是原生神话、次生神话还是后世创作的新神话中,其基本母题并没有发生根本改变,这也是由"母题"的特征所决定的。这一问题并不难理解,正如夜空中的月亮有月满和月缺之别,但其本质却是围绕地球运行的太阳系第五大卫星,这种真实性并不因季相和天气有所改变。所以为了把真实性表达清楚,我们可以认为,只要是后世流传存在的大家能够看到的文类,比如神话、传说、小说、戏剧等叙事文学,以及一些民俗活动中表现出来的神话因素,均可称为文化"真实性"的体现,可以作为数据分析的因子。

四 伏羲女娲神话数据的独立性

目前出版的每一则伏羲女娲神话文本均拥有单独的叙事,具有特定的讲述人、采录者、流传地以及相应的出版信息,所以对于研究者和读者而言,它们都可以看作一个独立的个体和可分析数据资源,拥有相对独立性。

以两则流传在河南省周口市淮阳县的叙述伏羲来历的文本为例。这两则神话虽然流传地相同,叙事风格相近,遵循"战争灾难—国王许诺—黄狗出现—黄狗击退敌人—黄狗娶亲—迎娶公主—黄狗变人"的情节发展规律,甚至结尾由黄狗向"伏羲"名称的演变都近乎一致,但作为数据而言,则各具独立性。如在《伏羲的来历》[1]中,把伏羲描述为"半人半狗,狗就是犬,'人'字和'犬'字合起来就叫'伏'吧。他是公主的女婿,公主就喊他'伏婿',时间长了,'伏婿'成了他的官称,后来人们把'婿'字念转音念成了'羲'字,'伏婿'慢慢变成了'伏羲'"。而《伏羲的由来》[2]中则描述说"这只狗变成人头狗身,一半是人一半是狗,

---

[1] 《伏羲的来历》,张振犁编著《中原神话通鉴》(第一卷),河南大学出版社2017年版,第217—219页。

[2] 《伏羲的由来》,张振犁编著《中原神话通鉴》(第一卷),河南大学出版社2017年版,第283—284页。

所以给他起名'伏',即左半是'人',右半是'犬'。而'羲'字,只不过是汉语的'兮'字罢了。伏羲也就是'伏兮',这就是伏羲的由来"。都有黄狗变成伏羲的结局,但前者的讲述者为张中山(男,35岁,高中毕业,汲冢乡砦后张庄农民),由楚万生采集整理;后者由雷中俊(男,40多岁,淮阳县文化局干部)讲述,杨复俊(淮阳县文化馆干部)采集整理,且讲述和采录的时间和地点具有独特性,所以自然认定为彼此独立的两篇文本。此外,两篇之中关于"伏羲"之"羲"字来历的阐释也具有特殊性,前者由"女婿"的"婿"字音变而来,在一定程度上体现了婚姻制度和家庭观念对神话创作的影响和冲击;后者的解释则更加简明直接,带有明显的书卷气息,一般应属于文人加工的结果。因此,我们并不能把这两则神话等同,而是各自属于独立的神话,具有数据分析的价值。

数据的独立性在计算机领域有其专业规范,可将数据划分为"物理独立性"和"逻辑独立性"两个方面。所谓"物理独立性"是指数据能够在磁盘上的数据库中进行存储并由 DBMS 管理,这主要是数据存储方面的问题,对用户而言,没有必要特定处理。而执行数据处理的应用程序需要处理的只是数据的逻辑结构,当数据的物理存储结构改变时,用户程序也不用改变。因此可见,所谓"逻辑独立性"主要是指用户的应用程序与数据库的逻辑结构是相互独立的,数据的逻辑结构改变了,用户程序仍具有稳定性,无须改变原程序。这也是数据库实现人机对话的基本原理。那么,作为人文学科研究则主要应该体现在能够提出"物理数据"的各种需求,并最大限度地提供相应的物理数据。

根据伏羲女娲神话专题数据研究的需要,我们在对待数据的独立性时,就要尽可能划分出独立数据的类型,如独立神话文本采集与呈现的数据要求,一则神话文本之内的若干情节、母题如何切分为独立的分析单位,神话文本在人名、地名、身份、事迹等方面如何实现独立表述与析出,等等。这也是推进目前人文学科研究由数字化向数据化转化过程中的重要环节之一。

第二章 伏羲女娲神话数据的选择与生成

中国各民族伏羲女娲神话存在形态多样。如果从神话载体角度来看，既有文献和口头文本，也有保存在文物、民俗中的神话，甚至还有现当代创作的新媒体语境中的神话；如果从与伏羲女娲神话相关的研究成果数据而言，除了有与伏羲女娲有关的一般性叙事，还有与伏羲女娲神话相关的著作、论文、文章等不同数据信息；如果依据通用的关于伏羲女娲学术信息检索列表中的分类，则又会出现古籍、图书、学术期刊、硕博学位论文、会议、报纸、年鉴、成果报告等不同类型。上述不同形态与类型之中往往又存在内容和研究方法等方面的交叉关系。因此，在数据建设和分析方面，做好伏羲女娲神话数据选择是一项重要的基础性工作。

第一节 伏羲女娲神话数据选择的基本问题

针对不同类型的神话资源，往往需要遵循不同的路径、采用不同的标准进行原始数据采集。从目前掌握的伏羲女娲神话数据数量规模、获取途径的难易程度和论文呈现形式的局限性等多方面考量，本书主要以文本数据为案例进行一些探讨。

一 神话文本数据选择的目的

对数据进行选择的终极目的是实现数据的最大程度聚集和可分析，并使得遵循特定规则组合起来的数据具有更大的研究价值。对以文本类数据为特征的伏羲女娲神话数据进行处理的前提是，上述数据必须符合一定的标准和规则，或可称之为科学的范式。范式在数据研究中的作用不言而喻，通过范式，研究者可以用"定向研究的方法来定义观察问题的视角"[①]。换言之，在对规模化伏羲女娲神话文本数据进行研究的过程中，可以提前设定一些标准和范式，通过批量数据的快速采集，实现有效数据的大量聚集，进而得出更加客观的研究结论，最终以新颖而深刻的方式尝试洞察神话体系的本质。将伏羲女娲神话文本数据纳入相对统一的标准范式之前，对数据进行初步选择，就显得至关重要了。我们可从语言学与计算和结构理论结合的历史经验中，探寻这种尝试的借鉴意义。语言学作为一门人类社会科学，通过运用相关理论和技术手段实现了学科发展的快速飞跃。在语言学概念出现之前，人们对于人类语言的研究，更偏重于人文学科的范畴，如各类阐释和传统争鸣，跨越式的理论发展和方法，等等，但每一代都没能在其所认知上超越前代，这是因为主流传统是为相同现象提供新的观察视角，而非探索并试图理解新的现象。时至今日，在数学知识、结构知识和计算机语言学的推动下，语言学科已经发展成为一门现代科学，正如近年来许多其他人文学科都在计算和结构的辅助下进行了转型或新方向的探索。对研究对象进行数据选择，无疑是进行这种尝试的第一步，它将为这种结构和计算提供一定的可能性，从而在不稳定的文本资源和口头文化资源中尽可能建构出相对客观的数据体系。

二　伏羲女娲神话资料选择的原则

在对伏羲女娲神话资料进行具体选择操作时，应遵循一定的选择标准。一般而言，应遵循文本信息的全面性原则、异文版本最大化采集原则和参照项文本最大化原则等。下面将做具体分析。

1. 文本信息的全面性原则

该原则应包含两个层面的内容，一是文本类型的覆盖全面，二是单个文本的信息全面。就伏羲女娲神话数据而言，所谓文本类型的全面性，主要指所搜集的神话文本应涵盖与伏羲女娲神话相关的所有主题和类型，以保证构成数据库的完整性和客观性。以女娲神话母题数据编目为例，整个母题数据系统分为女娲的产生，女娲的特征，女娲的身份与职能，女娲的

[①] ［美］克劳迪奥·乔菲-雷维利亚：《计算社会科学：原则与应用》，梁君英等译，浙江大学出版社2019年版，第2—3页。

能力、事迹与经历，女娲的生活，女娲的关系，女娲的名称，女娲的死亡与纪念，女娲的遗迹与遗俗，与女娲有关的其他母题十大类，上述所列类型理论上包含了与女娲相关的所有神话母题，每一母题对应若干实例作为例证，进而形成了完整且开放的数据体系。而论及单个文本的信息全面性，主要指单篇神话文本应包含明确的、明显区别于其他文本的尽可能多的检索信息，包含且不限于题目、民族、讲述者信息、采录者信息、整理者信息、采集地点、采集时间、流传地、文本出处等，以便在信息处理和呈现环节实现多维度的分析和处理。

依据搜集文本与研究对象的关联程度，又可划分出规范文本、一般性文本、可借鉴文本和备用文本等不同类型，以确保采集数据体系的全面性。同时对不同民族、不同地区、不同年代背景的文本进行识别和选择时，往往要依据其特殊性，积极探索合适的方法以保证信息的完整性。如马学良在对彝文进行翻译与采集时，推崇"先抄罗罗文（彝文旧称）为第一行，再用注音字母译音为第二行，然后用汉文逐字对照直译为第三行，最后一行乃用汉文译意"[1]的四行对译法，至今仍是对彝文典籍进行数据采集的高效手段。

2. 异文及不同版本的信息最大化原则

情节是叙事性文学作品内容构成的要素之一，主要指叙事作品中表现人物等叙事对象之间相互关系的一系列事件的发展过程，它是动态变化的，其要素之间的逻辑组合决定了叙事发展方向。而作为神话叙事中拥有完整表述意义的基本单元，神话情节结构一般由细节描述或母题构成，神话叙事遵循叙事类文学作品情节一般原则的同时，也具有口传神话的明显特征，其特点之一便是流传过程中极易发生情节的变异。从母题学角度来看，神话情节变异的明显表现形式就是同一级平行母题的扩展和向下一级母题链的延伸。如与"女娲造天柱作为支天材料"这一母题对应的神话，有流传于浙江省温州市永嘉县，由谢博讲、谢圣铎记录的《女娲补天》[2]，该神话有女娲用剁落的乌龟四足当天柱支起天的情节；流传在河南省驻马店市确山县盘龙镇，由杨永兴讲述、杨建军采录的神话《日月为啥东

---

[1] 马学良：《积极开展彝文文献的收集整理和翻译工作》，《中央民族学院学报》1982年第1期。
[2] 《女娲补天》，姚宝瑄主编《中国各民族神话》（汉族），山西出版传媒集团、书海出版社2014年版，第55页。

升西落》①中，有女娲用鳌鱼的四条腿做了顶天柱支天的叙述；而流传在浙江省丽水市遂昌县，由毛广寿讲述、廖恒民搜集整理的《女娲补天》②中，相似情节又变成了虾子见女娲娘娘为了补天救生灵，献出自己的脚来做撑天柱；流传在浙江省丽水市青田县东源镇，由余碎笑讲、叶茂搜集整理的《三块补天石》③中，叙述女娲支天的天柱是由铸铁炼成的，与前几则神话叙事又有明显的不同，等等，充分体现了不同情节文本对于数据结构的极大膨胀作用。

一般而言，越是篇幅较长和叙事内容繁复的作品，异文现象便越发明显。特别是具有复合型主题的神话，由于历经了从产生初期，到累世传承和发展，再到后期趋于相对稳定的过程，在自身和环境等多重因素的影响下，逐渐串联起多种关联性主题甚至人物，其发展演变的每个环节均有可能延伸出丰富的异文，全部叙事共同构成了一个较为复杂而完整的叙事整体。

从目前见到的伏羲女娲神话的异文情况分析，还有相当一部分作品来自文人或作家有意识地改写。如袁珂先生在《中国古代神话》《古神话选释》《神话故事新编》《中华文化集粹丛书·神异篇》等著作中，对浩瀚的古文献神话资料进行了考辨真伪、订正讹误和排比综合，从而撰就了具有全新体例的神话叙事。特别在《中国古代神话》一书中，袁珂先生从盘古开天辟地叙述到秦始皇统一六国，把散佚在文献古籍中的吉光片羽遴选出来，重新谱铸了一座贯通古今的符合现当代读者口味的庞大古神话体系。就改编文本的具体内容信息看，以他据《民间文学》1986年第1期发表的《女娲造六畜》改写的同名文本为例，该神话用短短200余字的叙述强调了女娲造万物、女娲造六畜的次序及女娲造人的原因等母题，与原文相比虽核心叙事相同，内容上却舍去了"年节习俗的来历""敬土地"等信息，文字表述也更加偏重于文言的形式，客观上与原文本已经构成了异文关系，所以自然归为数据选择的对象。

---

① 《日月为啥东升西落》，张振犁编著《中原神话通鉴》（第一卷），河南大学出版社2017年版，第149页。

② 《女娲补天》，姚宝瑄主编《中国各民族神话》（汉族），山西出版传媒集团、书海出版社2014年版，第53—54页。

③ 《三块补天石》，姚宝瑄主编《中国各民族神话》（汉族），山西出版传媒集团、书海出版社2014年版，第58—60页。

3. 参照文本的最大化原则

在诸多相同叙事主题的神话文本中，存在变化繁多的"参照项"比较文本。其中比较常见的类型有叙事主体置换、意义改变和语序改变等。其中所谓叙事主体置换的参照文本，一般表现在神话人物或事物的名称变化上。如流传在广西壮族自治区红水河流域、右江流域及云南、贵州南北盘江流域的广大壮族地区的《布洛陀经诗》[①]中，有布洛陀造猪、牛等六畜的记载，这与流传在中原地区的《女娲造六畜》神话叙事有着一定的相似性，或反映出早期先民对始祖神造物功绩的相近的思维。但在具体造物次序、过程和材料方面，又存在明显的区别，体现了不同民族、地区之间的文化差异。再如创世神话中关于造人者的表述也大多存在相似现象，流传于广西壮族自治区柳州市融水苗族自治县苗族，由杨达香讲述、梁彬采录翻译的《纳罗引勾开天辟地造人》[②]中，造人者为半人半兽的巨人纳罗引勾；流传在贵州省黔西南布依族苗族自治州兴仁市菁脚乡菁谷村布依族，由杨兴法讲述、杨田采录的《细妹苏哥造人烟》[③]中，叙述了细妹和苏哥洪水后婚生怪胎造人的过程，其异文版本还有《赛胡细妹造人烟》等；还有流传于福建省宁德市福鼎市畲乡畲族，由蓝升兴讲述、蓝俊德等采录的《皇天爷和皇天姆造人》[④]中，造人者又被记叙为皇天爷和皇天姆，属天神夫妻造人的典型母题；而流传在四川省秀山县（今重庆市秀山土家族苗族自治县）海洋乡土家族，由彭国然讲述、李绍明采录整理的《依罗娘娘造人》中，塑造了一位心灵手巧的创世女神形象，使人不由自主会与女娲形象联系起来。上述造人者的形象，在外貌特征、人物性格、造人过程及造人材料等方面，与女娲的形象既有相通之处，又有诸多差异，其本质则是——讲述者口中塑造的已不再单单是创世者的形象，而是一个与人类的生产生活密切相关的带有复杂内涵的"神"。

[①] 广西壮族自治区少数民族古籍整理出版规划领导小组办公室：《布洛陀经诗》，中国国际广播出版社2016年版。

[②] 《纳罗引勾开天辟地造人》，中国民间文学集成全国编辑委员会编《中国民间故事集成》（广西卷），中国ISBN中心2001年版，第24页。

[③] 《细妹苏哥造人烟》，中国民间文学集成全国编辑委员会编《中国民间故事集成》（贵州卷），中国ISBN中心2003年版，第46—48页。

[④] 《皇天爷和皇天姆造人》，中国民间文学集成全国编辑委员会编《中国民间故事集成》（福建卷），中国ISBN中心1998年版，第6—8页。

在"参照文本"这一类的论叙中,随着相同主题中意义的变化、关键词语数量的变动以及特殊环境下的语言置换等复杂情况的出现,某一特定主题的神话可能会延伸出众多叙事形态的变化,如在同是表述祖先或英雄崇拜的叙事文本中,由于不同民族所崇拜的祖先或英雄往往有所不同,在不同地区也会有不同的称谓,等等。社会的发展和流传时间的延伸,使神话生成许多新的含义和参照项,神话人物的事迹也日趋丰富和完善。

总的来说,无论是神话的异文、改编文本还是同类型文本,其叙事中的诸多元素既有变化也有联系。这些"变异"的叙事一旦成为客观存在,便会在一定程度上影响受众对这些文化现象的感知和理解,属于神话在文化功能上的改变。我们对这类现象进行广泛搜集并纳入本领域的基础数据库之中,对于提升数据分析结论的深度与广度都是非常必要的。

三 伏羲女娲神话文本数据选择的方法

数据选择方法在伏羲女娲神话数据研究中具有重要意义。数据在具体研究中,主要是对研究对象的事实或观察的结果,也可以理解为对研究对象的逻辑归纳,是用于表示客观事物的未经加工的原始素材。

1. 注重对数据的采集与梳理

当今学术研究之所以强调数据层面甚至是大数据层面的分析,其前提就是基于海量的研究素材与相关资源。以前有不少神话研究者过度强调神话的"原生性",主张用狭义的神话概念去选择和研究神话,当然这作为个性化的研究志趣未尝不可,但被排除在外的大量所谓"次生性"神话甚至与之更具微妙关联的神话事象却在演变、传播、多重证据等研究方面起到了重要作用。对上述资源进行整体性的观察和全面性的研究,可进一步发现更具客观性且针对性更强的结论。这样就需要我们对伏羲女娲各类数据进行采集时,尽可能把这个"筐"设定得大一些。如在采集对象上尽可能照顾到多种载体,兼顾到多种叙事类型,一定程度上遵循数据的低价值密度特征,在尽可能多的数量中发现有价值的数据组合和规律。

伏羲女娲神话数据的采集,更多是通过人工筛选的手段进行,这主要是由于对于特定文本的定性和归类,需要依靠学者或研究者的专业素养进行界定。如对于"女性神"母题的甄别和选择,基于大数据文本分类和文本聚类算法的选择标准尚显单一,大概率会集中在"女性""母性""神"

"女神"等的关键信息的摘取上,而在神话学研究范畴中,对相关数据的选择应基于"作为原始氏族群落中胞族的核心,在生产生活中具有较高地位,并作为人类及万物创造者形象出现"的女性神或女性始祖定义,以"女娲""羲和""西王母""遮米麻""姆六甲"等多民族女性始祖为核心集群,依据不同需求延展到各核心人物之下的具体文本信息。此外,与男性神和男性始祖之间的关联性、女性神族内血缘关系的演变等系列问题,同样不同程度地影响并左右着目标母题的选择与否。所以,对神话数据进行选择,是非常值得关注的问题。

一般而言,从具体操作层面看,为了保证伏羲女娲神话文本内容和形式的全面性、系统性和代表性,对于神话数据选择对象一般以较为权威的出版物为主,对资料数据进行鉴别时,也基本以这些作品为参照。除上文提及的几种主要数据选择来源之外,还包括一些未公开出版但具有权威性的出版物,如各省(市、州、县、区)三套集成办公室或领导小组收集整理的《中国民间故事集成》(各县卷本),还有一些研究机构或地方文化部门搜集、整理的地方性文化资料,如陶立璠等编的《中国少数民族神话汇编》等。此外,在公开发行的学术期刊和报纸中也可以析出相当一部分神话文本,如《民族文学研究》《满语研究》《山茶》等。但值得注意的是,期刊中的神话文本大部分来源于神话类专著或系列丛书,要特别注意在资料选择阶段即要对"原载"信息进行标注,以便后期对数据资料进行查重和筛选。另一部分重要来源,是笔者田野调研过程中搜集到的神话文本和语音资料,主要指笔者在2015—2019年赴甘肃、河北、河南、湖北、广西、广东等十余个省份部分区县进行调研过程中搜集的第一手神话资料,但鉴于调研地点零星化和时间延续性方面的不足,并不能代表某一地区田野实际神话文本资料情况,只能作为上述文献资料的补充与丰富。当然还有一部分资料来自网络和移动平台,如各大非遗数据库、知识检索平台和数字博物馆等,这些材料的有机组合可以共筑起伏羲女娲神话数据的大体系。

2. 注重对数据的研究与治理

数据这一概念,多应用于自然科学的范畴,以数值型数据为主。而人文数据,理论上应属于与自然科学类数据具有较大差异的非结构化文本数据或自然语言表达数据，对应统计学中的品质标志。① 以往的伏羲女娲神话研究多集中于对本体的研究上，也可理解为对独立的数据进行个体研究，从数据数量角度衡量，神话比较研究和类型研究所涉及的数量也比较有限。如本章第二节提及的大规模伏羲女娲神话数据，并不能完全用统计学的概念来囊括，这类数据的意义和组合价值的范畴应远远超过单纯数据统计的范围，具有个体意义和整体意义的双重属性。

对伏羲女娲神话数据进行治理，是由伏羲女娲神话文本的复杂性和口传文本的不稳定性决定的。在对伏羲女娲神话文本进行采集和梳理的实际过程中，部分文本存在旨意不明、关键信息缺失甚至信息错误等问题，特别是由语音材料转录为文本材料的过程中，由于民族语言、地方方言及讲述者个人表达方式的明显个性化，往往会导致转化失效、转录为错误信息等实际问题。而进行大规模数据研究的前提是保证研究数据的可重复性、累积性和易处理性，而易处理性的核心问题便是数据的简约性和真实性。所以从真实性和使用价值方面考虑，上述数据应归为被剔除的范畴，否则将在很大程度上影响同类型甚至整个体系的客观性和可分析性。当然，这部分剔除数据对本体研究而言，价值并没有缺损，自然可作为特殊文化现象进行单独研究。

3. 合理关注新创作文本

从广义的神话定义而言，后世新创作的神话文本也应包含在神话采集的范畴之内。事实上，早在20世纪中期，不少文人已将创作的目光投向古代神话叙事，如袁珂编著的《神话故事新编》②，其实这部著作"新"创作的成分相对较弱，而更偏重于探究什么是神话，以及对神话与历史、神话与传说、神话与"仙话"等的区别与关联性的学理讨论。此外，该书最大的价值在于，即所谓"新编"之"新"字，体现在袁珂运用了一些推想和假定的方法，将本不连贯的神话片段连贯起来，从盘古开天到李冰治水这一长时期的神话叙事放置于历史的大框架中，勾勒出中国神话之全貌。此外，郑孝时的《第一个女神：中国古代神话新编》③ 一书中收录了

---

① 参见宁赛飞主编、李小荣副主编《数据分析基础》，人民邮电出版社2018年版，第12—13页。
② 袁珂：《神话故事新编》，中国青年出版社1963年版。
③ 郑孝时：《第一个女神：中国古代神话新编》，上海文艺出版社1981年版。

12篇神话故事,均根据我国一些古代神话传说改编创作而成,包括"盘古和红姑""第一个女神(女娲)""帝女雀"等,通过丰富的想象和成熟的改编手法重现了当代文人对古代劳动人民面对自然和人类起源问题的探索和解释,故事中创造性地增添了人性、爱情和部分现实元素,正如作者在序中所言"情节生动、形象鲜明、语言清晰,是本书的特点"。

在阅读上述神话新编文本时,可通过神性人物的个性与事迹,深刻感受到与当下时代的共鸣,"神话或童话中矛盾构成的诸方面,并不是具体的同一性,只是幻想的同一性"①,而这种对现实的幻想和想象,作为古今人们都具备的"同一性感受"自然存在于时代发展的方方面面,也势必存在于后世文人的创作内容和灵感中,"不但是神话丰美了文学艺术,卓越的文学艺术反转过来又给古代神话以新的生命力"②。这些都是客观存在,在建设神话数据时,都可以作为从口头创作到文人创作规律的研究对象,对深入探讨神话在历史进程中的演变具有重要的参考价值。

第二节 伏羲女娲神话数据来源的几种类型

类型划分是大部分学科研究的基础。汉文典籍《易·系辞上》中曾有"方以类聚,物以群分"的说法,《战国策·齐策三》中也有"物以类聚,人以群分"的经典论断。事实上,任何一门科学或者一个学科的产生与发展,首先需要解决的就是分类问题。分类问题不仅是人们准确认知事物的需要,也是解决问题的重要手段,其实质是将若干本质相近的事物按照一定的规则归聚在一起,最终目的则是通过对不同"类"的比较分析找出相应的结论。从数学或逻辑方法而言,所谓通过特定标准所划分出的类型就是可以作出数理分析的特定"集合",英国数理逻辑学家罗素所提出的"类型论"就是建立在"集合"这一概念基础之上,并把所谓的"集合"的本质说成是"类",认为虽然"集合"本身不能包含自身,但"类"却可以。当然,将"类型"的概念应用于叙事学中也是常见的现象。如美国学者汤普森认为"一种类型是一个独立存在的传统故事,可以把它作为完整的叙事作品来讲述,其意义不依赖于其他任何故事,当然它也可能偶然

---

① 毛泽东:《矛盾论》,《毛泽东选集》(第一卷),人民出版社1991年版,第331页。
② 袁珂:《神话故事新编》,中国青年出版社1963年版,第18页。

地与另一个故事合在一起讲,但它能够单独出现这个事实,是它的独立性的证明"①。当然,这段话主要是通过对"类型"的解释,强调"类型"作为一个完整故事的必要性,关注的是其主题功能或母题组合规则及特征。但由于学科差异性及面对特定研究对象时,任何一种分类方法都会受到分类者分类目的和自身主客观条件的影响或限制,因此分类标准的制定以及分类结果都只能是一定研究背景下的产物。因此,无论是怎样一种分类方法都往往适应于特定的研究或语境,其结果可能带有一定的主观性或相对性。尽管如此,本书作为伏羲女娲神话专题数据研究的方法论尝试,在数据来源的类型划分上,尽可能考虑到不同的分类角度,以便为数据分析提供更加客观的信息资源。

一 以叙事主体为参照的数据选择

根据伏羲女娲神话定义,从提取对象类型角度可将研究对象划分为伏羲神话数据、女娲神话数据、伏羲女娲神话数据和其他相关神话数据。下面结合具体内容说明数据选择中的一些需要注意的问题。

1. 以伏羲为主要叙事对象神话类型的数据选择

所谓"以伏羲为主要叙事对象"的神话文本,这类神话一般在叙事中包含了有关伏羲的出生、伏羲的成长、伏羲的特征、伏羲的职能、伏羲的身份、伏羲的能力、伏羲的事迹、伏羲的关系、伏羲的寿命与死亡、伏羲的纪念以及与伏羲有关的风物、古迹等方面的内容,详尽分析将在后续章节做进一步阐释。而从与伏羲关联程度的深浅角度对已确定为伏羲神话的数据进行切分,又可划分为以下三种情形。

第一种情形是,以伏羲为单独核心叙事对象的神话。这类神话可以看作伏羲神话的最直接数据,也可以称为"单一型数据",如流传在甘肃省天水市麦积区渭南镇一则《伏羲封姓》的神话叙事,共有两个自然段,其中第一段主要是介绍神话的来源与背景,以身临其境似的描述引起听众的兴趣与注意。该段讲述说:"站在卦台山东北角,可以看到渭河中心有一块高约一丈,长约一丈五尺的方方正正的大青石。当河水暴涨时,它跟着河水长高;当河水干枯时,它也随着河水变低。无论河水涨得多高,总是

---

① [美]斯蒂·汤普森:《世界民间故事分类学》,郑海译,上海文艺出版社1991年版,第499页。

淹没不了它的顶端。"这则文本的第二段则是叙述的核心内容，有如下一段描述：

> 相传太昊时代，伏羲在卦台山上创造了人类之后，又创造了八卦。那时人们都是一个氏族，后来，人口越来越多，羲皇就坐在这块石上给人们封姓氏。封到九十八个姓时，羲皇有些为难，他拿着个小石子坐在石上，想不起再封什么姓了。这时，小石子掉进了河里，"咕咚"一声，羲皇突然说："还应封谷和董。"从此，姓氏上有了谷、董两姓，由九十八个姓变为百家姓了。①

这段关于伏羲的业绩和百家姓产生的叙述，都表明"伏羲"是叙事的核心。所以，我们把这类神话归类于伏羲神话。

再如流传在河南省周口市淮阳县的《伏羲教民》② 中围绕伏羲这一主要人物，叙述了以前人们不会耕种、伏羲从天上来、伏羲教人耕种、伏羲教人狩猎及伏羲教人知道方向等内容；同样流传于该地的另一则神话《伏羲指方向》③ 中，主要叙述了伏羲教授人们耕作渔猎的情形及在其帮助下方位的确定。这些文本均只围绕伏羲单独创制姓氏、确立方位、教授耕作渔猎、造人类、创造八卦、氏族的产生、羲皇封姓氏等事迹进行叙述，人物只围绕伏羲一人或较少出现女娲、盘古等其他神话人物，从中提取的数据也比较单一和明确，这类神话叙事主题明确，突出了伏羲作为人文始祖神的"箭垛式"的人物特性，可以明确定义为伏羲神话数据。

第二种情形是，伏羲这一人物并未作为叙事主体，往往与其他神性人物同时出现，结构和体量上与其他人物近乎均衡，但主题上有塑造伏羲形象的明显倾向。如流传在浙江省湖州市镇西乡赵家坪（现疑为赵家村）的一则神话《华胥补天》④ 中，在"她（华胥）和狗配了夫妻，养出了伏羲、

---

① 《伏羲封姓》，中国民间文学集成全国编辑委员会编《中国民间故事集成》（甘肃卷），中国ISBN中心2001年版，第14页。

② 《伏羲教民》，张振犁编著《中原神话通鉴》（第一卷），河南大学出版社2017年版，第222—224页。

③ 《伏羲指方向》，中国民间文学集成全国编辑委员会编《中国民间故事集成》（河南卷），中国ISBN中心2001年版，第23页。

④ 《华胥补天》，中国民间文学集成全国编辑委员会编《中国民间故事集成》（浙江卷），中国ISBN中心1997年版，第18页。

祝融、女娲、共工四个人。伏羲住在东方的东圣臣州管木；祝融住在南方的南载部州管火；女娲住在西方的西牛郑州管金；共工住在北方的北极图州管水，华胥自己住在中央管土"的叙述中不难发现，其中伏羲与祝融、女娲、共工同为华胥的后代，分别对应东南西北四个方向，四人叙事结构并列，文字分量持平，很难分出谁的重要程度更大。再如流传在湖北省黄冈市团风县马庙镇一则神话《盘古斩蟒开天地》①中，叙述了盘古开天辟地之后与昆仑山伏羲氏、伏牛山洪钧老祖、西山沟燃灯古佛和天马山神农氏共建世界的过程，文本中的伏羲与有巢氏、燃灯古佛、燧人氏和神农氏等并列，在建造房屋、寻找火种、寻五谷百草和定八卦两仪等创世分工和功绩的叙事内容和体量上也相对均衡，共同阐释了世界秩序的建立。对这一层次的神话文本进行数据提取时，要注意数据内容的甄别和筛选，同时注意数据提取对象（伏羲）与其他人物之间的关联性。

第三种情形是，将伏羲这一概念作为时空标志，或作为完成某事的帮助者，或表明与核心人物的关系等而存在的数据。由于这一神性人物出现的早古性和流布范围的广泛性，包括伏羲在内的人文始祖类神话人物在神话叙事中起到了标识产生时期或凸显神圣的作用，这一类型的数据也具有明显的可分析性。如江苏镇江市流传有"地球最先长出动物，一直传到伏羲氏时，才造出了人来"②和"地球形成后，先有动物。一直传到伏羲化辰光，才造出人类"③的说法，用伏羲氏的产生时期标志了人的产生时间。

在这一层次数据类型下，也存在利用简要的阐释表明人物之间身份关系，有如流传在河南郑州地区一则《洛神宓妃》④神话中关于洛神身份的描述："传说很古很古的时候，洛河岸边住着个名叫宓妃的姑娘，她是伏羲的女儿。"表明了宓妃与伏羲之间的父女关系，该类数据还有很多，再如流传在河南周口地区"雷神喜得眉开眼笑，娶华胥姑娘做了妻子。三年

---

① 《盘古斩蟒开天地》，中国民间文学集成全国编辑委员会编《中国民间故事集成》（湖北卷），中国ISBN中心1999年版，第5页。

② 《绿鸭淘沙造大地》，见中国民间文学集成全国编辑委员会编《中国民间故事集成》（江苏卷），中国ISBN中心1998年版，第13页。

③ 《绿鸭淘沙造大地》异文，中国民间文学集成全国编辑委员会编《中国民间故事集成》（江苏卷），中国ISBN中心1998年版，第14页。

④ 《洛神宓妃》，张振犁编著《中原神话通鉴》（第一卷），河南大学出版社2017年版，第251—253页。

头上，华胥姑娘生了一个白胖男孩。这男孩就是伏羲"的说法，可以看出雷神与华胥婚生伏羲。由此便可借由几篇相关联文本，简单梳理出在河南地区以伏羲为主的血缘关系图（见图2-1）。

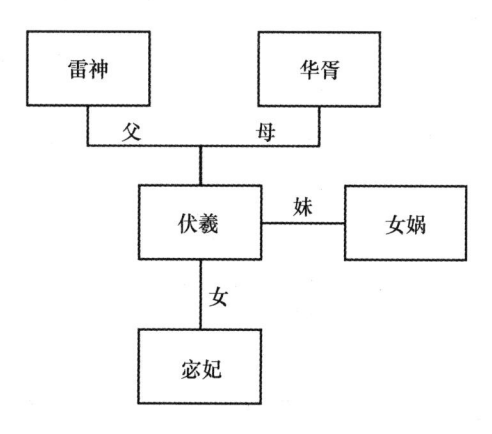

图2-1 河南地区伏羲血缘谱系图

流传于宁夏回族自治区中卫市的回族神话《骊山老母补天，王母娘娘补地》① 中说："她俩（骊山老母和王母娘娘）从小就不平凡，人又聪明手又巧，是哥哥伏羲氏的好帮手。"这则神话中伏羲的妹妹为骊山老母和王母娘娘，与河南一带伏羲女娲兄妹的说法有明显的不同。与上述说法相似的，流传在贵州省布依族神话《伏羲兄妹》② 中说："伏羲妹妹是个刁舌鬼。她哄过了太白金星，其实到了凡间，她又违背誓言，不愿意与伏羲哥哥结婚了。"流传于广西壮族自治区河池一带的仫佬族神话《伏羲兄妹》③ 中说："伏羲兄妹有一个独眼哥哥和一个跛脚哥哥。"据此又可推断出伏羲不仅限于女娲一个妹妹的姊妹关系，体现出不同民族和地区之间的差异性。所以当类似数据达到一定数量且被合理归类时，便可根据不同的条件和标准得出更为准确、完善的神族谱系，该部分内容将在后面章节进

---

① 《骊山老母补天，王母娘娘补地》，中国民间文学集成全国编辑委员会编《中国民间故事集成》（宁夏卷），中国ISBN中心1999年版，第3页。
② 《伏羲兄妹》，谷德明编《中国少数民族神话选》，西北民族学院研究所1983年编印，内部资料。
③ 《伏羲兄妹》，中国民间文学集成全国编辑委员会编《中国民间故事集成》（广西卷），中国ISBN中心2001年版，第69页。

行详细论述。

2. 以女娲为主要叙事对象神话类型的数据选择

与伏羲神话类似，叙事主体以"女娲"为主的这类神话也可以笼统称为"女娲神话"。从内容角度分析，女娲神话指的是在叙事中包含了有关女娲的出生、女娲的成长、女娲的特征、女娲的职能、女娲的身份、女娲的能力、女娲的事迹、女娲的关系、女娲的寿命与死亡、女娲的纪念以及与女娲有关的风物、古迹等方面的文本作品。与伏羲相比，女娲产生的年代更久远，一般认为产生于母系社会时期，所以在关于其出生、事迹、身份及社会关系等方面更具有不稳定性和多样性。女娲形象的变化无论是在古文献中还是在口头传统中，以及其他民俗活动中都具有多重性，如女娲既可以作为女性文化祖先，又可以作为生育神、媒神，许多地区还把她讲述成部落女首领，有的认为她就是保佑众生的观音菩萨，特别是在汉代出现的大量女娲与伏羲成为兄妹、成为夫妻、成为母子等情况，都可以看出这一神话叙事具有很大的灵活性。

一些少数民族神话中关于女娲的变体非常多。比如水族的"伢俣"，在不同的神话文本中又译作"牙巫""牙线"等，很多研究者认为这里的伢俣就是广泛流传在中原地区的女娲，"伢俣，即水语女娲，也叫'仙婆'，制造人、神、兽和万物之女神"[①]。但她造人的材料、过程和结果又与其他民族女娲造人神话有着明显的不同，如《牙巫造人》[②]中说，牙巫剪纸人造人类时，"剪好的纸人被压在木箱里。本来要到十天，人才会活起来，因为牙巫性急，到第七天，她就开启封盖，结果造出的是个矮小、瘦弱、空胸脯的小人儿。"而流传在贵州省黔东南苗族侗族自治州榕江县平永乡的水族神话《十二个仙蛋》[③]中关于伢俣造人的过程则与生育有了关联，即与风神相配生育仙蛋，过了七七四十九天，这十二个仙蛋又变成十二种生灵，即人、雷、龙、虎、蛇、熊、猴、牛、马、猪、狗、凤凰。这则神话在阐释伢俣造万物的基础上，着重强调了动植物等自然秩序的产生，反映了水族先民对自然秩序做出的原始朴素的观察和思考。

[①] 过伟：《中国女神》，广西教育出版社2000年版，第51页。
[②] 《牙巫造人》，姚宝瑄主编《中国各民族神话》（水族、布朗族、独龙族、基诺族、傈僳族），山西出版传媒集团、书海出版社2014年版，第11页。
[③] 《十二个仙蛋》，中国民间文学集成全国编辑委员会编《中国民间故事集成》（贵州卷），中国ISBN中心2003年版，第10页。

"女娲"作为特定的叙事元素也可以视为分析女娲神话的数据。如流传在上海市松江区的神话《海斗老祖造天地》中叙述:"红君道人来到女娲娘娘面前,三跪九叩拜求女娲娘娘帮帮忙。女娲娘娘看他可怜,又看他一片诚意来求,答应帮他。"从此,"总算有了天和地"。这则神话叙事中叙述了海斗老祖和红君道人在女娲协助下造天地的过程,核心人物为两位道人,而作为数据提取对象的女娲的出现仅为解决造天的问题,属于叙事补充,文字占比也相对较少。

3. 以伏羲女娲为主要叙事对象神话类型的数据选择

这类神话与上面单纯的伏羲神话和女娲神话相比,从概念的内涵界定变为两个神话人物作为主体,这种概念内涵的扩大就会相应地导致可选择对象范围的缩小,因为两人的关系会直接限制神话叙事结构的变化,从而影响对文本的选择。从涉及范围上讲,伏羲女娲神话不仅包括伏羲与女娲个体的诸类事迹或行为,更强调二者之间共同的事件及与之相关的情节母题,如作为兄妹关系的伏羲女娲、作为父女关系的伏羲女娲、作为合作伙伴的伏羲女娲、作为夫妻关系的伏羲女娲、作为男女始祖的伏羲女娲等。

特别是洪水后伏羲女娲兄妹婚再生人类,是目前许多地区和民族中广泛流传的神话类型。在这里需要说明的是,由于神话叙事的差异性,许多与伏羲女娲有关的神话在表述中可能使用的不是伏羲女娲这样一个明确的名称,关于"伏羲"的称谓,我们从目前见到的古文献以及各民族神话、传说中关于"伏羲"有不同的写法或称呼,如在写法上出现了"瓠系""庖牺""必羲""宓羲""包牺""炮牺""虙戏""虙羲""伏依""伏义""伏希""伏戏"等,而在不同称呼方面则有"羲皇""皇羲""牺皇""伏羲帝""伏羲王""牺""春皇""伏牛羲""大熊包戏""天皇氏太昊伏羲"等诸多种类。与"伏羲"相比的女娲别称也很多,如有"女涡""娲皇""皇娲""娲皇圣母""石矶娘娘""女货""女洼""天女""娲皇奶奶""风后""人祖奶奶""人祖娘娘""女希""女布""皇姆天媒""娲儿公主"等,二者组合起来的称谓更是繁多,有的说是"伏羲兄妹",有的说是"伏哥羲妹",有的说是"伏依兄妹",等等,这些复杂的名称体现出神话叙事的复杂性与多层次流变,在进行数据选择时,无论是哪一种说法都应该列入采集的范围。

有些神话并没有明确指出叙事对象为"伏羲、女娲兄妹",而是以

"伏羲兄妹""伏义兄妹""女娲姐弟"等为主要叙事名称,但其叙事的内容、结构和本质往往具有很大的相似性,这种情况也可归为伏羲女娲神话的亚类型。如流传于广西壮族自治区河池市罗城仫佬族自治县东门镇四把乡一带的仫佬族神话《伏羲兄妹的传说》[①]中叙述,伏羲四兄妹捉雷公、洪水后伏羲兄妹婚生怪胎及伏羲兄妹是人伦神等。再如流传于湖南省永州市蓝山县的瑶族神话《伏羲兄妹》[②]中叙述,洪水后伏羲兄妹历经艰辛繁衍人类的过程,其中穿插了斗雷公、乌龟劝婚等情节。流传于四川省阿坝藏族羌族自治州汶川县的羌族神话《伏羲兄妹治人烟》[③]中,同样是伏羲兄妹洪水后婚生怪胎、怪胎化生为人等基本母题。这些神话都从不同程度上丰富了伏羲女娲神话的数据类型。对这一层次的数据进行选择和提取时,一方面要注意厘清伏羲女娲两者的关系问题,以及由两者延伸出的关联项和发散项的联通问题;另一方面,由于两者各自具备的母题种类众多,形成复合结构后叠加的母题类型更加复杂和丰富,因此在对该类型母题结构系统的建构中,要特别注意结构的合理性和涉及类别的完整性。

二 以不同载体为参照的数据选择

伏羲女娲数据的载体类型丰富,有文献典籍、口头作品、文物图像以及相关民俗活态形式,甚至可以包括信息时代背景下的网络作品和新媒体产品。所以对伏羲女娲神话数据进行选择和梳理时,针对不同载体类型进行差异性采集和信息提取,将起到事半功倍的效果。

1. 古文献中的伏羲女娲神话

所谓"文献",主要指的是古代抄本、刻本、图书、期刊所记录的知识与内容总和。毋庸置疑,在人类漫长的历史发展进程中,文献在记录、积累、传播和继承知识方面的作用无可替代,也自然成为人类社会活动中获取情报最基本、最主要的来源。而"古文献"这一文化和知识载体,在印刷传播革命、电子传播革命乃至网络传播革命来临之前,于中国文化传

---

① 《伏羲兄妹的传说》,谷德明编《中国少数民族神话》,中国民间文艺出版社1987年版,第146—150页。
② 《伏羲兄妹》,中国民间文学集成全国编辑委员会编《中国民间故事集成》(湖南卷),中国ISBN中心2002年版,第27—28页。
③ 《伏羲兄妹治人烟》,中华民族故事大系编委会编《中华民族故事大系》第11卷(达斡尔族、仫佬族、羌族),上海文艺出版社1995年版,第684—685页。

播史中所扮演的角色是举足轻重的。对古文献中记载的伏羲女娲神话进行发掘和清理时，面临的难点和问题主要是，原作散佚或字迹难辨，现有数字化版本多为影印版本从而无法进行检索，古今语义的差异性导致信息不对称或出现偏差以及少数民族古代文献载体复杂，需要专业学者对古代少数民族语言文字进行辨识，等等。

这里特别要提及少数民族古代文献类的作品，"从结绳记事、说唱口碑到碑铭、石刻，从贝叶经文、竹木简策、丝帛素书到活页函本；从契丹文、女真文、吐蕃文、西夏文到我国现行的各民族文字古籍，品种繁多，包罗万象"[①]。有时一个民族的宗教经典中也常常包含着相当数量的文献神话，如流传在云南省的彝族、纳西族、傣族和藏族等民族中的经书卷宗中，至少在明代以前就已出现了用彝文、东巴文、傣文、藏文等载录的大量神话叙事了。对上述文本的识别难度自然很高，需要语言学、民族学及人类学等跨领域学者的通力合作才能保证数据的全面采录和准确分析。

神话文献与口头文本相比，还有讲述功能消失的问题。以汉族典籍中与伏羲女娲相关的记载为例，《太平御览》中说："俗说天地开辟，未有人民，女娲抟土作人。剧务，力不暇供，乃引绳于湿泥中，举以为人。"[②] 寥寥几言便表明了女娲抟土造人的过程。西汉《淮南子·说林训》中说："黄帝生阴阳，上骈生耳目，桑林生臂手，此女娲所以七十化也。"仅用9字言明了女娲七十化的特征，西汉礼学家戴圣所编《礼记·明堂位》中说："垂之和钟，叔之离磬，女娲之笙簧。"交代女娲造乐器笙簧的文字更加简短。现将目前采集、整理的古文献数据加以梳理，每个朝代仅列举1—2个案例对文献特征加以呈现（见表2-1）。

表2-1　　**伏羲女娲神话有关的历代文献基本情况示例表**

	朝代	古籍名称	主要内容节选	主要母题
1	春秋战国	列子	庖牺氏、女娲氏、神农氏、夏后氏，蛇身人面，牛首虎鼻：此有非人之状，而有大圣之德。	女娲的特征

---

① 《古籍整理，为少数民族传统文化建档》，中国广播网：http://xj.cnr.cn/mzzj/200808/t20080829_505085950.html，2008年8月29日。

② 《太平御览》卷七八引《风俗通》。

续表

	朝代	古籍名称	主要内容节选	主要母题
2	春秋战国	列子	物有不足,故昔者女娲氏练五色石以补其阙;断鳌之足以立四极。	女娲补天材料
3	战国中后期	山海经	有神十人,名曰女娲之肠,化为神,处栗广之野;横道而处。	女娲化生为神
4	先秦至西汉	礼记	垂之和钟,叔之离磬,女娲之笙簧。	女娲发明笙簧
5	西汉	淮南子	往古之时,四极废,九州裂……于是女娲炼五色石以补苍天,断鳌足以立四极,杀黑龙以济冀州,积芦灰以止淫水。	女娲炼石补天
6	西汉	淮南子	黄帝生阴阳,上骈生耳目,桑林生臂手,此女娲所以七十化也。	女娲七十变;女娲造人
7	东汉	论衡	俗图画女娲之象为妇人之形,又其号曰"女"。……仲舒之祭女娲,殆见此传也。	祭祀伏羲女娲习俗
8	北魏	水经注	瓦亭水又西南出显亲峡,石宕水注之。水出北山,山上有女娲祠。庖羲之后,有帝女娲焉,与神农为三皇矣。	女娲祠;女娲为三皇之一
9	北齐	魏书	伏羲弦琴,农皇制瑟,垂钟和磬,女娲之簧,随感而作,其用稍广。	伏羲造弦琴;女娲造笙簧
10	西晋	博物志	天地初不足,故女娲氏练五色石以补其阙,断鳌足以立四极。其后共工氏与颛顼争帝,而怒触不周之山,折天柱,绝地维。故天后倾西北,日月星辰就焉;地不满东南,故百川水注焉。	女娲炼石补天
11	东晋	抱朴子	……廪君起石而泛土船,沙壹触木而生群龙,女娲地出,杜宇天堕,鳖飞犬言,山徙社移,三军之众,一朝尽化……	女娲从地中出生
12	南朝梁	宋书	①其笙中之簧,女娲所造也。②琴,马融笛赋云:"宓羲造琴。"③瑟,世本,"宓羲所造"。	女娲造笙簧;宓羲造瑟

续表

	朝代	古籍名称	主要内容节选	主要母题
13	后晋	旧唐书	①八音之属，协于八节。匏，瓠也，女娲氏造。②琴，伏羲所造。琴，禁也，夏至之音，阴气初动，禁物之淫心。	女娲造音律；伏羲造琴
14	唐	隋书	昔者淳古苇籥，创睹人籁之源，女娲笙簧，仍昭凤律之首。	女娲造笙簧
15	唐	反经	夫三皇无言，化流四海，故天下无所归功。（伏羲、女娲、神农，称三皇也。）	伏羲、女娲、神农为三皇
16	唐	晋书	琚弟走池阳，合众攻勋，频战不利，请和，归梁州。后桓温伐关中，命勋出子午道，而为苻雄所败，退屯于女娲堡。	女娲堡
17	北宋	新唐书	李国祯者，以术士显，广德初，建言"唐家仙系，宜崇表福区，招致神灵，请度昭应南山作天华上宫、露台、大地婆父祠，并三皇、道君、太古天皇、中古伏羲、女娲等各为堂皇，给百户扫除"。	祭祀伏羲女娲的习俗
18	北宋	太平御览	又曰：往古之时，四极废，九州裂，水浩漾而不息，于是，女娲积芦灰以止淫水。	女娲治水
19	北宋	太平御览	又曰：庖牺、女娲、神农、夏后，蛇身、人面、牛首，此非人之状，而有大圣之德。	女娲的体征
20	北宋	太平广记	女娲墓：潼关口河潭上，有树数株，虽水暴涨，亦不漂没。时人号为女娲墓。……晓见坟踊出，上有双柳树，下巨石，柳各高丈余。	女娲墓
21	大宋天圣七年	云笈七签	伏羲已前，未有姓字，直有其名。尔时人民朴直，未有五谷。伏羲方教以张罗网，捕禽兽而食之。皆衣毛茹血，腥臊臭秽，男女无别，不相嫉妒。冬则穴处，夏则巢居。伏羲没后而有女娲，女娲没后而有神农。	伏羲发明姓氏；伏羲创五谷；伏羲教人渔猎；伏羲女娲出现的先后
22	元	金史	岁以春分日祀青帝、伏牺氏、女娲氏，凡三位，坛上南向，西上。姜嫄、简狄位于坛之第二层，东向，北上。前一日未三刻，布神位，省牲器，陈御弓矢弓鞬于上下神位之右。	祭祀伏羲女娲的习俗
23	明	元史	立后土祠于平阳之临汾，伏羲、女娲、舜、汤、河渎等庙于河中、解州、洪洞、赵城。	女娲庙；伏羲庙

续表

	朝代	古籍名称	主要内容节选	主要母题
24	明	警世通言	取了须弥山几万斤的生铁，用了太阳宫三昧的真火，叫了那炼石的女娲，炼了七七四十九个日头。却命着雨师洒雨，风伯煽风，太乙护炉，祝融看火，因此上炼得这个杵儿。	女娲炼生铁（金箍棒）
25	明	陶庵梦忆	燕客属余铭，铭曰："女娲炼天，不分玉石；鳌血芦灰，烹霞铸日；星河溷扰，参横箕畚。"	女娲炼石补天的遗留物
26	清初	夜航船	人皇氏始有夫妇之道，伏羲始制嫁娶。女娲氏与伏羲共母，佐伏羲正婚姻，始为神媒。	伏羲女娲创制婚姻；伏羲女娲共母
27	清	红楼梦	原来女娲氏炼石补天之时，于大荒山无稽崖炼成高经十二丈，方经二十四丈顽石三万六千五百零一块。娲皇氏只用了三万六千五百块，只单单剩了一块未用，便弃在此山青埂峰下。	女娲炼石补天的遗留物

据表2-1可以发现，伏羲女娲形象在古文献中的记载有如下特征：（1）在传承方面没有断代，侧面证明了伏羲女娲神话在中国古代历时之悠久；（2）古文献中涉及伏羲女娲的叙事类型丰富，关涉神性人物之诞生、神性人物之特征、婚姻法制、事迹经历、遗迹风物等诸多类型；（3）除特定专门叙述伏羲女娲事迹或神迹的文本之外，大部分文献所载文字较为简短，作为地名或遗迹标识的更加不胜枚举，具有信息片段化或碎片化的特征；（4）历代文献中存在相同叙述内容相互引援的特点，表现出明显的信息聚类；（5）或至两汉时期，部分文献中已有将伏羲女娲历史化的倾向。据此，我们可以根据已有的信息进行系统性呈现，从而在浩如烟海的古文献资料中挖掘出更多有价值的信息。

2. 现当代采集的民间口头文本中的伏羲女娲神话

与文献中的神话相比，活态的口传神话具有更加丰富的特点。在我国，各民族虽经历了漫长的发展历程，但至中华人民共和国成立前，55个少数民族中只有蒙、藏、维吾尔等21个少数民族存在成熟的文字体系，此外的34个民族并没有形成固定的文字。这为上述民族以口耳相传作为神话传播的主要形式奠定了历史基础和社会基础，事实上，即使在由成熟文字体系的民族之中，口耳相传的流传形式依然广泛存在。李子贤提出"活形态神话大多处于一种缓慢变动的状态。有的神'死'了，有的神'诞生'了，有的神地位上升了，有的神地位下降了；有的神一直受到崇拜，有的神则不再是被崇拜的对象"，"这样一来，凡是'死'了、地位下降了的神，其神迹或者成了只是讲一讲的故事"①。据此我们大致可以看出，文献中记载的神话是被文字和句法固定下来的表述，而生长在民众口耳之中的活态神话却作为一种原始思维和朴素世界观的遗存被置于动态变化的环境中，它们或在种种外界因素的影响下不断消长，或延伸出更加丰富的变体和形式，抑或将在瞬息万变的未来时间中逐渐被遗忘、式微甚至最终消失。这也充分反映出对口传神话数据进行抢救式挖掘、广布式采集和系统性记录的重要意义。

充分认识到口传神话是中华民族神话的重要组成部分，探究其信息传播规律，是神话数据采集的重要路径。以伏羲女娲神话为代表的民间口头神话，特别是在少数民族地区的口头流传有其特殊的传播特性。一方面，少数民族地区的口传神话可以依托于原有生存环境，并根据自身需求自然发生、传承并在有限范围内传播，也就是普遍意义上的原生神话；另一方面，伴随着社会发展和传播路径的拓宽，外来文化和信息对当地神话传播环境（讲述者、接受者及传播方式）会产生不同程度的影响，其中一种可预测的结果为异质文化间的不相容，即原有神话表述并没有发生改变或发生细微改变，另一种结果则可能通过渗透、濡染、积淀、融合等形式达到渐进、修正甚至颠覆原有口传神话面貌的目的。早期的神话以自发流传为主，到了文明社会之初，就更多表现为人为因素的增强。苏联民族学家С. П. 托尔斯托夫提出了"原始语言连锁扩散性"②的假说，认为洪荒时期人类可能说多种语言，并在民族毗邻地域逐一接连发生变化，从而形成语言连锁扩散网。这一假说在少数民族地区口传神话的传播规律中可以得以印证。而在涉及讲述者、听众和演说场域的具体神话内容传播时，同样存在一些特殊性，一是讲述者与听众身份的不稳定性，在特定情境下两者身份可能发生互换；二是神话交流信息的主观性，讲述者面对不同听众或根据自身讲述状态的不同，讲述内容会发生改变；三是听众对神话信息捕捉的不确定性，不同知识水平、文化素养和人生阅历的听众对神话内容的理解不同，从而形成千差万别的文化记忆。

---

① 李子贤：《被固定了的神话与存活着的神话——日本"记纪神话"与中国云南少数民族神话之比较》，《云南民族学院学报》2000年第1期。

② 马敏：《中国语言文字丛论》（十七），学苑音像出版社2005年版，第2页。

口传神话在传播过程中还遵循线性传播、开放性传播的特点。其中所谓线性传播，指的是一则神话或一类神话母题在时间上表现出先后传承的线性流动关系，通过祭司、巫师、师公等一代代口耳相传，或依靠家族传承等，勾勒出时间维度的流传轮廓。口传神话流传路径同时具备开放性的特点，如流传于贵州省独山县的水族神话《牙线造人的故事》中的"牙线"，水语的意思是"仙婆"，"牙"就是"婆"的意思，一般指代年老女性，而"线"就是"仙"的意思。水族这个仙婆叫娲，水语称牙娲，即娲婆，所以许多研究者认为出现在水族神话中的"牙线"（或牙巫、伢俟等）即是女娲，女娲在水族神话中是开天造地造人的女神。至于这一神性人物在水族与汉族之中是否是分别出现的"原生性神"，又是否在历史中存在相互流传或融合的过程，至今尚未定论，但两个民族相关神话中关于女娲造天、地、人的叙事却存在一定的共通之处，一定程度上支撑了特定类型神话在多民族间的互见，这种不稳定性和开放性为研究结论的科学性提出了更高的要求。

目前作为伏羲女娲神话析出的现当代文献众多，这些文献主要由文人根据采集的民间口头文本加工整理而成，包括的类型比较多，比如有专题神话文献，有将神话融于民间故事中的文献，还有一般性资料中的文献，数据采集中常见的出版物示例如下。

（1）专题性神话文献。包括多民族神话集成，如满都呼主编的《中国阿尔泰语系诸民族神话故事》，谷德明编的《中国少数民族神话》，陶阳、钟秀编的《中国神话》（三卷本）以及姚宝瑄主编的《中国各民族神话》（15卷本）等；单一民族神话集成，如农冠品编注的《壮族神话集成》，云南省民间文学集成办公室编的《白族神话传说集成》等。

（2）民间文学类。如中国文联、中国民间文艺家协会编辑出版的《中国民间文学大系·神话卷》（各省卷本），中国民间文学集成全国编辑委员会编的《中国民间故事集成》（各省卷本），中华民族故事大系编委会编的《中华民族故事大系》（16卷本），白庚胜总主编的《中国民间故事全书》（县卷本），等等。

（3）包含神话作品的工具书。如《中国各民族宗教与神话大词典》编审委员会编的《中国各民族宗教与神话大词典》，吕大吉、何耀华总主编的《中国各民族原始宗教资料集成》（各民族卷本），袁珂编著的《中国神话传说词典》，等等。

（4）中国少数民族文学史及各民族单行本文学史中的神话。如马学良、梁庭望、张公瑾主编的《中国少数民族文学史》，毛星主编的《中国少数民族文学》，攸延春编写的《怒族文学史》，等等。

此外，还有一些学术著作、学术论文中包含的神话作品。如李子贤的《探寻一个尚未崩溃的神话王国》、那木吉拉的《中国阿尔泰语系诸民族神话比较研究》等著述中，都有一些有关各民族民间口头神话的经典案例。这些都可以作为神话数据采集的来源。

3. 图像中的伏羲女娲神话数据

伏羲女娲神话数据大量出现在墓葬壁画、建筑雕刻、宗教器物、书籍插图、民族服饰图案以及其他诸多相关事物中。处于不同社会时期的文物遗迹和图像，从不同侧面反映了各个历史时期人类的社会活动、社会关系、意识观念和与周围世界的互动，无疑是各民族宝贵的历史文化遗产，其中往往蕴含着丰富的神话因素。对伏羲女娲的神话图像研究，国内外很多学者已有较多突出成果和研究理论，其研究方向大致可分为以 19 世纪末至 20 世纪初的探险发掘式的神话考古图像研究，20 世纪中期以原型考证和神话溯源为目的的考古图像研究，20 世纪后期以图像考证与神话溯源为目的兼及具体人物形象考证的伏羲女娲图像研究，以及 21 世纪以来以实践和理论并重的更加多样化的图像研究。[①]

依附古代雕刻、墓葬及岩画壁画等文物性质而存在的伏羲女娲形象，与服饰、器具、画册等形式的图像相比，无疑具有更加稳定的信息数据属性，往往带有凝固的时代烙印，可反映出所处时代的社会背景和文化特征。从文物图像本体研究及数量分布等维度进行分析，大致可获得以下结论。

（1）对不同时期伏羲女娲形象进行探究，可以挖掘出所处时代社会面貌和文化价值取向。刘惠萍在《伏羲神话传说与信仰研究》一书中，用较长篇幅探究了先秦、汉代、魏晋以及隋唐时期出土墓葬图像与伏羲形象特征、意义与功能之间的紧密关联。认为，"许多信仰或艺术在形成之初都有一个原始的雏形，人们在塑造其心目中的神灵时，往往会将保留在脑海中对神灵的既有印象重新加以组织和安排，继而结合现实生活中对神灵的其他想象，并参考当时社会的实际需求，最后将合于当时意识形态的各种

[①] 参见孙伟伟《神话图像研究综述与发展路径思考》，《长江大学学报》（社会科学版）2019 年第 6 期。

成分纳入新的联系，从而建立起其完整的形象"①。从而在神话人物形象塑造和所处时代民众的思维样态之间建立起一定的对应关系。

（2）对跨地区伏羲女娲图像信息进行研究，可为特定文化传播和流布路径提供材料或进行合理推测。如在河南、四川、山东、贵州等地出土的汉代画像石中，伏羲女娲形象往往与代表日月之三足乌、兔或蟾蜍同时出现，特别是新疆吐鲁番阿斯塔那古墓出土的高昌王国时期人首蛇身伏羲女娲绢画，完全继承了汉代造像的画面格局和人物特征，画面四周清楚地描绘了日、月和二十八宿的星象，其中诸多惊人相似要素的提取已引起了众多学者的关注，对这些图像关键要素进行解释或破译，无疑也可作为对古老神话传播、影响路径进行复原的过程。

（3）文物图像中的伏羲女娲与神话叙事之间存在一定的互证关系。杨利慧在《女娲溯源——女娲信仰起源地的再推测》②一书中，对河南省、河北省、甘肃省十余个县市内伏羲女娲遗迹中的画像石、画像砖和石刻壁画等近80处进行了细致考察，深刻探寻了上述文物与当地女娲传说、女娲神话和女娲信仰之间的关系，并对女娲信仰起源问题进行了充分论证，得出女娲神话与信仰肇始于甘肃天水一带的结论，与当地流传的神话文本和口传材料形成了强烈呼应。

一些宗教庙宇中的碑文壁画也往往可以作为神话的重要载体遗存，如河南省新密市来集镇浮山中的伏羲女娲祠，祠内一面明万历年间的《重修伏羲女娲庙记》碑中便有着伏羲"画八卦，造六书，作甲历，正大婚之礼，制歌咏之乐"的清晰记载，该地类似石碑雕刻零散分布各处，都佐证了这一带伏羲女娲神话的内容和流传情况。

此外，民族服饰、生活器具等诸多载体中的伏羲女娲形象也纷繁众多，对图像类信息进行解读时，往往需要将其放置于时代背景和社会环境之中进行综合考量，也需要图像学、美学、考古学等多学科的理论作为支撑，所形成的结论也多因切入视角不同而大相径庭。自然，对伏羲女娲进行图像学方面的数据采集也存在难点，如对某些远古时期的图像进行辨识的时候，研究者往往更倾向于在同时期的文字记载中找到对应的解释。③

---

① 刘惠萍：《伏羲神话传说与信仰研究》，陕西师范大学出版总社有限公司2013年版，第245页。
② 杨利慧：《女娲溯源——女娲信仰起源地的再推测》，北京师范大学出版社1999年版。
③ 参见田兆元《神话的构成系统与民俗行为叙事》，《湖北民族学院学报》（哲学社会科学版）2011年第6期。

这就对图像的实际采集标准提出了较高要求，不仅应充分利用高科技图像采录设备实现目标图像的客观载录，而且也应适当放宽相应数据的定义边界，对无法确定的图像数据适度采用"模糊定义"和"大范围定义"的方法，以保证数据归类的严谨性和准确性，同时要注重对不同时代、地区的图像之间进行关联性研究，以便揭示出图像背后的深层文化内涵。

4. 民俗中的伏羲女娲神话数据

所谓"民俗"，主要是指一个民族或一个社会群体在长期的生产实践和社会生活中约定俗成并逐渐固化下来的世代相传且较为稳定的文化活动。民俗与神话之间有着密不可分的关系，谢六逸早在《神话学ABC》中便有了"本来神话学是说话的学问，而民俗学则为行为的学问，二者本为同元"的论述，两者"都可以看为研究原始人的思想及行为的科学"[①]。所以在各民族地区的民俗活动中自然可以探寻到伏羲女娲神话的影子。

以云南省开远市老勒村彝族"人祖庙"中人祖石像祭祀活动为例。该处人祖庙中供奉有洪水遗民两兄妹，在当地民众口中也存在两位"人祖"即为伏羲女娲的说法。这一说法也得到了部分学者的认可。彝族的传统文化信仰基本上还处于原始宗教的阶段，当时本民族生产生活之中广泛蕴含着自然崇拜、图腾崇拜、祖先崇拜和万物有灵的观念，大部分彝族地区几乎没有宗庙遗存，固定的祭祀偶像也少之又少。而开远市彝族地区不仅存有"兄妹人祖庙"，更在固定时间当地民众以庙会形式对两尊人祖石像进行祭祀，"显然是明代以降彝、汉民间信仰圆融的结晶"[②]。特别是谈及两尊人祖像的关系问题时，有的说是兄妹，有的说是夫妻，但对其洪水后遗民的身份均持统一观念，这种认知层面的辩证统一也与伏羲女娲在西南少数民族地区多层次流变的身份特征相吻合。围绕人祖庙展开的祭祀仪式与中原地区伏羲女娲形象在人祖信仰和祭祀仪式等方面具有一定程度的相似性，如人祖庙庙会分为集体性"做会"和个体性"做会"两类，前者在冬月十九日和正月初一举行，后者在正月初二和十六日举办，祭品有花糕、猪头、糖果和青菜等，参拜者多祈求子孙兴旺，风调雨顺，五谷丰登，人

[①] 谢六逸：《神话学ABC》，世界书局1928年版，第27页。
[②] 李子贤：《彝、汉民间文化圆融的结晶——开远市老勒村彝族"人祖庙"的解读》，《云南民族大学学报》（哲学社会科学版）2010年第4期。

畜平安。① 祭祀完成后，众人会分享祭品，认为献祭的食物是人祖留下的最好的治病良药。无独有偶，这一做法与甘肃天水伏羲庙中"剪纸人，祛病痛"的习俗非常相似，当地百姓将红纸剪的纸人贴在伏羲庙庭院中的古柏上，并用艾草放在纸人身体相应部位以指示自身患病的位置，然后用香点燃，据说烧完后病痛也就消失了。这些做法或与伏羲女娲神话中创制医药、保佑众生的神圣叙事有关，这些文献或口头中的叙事借由习俗开展的空间场域，塑造了良好的神话演述环境和浓厚的民间信仰文化氛围，并将模式化和规范化了的文化传统以一种更加鲜活的"娱人""娱神"形式展现出来，无疑是一种全方位的立体的神话表达，与文本神话一道，共同构成了完整的民俗神话叙事及展演。

据此，我们在对伏羲女娲民俗神话进行考察时，应注意关注对象信息的全面性，诸如这则神话在传承中有没有特定限制？而演述的具体情况中，是不是在民族重大活动或特定的节日演述？演述中有没有群众参与？演述中有没有特定的规定和禁忌？有没有音乐舞蹈？等等。如在河南省周口市西华县一带调研时发现，无论是女娲城一带、中皇山一带还是昆山一带的当地群众，不仅在特定的节日去祭拜盘古女娲，而且在遇到疾病困难等事情之后也到女娲殿中去祭拜，有的还要唱歌颂女娲的经歌。如流传至今的"担经挑"在当地又称"担花篮"，据当地人介绍，这一神话传承形式有可能源于河南淮阳太昊伏羲陵的祭祀巫舞，也有可能源于远古的"龙花会"。"龙"指的是大龙伏羲和小龙女娲，"花"指以担花篮祭祖。在每年的二月二庙会上尤盛。传统的表演方式是四个老太太，三人分别担着花篮经挑，以咏唱为主，一人打经板为表演者伴奏。这类表演在河南省的西华县、淮阳县、太康县、商水县、项城市、郸城县、上蔡县等都有传播。不同的县域重点又有所不同，如淮阳县以伏羲女娲为主，而西华县唱颂的主要对象则是盘古和女娲。特别是西华县的担经挑规模已然十分庞大，担篮唱经的队伍主要是妇女，人数从几人到几十人不等，场面十分壮观，演唱的大意就是歌颂老母娘女娲。据说担经挑还有传女不传男的习俗。从其内容与当今表现形式看，"担经挑"除颂扬盘古、女娲、伏羲等的创世育人的功绩之外，还承载了求子还愿、祛病消灾等多项功能。如果把这些伏

---

① 参见李莲、冯熙《开远彝族地区洪水神话与传承》，《玉溪师范学院学报》2011 年第 11 期。

羲女娲神话演述与传承的特定背景作为数据选择的有机构成，对于使用者进一步深入了解和分析伏羲女娲神话无疑是非常有益的。

由此可见，对伏羲女娲神话的民俗表达形式进行研究和数据采集，既应包括对口述神话和书面神话的语言采集，对相关具体器物的搜集，更应包含对民俗仪式和展演过程的记录和分析，因为只有通过仪式的叙事去分析神话的结构和神话的功能，才能完成对于神话的结构整体性研究和过程的全面研究。①

5. 新媒体等其他载体中的伏羲女娲神话数据

这里主要是指随着当今信息技术的不断发展，借助于新的传媒手段通过动漫、游戏、景观开发等把古老神话进行加工、改造或创新，形成的新神话。如2009年1月30日在CCTV综合频道首播的上古神话题材电视剧《天地传奇》，由曹荣执导，何琳、焦恩俊等领衔主演。该剧取材自流传于民间的伏羲和女娲的神话故事，以伏羲为主人公，围绕着伏羲开天辟地、创造八卦、女娲造人、炼石补天等传说展开。严格意义上这已经不是传统意义上的神话，但其中大量的神话母题却给人留下极深的印象，也可以看作神话传统的与时俱进，有必要纳入伏羲女娲数据资源的范围。

三 以语言类型为参照的数据选择

中国是一个多民族多语种国家。随着计算机语言技术的开发应用，将多民族语言表达的神话文本在同一平台进行呈现并不是一种奢望。因此有计划有目的地采录与存储少数民族语言神话也应成为伏羲女娲神话专题建设的一项重要内容。这里由于学科的限制，不对少数民族语言表达的有关神话作出示例。只在语言学分析方面，介绍一下神话在多民族语言建立数据比较的必要性和可能性。

伏羲女娲神话资源离不开语言表达，正如马学良所说"语言文字工作与民间文学，民族文学不能脱节，这两个是相辅相成，互相都有帮助的"②。从目前看到的神话载体而言，涉及的语言类型非常多，从语言的不同角度我们可以发现，有文言和白话之分，有汉语言和少数民族语

---

① 参见田兆元《神话的构成系统与民俗行为叙事》，《湖北民族学院学报》（哲学社会科学版）2011年第6期。

② 马学良：《谈谈民族文字与双语教学》，《贵州民族研究》1986年第2期。

言之分,同一种语言载体,又可以从语言学划分出不同的功能与类型。从这一视角出发,神话体系可以划分成三个层次,第一个层次是语句层次,包括语音和文字部分;第二个层次是语义,语义部分由若干语句构成;第三个层次是隐性的内涵层次,也就是神话所要表达的意义,这三个层次环环相扣,相辅相成,"只有在深入地掌握了这个层面之后,才能算是成功的"[①]。这一论断,无疑强调了语音语言在神话系统中的重要价值和作用。

中国作为一个多民族的国家,语言种类众多。根据不同民族语言的特征,可以粗略划分出各个民族所属的语系、语族和语支。一般来讲,民族之间的语言关系越近,其同主题神话的共性就可能越多。从目前我国语言学研究的成果看,将中国各民族语言分为汉藏语系、阿尔泰语系、南岛语系、南亚语系和印欧语系五种语系。语系下面可以划分出语族,所谓"语族"就是依据语言语音、词汇、语法规则之间的对应关系,把具有相似的语言归于同一类语群,如阿尔泰语系又分为突厥语族、蒙古语族和满-通古斯语族。语族之下一般又分为若干语支,如满-通古斯语族之下又分为通古斯语支和满语支。语支之下又可划分出语种,如满语支包括满语、锡伯语和赫哲语三个语种。上述不同的语言类型也会给神话数据的采集、分析、整理提供重要的参考角度。

一般来讲,民族之间的语言关系越近,其同类型神话、同主题神话的相似度就会越高,如叙事结构大致相同,叙事情节基本相似,或拥有相关联的人物,等等。如在汉藏语系广泛分布的中原地区流传着盘古和女娲婚生人类,在同语系的壮族也流传着同类的神话叙事。但由于各民族所处的地域不同,生活习俗不同,民族性格和心理特征不同,所以相应的语言风格具有明显的差异,反映在神话叙事方面就表现出独特的个性。鉴于此,我们在对不同语言环境中的神话数据进行采集时,一方面要注意对采集内容进行准确的转述或翻译;另一方面也要注意保留原生语言的独特性表达,在保证神话数据库准确性的同时进一步提升数据库内容的丰富性。

从语言学视野下采集神话数据时,有时还会涉及神话语言的方言问题。中国方言是汉语的分支,中国地域广阔,汉语与少数民族语的方言众多。据教育部2019年印发的《中国语言文字概况》中介绍,汉语方言通

[①] 何新:《诸神的起源》,生活·读书·新知三联书店1986年版,第252页。

常分为官话方言、晋方言、吴方言、徽方言、闽方言、粤方言、客家方言、赣方言、湘方言和平话土话10类。通过地方方言形式采集到的伏羲女娲神话作品，需要进一步加以阐释，以保证数据的准确性。如流传在上海市闵行区华漕镇吴家巷村的汉族神话《人是哪里来的》[①]，该神话由王忠明（男，64岁，华漕乡吴家巷工人，初中）讲述，秦复兴（男，38岁，华漕乡文化站干部，大专）于1986年9月采录整理。该文本主要叙述了女娲用泥造人、造出残疾人及单身汉的来历等，文本中包括了大量吴方言，如"人就是日日洗手揩面，还是洗勿清爽的""啥人晓得，这个辰光杂生头里刮起了大风""已经被雨水冲得糊达达，扶也扶不起来了"，等等，其中"揩面""杂生头里""糊达达"等地方方言的意思分别是"洗脸""突然间""糊烂得不成形了"。在处理类似情况的方言数据时，要做好必要的通行的现代汉语翻译，以利于信息分析的准确性。

第三节 伏羲女娲神话文本数据的采集与生成

无论是前文提及的伏羲女娲神话文本数据选择的目的、标准、方法，还是对其几种数据来源的选择，最终目的要落脚在怎样使之变成可以被计算机加工和使用者利用的具体数据上，即在上面提及的各种文本或神话载体的基础上，寻找数据提取的一些基本要求和方法。

一 神话文本数据提取与呈现的理论依据与标准

人文学科的专题数据生成既需要体现特定研究对象的个性特色，也需要在理论与实践层面上达成共识，这是数据提取与利用的基本要求。

1. 神话文本数据提取与呈现的理论依据

根据本书的表述需要，重点参考了目前国际通用的都柏林关于人文数据建构的理论，引入核心元素集（Dublin Core Element Set，以下简称DC）的概念，都柏林核心元素集是一个致力于规范Web资源体系结构的国际性元数据解决方案，主要目的是对网络信息资源的管理进行规范，提升使用者的检索效率。该系统规范了DC元数据标准，包括15个"核心元素"的

[①] 《人是哪里来的》，中国民间文学集成全国编辑委员会编《中国民间故事集成》（上海卷），中国ISBN中心2007年版，第5—6页。

集合，内容精简，适用面广泛。本书以 DC 数据理论为基础，对神话专题文本元数据元素规范和设计进行了进一步探讨。

使用者在查找神话资源相关信息时，一般不会遵照计算机语言或编程思维去查找，例如键入某段神话文本的 ID，而是直接输入描述性的信息，如"女娲补天""女娲治水"等，所以这就意味着在创建关于描述性元数据的时候要尽量地提取出尽可能全面的关于检索对象的要点和叙事，以便最大化适应不同检索者的检索习惯。完整信息应包含"标题""创建者""主题"等元数据（见图 2-2）。

Title	标题	资源名称
Creator	创建者	资源的创建者
Subject	主题	资源的主题内容
Description	描述	对资源内容的描述
Publisher	出版者	发布资源的实体
Contributor	贡献人	资源生存期中做出贡献的实体，除制作者/创造者之外的其他撰稿人和贡献者，如插图绘制者、编辑等
Date	日期	资源生存周期中的一些重大日期
Type	类型	资源所属的类别，包括种类、体裁、作品级别等描述性术语
Format	格式	资源的物理或数字表现，包括媒体类型或资源容量，可用于限定资源显示或操作所需要的软件、硬件等
Identifier	标识符	资源的唯一标识，如URI、URL、DOI、ISBN、ISSN等
Source	来源信息	资源的来源
Relation	关联	与其他资源的索引关系，用标识系统来标引参考的相关资源
Coverage	覆盖范围	资源应用的范围，包括空间位置（地名或地理坐标）、时代（年代、Et间或日期范围）或权限范围
Rights	权限	使用资源的权限信息，包括知识产权、著作权和各种拥有权

图 2-2　都柏林数据结构核心元素集图

通过图2-2不难看出，都柏林数据结构核心元素集主要采取了化繁为简、抓取核心元素的原则，关于建立叙事学数据的架构符合了不同国家、民族和地区民间叙事数据采集的基本要求，符合不同使用者的通约性意愿，因此，目前在国际上特别是叙事学数据的采集、整理和呈现方面得到普遍运用。

毋庸讳言，针对某一特定研究领域的专题数据库而言，都柏林数据结构核心元素集还显得比较简单，只是提供了一个大致的规范，难以包容人们要深入全面把握信息体系的尽可能多的海量内容，其不足主要表现在以下几点。（1）在数据的采集上偏重于对于讲述人信息的把握，这样对叙事本体而言，只是建立在早期民族志、田野调查方法上的一种理论建构，而当今信息化高度发达，对于特定信息的影音图文的全方位检索会丢失大量的信息。（2）在叙事文本内容的数据类型规范上，尚未作出全面细致的类型化标类，如对伏羲女娲而言，所有的采集大概满足上面的条件并不是一件困难的事情，而难度在于如何对大量的伏羲女娲神话作出分类。（3）该表过于偏重大众化的检索功能，而对数据本身的专业性的检索和处理尚未作出相应的规范。所以在构建适合伏羲女娲神话专题数据库的提取规则时，需要更加符合研究特点和实用规律的规范。

因此，在伏羲女娲神话文本的数据提取中需要进一步细化其中的各个元素，根据目前文本的实际状况标注出基本元素、核心元素、辅助性等类型，并将其细化出具体要求或者划分出不同的元素层级。如"标题"，我们可以进一步细分以下几点。

（1）"标题"之下可增加"篇名""题目""题名""神话名称"等同一词语，以适应目前不同数据库关于"标题"的不同表述，使之发生关联。

（2）"标题"设"主标题""副标题"，对有些带有"副标题"的文本要求标出，以便于引导使用者更准确地把握叙事主题。

（3）"标题"英译。为该文本数据的开放性打好基础。

（4）"标题"原来有无民族文字表述，如果有原民族文字则作出标注。

（5）"标题"的拟定者。所呈现的神话文本"标题"是原讲述人本来提供的标题，还是采集整理者后来增加的标题，要作出标注，以便于使用者分析文本流传中的变异情况。

（6）"标题"释义。有些用民族语表达的难以理解的标题或有歧义的标题，需要作出必要的解释。等等。

图2-2中的"创建者""主题"等都可以如此做出必要的细化。当然有些神话文本由于采集的时间较早，受人力、时间、标准等方面的限制，在当时并没有注意到上述各类元素的完整性，但当今在技术手段日趋成熟的大环境下，对有些元素进行查遗补漏作出修复还是可能的，特别是在进行新的神话案例采集时，努力做到数据元素的精细化、系统化应该是一种科学有效的做法。

2. 神话数据呈现的基本标准

神话文本的基本数据组成大致可以按照数据标准分为以下三类。

（1）元素或属性。包括名称信息、所属类型信息等，对应自然科学数据中的名称、大小和数据类型等。

（2）结构信息。主要指以神话母题为多维度划分结构，对应自然科学数据中的长度、字段和数据列等。

（3）相关数据信息。包括文本采录时间、流传地和出版信息等，对应自然科学数据中的位于何处、如何联系和拥有者等。这就为神话文本资源与数据库的接轨提供了技术理论保障。

此外，在数据的选择中还应遵循完整性、有效性、简易性、通用性、可选择性、可重复性、可修饰性和灵活的可扩展性等标准。这些标准将为后续数据系统的顺利搭建奠定良好的基础。

二 神话文本数据的基本构成与分解

对选择的文本以及能够呈现的数据提取进行规范，是任何一项数据建设得以顺利进行的重要保障。这里涉及对文本的界定、所需数据的规范等一系列问题。

1. 神话文本数据的基本结构

在信息技术和大数据技术日益发展的时代背景下，在建设中国特色社会主义精神需求和文化需求的双重驱动下，无论是政策层面还是个人需求层面，对特定人文知识的系统性建构和精细化打造需求愈加强烈，建设人文社科类特别是人文社科专题数据库已成为共识。人文社科专题数据库建设实施规范化管理已经成为客观需要。与之相对应的管理核心内容也发生了颠覆性的改变。如何对其理论和实践进行新时代、新语境下的解读与重构，成为摆在研究者面前不可回避的问题。之前的专题性数据库的研究和建设重点主要集中在数据库自身数据的管理方面，比如对已有数据范围的界定，数据类型的规范和相关标准的确立，但就数据库平台的开放性讨论、历时层面的讨论、可视化层面的讨论却明显不足。① 当然，鉴于人文社科专题数据库建设的实际所处阶段，对其标准的讨论仍然是目前工作的重点与难点，讨论的核心不仅应集中于基于元数据标准的数据采集、输入与处理，更应注意对于数据著录、标引和存储等方面的规范，特别应对后期数据呈现与实际利用等问题进行充分的考量。鉴于本书研究重点的实际，在此以神话文本的著录数据为例，对相关结构问题作些探讨。

我们可以从朝戈金在《"多长算是长"：论史诗的长度问题》② 一文中对史诗长度定义的探讨中获得一定的启迪。该文认为，在民间文艺学领域，史诗与神话、传说、故事等同属叙事文类，其区别在于从表象看"史诗是特意强调篇幅的文类"，其体量少至几百行，多达几万甚至数十万行，而在分类结构上属于"拥有很多亚类的超级文类"。鉴于史诗的这一特点，其行数是否达到一定的标准一度成为判定某作是否可归为史诗行列的重要门槛，对于这一门槛高低之争，也成为各国学者探讨的一大重要问题。但任何一个文类的判断标准往往不是唯一的。据此，该文综合学界的理论成果，提出了判断史诗的更为客观的六大标准，即一是长篇叙事诗，二是场景宏大，三是风格崇高，四是超凡的主人公，五是业绩非凡（或历经磨难），六是分为"原生"的和"次生"的（或者叫作民间口传史诗和文人书面史诗）。借由上述对史诗的判断标准，反观神话文本，我们可以认为，特定文类的判断标准往往是综合的，神话数据的判断标准应由"定性"和"定量"两个维度共同构成，其中"定量"部分便于快速批量筛选出目标对象，而"定性"部分则承担着对初选对象的进一步限定，以最大限度保障对该文类定位的准确性。

据此，在面对庞杂的伏羲女娲神话资源时，我们应该充分意识到，一

---

① 参见李阳、孙建军《人文社科专题数据库建设规范化管理的若干问题》，《现代情报》2019 年第 12 期。

② 朝戈金：《"多长算是长"：论史诗的长度问题》，《中央民族大学学报》（哲学社会科学版）2015 年第 5 期。

则完整神话文本数据信息本身所包含的内容是多方面的。在建设神话专题数据库时，在神话数据的搜集阶段，就要特别注意相应信息资料的健全，如没有搜集时间、缺少讲述人信息、忽视作品的特定讲述环境等，都会对神话的判断造成误解或误读。通过对手头掌握的大量神话资料的抽样验证和规律提取，结合诸多学者的研究，我们可以得出一则神话文本的基本数据可由以下几部分组成的结论。

（1）神话标题。

（2）神话正文。

（3）神话的民族属性。一般而言，神话讲述者或演唱者的民族属性决定了神话文本的民族属性，如没有标注出讲述者的民族身份，则可根据采录地和流传地等基本情况进行合理推测，但推测出来的信息应与原作有明显区别标识。

（4）讲述人的基本情况信息。具体包括民族、年龄、受教育程度、社会身份等。

（5）采录及整理者的基本情况信息。具体信息与讲述人一致。

（6）文本采录时间和地点。其中地点采取"省/自治区/直辖市·自治州/县/自治县/市·乡/民族乡/镇"的行政区域划分原则呈现。

（7）神话文本的流传地。流传地的呈现形式与文本采录地点一致。

（8）神话文本中提取的母题。母题是数据检索和关联的重要元素，且母题与类型之间的关系密不可分。

（9）其他补充信息，包括神话的消亡、增补与异文的情况等。

上面各项在都柏林元素集的基础上需要做出进一步延伸细化，并设计不同的质量标准要求。特别是内容方面，则可以采取提取母题的方法，建立起结构层级完整的母题体系。具体方法将在第三章和第四章作出阐释。

从目前神话资料的保存情况看，同时达到上述要求是相当困难的，这就需要在神话资料搜集过程中参照这些要素尽可能建立起全面系统的神话信息，在信息录入过程中展开合理推测，并注意保留数据平台的开放接口，以便后续信息的补充。只有作出多角度、全方位的定位，才能最大限度地保证神话资料信息的客观性、真实性和科学性。

2. 元数据的设定、提取与标准

（1）元数据的概念和定义。根据神话文本数据的组成特点，在对数据进行定义和规则确定时,需要适时引入"元数据"的概念。所谓"元数据"(Metadata),即描述、记录数据资源的最小数据单位(Data about other data),或可以理解为用于提供某种资源的有关信息的结构数据(Structured data),即"数据的数据"。其价值与意义并非在于代表具体的数据内容,而是对目标数据资源进行描述和规则的制定,目的在于对目标进行识别、评价和动态追踪,实现对大量网络化数据的高效管理。所以从元数据的功能价值切入,其可以定义为描述数据属性(Property)的信息,具备指示存储位置、检索历史数据、查找特定资源及留存记录文件等功能。

目前从功能角度可以将元数据划分为管理型、描述型、保存型、技术型和使用型元数据,又根据不同的结构和存在语境归类为全文索引型、普通格式型、复杂结构型三组。而根据元数据的应用范围,又可分为通用性元数据、专业性元数据、Web元数据和多媒体元数据。[①] 元数据理论目前在诸多领域已拥有广泛的应用和实践基础,如在网络资源(Dublin Core/IAFA Template/CDF/Web Collections)、地理空间信息(FGDC/CSDGM)、数字图像(MOA2 metadata/CDL metadata/Open Archives Format/VRA Core NISO/CLIR/RLG Technical Metadata for Images)、博物馆与艺术作品(CIMI/CDWA/VRA Core)等领域具有很强的实践和应用价值,特别在文献资料(MARC、Dublin Core)、人文科学(TEI Header)、社会科学数据集(ICPSR SGML Codebook)和档案库与资源集合(EAD)等领域同样具有广泛的应用空间和发展前景,对于中华民族神话专题数据库而言,这些数据平台会为本书提供相应的借鉴和参考。

(2)元数据在专题数据库中的作用。专题数据库(Vertical portal)简单来讲是数据内容侧重于某一专题的数据库,通常针对某种专业应用而建立,除具备数据库所具备的高结构化、强联系性、数据高共享性、数据高独立性和方便管控等一般特性外,在具体实践应用过程中,可根据不同研究领域、应用领域和使用群体的不同数据需求,在数据采集、数据组织、关系建立、数据处理等环节有针对性地进行建构,从而使数据库具备专业的使用功能。在此基础上还可以进行功能的扩展和内容的充实,进而发展

[①] MBA·智库百科,https://wiki.mbalib.com/wiki/%E5%85%83%E6%95%B0%E6%8D%AE。

为综合性的数据平台。

　　元数据在网络信息资源组织方面的作用可以概括为几个方面：一是描述作用。主要指对目标信息内容和位置进行描述，元数据作为"数据之数据"，对处于网络环境中的信息资源进行了唯一的定位描述，在区别于其他同质信息的同时，极大提升了数据被检索和利用的效率，也为资源本身在特定数据库或相关资源平台的发现提供了先验条件。二是找寻功能。在具体实践过程中，元数据还承担了找寻功能，特别在信息著录的环节，通过将目标资源中的核心元素加以提炼，如上文所提及的标题、主题、日期、类型、发布者，甚至具体到口传神话中的讲述者、采集地、母题描述等，再将这些赋值过的关键信息进行符合规范的组织和关系建立，从而便于使用者在海量信息中迅速找寻到目标信息，提升了资源本身的价值和功能价值，在这一功能组织过程中特别强调"关系"的重要性。三是评价和评估功能。元数据评价作用的实现是与找寻功能密不可分的，在找寻功能阶段，已将信息的核心元素进行了提炼，相对数据资源本身来说这些元素作为描述信息属性的身份便相对独立出来了，可以暂时脱离较为冗杂的资源单独被处理和利用。又依据其相对简洁、准确、统一的特点，使用者既可以迅速了解到资源的概貌，又可以利用这些结构平行的元素信息对资源进行评价和评估，极大节省了资源分析时间。四是呈现功能。在资源的选择和取舍方面，通过元数据的描述、定位和关系建构，便可以迅速将目标信息进行集合和呈现，此后使用者依据数据使用目的，结合评价标准和数据环境，便可以在已有信息中进行最后的选择，这种功能对新研究者或对目标信息并不十分了解的使用者十分友好，可以轻易实现元数据的最终组织价值。

　　就本书而言，元数据的具体应用主要体现在母题的提取及母题体系的建构上。这一部分的具体内容将在第四章做统一具体阐释，这里仅对元数据与神话母题之间的对应关系做一简要说明。在性质上元数据一定是结构化的数据，但与纯数值数据不同，元数据既可以是数值结构的，也可以是非数值结构的，从数据来源上讲非常丰富，这是元数据区别于一般意义上数据含义的最大特点，也是可以将元数据理论引入以非结构化为特征的神话文本资源的客观基础。这里，元数据常规定义中的"数据"是表示事物性质的符号，是进行各种统计、计算、科学研究、技术设计所依据的数值，这又对非结构化的数据进行了进一步的规范。一般而言，由许多文字片段组成的一则神话文本是没有办法被直接赋予"元数据"属性的，必须对它进行数字化、公式化、代码化或符号化的简化和提取，这一步简化或"约化"处理，就是指神话文本"母题化"的过程。同时，元数据是与对象相关的数据，所以利用元数据的最大特点便是，使用者并不需要事先对目标资源信息进行充分的、完整的了解，这一点对应了神话母题中的关联性问题，当神话叙事被归入某一特定的类型下时，即使检索者并不了解这一叙事的基本内容，也可依据检索规律找寻到目标资源。例如，当我们想要找到与女娲造人相关的神话文本时，依据母题结构的检索路径，既可以通过"女娲造人时间""女娲造人地点""女娲造人材料"等以女娲为叙事主体的路径进行检索，又可以按照"玉皇大帝派女娲造人""盘古开天辟地后女娲造人"等以其他人物为叙事对象的路径间接得到对象，以极大提高检索的效率和成功率。

此外，元数据包含了用于描述信息对象的内容、位置等关键信息的数据元素集，为检索者多样化寻找到目标资源提供了可能性，这一点与本书所提及的神话母题的基本功能相一致。

（3）元数据等数据信息的批量提取——文本挖掘技术的应用预测。对海量神话文本进行快速的元数据等关键信息挖掘，使之匹配专题数据库建设，是目前制约相关工作进展的重要瓶颈。目前，在处理纷繁复杂的神话数据提取工作时，学术界采用基本的提取方法和分类逻辑，该方法主要根据待分类数据的某些特征来进行匹配，将给定的文本划分到事先规定的文本类型，往往需要研究者或专家精心制定分类规则，且规则集的建立周期长，维护成本高，对专业的要求高。以适用于中国神话母题分析研究和多学科数据库建设的"中国神话母题 W 编目"为例，该编目即以中国各民族 12600 篇神话文本为基础，梳理出神话十大类型 3 个层级的 33469 个神话母题，这一过程耗费了王宪昭研究员及其团队近二十年的人工投入时间，这一工作的专业度要求之高和处理文本量级之大对非专业研究者而言是难以想象的。所以将基于信息自动化的文本挖掘技术引入神话文本信息的提取工作中，或可大大提升这一工作环节的普及度和效率。

所谓文本挖掘，是指从非结构化文本源（文档、电子表格、邮件及网页等）中抽取或标记有价值信息概念或文字间关系，并按照内容对文档进行分类，进而对这些有效信息进行组织的过程。它是信息挖掘技术的重要分支，涵盖了诸如数据挖掘技术、信息抽取、信息检索、计算机学习、自然语言处理、计算语言学、统计数据分析、线性几何、概率理论甚至还有图论等诸多学科和知识领域。在当今社会，随着互联网和移动通信技术的快速发展和普及应用，文本数据挖掘技术备受关注，特别随着云计算、大数据和深度学习等一系列新技术的广泛使用，文本挖掘技术已经在众多领域（如舆情分析、医疗和金融数据分析等）发挥了重要作用，表现出广阔的应用前景。但在目前对文本数据的分析挖掘应用领域中，该技术尚有较大的发展空间，特别是针对大量异构、异质的中文文本，还有很长的路要走。文本挖掘有以下几种典型的技术类型。

①文本分类。根据待分类数据的某些特征来进行匹配，将给定的文本划分到事先规定的文本类型。早期的文本分类方法确实需要研究者或专家精心制定分类规则，传统搜索引擎中目录式搜索引擎便属于这一技术范畴，就目前该领域的研究应用来看，技术的实现还需要人力或通过半自动化地去投入大量的时间和精力，这种实现方式导致的直接后果是维护成本高且时间周期长，以致最终呈现的结果也无法充分保证其准确性和客观性。所以，目前文本挖掘技术之下的文本分类，一般采用统计方法或机器学习来实现信息的分门别类，并将分类结果展现给用户。常用的分类和计算方法有矩阵变换法以及支持向量机分类方法等。

②文本聚类。文本聚类本质上讲是一种无监督的机器学习方法，主要依据著名的半监督学习两种假设之一的"聚类假设"原理，认为相同聚类（cluster）中的对象大概率拥有相同的标记。文本聚类技术可在面对大量平行结构的神话文本时，作为自然语言处理应用的预处理步骤，如在面对海量口传神话文本时，对同主题（或民族、地区等）文本进行聚类处理，并对已聚集的文本信息进行冗余消除和信息融合等处理，具体作用机制可参见哥伦比亚大学开发的多文档文摘系统 Newsblaster。这一技术在神话数据库应用和数据呈现阶段同样会起到一定的作用，如可通过神经网络等方法，将高维空间的文档拓扑保序地映射到二维空间，使得聚类结果实现可视化，以更加便于理解。聚类方法通常有层次聚类法、平面划分法、简单贝叶斯聚类法、K-最近邻参照聚类法、分级聚类法、基于概念的文

本聚类法等。①

③信息抽取。这一技术也是对神话资源元数据自动化提取工作而言最为重要的改善性手段，其原理就是把文本里包含的信息进行结构化和约化处理，使之成为标准化的、符合一定格式的信息点——最理想的便是可以直接提取出具体母题，但依据目前的技术手段，特别是跨学科之间的需求与技术天然壁垒的存在，要达到这一终极目的，可以说任重道远。

但在实际应用过程中，如何在纷繁复杂的大量资源中将研究所需的信息按照一定的规则提取出来，在数据之间建立起有效的关联，并将这些数据按照一定的组织结构聚集起来，形成具有一定意义的表达形式，以做到对整篇或几篇文章核心内容的准确归纳，这一领域范围的确定，还需要学者和研究者作出进一步系统性的规范。

三 神话文本数据的清洗与增值

就神话专题数据提取与呈现而言，最大可能完成对特定神话资源的采集工作是重要基础但不是全部工作，特别对作为学术研究的资源数据来讲，更加需要对采集完成的数据进行合理的清洗和鉴别，去伪存真，才能为相关研究提供科学可靠的依据。

1. 神话资料的清洗与鉴别

目前神话资料的甄别有待强化。神话在后世流传的真伪问题是制约神话研究的一个瓶颈。本书将不会对具体文本的"真伪"问题进行考究，仅试图为相关问题提供相应的数据资料。对神话资料进行研究时，需要对相关数据进行清洗与鉴别的一个重要因素就是，现存的神话叙事大多依靠文字进行转录和记载，这一呈现形式已经打破了神话在原生环境中主要依赖口耳传承的存在状态，其中原始信息的流逝、转录者的附加意义以及载体转换过程中的其他不可控因素均对后续研究者的判断产生了影响。另一个因素是人们对神话的界定与认可，其中既有广义、狭义之争，也有神话与其他相近文学体裁的杂糅与互现。再一种情况就是后人对以往神话的巧妙加工、整理和改造而使神话的内容、形式发生较大程度的改变，真真假

---

① 宗成庆、夏春、张家俊：《文本数据挖掘》，清华大学出版社2018年版。

假,虚虚实实。许多神话在被转化为文本固定下来的过程中,重述者对于神话的再现经历了"接收记录—内化理解—价值判断—解析观照—表达重构—文本再现"的一般过程。在这一过程中,神话的"讲述主体"已经由民间演说者变为文本的重述者,神话最终呈现出来的面貌杂糅了两重讲述者所要表达的内容、价值与判断,加之在文本出版环节的订误、删节、拼接等系列动作,使得鲜活存在于民间的神话叙事在去本土化的道路上渐行渐远。后世研究者在对这些出版文本进行阅读与分析时,也更加倾向于参考本人已有的逻辑观念和理解习惯进行解读和阐释,便不免产生了偏离真实的误解。

鉴于此,在具体操作时,与自然科学数据的简单鉴别不同,伏羲女娲神话并不能以"真"或"假"、"好"或"坏"进行简单的判别,而是应该本着"增加辅助判断信息"的初衷进行相关资料的处理,将关于"绝对的真"之讨论转移到"尽可能客观地呈现"问题上。如袁珂在《神话故事新编》一书中,在所改编的神话正文之后增加了"主要根据"和"说明"两项,清晰地标注出所引资料和校勘、改正之处,以此表明本人对该篇神话文本的见解和判断。纵使如袁珂等学术巨匠和神话大家,在对文本的甄别上也抱持着异常严谨的态度,大致出于向读者尽可能公正、客观地展现神话原貌的考虑。此外,当面临神话文本的具体属性问题时,就要采取更加细致的考量标准,如对某一神话的原生性和次生性进行判断时,就要根据文本所处时代背景、社会环境及传播路径等因素综合考量。相关例证在诸多围绕"神话复原"等问题的论文中不胜枚举,这里不再展开论述,在《关于"神话复原"的学理分析——以伏羲女娲与"洪水后兄妹配偶再殖人类"神话为例》[1]《"双重二元对立话语逻辑"与百年中国神话学》[2] 等文中均可找到方法论和实例方面的答案。

从理论上讲,一项完整的神话文本数据,除了保证叙述内容信息数字化的准确之外,还需要尽最大可能地增补完善相关辅助性信息,这些辅助性对文本数据的科学分析有时会起到重要的信息关联与鉴别作用。

---

[1] 陈泳超:《关于"神话复原"的学理分析——以伏羲女娲与"洪水后兄妹配偶再殖人类"神话为例》,《民俗研究》2002年第3期。

[2] 姚新勇、周欣瑞:《"双重二元对立话语逻辑"与百年中国神话学》,《民族文学研究》2017年第3期。

一般来讲，每条母题的附加信息应包括"民族""讲述者""采录整理者""采集时间""流传地区""文本来源"等多项内容。其数据表述可做如下设定。

（1）民族。对于文本民族属性的界定，本书遵循以讲述者民族身份确定文本民族属性的原则，即若讲述者是汉族，则文本归属于汉族，若讲述者为蒙古族，则文本归属为蒙古族等。若讲述者民族身份不确定，则由笔者根据讲述内容、流传地等信息进行合理推断，并在民族外加"（）"。若确实无迹可寻，则标记为"（无考）"。

（2）讲述者。该项注明原出版物中所标注的讲述人。如原文表述为"某某唱"或"某某演唱"则保留原文表述。如果原文无"讲述者"，则用"（无考）"表示。讲述人基本信息以"（）"的形式放在讲述人姓名之后，原则上按照民族、性别、年龄、职业、文化程度及其他相关信息顺次排列。

（3）采录整理者。该项包括文本采录者、整理者、翻译者等基本信息。采用"某某采录""某某整理""某某翻译"的基本表述格式，采录整理人若有基本信息介绍，也同样记录在该条数据中。

（4）采集时间。主要指神话原文本的采集时间。其时间标识应精确到年、月、日。

（5）流传地区。原书中有确定表述的，采用"省（市、自治区）·市（地区）·县（市、区）·乡（镇、街道）·村"的格式表述，原文行政区域表述不完整或当今有名称变化时，本书作出相应增补或补充说明，并且应该在著录时，标注出计算机可以归类识别的相应符号标记。如增补的内容用加"【　】"的形式标注。像原文出版时标注的"迪庆州汤美村"在数据著录时可以标注为"【云南省】·迪庆州【迪庆藏族自治州】·【香格里拉县·尼西乡】·汤美村（今汤满村）"，其中"【　】"中的内容以及"（今汤满村）"是数据整理时所增加的部分。这样的处理会增强此项数据的准确性，并为使用者带来方便。

（6）文本来源。选录文本的出处，主要标识出原文本出版物的编辑者、出版物名称、出版社社址、出版时间、所选文本在该出版物中的具体页码等，以便使用者对原文进行查找。

2. 神话资料的验证

在对已采集神话资料进行验证方面，主要通过文献神话与口传神话互通互证的方式实现。田野调查一直是神话学研究的重要途径和基本方法，这种方法在当今时代背景下建构特定地区和民族口头传统信息数据方面扮演了非常重要的角色。不仅如此，由于其信息来源路径短、存在形式更加多元，在对文献文本的真实性与客观性的实证方面也发挥了一定的积极作用。田野调查从不同的角度可分为多种类型，如"从调查内容划分，可分为综合调查、专题调查、典型调查和个案调查四类"[1]。对神话学田野调查而言，根据这些不同的类型可以对应不同的调研目的，特别是针对中国各民族神话异常丰富的内容和多样性的表达形式，田野调查具有其他研究方法不可替代的功能。文献神话与口传神话之间的关系自古便是相辅相成的，特别是久经历史考验的诸多神话叙事，已无法严格区分其文献属性。同时，神话的真正生命力在民间，许多文献神话由于讲述语境的消失，会诱导研究者在意义判断上的许多误读与误解，而民间口头神话则在一定程度上保留了神话的现实实用性和神圣叙事的特点。这些特点不仅对印证神话在民间文化体系特别是民间信仰中的文化功能非常重要，而且也可以深入佐证文献神话的产生与流传。

与文字书写相比，民间口头传统历史悠久，受众人数众多，是更为广泛的文化传统，某种意义上可以说是"文化大传统"。这种大传统有时会成为文献神话的试金石。如对某类型神话溯源等诸多问题的探究中，田野调查方法起到了异常重要的实践和方法论层面的作用。如杨利慧在《女娲溯源——女娲信仰起源地的再推测》[2]一书中，围绕"有关女娲的神话与信仰行为最早缘起于何地"这一核心问题展开讨论，通过对甘肃省天水市街子乡两皇故里日常生活及"灸百病"等医药民俗之调研，通过对甘肃省秦安县女娲庙会等的实地考察，佐证了流传在当地的女娲起源神话传说之历史悠久，再结合当地的建筑遗迹，实现了"神话—民俗—文物"三者之间的相互印证，进而得出我国西北甘肃一带为女娲神话起源地的论断。而在探究多民族同源共祖的问题验证中，田野调研同样起到了重要的作用，它不仅可以在特定地域范围内探究特定民族对某一神话

---

[1] 何星亮、杜娟：《文化人类学田野调查的特点、原则与类型》，《云南民族大学学报》（哲学社会科学版）2014年第4期。

[2] 杨利慧：《女娲溯源——女娲信仰起源地的再推测》，北京师范大学出版社1999年版。

叙事的流传和接受情况，还可以通过细节洞察该民族与其他关联民族之间具有共同祖先的民族观。此外还可能发现许多民族由于地域或经济往来的关系，本身就存在多民族间的婚姻关系、复杂血缘关系，甚至不同民族间可以通过神话叙述的相同祖先关系解决土地所有权。因此，田野调查可以有效弥补文献神话记录的先天性不足，而通过田野资料的收集、记录、整理和分析对神话本身进行溯源寻本，可一定程度上助益于对已有文献神话的全面观察与深入思考，也是学者走出书斋汲取民间传统文化营养的曲径通幽之道。

中国神话研究应该遵循从田野到书籍，再从书籍到田野的循环反复规律。一方面是因为田野的信息随时间推移不断发生着演变，需要持续性的观察和记录，以不断增加资料的信息量和附加值；另一方面则是需要在重返田野之后，通过口传信息、文献信息、文物信息、民俗信息等的重新感知，对已形成的书籍结论进行验证，进而推进神话的整体认知与理论提升。

3. 通过必要的数据定位、关联与引导提升数据价值

对神话数据准确定位，还需要对神话的有关内容做好学术研究与判断，这样才能引导计算机对相关数据做好进一步处理。

有些神话数据需要在制作时考虑到知识真伪的提示。口头流传是形成少数民族神话的活态资料的重要原因。神话的口头传承虽然具有灵活多变的特点，但又是某些民族神话最真实可信的形态。我们今天看到的许多神话已经完全不是其原来的面貌，这是一个客观存在的事实。不仅神话讲述人很难做到每一次讲述都完全一致，后来的搜集和整理者也往往会按自己的判断对原来的讲述作出修改，有的可能是削足适履，有的可能为了使神话的内容看似合理，而做出艺术加工。如在 20 世纪 80 年代初期全国开展民间文学搜集整理工作时，布依族诗人、文艺工作者汛河在其搜集整理的布依族神话《赛胡细妹造人烟》的附记中，就介绍说，他在整理中由于掌握的不同材料的说法不同，就只能有所取舍，如为了描述洪水幸存者赛胡细妹兄妹的祖先布杰不仅敢与雷公斗，而且敢和天上众神仙斗的大无畏的英雄气概，原来的一些民间叙述有兄妹俩让他喝水的情节，但整理时认为雷公不下雨，是因为当时天下大旱，才会出现斗雷公的情节，不应该取水给他喝。于是整理出的文本就采用了兄妹俩屙尿给他喝的情节，认为这样

也才符合人们对懒雷公的痛恶之情。同时,"整理中,有些情节似觉过多,如兄妹再三推辞不成亲时,太白星君叫他们从两山倒水到山沟里合为一股等情节,作了适当删节"①。在其他许多关于洪水后幸存的伏羲女娲成婚再造人类的神话文本中也多有出现。这种神话采集整理者参与神话文本制作的现象,在我国不同时代的神话传说搜集整理中很有代表性,其目的无非是试图通过对讲述内容的改造或者原来情节的增减或改变,使神话叙事的情节进一步合理化,使神话原本缺乏逻辑性的情节母题变得合乎逻辑,或者通过特定情节的设置使神话为设定的特定的主题服务。但这样形成的文本作为一种客观存在,是非常自然的现象,我们既没有必要指责神话文本搜集整理者对原文本的过度干预,也没有必要抛开目前这些可见的文本去一味地追求此文本原来的"本真",从数据研究本身而言,任何一种文化现象都是特定时期特定背景下的产物,都可能隐藏着特定的分析价值。

有些文本需要增强内涵的再开发。以伏羲的名称为例。神话中"伏羲"作为一个特定的神话人物名称在不同时期、不同民族、不同地区的文本中存在明显差异。在此仅以汉文古籍文献为例,据研究者考证,战国时期庄周的《庄子·大宗师》和荀况的《荀子·成相》、西汉淮南王刘安及其门人的《淮南子》中写作"伏戏";西汉司马迁的《史记·封禅书》中写作"伏牺";东汉班固的《汉书·古今人表》中写作"虙(宓)羲",而在《汉书·扬雄传》篇中又作"虙(宓)牺";晋代皇甫谧《帝王世纪》篇写作"伏羲";东晋王嘉的《拾遗记》中写作"庖牺";北魏郦道元的《水经·渭水注》中写作"庖牺""庖羲";《遁甲开山图》篇作"伏牺";南宋《路史》中写作"伏戏";东汉应劭《风俗通》写作"伏希";西汉刘歆《世经》写作"炮牺",等等。还有的认为,"宓"为"虙"之误。其中一个重要原因就是神话在长期流传与解读中会发生许多变异。如王献唐在研究伏羲名称的变化时提出:"故书所释伏羲名义,如'伏,别;羲,献'(《礼·含文嘉》:'虙者,别也,变也;戏,献也,法也。虙戏始别八卦,以变化天下;天下法则,威服贡献,故曰虙献也。')及'取羲充庖'(《帝王世纪》:'取牺牲以充庖厨,故号庖牺氏。')'包含万象'

---

① 汛河:《赛胡细妹造人烟》附记,《民族文学》1980年第8期。

(《拾遗记》:'庖者,包也,言包含万象,以牺牲登荐于百神,民服其圣,故曰庖牺,亦谓伏羲,变混沌之质,文宓其教,故曰宓羲。')'服牛乘马'诸说,更可勿须置辩。以'牺'为'牺牲',则无以解'戏';以'伏'为'别',则无以解'庖';以'庖'为'庖厨',则无以解'宓'。而伏羲十名,又皆异字同称,不能以一义通释,皆非真谛也。真谛之出,愈古愈质,必眼下浅显事理,一语可以敲破者。汉、魏而下,但望字生义,展转推簎,愈求愈深,而去古愈远。"① 唐朝陆德明在《经典释文》解释《周易·系辞下》中的"包牺"时,则认为:"包,本又作庖。白交反。郑云:取也。孟、京作'伏'。牺,许宜反。字又作羲。郑云:鸟兽全具曰牺。孟、京作'戏',云:伏,服也。戏,化也。"②

上述涉及的神话文本再研究与再挖掘问题,都需要必要的预测与研究,对这些问题的解答都必须提前预设在数据的识别标准中,只有把上面列举的伏羲的不同的名称与写法都作为检索"伏羲"神话的关联检索词,我们才能最大程度上查找出所要考察的内容。这种研究成果向数据与应用方面的转化,可以促进原有数据的有效增值。

---

① 王献唐:《炎黄氏族文化考》,齐鲁书社1985年版,第458页。
② (唐)陆德明:《经典释文》,中华书局1983年版,第32页。

第三章　伏羲女娲神话文本的数据结构

伏羲女娲神话专题数据的建构与分析，离不开特定的结构分析维度，特别是一些数据模型，更需要建立在特定结构的基础之上。伏羲女娲神话文本相当丰富，其叙事结构具有复杂性，如何在该专题数据中确立一个清晰的结构规则，是建构伏羲女娲神话数据的基础性工作。

第一节　伏羲女娲神话数据结构的理论与定位

面对研究过程中任何一个特定对象，从不同的理论方法视角切入，都可能会发现不同的解析路径与结构。所以从人文学科看伏羲女娲神话的数据结构，还需要运用相应的叙事学、类型学、母题学等理论方法对其作出解读。

一　关于叙事结构的相关理论探讨

结构主义学说为分析伏羲女娲神话数据结构提供了相应的理论指引。结构主义最早由瑞士语言学家索绪尔于19世纪提出，后经法国人类学家列维-斯特劳斯、英国人类学家艾德蒙·利齐和路德维希·维特根斯坦等人的发展批评，逐渐成为20世纪下半叶以及21世纪人文学科中经常采用的重要研究方法之一。

结构主义在人文学科中的应用具有非凡的意义，因为该学说倡导的并不是一种单纯的传统意义上的哲学学说，而是作为一种普适于人文学科和自然科学学科的方法论，其目的是使人文科学和社会科学达到近乎自然科学的精确化和科学化水平。这种主张在结构主义方法论的基本特征中也可找到相应的证据。首先，它强调研究问题的整体观和系统观，认为整体对于部分而言具有逻辑的优先性，任何一种事物只有被放置于其所在的整体关系网络中才具有意义和被正确理解的可能，正如索绪尔在阐释语言价值问题时所说："语言既是一个系统，它的各项要素都有连带关系，而且其中每项要素的价值都只是因为有其它各要素的同时存在的结果。"[①] 其次，结构主义强调共时性研究视角的重要性，提倡用共时态反对历时态，对系统内同时存在的各成分之间的关系进行研究。此外，该学说还强调了在研究对象的结构构建中需要通过差异而达到可理解的目的，同时提出结构分析的一般规则要遵循分析过程的现实性、简化性和解释性原则，等等。

上述理论为神话学的研究提供了清晰的研究路径和观察角度。如列维－斯特劳斯在充分吸取包括索绪尔在内的诸多交叉学科领域学者的理论基础上，受到了20世纪法国哲学、社会学和历史学的理论思辨影响，从而形成了其具有明显辨识度的结构主义人类学理论，他在《结构人类学》《神话学》《图腾制度》《遥远的目光》等系列著作中直接或间接地将结构主义方法论的触角延伸至神话和宗教研究领域，并提出了具有深远影响的真知灼见。在列维－斯特劳斯代表著作《结构人类学——巫术·宗教·艺术·神话》[②] 中，他创见性地对巫术、宗教神话的结构进行了深入研究，并深刻论证了其发挥功能的机制和效应，由此引申出了著名的俄狄浦斯神话分析。在收录于该书的《艺术编》一文中，他力图解释在时间和地理上相距遥远的四种原始艺术之间的相似性，并在《神话与仪式编》中围绕神话在结构中的共性问题作出阐释。特别在《遥远的目光》一书中，他以一则博罗罗印第安人的神话为起点，对其所处民族志背景和该则神话的内在结构进行了深刻检视，并在书的最后将800余则横跨南北美洲的神话叙事搜集、整理并纳入一个复杂的结构变换体系中，以便在不同神话之间找寻出结构上的种种对应关系。这种以神话为研究对象的系统观和结构观，无疑为后世神话的结构研究和体系研究提供了重要的参考价值。

结构主义方法论在神话学研究中的最终指向并非在于对独立的神话个

[①] ［瑞士］费尔迪南·德·索绪尔：《普通语言学教程》，高名凯译，商务印书馆1980年版，第160页。
[②] 参见［法］克劳德·列维－斯特劳斯《结构人类学——巫术·宗教·艺术·神话》，陆晓禾、黄锡光等译，文化艺术出版社1989年版［该书标注据美国企鹅图书公司1963年版（第一卷）和1976年版（第二卷）译］。

体或现象进行阐释，而在于对同类型神话甚至整个神话体系的结构规则进行摸索，找寻处于整个系统中神话单元之间的共性和差异性，并由此构建起个体之间的关联，进而探索人类神话思维的一般逻辑。对中华民族神话进行结构方法的探究有其先决客观条件，正如国际符号学会副会长李幼燕在《遥远的目光》序言中所言："传统中国文化和思想形态具有突出的'结构化'运作特征"[1]，无论是"二元对立"思想的广泛渗透，还是程式化文化的不断涌现，对结构主义理论的运用和发展无疑会有助于中国学术思想话语和文本系统的重新表述。而神话作为中华民族传统文化的重要组成部分，不仅包含着哲学、道德的隐喻式表达，反映着古代民众对自然现象及社会生活的原始幻想，更是关涉社会、历史甚至周围世界的重要文化遗产。中国神话"由于其资料散碎的特点以及神话本身具有的多学科性质，举凡天文、地理、历史、动物、植物、矿物、医药、宗教、哲学、风俗、文学、艺术、语言文字学等，一句话，整个文化领域，莫不有它的踪影"[2]。

从学理上人们还关注到中国神话结构的不稳定性。这种不稳定性主要体现在它与故事、传说等其他文类存在交叉与转化，"如果扩大考察范围，还会发现，同样的故事情节在不同的社会集团中被赋予不同的意义，有的将它划进神话类别中，有的则将它划进民间故事类别中"。因此这就意味着"神话与民间故事之间是可以互相转化的"[3]。神话对传说、故事甚至历史的渗透，无疑大大扩充了广义神话和比较神话领域的研究范围。由此可见，神话其涉及领域之广、数量之巨、类型之复杂已经构成了结构化和系统化研究的客观前提。

二 伏羲女娲神话结构分析中的几种常见定位

中国神话包括伏羲女娲神话数据的结构，可以具有不同的定位原则与维度。目前国内针对伏羲女娲神话整体结构和体系搭建的研究尚未形成定论，且由于不同学者关注的研究对象纷繁众多，切入角度不一而足，且涉

---

[1] ［法］克洛德·列维-斯特劳斯：《遥远的目光》，邢克超译，中国人民大学出版社2007年版，第6页。
[2] 袁珂：《中国神话传说词典》，上海辞书出版社1985年版，第1—2页。
[3] 陈连山：《神话、传说和民间故事的结构关系》，《民间文化》1999年第1期。

及边界范围的差异性较大,所以很难达成统一的结论。我们这里仅选取创世神话体系中的伏羲女娲神话类型研究为代表,以期获得一定的启发。从狭义的类型划分角度讲,伏羲女娲神话可以归于或大部分归于创世神话的体系范畴,如果以传统学术界对创世神话资源的类型系统为划分依据将伏羲女娲神话进行解析,可以发现某些对应关系(见表3-1)。

表3-1　　伏羲女娲神话在创世神话系统中的类型划分表[①]

名称	划分依据	分类	伏羲女娲神话所属分类
二分法[②]	内容	①创世神话;②英雄神话	①
三分法[③]	反映主题	①解释自然现象的神话;②反映生产斗争的神话;③反映社会生活的神话	①②③
四分法	功能	①祭祀礼仪神话;②解释性神话;③巫术神话;④物占神话	①②③④
六分法	内容	①开天辟地神话;②图腾神话;③推原神话;④洪水神话;⑤物种起源神话;⑥射日神话	①②③④⑤
七分法	内容	①创世神话;②洪水神话;③民族起源神话;④文化起源神话;⑤英雄神话;⑥部族战争神话	②③④

除表3-1列举的创世神话类型划分之外,国内的学者针对中国传统神话类型不断做出新的探索。如向柏松在《中国创世神话系统形态分析》[④]一文中对中华民族创世神话的系统分类进行了讨论,从形态角度划分,将创世神话系统分为系列型、复合型和谱系型;从内容角度,分为世界起源神话系统、人类起源神话系统和文化发明神话系统,各子系统又分别各成体系。而田兆元在《创世神话的概念、类型与谱系》[⑤]一文中将创世神话的类型谱系划分为天地开辟的神话(天地开辟、天地拯救等)、人类创生

---

① 表格内容据王宪昭《我国各民族创世神话分类问题探讨》(《社会科学家》2010年第5期)相关内容梳理总结而成。
② 参见一丁《试论上古神话的渊源及流变》,《河西学院学报》1991年第2期。
③ 参见赵沛霖《物占神话:原始物占与神话的实用化》,《社会科学战线》1996年第3期。
④ 向柏松:《中国创世神话系统形态分析》,《长江大学学报》(社会科学版)2015年第8期。
⑤ 参见田兆元《创世神话的概念、类型与谱系》,《楚雄师范学院学报》2019年第1期。

的神话（造人生人、人类的再生等）、器物发明的神话（衣、食、住、行、乐、用等）、制度创立的神话（婚嫁制度、九州制度、礼仪、市场、刑法等）和精神建构的神话（孝、悌、忠、信、仁、爱）五类。这为伏羲女娲神话数据结构的体系建构，提供了更加丰富的参考。

从构建系统结构角度分析，以女娲神话为例，它既是创世神话类型中的典型代表（以女娲为"箭垛"延伸出累世的系统性完整叙事），又以其涵盖天地起源、万物起源、人类起源和发明创造等丰富叙事自然成为系列型、复合型创世神话的代表，而在不同地区和民族之中，女娲的创世事迹又与宗族世系、朝代更迭密切相关，明显具有谱系型创世神话系统的典型特征。上述类型在内容上具备非常明显的重合和交叉，这正是女娲神话本身所体现出的复杂性和交融性所致，同一个叙事可能兼具诸多跨类型的内涵，所以在全部特定数据的整合性方面略显不足，无法在不同维度分类体系下灵活切换，只能"一事一议"。由此可见，搭建一个基础数据量充分的数据库不仅是进行结构研究的前提条件，更是必要条件，用数据之间的组合和关联，实现不同维度、不同角度的科学划分。

从系统搭建的功能性和结构角度分析，上述学者所采用的分类方法侧重于自上而下的"顶层设计"，这一理念主要强调运用系统论的方法，以全局观统筹考虑研究对象各层次和各要素，在较高站位寻求研究对象的一般规律和问题解决之道。这种结构和手法是宏观的，强调政策的战略性和数据的开放性，或以个案切入进行部分探讨。而本书在充分考虑顶层设计的基本手法之外，依据大量基础数据的罗列和分析，从底层数据角度入手，采用"上—下+下—上"的复合手法，试图搭建一个双向逻辑自洽的数据结构模型，强调数据的实用性、客观性和关联性。

鉴于此，结合伏羲女娲神话的数据特点，在对其数据结构维度作出设定和分析时可以有多种考量。如从时间维度分析，从空间维度分析，从一般的逻辑性维度分析，如民族、叙事类型、母题层级等，以及从几个不同的维度综合分析，等等。本章主要从母题的角度、民族的角度和地理的角度对伏羲女娲神话数据结构加以阐释。

第二节　母题视角下的伏羲女娲神话数据结构

在神话专题数据的具体研究过程中，如果将文本本身看作数据的最小存在单位，文本个体与客观性之间的对应关系则是较为强烈的，但对其应用只能停留在一般的集合、检索和存储功能上。如果希望进一步实现对文本内容的管理、处理和操作，就要对其进行切割和细分，最直接的方法就是进行"母题"的提取。从母题视角审视伏羲女娲神话数据结构，本质上是对专题神话的类型学研究，应遵循整体性、逻辑性和多样性的统一。[①]目前国际民间文学通行的是由芬兰学者阿尔奈创造、美国学者汤普森增订扩充的"AT分类法"。而"母题"作为神话的基本叙事元素，具有客观性，也是神话类型和内容研究的基础。特别是在对神话母题进行专题研究过程中，"母题"除应具备基本叙事功能和客观描述功能之外，还应该在类型划分和结构层次表示等方面承担主要的功能作用。[②]

一　伏羲女娲神话母题的界定、特征与类型

1. 母题的界定

"母题"是当今叙事学中常用的概念，学界一般认为这是一个外来词，兼有英文 motif 音译与意译的意思。人们对它的具体定义却众说纷纭[③]，有的研究者将"母题"与"主题""原型""象征"甚至"意象"等之间画了等号，几乎使"母题"成为了一个无所不包的大筐。显然"母题"的应用对于叙事包括神话文本的解构与关联性分析具有重要作用。如有研究者提出"母题必以类型化的结构或程式化的言说形态，反复出现于不同的文本之中；具有某种不变的，可以被人识别的结构形式或语言形式，是母题的重要特征"[④]。任何神话叙事都是由若干神话母题链接而成的。本书使用

[①] 参见尹虎彬《整体性、逻辑性和多样性的统一——〈中国神话母题索引〉述评》，《民间文化论坛》2014年第6期。

[②] 参见王宪昭《论盘古神话的母题类型与层级结构》，《湖北民族学院学报》（哲学社会科学版）2019年第2期。

[③] 母题的定义说法众多。如俄国形式主义学者普罗普认为母题是叙述中最小的而且不可再分割的单元；美国学者斯蒂·汤普森把母题看作具有一定限度的叙述结构单位或分析单位，据此可以划分出角色、情节、背景等基本母题类型；俄国学者李福清、中国台湾学者金荣华等认为母题是"情节单元"；胡适认为母题是"在一部分艺术作品中重复出现的显著的主题成分"；德国文学家歌德认为母题是"人类过去不断重复，今后还会继续重复的精神现象"；朝戈金提出"母题"即叙事中的"大词"；吕微提出"功能性母题"；还有一些学者提出"母题""子母题""孙母题"等观点，不一而论。我们从中既可以看出人文学科对母题的普遍关注，也可以反映出人们对母题表意功能和结构功能的普遍认可。

[④] 孙文宪：《作为结构形式的母题分析——语言批评方法论之二》，《华中师范大学学报》（人文社会科学版）2001年第6期。

的母题主要参考了杨利慧、张成福《中国神话母题索引》[①]，王宪昭《中国神话母题 W 编目》[②] 中关于神话母题的界定与描述。认为神话"母题"，是神话叙事结构中可以辨析的最自然的基本元素。这些元素具有一定的含义，是人们创作和传承中约定俗成的一种语义描述。它既能独立于神话作品、创作载体和传播途径，又可以反复出现在不同的文类和相关产业之中，并且不同的母题组合可以表达出不同的主题。

2. 母题的特征

"母题"作为神话的分析元素，从人文学科的角度讲，我们也可以称之为"数据元"，即有数据单元的含义。"母题"本身不仅蕴含着明确且丰富的含义，同时由于其简洁的表述和相对固定的表达在结构上具有一定的稳定性。所以无论对于研究者还是一般的神话阅读者，从母题入手去理解和研究神话，都会迅速把握到特定类型神话的核心，通过相关知识的梳理，也会较为全面准确地把握该类神话的一般规律，同时在多民族神话的比较研究方面也可发挥出显著的作用。在对神话文本进行分析时，母题可以充当定量和定性分析的单位，具有典型和普适的特征，通过母题的抽取和归纳，可对神话文本进行叙事等方面的解构，从而根据母题链搭建起神话的基本骨骼体系，进而对各民族神话产生的基质条件、原生状态、流变轨迹和变化趋向进行深入探究，从而实现跨时空、跨民族的比较研究。同时，母题在数据库具体应用方面也具有相当的实用意义，如可以作为"关键词"进行数据检索，作为关联项引导数据关联，等等。

3. 母题的类型

以中国多民族流传的伏羲女娲神话为例，在对文本中的母题进行分析并提取时，可将这些母题归纳为三种类型。（1）情节类母题。该类母题在结构上主要采用主谓短语的表达形式，如"女娲因为孤独造人""女娲用身体造人""女娲化生天地"等，具有较强的结构功能，内容上密切表现叙事主题，在"女娲的产生""女娲的能力""女娲的事迹""女娲的婚姻"等大类中广泛出现。（2）名称类母题。该类母题在结构上主要采用名词或名称性词组的表达形式，如"女娲庙""娲皇宫""女娲爷""当央奶奶"等，这类母题主要由文本中的特定的人或事物析出，一般具有平行结

[①] 参见杨利慧、张成福《中国神话母题索引》，陕西师范大学出版总社有限公司 2013 年版。
[②] 参见王宪昭《中国神话母题 W 编目》，中国社会科学出版社 2013 年版。

构，是极大扩展母题丰富度的一种形式，在"女娲的遗迹与遗俗""女娲的名称""女娲的关系"等大类中广泛存在。(3)语境类母题。这类母题一般为"情节类母题"和"名称类母题"服务，如"女娲产生时间""补天发生地点"等，在叙事中广泛存在。

二 伏羲女娲神话母题体系的基本结构

母题的结构源于类型的层级划分，类型之间与类型内部的划分之间又具有千丝万缕的联系。一般情况下，神话本身的分类就是以核心母题的分类为划分依据的，而数据结构的分类则往往建构在一个复杂的网状交织体系之上，在具体表达中存在相互穿插、彼此关联的融合关系。

不同研究者、不同研究路径以及不同研究指向下，对某一特定对象的类型结构划分不一而足，这种情形既符合学术研究中的百花齐放、百家争鸣，也是学术研究不断推向前进的自然规律。以与女娲繁衍人类有关的类型结构的拟定为例，有的研究者将人类起源神话根据其生成方式分为"自然生人""动物变人""诸神造人"3个类型，并且又从产生人类的主体和背景角度，划分为"自然生人""诸神造人""动物变人""洪水与人类再传"4种类型。[1] 还有的研究者根据人类产生的时序和特征划分出"人类初生""人类再生""人类生育""人类特征""人类寿命"5种类型，进而对其层级作出更细致划分，如把"人类初生"再度细化出"生人""出人""托生人""变成人""造人""天降人"6种小类[2]，这些分类结构都可以作为伏羲女娲神话母题类型结构的有益参考。

本书在设置伏羲女娲神话母题第一层级的类型结构时，主要参考了王宪昭《中国神话母题W编目》[3]《中国神话人物母题（W0）数据目录》[4]中相关母题的体系结构，并将母题提炼对象的范围由神话作品扩充至著作和期刊论文，初步提取了80多部和6000余篇有关伏羲女娲研究的著作与论文中的可作为数据检索的母题，期望以专题神话数据库的形式与W编目总库构建起既彼此独立自成体系又彼此相洽的数据结构。《中国神话母题

---

[1] 参见陶阳、牟钟秀《中国创世神话》，上海人民出版社2006年版，第157—170页。
[2] 参见刘城淮《世界神话集（1）·自然神话》，湖南大学出版社1999年版，第10页。
[3] 王宪昭：《中国神话母题W编目》，中国社会科学出版社2013年版。
[4] 王宪昭：《中国神话人物母题（W0）数据目录》，中国社会科学出版社2019年版。

W编目》中根据母题与神话数据处理的关系，将中华民族神话母题分为十大类型，即神话人物母题（W0000～W0999）、世界与自然物起源母题（W1000～W1999）、人与人类起源母题（W2000～W2999）、动物与植物起源母题（W3000～W3999）、自然现象与自然秩序起源母题（W4000～W4999）、社会组织与社会秩序起源母题（W5000～W5999）、文化起源母题（W6000～W6999）、婚姻与性爱起源母题（W7000～W7999）、灾难与争战母题（W8000～W8999）、其他母题（W9000～W9999）。通过对每一大类中数据的对比与分析，发现类型之间具有结构上较强的逻辑性和覆盖内容的完整性，这也为伏羲女娲神话一级母题类型的确定提供了理论参考。本书参考上述两种"目录"的母题分类逻辑结构，同时充分考虑到本书中伏羲女娲神话文本数据的特殊性和研究实际，以女娲神话为例，将所提炼母题分为女娲的产生，女娲的特征，女娲的身份与职能，女娲的能力、事迹与经历，女娲的生活，女娲的关系，女娲的名称，女娲的死亡与纪念，女娲的遗迹与遗俗，与女娲有关的其他母题十大类，每一大类型之下根据具体母题的内在逻辑和包含关系又逐级划分为一级母题、二级母题等5个等级（部分增扩至6个等级），最终所有母题数据形成了一个对全部伏羲女娲神话基本覆盖又相对开放的树形结构（见图3-1）。

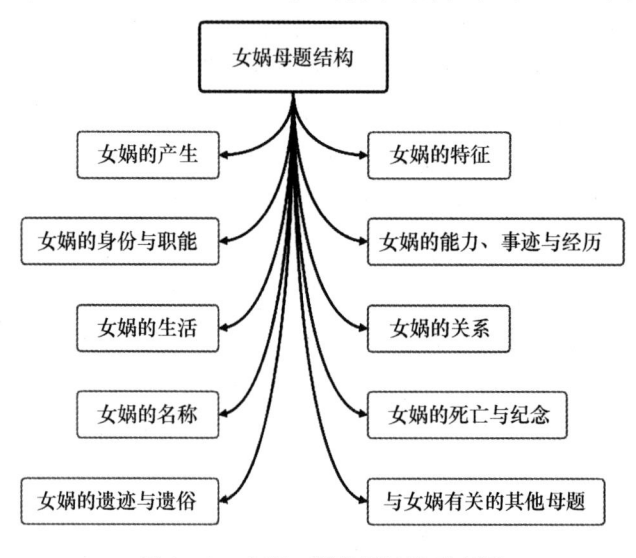

图3-1　女娲一级母题结构示意图

在图 3-1 所示的女娲一级母题结构图中，各大类内容共同构成了女娲神话的内容与叙事的完整性，在排布次序上遵循时间维度的"人物出生—经历与事迹—死亡与纪念"线型逻辑，同时遵循叙事主体由单一到复合的"个体的特征—个体身份—与其他人的关系"之数量递增逻辑。在一级母题之下，还可细分出二级至五级母题结构（见图 3-2）。

图 3-2 中仅表示了女娲神话母题体系中的两级母题数据，根据目前采集到的神话文本，在级别上的数量已经达到了 5 级，其中所包含的每一条母题数据均包含了与之对应的叙事、民族、流传地、讲述者、文本出处等信息，而将系统之中任意一块或多块子级切割出来，都可作为专题进行本体研究或比较研究。

通过上述具有一定的逻辑关系又相互关联的女娲神话母题结构类型的建构，可以有针对性地对各部分甚至多类型下的神话内容和结构进行深入观察或研究，也可以从宏观、微观以及不同的时空视角审视伏羲女娲神话的叙事特征以及丰厚的文化内涵。

三 伏羲女娲神话母题结构的层级与描述

关于伏羲女娲神话的具体母题数据信息，虽然分属于不同的层级，但每条数据的基本结构是相同的，均由代表身份唯一性的编码、母题描述和附加信息三大部分构成（见图 3-3）。具体来说：

1. 伏羲女娲神话母题层级结构及编码

伏羲女娲神话母题体系的建立主要依据各类型的层级结构，这些层级一般应符合三个原则，即（1）母题各大类型之间的相互独立与关联互补原则；（2）类型内部具体母题之间的顺序要努力符合叙事的时空顺序原则；（3）难以确定时空顺序的母题结构编排符合接受者思维习惯的原则。

伏羲女娲神话母题编码基本结构为"字母"+"数字编号"，其中一级母题采取"字母"+"两位自然数"的形式表示，二级及以下编码中以"."分隔。如在 WN050[①] 女娲的关系大类中，共包含如下 9 类一级母题：

[①] WN050 中的"WN"是本书在母题提取、描述与呈现时设计的代码标志，为笔者姓名首字母"W"与女娲英文（Nvwa）首字母"N"的合并缩写。这里的数字编码是从全部母题编码 WN00—WN90 之中选择的示例。

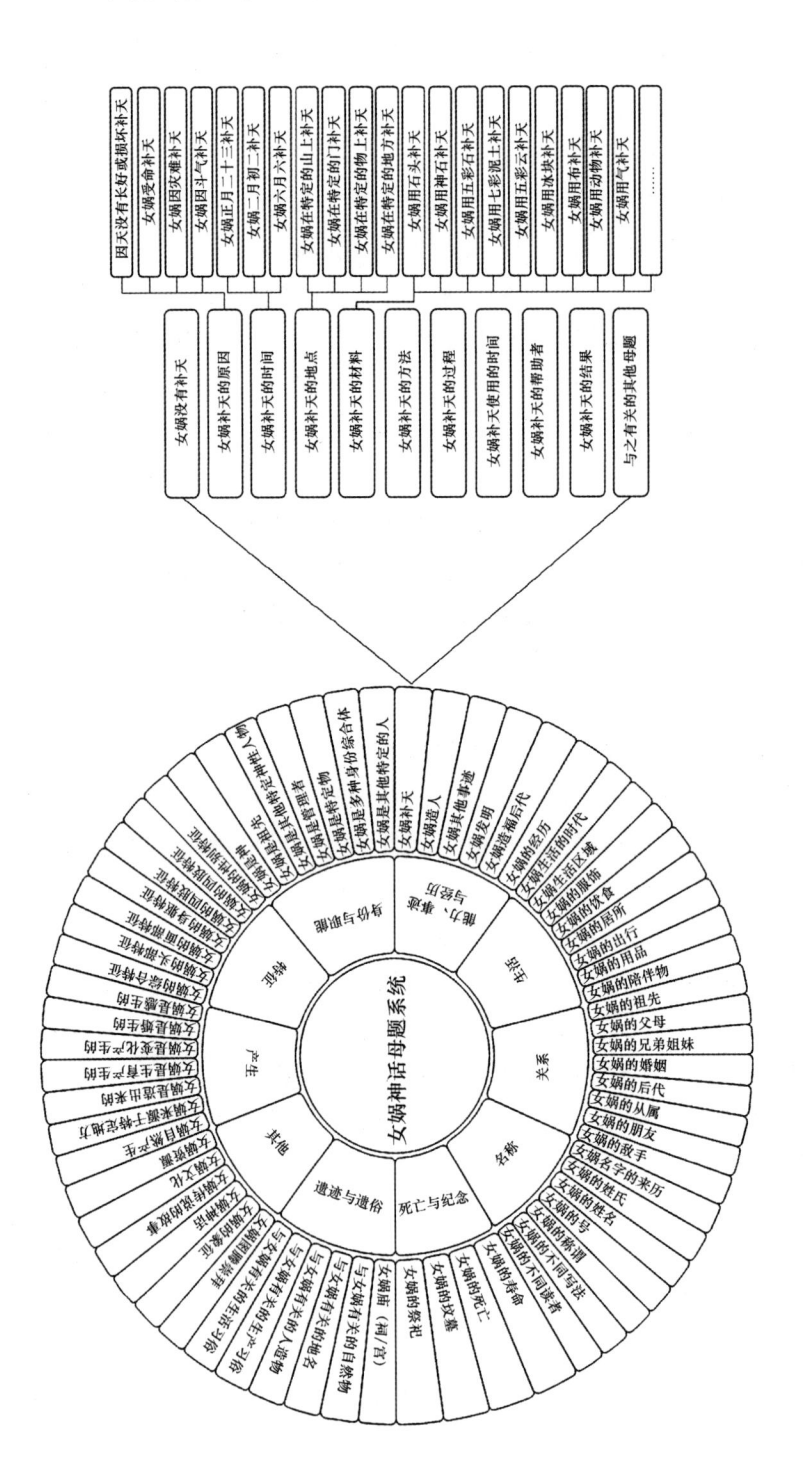

118 / 中华文化祖先神话大数据研究

图 3-2 *女娲母题结构*

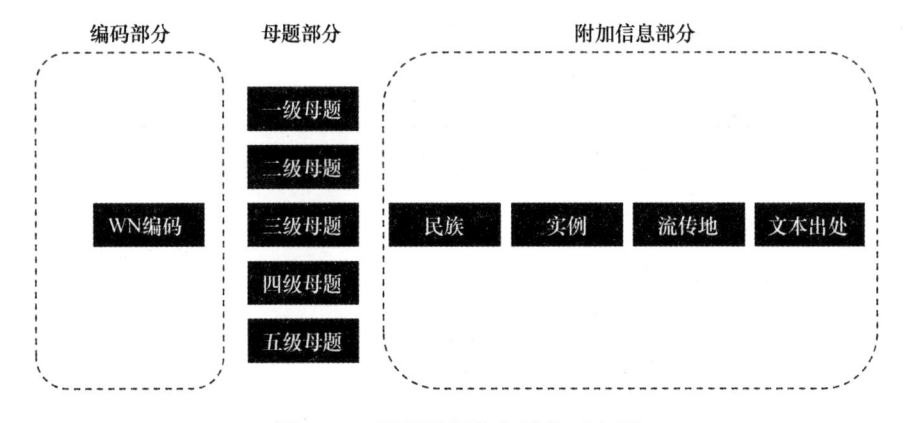

图 3-3 母题数据信息结构示意图

WN051　女娲的祖先
WN052　女娲的父母
WN053　女娲的兄弟姐妹
WN054　女娲的婚姻（女娲的配偶）
WN055　女娲的后代（女娲的子女，女娲的子孙，女娲的后裔）
WN056　女娲的从属
WN057　女娲的朋友
WN058　女娲的敌手
WN059　与女娲的关系有关的其他母题

其中，在"WN052 女娲的父母"这一项下，可划分出若干二级母题，如 WN052.1 女娲没有父母、WN052.2 女娲的父母是神、WN052.3 女娲的父母是神性人物，等等。

同样，在二级母题 WN052.3 之下，又可以细分出三级母题，如 WN052.3.1#女娲的母亲是西王母、WN052.3.2 女娲的母亲是王母娘娘、WN052.3.3 女娲是老天爷的女儿（女娲是玉皇大帝的女儿）等。

其中，在 WN052.3.3 之下又可以进一步划分出四级母题，如 WN052.3.3.1 老天爷的 2 儿 1 女是神农、伏羲和女娲等（见图 3-4）。

以此类推，层级性的母题编码在整个母题结构系统中起到了精确定位的作用，它是该条母题的唯一标识，每一编码和母题之后跟随相关附加信

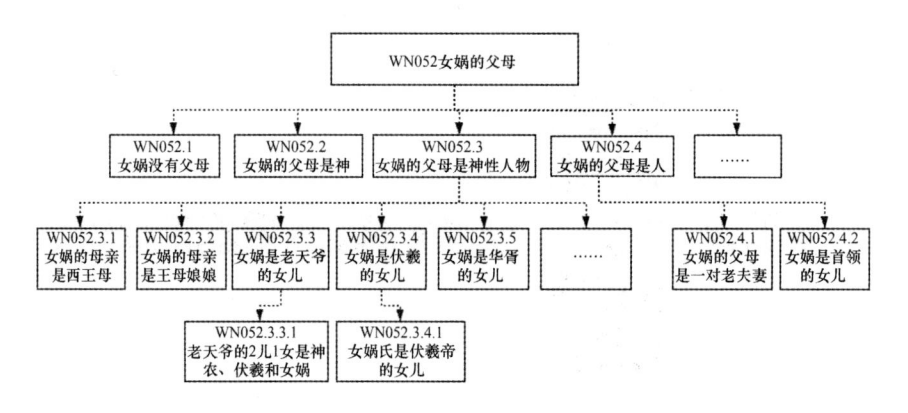

图 3-4 女娲母题层级结构示意图

息来支撑和说明相关问题，无论是递进关系还是并列关系，都会形成母题数据间相对清晰的逻辑结构。

在各级母题的具体描述中，最终目的为方便记录、存储和检索，所以在保证描述信息的准确性和完整性的同时，要充分体现包容性和差异性。一般来讲，母题描述的详细程度随母题级数的增高而越发详细。

2. 伏羲女娲神话的母题结构建构的个案

一则神话文本可以提取出若干母题，这些母题的组合一般具有稳定的结构，由这种特定排列顺序构成的母题组合，我们可以称为"母题链"，在叙事学与类型学研究中许多研究者在分析神话类型或主题时，常常会依据这种结构进行判断。如德国学者艾伯华的《中国民间故事类型》[1]、美国华裔学者丁乃通的《中国民间故事类型索引》[2] 在故事类型的界定方面均采用了不同的母题组合形式作为研究依据。对于这一问题在此不做进一步延伸，而是从神话文本母题结构析出的角度阐释一下伏羲女娲神话的母题结构的设立。

本书以流传于云南省文山壮族苗族自治州的瑶族神话《伏羲兄妹》[3]

---

[1] 参见［德］艾伯华《中国民间故事类型》，王燕生等译，商务印书馆1999年版。

[2] 参见［美］丁乃通《中国民间故事类型索引》，郑建成、李倞等译，中国民间文艺出版社1986年版。

[3] 《伏羲兄妹》，《山茶》1982年第1期。该神话又见谷德明编《中国少数民族神话》，中国民间文艺出版社1987年版，第136页；中国民间文学集成全国编辑委员会编《中国民间故事集成》（云南卷），中国ISBN中心2003年版，第201页。内容基本相同。

为例，该神话由盘金贤讲述、盘国金采录。在其他地区也发现有类似的母题结构。该神话文本的母题序列结构见表3-2。

表3-2　　　　　瑶族神话《伏羲兄妹》主要母题
叙事结构示例表（按叙事顺序排列）

序号	母题描述	原文本主要内容	叙事功能	相关说明
1	（事件时间）	过去有家穷人	叙事背景	时间母题
2	伏羲兄妹的身份	张天师只生伏羲兄妹俩	基本母题	叙事对象出场，介绍主人公身份
3	斗雷公	玉皇大帝派雷公下凡巡查，雷公降雨激怒张天师，张天师斗雷公	辅助母题	铺垫情节
4	关押雷公	张天师捉住雷公后关在泥仓里，交代伏羲兄妹好好看管	基本母题	推进情节发展
5	雷公逃脱	雷公骗伏羲兄妹俩得以逃脱	基本母题	情节发展持续
6	洪水前的准备	雷公逃脱前感恩并告知兄妹俩要种大葫芦	基本母题	洪水预言
7	雷公发洪水	雷公下暴雨制造洪水	基本母题	情节发展持续
8	伏羲兄妹洪水逃生	洪水时伏羲兄妹钻进葫芦逃生	核心母题	洪水后兄妹婚再生人类的必要条件
9	雷公劝婚	洪水后世上只剩下伏羲兄妹，雷公跑劝兄妹俩结为夫妻延续人类	基本母题	推动情节发展
10	兄妹拒婚	伏羲兄妹都说亲兄妹不能结为夫妻	基本母题	渲染道德观念
11	婚前难题验证天意	雷公劝婚遭拒绝后，让伏羲兄妹通过砍断竹子成活验证结婚是天意	基本母题	推动兄妹婚情节发展
12	竹节的来历	竹子砍断后成活，所以现在的竹子有节	辅助母题	讲述人的发挥，引申出解释竹子特征的来历
13	问乌龟验证天意	砍竹子验证天意后伏羲兄妹还是不同意结婚，雷公让二人问乌龟验证天意	基本母题	具有动物占卜的影子
14	乌龟背上花纹的来历	因乌龟壳说兄妹应该结婚，被伏羲砍出花纹	辅助母题	讲述人的发挥，引申出解释乌龟特征的来历

续表

序号	母题描述	原文本主要内容	叙事功能	相关说明
15	婚前滚磨验证天意	问乌龟验证天意后伏羲兄妹仍然不同意结婚,雷公让二人通过滚磨相合验证天意	基本母题	推动情节发展
16	兄妹结婚	滚磨相合后,伏羲兄妹哑口无言,只好结为夫妻	核心母题	表达叙事主题的核心内容
17	兄妹婚生怪胎	伏羲兄妹婚后第5年生一团肉瘤	基本母题	反映兄妹婚结果的惯用母题
18	怪胎变成人	盘古告诉伏羲兄妹砍碎肉瘤,撒到各处后变成人	核心母题	叙事结果是人类的产生
19	民族人口数量	妹妹力气小,去山上撒的肉末少,所以山上住的少数民族人数少	基本母题	人类再生延伸出来的解释
20	姓氏的产生	碎肉落在竹子上便姓竹,碎肉掉在磐石上便姓石,碎肉挂在杨树上就姓杨……	基本母题	人类再生延伸出来的解释
21	农具的产生	伏羲兄妹造劳动工具	基本母题	伏羲兄妹主体叙事的延续
22	民族的特征	汉族抓着算盘、秤杆,就住在街上做生意;壮族拿着犁耙就占坝子种田;瑶族拿着斧子就占山箐开山种地;苗族拿着锄头就占坡头种地	基本母题	神话与现实的有机结合
23	火的产生	伏羲的妹妹造火	基本母题	通过创造发明塑造文化祖先
24	谷种的来历	伏羲兄妹从南天(有的传说从昆仑山)讨得五谷种子	基本母题	塑造文化祖先
25	农耕的产生	请神农教会人们种五谷	基本母题	叙事主题的延伸

  中国许多民族的洪水后兄妹婚再生人类神话的母题结构,与表3-2所列举的内容结构具有明显的相似性,往往表达出相同或相似的主题,表

现出叙事结构的稳定性和程式化，显示出民间口头叙事与民间传承故事性强的特点。从母题链的具体结构而言，有以下三方面的特点。（1）母题排列顺序与事件本身的发展规律相契合，叙事的演进符合时间先后顺序。（2）叙事线索比较清晰可辨，主要围绕伏羲兄妹成婚这个核心母题，交代了事件的时间、原因、发展、再发展、高潮和结果。（3）神话母题的结构既有表达主题的核心叙事，也有不同性质母题之间的合理搭配，如在一些辅助性叙事、基本母题与核心母题的搭配方面，都表现出良好的组织结构技巧。特别是结尾处关于"伏羲的妹妹造火""伏羲兄妹从南天讨度五谷种子""请神农教会人们种五谷"等叙事，看似是神话母题的题外生枝，实则将古老的神话与日常生产生活现象结合起来，在社会教化、生产技能等方面增强了神话作为民间文化的极大张力和亲和力。

四 伏羲女娲神话母题结构体系的特点

当完成对伏羲女娲神话专题数据的母题提取和系统建构之后，我们可以发现该结构体系具有完整性、开放性和关联性等特点。

1. 实现了跨文本、跨民族、跨空间叙事描述的系统性与完整性

以女娲神话母题系统为例，包括女娲的产生，女娲的特征，女娲的身份与职能，女娲的能力、事迹与经历，女娲的生活，女娲的关系，女娲的名称，女娲的死亡与纪念，女娲的遗迹与遗俗，与女娲有关的其他母题在内的十大类母题，基本涵盖了与女娲相关的所有叙事内容和类型，可以完整、全面、直观地展示与女娲神话相关的方方面面。而将系统之中任意一块或多块子级切割出来，都可作为专题进行本体研究或比较研究。以第四大类"女娲的能力、事迹与经历"一项为例，笔者目前根据已掌握的数据共梳理出820条母题，仅女娲的事迹类，就有614条。除常见的女娲补天（WN031）和女娲造人（WN032）之外，还有女娲的其他事迹（WN033），三者在逻辑上平行，同属一级母题，但叙事目的与表达却明显不同。女娲的其他事迹中又包括女娲造天地（WN033.1）、女娲造天（WN033.2）、女娲造地（WN033.3）、女娲造人世（WN033.4）、女娲造山川河流（WN033.5）、女娲移山（WN033.6）等多种事迹，上述若干类母题共同构成了女娲丰富的事迹叙事。如对"女娲造人"这一主题在母题视角下进行结构分析时，我们可以依据二、三级母题结构从女娲造人的原因、女娲

造人的时间、女娲造人的地点、女娲造人的材料、女娲造人的方法、女娲造人的结果和与女娲造人有关的其他母题 7 个类型数据完整刻画出与之相关的全貌，每一类型又可划分出若干次一级母题类型（见图 3-5）。

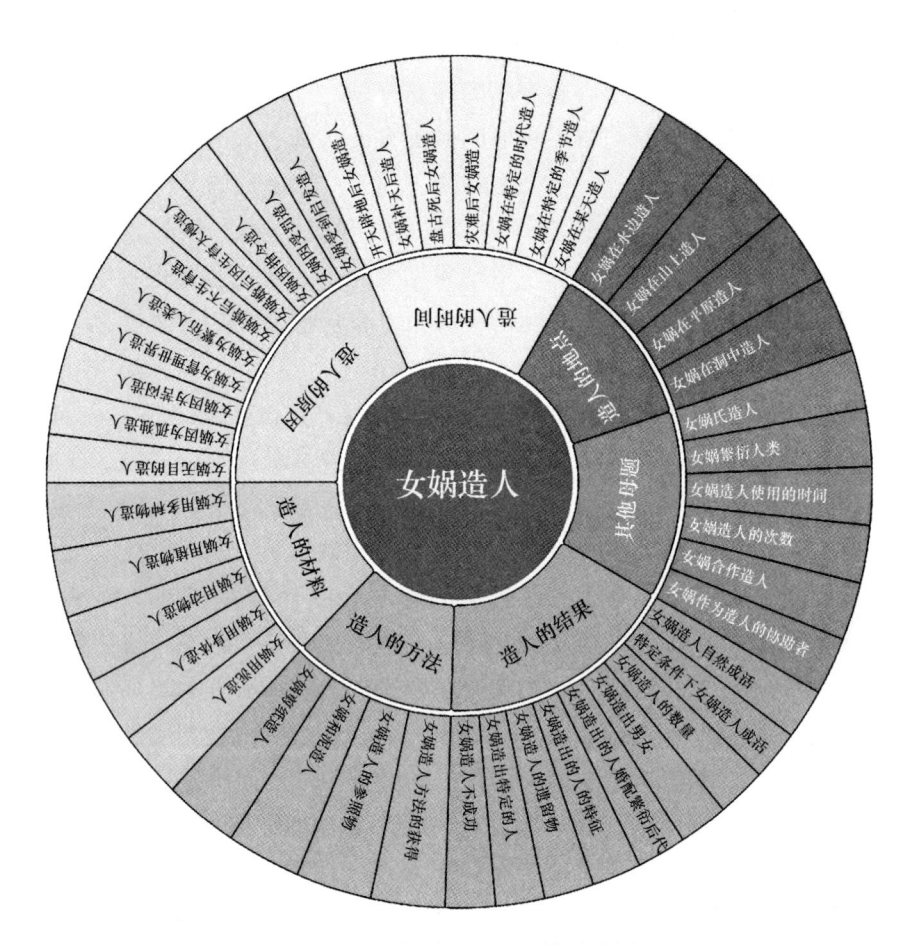

图 3-5　女娲造人母题结构示意图

其母题结构列表中包含的所有层级数据如表 3-3 所示，由于篇幅限制，每一母题编码对应的实例仅列举出一个例子，且省略了"实例"和"文本出处"等信息。

表 3-3　女娲造人母题数据层级结构表①

编码	一级母题	二级母题	三级母题	四级母题	五级及以下母题	民族	流传地
WN032	女娲造人						
WN032.1		女娲造人的原因					
WN032.1.1			女娲无目的造人			汉族	陕西省·安康市·平利县
WN032.1.2			女娲因孤独造人			藏族	云南省·迪庆藏族自治州·中甸县（香格里拉市）·汤美村
WN032.1.3			女娲因为苦闷造人			藏族	云南省·迪庆藏族自治州·中甸县（香格里拉市）·汤美村
WN032.1.4			女娲为管理世界造人			汉族	湖北省·孝感市·朋兴乡联合村
WN032.1.5			女娲为繁衍人类造人				
WN032.1.6			女娲婚后不生育造人			汉族	上海·黄浦区

① 女娲造人母题数据层级结构表，为本书在研究过程中设计的数据检索表中女娲母题结构中的一部分，旨在呈现母题结构的层级性。

续表

WN编码	一级母题	二级母题	三级母题	四级母题	五级及以下母题	民族	流传地
WN032.1.7			女娲婚后因生育大慢造人			汉族	浙江省・江山市・凤林镇
WN032.1.8			女娲因指令造人			汉族	广东省・湛江市・坡头区
WN032.1.8.1				女娲奉玉帝旨意造人		汉族	山西省・阳泉市・平定县东锁簧村
WN032.1.8.2				女娲奉玉皇大帝旨意造人		汉族	山西省・阳泉市・平定县
WN032.1.9			女娲因受训造人			汉族	四川省・凉山彝族自治州德昌县・热和乡・田村
WN032.1.10			女娲受到启发造人			汉族	浙江省・丽水市・青田县
WN032.1.10.1				女娲受动物的启发造人			
WN032.1.11			与女娲造人原因有关的其他母题				
WN032.2		女娲造人的时间					
WN032.2.1			开天辟地后女娲造人			汉族	浙江省・金华市・东阳县罗屏乡
WN032.2.2			女娲补天后造人			汉族	吉林市・白山市・靖宇县

续表

WN编码	一级母题	二级母题	三级母题	四级母题	五级及以下母题	民族	流传地
WN032.2.3			盘古死后女娲造人			汉族	河南省·驻马店市·汝南县·老君庙乡
WN032.2.4			灾难后女娲造人	洪水后女娲造人		汉族	河南北部
WN032.2.4.1				天塌地陷后女娲造人		汉族	河南省·宛丘（周口市·淮阳区）
WN032.2.4.2							
WN032.2.5			女娲在特定的时代造人				
WN032.2.6			女娲在特定的季节造人				
WN032.2.7			女娲在某天造人				
WN032.2.7.1				女娲第5天造人		汉族	山西省·阳泉市·平定县·东锁簧村
WN032.2.7.2				女娲第7天造人		汉族	湖北省·孝感市
WN032.2.7.2.1					女娲降生后第7天造人	汉族	河南省·许昌市·襄城县·山头店乡·陈庄
WN032.2.8			女娲婚后造人				
WN032.2.8.1				伏羲女娲兄妹婚后造人种		畲族	浙江省·丽水市·张村街·胡椒坑村

续表

WN编码	一级母题	二级母题	三级母题	四级母题	五级及以下母题	民族	流传地
WN032.3		女娲造人的地点					
WN032.3.1			女娲在水边造人				
WN032.3.1.1				女娲在河边造人		藏族	云南省·迪庆藏族自治州·中甸县（香格里拉市）·汤堆村
WN032.3.1.1.1					女娲在黄河边黄土造人	汉族	河南省·济源市
WN032.3.1.2				女娲在清水塘造人		汉族	湖南省·冷水滩市
WN032.3.1.3				女娲在龙泉造人		汉族	（甘肃省·天水市·秦安县·陇城镇）
WN032.3.2			女娲在山上造人				
WN032.3.3			女娲在平原造人				
WN032.3.4			女娲在洞中造人				
WN032.4		女娲造人的材料					
WN032.4.1			女娲用泥造人（用土造人）			汉族	湖北省·黄冈市·浠水县·清泉镇

续表

WN编码	一级母题	二级母题	三级母题	四级母题	五级及以下母题	民族	流传地
WN032.4.1.1				女娲用泥捏人		藏族	云南省·迪庆藏族自治州中甸县(香格里拉市)
WN032.4.1.2				女娲用泥巴造人		藏族	云南省·迪庆藏族自治州中甸县(香格里拉市)·汤美村
WN032.4.1.3				女娲抟土造人		汉族	陕西省·渭南市·潼关县
WN032.4.1.4				女娲用补天剩下的泥造人		汉族	吉林市·白山市·靖宇县
WN032.4.1.5				女娲用黄泥造人(女娲用黄土造人)		汉族	浙江省·舟山市·定海区干览乡·南岙村
WN032.4.1.5.1				女娲用各种颜色的土造人	女娲用黄胶泥造人	汉族	河南省·驻马店市·汝南县·老君庙乡
WN032.4.1.6				女娲用烂泥造人		汉族	上海·黄浦区
WN032.4.1.7				女娲用自己的血造人		汉族	上海·上海县·华漕乡·吴家巷
WN032.4.2			女娲用身体造人				
WN032.4.2.1						汉族	(湖北省·神农架林区)

续表

WN编码	一级母题	二级母题	三级母题	四级母题	五级及以下母题	民族	流传地
WN032.4.3			女娲用动物造人				
WN032.4.3.1				女娲用猩猩造人		汉族	浙江青田一带
WN032.4.4			女娲用植物造人				
WN032.4.5			女娲用多种物造人				
WN032.4.6			与女娲造人材料有关的其他母题				
WN032.4.6.1				女娲造人材料的获得			
WN032.4.6.2				女娲吾天水地水造人		汉族	河南省·安阳市·安阳县·磊口乡·目明村
WN032.5		女娲造人的方法（女娲造人的过程）					
WN032.5.1			女娲造人方法的获得				
WN032.5.2			女娲造人的参照物				
WN032.5.2.1				女娲参照自己的样子造人		汉族	甘肃省·白银市·会宁县·老君乡·杏树村

续表

WN编码	一级母题	二级母题	三级母题	四级母题	五级及以下母题	民族	流传地
WN032.5.2.2				女娲参照多人的样子造人			
WN032.5.2.2.1					女娲参照伏羲和自己的样子造人	汉族	上海·黄浦区
WN032.5.2.2.2					女娲参照伏羲，神农和自己的样子造人	汉族	陕西省·榆林市·绥德县·城关镇
WN032.5.3			女娲和泥造人（女娲抟土造人）	女娲和黄泥造人		汉族	湖北省·孝感市
WN032.5.3.1				女娲蘸泥造人		汉族	
WN032.5.3.2					用绳蘸泥造人	汉族	陕西省·榆林市·绥德县·辛店乡
WN032.5.3.2.1						汉族	吉林市·白山市·靖宁县
WN032.5.3.2.2					用树枝蘸泥造人	汉族	河北省·涿州市·高碑店
WN032.5.4			女娲剪纸造人				
WN032.5.4.1				牙巫剪纸造人（伢侯剪纸造人，牙线剪纸造人，伢巫剪纸造人）		水族	

续表

WN编码	一级母题	二级母题	三级母题	四级母题	五级母题及以下母题	民族	流传地
WN032.5.5			与女娲造人的方法有关的其他母题				
WN032.5.5.1				女娲用树棍扎泥人的耳朵		壮族	广西省·来宾市·象州县·罗秀乡
WN032.6		女娲造人的结果					
WN032.6.1			女娲造人自然成活				
WN032.6.2			特定条件下女娲造人成活				
WN032.6.2.1				女娲造人经吹气后成活			
WN032.6.2.1.1					女娲吹气后泥人成活	汉族	湖南省·常德市·灌溪乡
WN032.6.2.1.2					女娲吐唾沫吹气后泥人成活	汉族	湖北省·孝感市·朋兴乡联合村
WN032.6.2.1.3					吹仙气后泥人成活	汉族	吉林省·白山市·靖宇县
WN032.6.2.2				女娲发指令后造的人成活		汉族	陕西省·榆林市·绥德县·辛店乡

续表

WN编码	一级母题	二级母题	三级母题	四级母题	五级及以下母题	民族	流传地
WN032.6.2.3				女娲造的泥人经抚摸后成活			
WN032.6.2.4				女娲造的泥人经乳汁浸润后成活		汉族	浙江省·江山市·凤林镇
WN032.6.2.5				女娲造的泥人经法术成活			
WN032.6.2.6				女娲造的泥人经咒后成活		汉族	陕西省·榆林市·绥德县城关镇
WN032.6.2.7				女娲造的泥人靠神力成活		汉族	辽宁省·本溪市
WN032.6.2.8				女娲造的泥人放特定地点后成活			
WN032.6.2.8.1					女娲造的泥人埋在土里后成活	汉族	宁夏回族自治区·石嘴山市·平罗县
WN032.6.2.8.2					女娲造的泥人放到地上后成活	藏族	云南省·迪庆藏族自治州·中甸县（香格里拉）·汤美村

续表

WN编码	一级母题	二级母题	三级母题	四级母题	五级及以下母题	民族	流传地
WN032.6.2.9				女娲造的泥人经太阳晒后成活		汉族	上海·上海县·华漕乡·吴家巷
WN032.6.2.10				女娲造的泥人经过一定时间成活			
WN032.6.2.10.1					女娲造的泥人经过49天成活	汉族	浙江省·金华市·东阳县
WN032.6.2.11				女娲造的泥人成活的其他条件			
WN032.6.2.11.1					女娲造的泥人经叶片扇后成活	汉族	上海·黄浦区
WN032.6.3			女娲造人的数量				
WN032.6.3.1				女娲造出2个人		汉族	吉林市·白山市·靖宇县·靖宇镇
WN032.6.3.2				女娲造出36个人		汉族	浙江省·金华市·东阳县
WN032.6.3.3				女娲造出49个人		汉族	浙江省·杭州市·建德市
WN032.6.3.4				女娲造出100个人		汉族	河北省·石家庄市·新乐市
WN032.6.3.5				女娲造出300个人		汉族	湖南省·冷水滩市

续表

WN编码	一级母题	二级母题	三级母题	四级母题	五级及以下母题	民族	流传地
WN032.6.3.6				女娲造出360个人		汉族	浙江省·金华市·东阳县·青联乡·雅坑村
WN032.6.3.7				女娲造出600个人		汉族	上海·上海县·华漕乡·吴家巷
WN032.6.3.8				女娲造出不定数量的人		汉族	宁夏回族自治区·平罗县
WN032.6.4			女娲造出男女（女娲造人后分出性别）			汉族	四川省·凉山彝族自治州·德昌县·热和乡·田村
WN032.6.4.1				女娲造出男女		羌族	四川省·阿坝藏族羌族自治州·茂县·三龙乡·桌子坝
WN032.6.4.1.1					女娲造出一对男女	汉族	贵州省·遵义市·余庆县
WN032.6.4.2				女娲造出男人		汉族	湖南省·冷水滩市
WN032.6.4.2.1					女娲用泥土捏出男人		
WN032.6.4.3				女娲造出女人		汉族	浙江省·江山市·凤林镇
WN032.6.4.3.1					女娲用泥土捏出女人		

续表

WN编码	一级母题	二级母题	三级母题	四级母题	五级及以下母题	民族	流传地
WN032.6.4.4				女娲分出男女			
WN032.6.4.4.1					女娲受动物的启发分出男女	汉族	浙江省·建德市
WN032.6.4.4.2					女娲分出男人	汉族	浙江省·建德市
WN032.6.4.4.3					女娲分出女人	汉族	（a）河南省·驻马店市·汝南县·老君庙乡·王庄（b）浙江省·金华市·东阳县·青联乡·雅坑村
WN032.6.5			女娲造出的人婚配繁衍后代			汉族	浙江省·金华市·东阳县·青联乡
WN032.6.6			女娲造出的人的特征				
WN032.6.6.1				女娲造出的男人的特征			
WN032.6.6.1.1					女娲造出的男人长大、硬扎	汉族	浙江省·嘉兴市·海宁市

续表

WN编码	一级母题	二级母题	三级母题	四级母题	五级及以下母题	民族	流传地
WN032.6.6.1.2				女娲造出的女人的特征	女娲造出的男人比较大	汉族	浙江省·嘉兴市·海宁市
WN032.6.6.2						汉族	浙江省·嘉兴市·海宁市
WN032.6.6.2.1					女娲造出的女人小巧	汉族	浙江省·嘉兴市·海宁市
WN032.6.6.2.2					女娲造出的女人柔嫩、灵巧、纤细	汉族	浙江省·江山市·凤林镇
WN032.6.6.2.3					女娲造出的女人细心	汉族	浙江省·兰溪市·城关
WN032.6.6.3				与女娲造出的人有关的其他母题			
WN032.6.6.3.1					女娲造出的人有大有小	汉族	河北省·涿州市·高碑店
WN032.6.6.3.2					女娲造出的人有胖有瘦	汉族	河北省·涿州市·高碑店
WN032.6.6.3.3					女娲造出不同肤色的人	汉族	上海·黄浦区

续表

WN编码	一级母题	二级母题	三级母题	四级母题	五级及以下母题	民族	流传地
WN032.6.7			女娲造人的遗留物				
WN032.6.7.1				女娲造人后遗留分人石		汉族	河南省·(焦作市)·沁阳县
WN032.6.8			女娲造出特定的人				
WN032.6.8.1				女娲造出第一代人		汉族	上海·黄浦区
WN032.6.8.2				女娲造出矮人		汉族	湖北省·黄冈市·浠水县清泉镇·关山村
WN032.6.8.3				女娲造出残疾人		汉族	上海·上海县·华漕乡·吴家巷
WN032.6.8.4				女娲造出伏羲兄妹		汉族	山西省
WN032.6.9			女娲造人不成功				
WN032.6.10			与女娲造人结果有关的其他母题				
WN032.6.10.1				女娲造出的女人比男人少		汉族	宁夏回族自治区·平罗县
WN032.6.10.2				女娲造出的人有灵气		汉族	湖北省·孝感市·朋兴乡联合村

续表

WN编码	一级母题	二级母题	三级母题	四级母题	五级及以下母题	民族	流传地
WN032.6.10.3				女娲造出九种人		汉族	陕西省·榆林市·绥德县·城关镇
WN032.6.10.4				女娲造人后有尊卑贵贱之分			
WN032.7		与女娲造人有关的其他母题					
WN032.7.1			女娲氏造人			汉族	江苏省·盐城市·阜宁县
WN032.7.2			女娲繁衍人类				
WN032.7.2.1				女娲生育人类		汉族	河北省·石家庄市（藁城区）·耿村
WN032.7.2.2				女娲婚配后繁衍人类		土族	
WN032.7.2.3				女娲栽培的葫芦繁衍人类		水族	贵州省
WN032.7.3			女娲造人使用的时间				
WN032.7.4			女娲造人的次数				
WN032.7.5			女娲合作造人				
WN032.7.5.1				伏羲女娲合作造人		汉族	甘肃省·平凉市·静宁县·李店乡·店子村

续表

WN 编码	一级母题	二级母题	三级母题	四级母题	五级及以下母题	民族	流传地
WN032.7.5.2				女娲与众神合作造人		汉族	河南省·南阳市·桐柏县
WN032.7.5.3				女娲兄妹合作造人		汉族	河北省·邯郸市·涉县·东戎村
WN032.7.6			女娲作为造人的协助者				
WN032.7.6.1				女娲协助人皇造人		汉族	河北省·唐山市·遵化县·马坊岭村

从母题视角对女娲造人神话进行全方位结构类型划分与描述，可以将各民族、各地区的同类或相关神话放在一个平台上进行统一研究。仅对表3-3中的不完全数据信息进行初步考察发现，不仅汉族、藏族、水族、羌族等民族神话中都包含了大量的不同类型的女娲母题，而且跨多省份共同表达同一母题的现象也相当普遍，如在"WN032.6.3.4女娲造出100个人"这一母题项下，河北省石家庄市新乐县的《洪水漫世》[①]中、湖北省荆州市江陵县的《女娲配伏羲》[②]中、山西省阳泉市平定县的《兄妹神婚与东西磨山》[③]中、河南省信阳市柳林乡的《姊妹成婚》[④]中均有类似的叙事，一方面丰富了女娲造人神话的内容，另一方面也为神话比较研究和跨地区传播研究提供了实例基础。仅根据表3-3数据，分别以省域和市域为单位可以系统考察女娲造人神话在全国的地理分布情况。

依据上述地理信息可以看出，"女娲造人"神话的地理分布情况以及形成的传播文化圈主要分布在华北、华中、华南以及西北的甘肃省等地区。而通过更细粒度的区县级分析，则可以进一步考察分析"女娲造人"神话在现行行政区划下具体市域内的流传情况。

2. 伏羲女娲神话母题结构具有开放性

这种母题结构的开放性提供了丰富的平行信息，极大提升了同一类型信息的可选择性。将神话信息梳理、归纳进入母题体系的另一大显著特点，便是可以抛开冗杂的文本，从结构功能角度对大量核心内容进行观察和分析。如关于女娲造人数量的研究问题上，我们可以在这一级母题之下清晰、快速、全面地找到流传在各地的不同说法，如流传在吉林省靖宇县靖宇镇，孙风兰讲述的《人的来历》[⑤]中记述女娲捏出了1男1女两个人。

---

① 《洪水漫世》，中国民间文学集成全国编辑委员会《中国民间故事集成》（河北卷），中国ISBN中心2003年版，第20—21页。

② 《女娲配伏羲》，中国民间文学集成全国编辑委员会编《中国民间故事集成》（湖北卷），中国ISBN中心1999年版，第10—11页。

③ 《兄妹神婚与东西磨山》，中国民间文学集成全国编辑委员会编《中国民间故事集成》（山西卷），中国ISBN中心1999年版，第12页。

④ 《姊妹成婚》，中国民间文学集成全国编辑委员会编《中国民间故事集成》（河南卷），中国ISBN中心2001年版，第15页。

⑤ 《人的来历》，中国民间文学集成全国编辑委员会编《中国民间故事集成》（吉林卷），中国文联出版公司1992年版，第1页。

流传在浙江省金华市东阳县，申屠荷兰讲述的《女娲造人》① 中记述了女娲用黄泥揉捏了 36 个人。流传在浙江省杭州市建德市，方家修讲述的《女娲造人》② 中记述了女娲造了七七 49 个人。流传在河北省石家庄市新乐市，刘戊戌讲述的《洪水漫世》③ 中记述了伏羲女娲婚生肉球，用菅草剖开后跳出了 100 个人。流传在湖南省冷水滩市，胡惠青讲述的《女娲造人》④ 中记述了女娲在清水塘捏了 300 个泥人，此外还有 360 个、600 个或不定数量的泥人。等等。

此外，在每一种造人数量的母题之中，又包含了许多不同来源的文本，如河北省石家庄市新乐市、湖北省荆州市江陵县、山西省阳泉市平定县、河南省信阳市浉河区和广东省江门市开平县等地流传的文本中均有"女娲造出 100 个泥人"的记述，体现了在这一问题上跨区域神话思维的相似性。

类似的例证在每一个具有平行结构的母题条目中均有涉及。这种情况表明，母题在结构设定上具有开放性，可以根据文本的不断发掘而相应随时增补母题数量。

3. 伏羲女娲神话母题在叙事结构上的桥梁作用

以母题结构为媒介，可以将母题数据镶嵌入更大的数据体系中进行研究。母题结构的另一大特点便是可以以结构本身为媒介，进行数据的批量处理和删减，理论上实现向更小范围兼容和向更大范围兼容。所谓向更小范围兼容，指的是从母题分级角度而言，可以在五级母题基础上继续向下细分，级数越大，表示的内容详细程度越高，从而实现结构的不断细化，并吸纳更多更详细的母题数据；向更大范围兼容，指的是可以将某一部分母题数据，甚至某一专题数据库的数据纳入更大范围的数据库中，如可以将"女娲造人"的全部母题数据放入"女性始祖造人""神性人物造人"甚至更大范围的"创世神话"数据库中进行研究，以便获得更高站位并获

---

① 《女娲造人》，《民间文学》1986 年第 11 期。
② 《女娲造人》，中国民间文学集成全国编辑委员会编《中国民间故事集成》（浙江卷），中国 ISBN 中心 1997 年版，第 39 页。
③ 《洪水漫世》，中国民间文学集成全国编辑委员会编《中国民间故事集成》（河北卷），中国 ISBN 中心 2003 年版，第 20—21 页。
④ 《女娲造人》，中国民间文学集成全国编辑委员会编《中国民间故事集成》（湖南卷），中国 ISBN 中心 2002 年版，第 22 页。

得广阔的研究视角。同样以女娲造人母题作为例证。"造人"现象在许多少数民族人类起源神话中都有涉及，它区别于一般意义上的"生人""变人""化生人"等的过程，而是包含着造人者与被制造者的相互关系，具有明显的特殊表现形式和文化含义，所以可以单独看作是一类特定的神话类型。

与女娲造人的母题类型划分相类似，其他少数民族神话中有关女性始祖造人的叙事也可划分出造人原因、造人时间、造人地点、造人材料、造人过程等母题结构类型。如果将"女娲造人"纳入"女性始祖造人"的大数据库中，便可以得出这类母题在文化内涵方面的若干相似的特点。一是无论是作为繁殖者的女性始祖、造人的女性始祖还是创造世界万物的女神，一定程度上都具有明显的母性特征，带有母系氏族制度的痕迹，或可据此推测出相关神话产生的源头可追溯至新石器时代的母系氏族社会时期。二是这些女神身上体现出浓厚的民族信仰与英雄崇拜意味，这些女性始祖无论在外貌、特征还是非凡的能力塑造上均体现出崇高与神圣。三是在创世过程中一般没有男性协助者，更多强调了女性始祖的伟大功绩和神迹，但造人或生人过程中部分存在借助男性始祖或男神能力的现象，一定程度上反映出婚姻制度对神话叙事的影响。

流传有女性始祖创世或造人神话母题的民族众多。如布依族神话中的创世母神翁嘎，她创造出了除日月以外的所有自然现象和各种生产生活器具。苗族神话中的创世母神菠媳，她造出了九重天地。侗族的创世母神萨天巴在生育天地万物的同时，孕育了人类始祖。水族的创世母神伢俣，不仅开天辟地，造了日月，还造了人类。满族的创世女神阿布凯赫赫，创造了世界及女真诸神，等等。有研究者认为："汉、苗、土家、满、朝鲜、瑶、鄂温克、蒙古、仫佬、傈僳、基诺、布依、景颇、哈尼、黎、白、羌、傣、毛南、佤、普米、怒、德昂、水、藏、回等 26 个民族的族源神话中都有救世或造人女神。这也是族源性女神母题中最有代表性、最具影响力的亚型功能性母题。"[①] 对于创世女神或女性始祖非凡本领和伟大品格的崇拜，反映出人们在生产力落后的早期文明社会中共同的文化心理和信仰诉求。特别是人们在面对恶劣自然环境或灾难考验时，更加需要强烈的

---

① 孙正国：《中国族源性女神母题的文化阐释》，《思想战线》2003 年第 3 期。

精神寄托和具象的崇拜对象,这也在一定程度上更加加强了女神与人类之间的关联性,从而使她们获得了更加崇高和稳固的地位。如北方地区天寒地冻,人烟稀少,生育和保育问题尤为凸显,所以当地盛行的祭祀各种自然神的仪式中都融合了许多祈求绵延子嗣、祝祷保佑后代的祭礼和过程,特别是与生产生活密切相关的水神、火神、日月神的祭祀活动中,这一现象更加明显。而且在当地人的描述中,这些神灵的面貌也多为母性神的形象,处处体现出当地民众对自然女神的崇高信仰。

由此可见,以伏羲女娲神话母题为纽带,不仅可以在不同地区、不同民族的不同神话之间建立起关联,而且对于叙事结构的分析也会提供有力的支持。

第三节　民族与地理视角下的伏羲女娲神话数据结构

中国是一个幅员辽阔的多民族国家,伏羲女娲神话以及许多相关叙事在许多民族和地区都有发现和流传,神话数量丰富,并且随着当今民间文化的创新与发掘,成为了神话专题数据建构的可持续资源。这类神话无论是从民族的视角,还是地理地缘关系的角度,都能梳理出相应的数据结构。把握这些结构有助于推进这一神话专题的深入研究。根据本书的结构安排,本节重点探讨伏羲女娲神话地理视角下的数据结构。关于民族语境下的数据结构将在第四章"第二节　伏羲女娲神话在民族间的关联"中做进一步阐释。

一　民族与地理概念在伏羲女娲神话结构分析中的意义

"民族"与"地理"是既有区别又密切联系的两个概念,许多研究者在研究"民族"问题时往往首先考察民族的地理分布与地域特征,而针对神话研究来说,研究一个特定地区特别是民族地区的神话,如果离开考察这个"民族"的历史与文化形态,也很难说得上是科学的态度。如有研究者在研究女娲神话的跨地域、跨民族传播情况时,对地处川西北地区的羌族聚居区进行了全面调查,认为女娲神话在羌族民间社会虽然踪迹不多,但的确有流传的客观事实,并从"地域"与"民族"的双重视角提出,女娲神话作为"'地方性知识'也自有其族群叙事特点，是女娲神话羌族化、地域化的版本。从羌族口头遗产角度考察女娲神话踪迹，既能为中华女娲神话传说研究也能为羌族民间文化研究提供有价值的参考"①。

1. 伏羲女娲神话文本的民族属性分析

费孝通在《"美美与共"和人类文明》一文中对不同民族和群体之间文明和文化的关系有过精辟的论证，认为不同群体中的文明和文化都具有浓厚情感、心理、习俗、信仰等非理性的特征，"这些特性通过交流、传播和传承，可以成为群体共有的精神和心理财富，并在这一群体里'保存'下来，成为'文化'的一部分"②。神话，作为中华民族共享的一种文明形式和文化载体，自然包含了各民族独有的情感、心理、生活、习俗、信仰等方方面面的内容，这些独立内容的异同往往可以通过相同或相似的神话事项展现出来。以女娲造人这一母题为例，不同版本、不同叙事情节的女娲造人神话在中国多民族地区均有流布，从多民族视角对这一神话现象进行剖析，一方面可以证明华夏民族共同的始祖文化信仰；另一方面，诸多少数民族神话中关涉女娲的叙事往往将民族关系融入其中，表明了古代各民族文化之间的相互交融。除此之外，研究不同民族对同一母题的不同表述，常与各民族独特的文化和生活特色相粘连。从中华各民族文化维度进行考虑，以文化认同作为根本和基础，才能长久且牢固地凝聚国族意识，维系深度国家认同。正如史密斯所言："集体认同主要建立在文化成分……基础之上时，认同感最为强烈。"③而这种共同的始祖文化有利于加强民族凝聚力和民族认同感，为中华民族多元一体的民族共同体意识提供了有力支撑，所以基于民族视角下的数据分析显得尤其重要。

2. 伏羲女娲神话文本的地理结构分析

伏羲女娲神话数据的一个重要功能就是为该类神话的多角度分析提供便利，其中地理区域的定位与分析成为不同地区同类神话比较的重要维度。这一分析方法以历史地理学派为主要代表，该学派于19世纪末20世

---

① 李祥林：《从羌族口头遗产看女娲神话踪迹》，《文化遗产》2013年第3期。
② 费孝通：《"美美与共"和人类文明》（下），《群言》2005年第2期。
③ ［英］安东尼·史密斯：《民族主义：理论、意识形态、历史》（第二版），叶江译，上海人民出版社2006年版，第21页。

纪初兴起于芬兰，由民间文艺学家科隆父子（J. Krohn- & K. Krohn-）创立。此外，A. 阿尔奈（Anitti A. Aarne）和 W. 安德松（Walter Anderson）也是这一学派的重要代表。历史地理学派所持观点与传播学派理论有着极深的渊源，其理论基础是达尔文进化论和斯宾塞的实证论，主张包括民间故事、传说、神话等在内的民间文艺作品在传播和流布过程中，都存在由朴素简陋向繁复精美形态变化的趋势。这为从地理视角研究伏羲女娲神话数据提供了重要的理论参考。

目前学术界许多学者都习惯或喜欢"文化区域"这一概念。尽管事实上并不存在这样一个"概念"，而是研究者为了研究的需要或结论的一种习惯性表述，而从便于辨别或把握的地理定位方面对民族文化现象作出许多集中的描述。如研究者认为，少数民族大多数处于偏远地区，而少数民族生活的空间上呈现出既分布广泛又相对集中的态势。55个少数民族分布在从东北内蒙到新疆、西藏至云南、贵州、四川、广东、广西、台湾一带的辽阔地域之中，土地面积约占全国总面积的60%。我国各民族在空间分布的特点也比较明显，大致具有点、线、面相结合的特点，如汉、满、蒙、藏等人口基数较大的民族呈"面状"分布，在全国范围内具有较为广阔的完整的聚居区。苗族、瑶族、彝族等民族分隔在互不相连的地域上，有聚居区又散居各地。布依、白、傣、哈萨克等民族的主体有着明显的聚居区。畲、仡佬、乌孜别克等族分散居住在各地。[1] 同时，即使从一则神话的特定地理去定位分析，也能发现与地域有关的一些问题，如青海省民和县官亭地区土族的神话史诗《混沌周末》，内容上分为起唱、混沌、开天辟地、人类起源、周末五个部分。其中就演唱了混沌孕育石卵、石卵生出盘古、盘古开天辟地、女娲补天等神话传说以及老子、释迦牟尼、孔子这三位历史人物诞生与道、释、儒三教创立的故事，特别是叙述女娲补天的时候，说她"割下了金蛤蟆的舌头，补了一座黄金天"[2]。如果从地理方面考察，我们不仅能发现儒、释、道三教在青海民和县一带的传播，还会发现女娲补天中的"金蛤蟆""黄金天"等与该地区民俗文化事象存在密切联系，据此可以进而考察女娲神话地域性变化的某些规律性问题。

---

[1] 参见管彦波《中国民族地理分布及其特点》，《民族论坛》1996年第3期。
[2] 马光星：《别具一格的官亭地区土族民间文艺》，《青海社会科学》1982年第3期。

总体而言，地理信息很好地提示我们，无论是分析民族文化，还是分析特定的民族神话，如果把地理因素作为一个知识结构的分析维度，不仅会比较容易地寻找不同文本之间关联的可能性，而且还能够寻找文本本身所呈现出来的特定文化内涵，这对一项专题研究来说，无疑是一种积极的拓展和深入。

二　伏羲女娲神话的地理分布与地理结构分析

历史地理学派在民间文化研究中的重要主张之一，即提出每一个重要题材都有其原始形态，并强调这些作品存在明确的发生时间和确切的起源地。该学说认为，所搜集到的大量的民间文学作品都可以通过对不同地区异文进行比较，从而对题材模式的迁徙和流变状况进行探索，并确定其形成时间和流布的地理范围。该学派在民间文学研究领域的另一核心观点是，应对民间故事、传说、神话等的异文按情节元素进行类型划分，由此民间传说故事的分类法及其研究也就应运而生，其代表性理论成果和研究方法之集大成者便是阿尔奈的《民间故事类型索引》，该方法论也成为母题学研究路径的重要理论来源。

基于历史地理学派的观念，有不少研究者从在文学的地理区位中观察文学现象做出了积极的尝试。如有研究者充分注意到大数据对传统文学研究产生的积极影响，以融文学、史学、地理学、地图学等要素于一体的行录笔记为分析案例，借助于地理数据对这一特定文学现象所提供的技术支持，通过对行录笔记进行相应的数据挖掘，认为"将道里遐迩、郡邑更革以及疆域、建置、名胜、古迹、山川、江河、时事等数字化，既能与其他文献互证，又能补文献之缺。与地理信息系统 GIS（Geographic Information System）结合，在方志与其他相关文献建立起关联的基础上，不但可以增加地图的标注范围，依托虚拟现实 VR（Virtual Reality），还可将城池区划、布局、建筑等立体呈现"[1]。

毫无疑问，绝大多数文学作品都会或多或少地涉及时空信息，而对于伏羲女娲神话文本而言，不仅叙事中常常会描述特定地域的风土人情，而且很多神话文本的讲述人都具有特定的地理信息，这对通过数据

---

[1] 刘京臣：《大数据视阈中的文学地理学研究——以〈入蜀记〉〈北行日录〉等行录笔记为中心》，《文学评论》2017 年第 1 期。

建构深入挖掘神话的区域传播、文化影响等提供了可能。如根据《李太白年谱补正》①、《李白全集编年笺注》②及《李太白全集校注》③等书籍中提取的时间和地理数据，便可在地图中清晰进行定位。将大量文学作品遗留在世的诗词作者之数据导入数据库网站，便可根据检索需求形成"唐宋文学编年地图"④数据库，从而使读者能够较为迅速地发现各位古人的游历空间，据此对照其不同地区的诗词作品，就能发现不少值得研究的问题。

作为神话地理数据的建构人们会根据研究对象的特点，选择不同的定位方法。即使就伏羲女娲的专题数据建设而言，如果研究的指向不同，也需要使用不同的地理定位。但目前学术界在对伏羲女娲神话的区域范围进行界定时，涉及的地理概念纷繁复杂，大至南方、北方、黄河以北地区、黄河以南地区等，中有西北地区、东南地区、西南地区等，小到以具体省份或区县为研究对象，还有以重要山川河流或历史沿袭为标志的，如黄河流域、太行山沿线、中原地区、两京地区等，此外，不少根据研究者具体研究内容圈定的地理范围，如山陕豫黄河金三角区、川西北羌族地区、关中地区等。比较常见的地理空间划分类型如下：

（1）以民族聚居情况为参照的地理区域类型划分。在以各民族文化为研究主体时，通常采用民族聚居特点作为地理空间划分依据。我国民族地理分布的基本格局是以汉族为主体的各民族"大杂居""小聚居""互相交错"分布，其中，55个少数民族在分布规律上大致呈现出从东北—内蒙古一带到新疆—西藏，再到云南—贵州—四川—广西—广东及海南—台湾的C字形结构，这一广大地区占全国总面积的60%以上，特别在我国西南地区、东南地区和西北地区分布尤其集中。根据这一民族分布特点，同时兼顾各民族生产生活的地区分布和其语言、文化等历史渊源关系，综合《中国少数民族文学史》⑤以及诸多涉及民族文化方面的出版物中通用的地理空间划分依据和观点，将民族分布与我国北方地区、西北地区、西南地

---

① 参见吕华明、陈安庸等《李太白年谱补正》，中华书局2012年版。
② 参见安旗《李白全集编年笺注》，中华书局2015年版。
③ 参见郁贤皓《李太白全集校注》，凤凰出版社2015年版。
④ 唐宋文学编年地图网：https://sou-yun.cn/PoetLifeMap.aspx。
⑤ 马学良、梁庭望、张公瑾：《中国少数民族文学史》（修订本），中央民族大学出版社2001年版。

区、华南地区和中东南地区五大板块联系起来。

①北方地区板块：包括朝鲜族、达斡尔族、鄂伦春族、鄂温克族、赫哲族、满族和蒙古族7个民族。

②西北地区板块：包括保安族、东乡族、俄罗斯族、哈萨克族、回族、柯尔克孜族、撒拉族、塔吉克族、塔塔尔族、土族、裕固族、维吾尔族、乌孜别克族和锡伯族14个民族。

③西南地区板块：包括阿昌族、白族、布朗族、傣族、德昂族、独龙族、仡佬族、哈尼族、基诺族、景颇族、拉祜族、傈僳族、珞巴族、门巴族、纳西族、怒族、羌族、普米族、佤族、彝族和藏族21个民族。

④华南地区板块：包括布依族、侗族、京族、黎族、毛南族、仫佬族、水族、土家族和壮族9个民族。

⑤中东南地区板块：包括高山族、苗族、畲族和瑶族4个民族。

上述地理空间划分方式，一方面，有利于揭示神话产生的客观环境，因为特定民族神话中反映的某些物象往往带有稳定的区域特点；另一方面，有利于不同地区民族间神话的宏观和微观方面的比较，有利于观察神话中蕴含的民族融合、迁徙等历史文化现象。

（2）以国家现行行政区划为背景的伏羲女娲数据地理划分。从目前许多出版物中的伏羲女娲文本的标注信息来看，很多地理标注与项目的行政区划可以建立对应关系或可以考证的关联关系，这为分析作品的流传情况、讲述内容的地域特征等提供了极大的便利。而目前已经成熟的卫星GPS定位系统，也为我们对神话进行更精准的地理分析创造了条件。特别是国家对行政区划与地理信息的不断重视，也为人文学科的地理学研究提供了便利。如2018年11月1日，国务院颁布的《行政区划管理条例》中明确规定行政区域划分是国家为了进行分级管理而实行的区域划分，这种划分是依据《中华人民共和国宪法》规定的原则制定的目前行政区地理名称，主要由三个主要层级构成，即全国分为省、自治区、直辖市，省、自治区分为自治州、县、自治县、市，县、自治县分为乡、民族乡、镇。同时还规定直辖市和较大的市可以划分为区、县。自治州分为县、自治县、市。自治区、自治州、自治县都是民族自治地方，等等。

（3）以通行片区划分为背景的伏羲女娲数据地理划分。从地理覆盖范围的完整性角度考虑，根据中国自然地理区划方面众多专家多年的科研成果及全国高校地理专业师生普遍使用的《中国自然地理》教材等规范，本书采用将中国分为七大地理地区的划分方法，包括：华中地区（河南省、湖北省、湖南省）、华北地区（北京市、天津市、山西省、河北省、内蒙古自治区）、华东地区（上海市、江苏省、浙江省、安徽省、福建省、江西省、山东省、台湾省）、华南地区（广东省、海南省、广西壮族自治区、香港特别行政区、澳门特别行政区）、西北地区（陕西省、甘肃省、青海省、宁夏回族自治区、新疆维吾尔自治区）、东北地区（黑龙江省、吉林省、辽宁省）和西南地区（重庆市、四川省、贵州省、云南省、西藏自治区）。

从目前掌握的资料来看，上述七大地理区域内均包含丰富的伏羲女娲神话文本和信息，而在每个地区之中的分布数量、内容形式和流布规律却存在一些共性或明显的区别，下面将就已掌握的资料对华北地区和华中地区两个地理板块作为例证，做大致梳理和研究。

①以华北地区为例考察伏羲女娲神话分布与特征。先选取山西省为例。山西流传着众多的"女娲遗迹"，包括女娲的神话传说、祠庙遗迹、信仰习俗等等。流传在山西省吕梁市交城县会立乡白草庄村①，由高钟璋讲述、王真才采录的《女娲补天留冠山》②中记述，女娲骑着凤凰从东边而来，用当地一座名为云梦山的山石炼就成为红色的液体流质，又用黄土捏了一只大砂锅盛着液体，让凤凰头顶着砂锅去补天。其中凤凰在补天的过程中扮演了重要的角色，既为女娲的坐骑，又是补天的实际操作者，一定程度上反映出流传在当地的凤凰崇拜意识。此外，文本的结尾落脚在女娲补天剩下的液体流质凝固后成为了琉璃原料，用棍儿挑一嘟噜一拉一吹成了玻璃管，别出心裁地交代了制玻璃的技艺，由此大致推测出这应为后世创作的文本，也从侧面反映出当地在生产生活的发展历程中，女娲信仰与民众生活之间相互影响密不可分的关系。这则神话后面附了《女娲补天留冠山》的一则异文③，流传在山西省阳泉市平定县，由冯富国讲述、光爱华采录，其中关于女娲补天的过程又有区别，此篇中的女娲乘金牛而来，

---

① 原文为山西省交城县草村，推测现应为山西省吕梁市交城县会立乡白草庄村。
② 《女娲补天留冠山》，中国民间文学集成全国编辑委员会编《中国民间故事集成》（山西卷），中国ISBN中心1999年版，第5页。
③ 《女娲补天留冠山》异文，中国民间文学集成全国编辑委员会编《中国民间故事集成》（山西卷），中国ISBN中心1999年版，第6页。

补天所用器具为金磨和金锅，补天的材料为五彩石，其中融合了女娲丢钥匙的情节，也在一定程度上出现了现当代生活的影子。在非物质文化层面，山西民间不少地方至今仍然保留并定期举行大型的祭祀女娲活动，如山西省临汾市洪洞县赵城镇的女娲仪式，该仪式以宋代开宝六年（973）被确定为国家祭奠帝王陵的女娲陵为依托，围绕娲皇庙定期开展了一系列民俗祭祀活动。如山西省长治市黎城县的民众依托位于西顶山两处娲皇庙和一处三皇圣母庙定期举办祭祀仪式，并据此延伸出了相应的婚姻保育习俗和石头崇拜观念。[1] 再如霍州市大张镇贾村围绕娲皇庙壁画生发而来的诸多神话传说和祠庙遗迹[2]，共同塑造了当地深厚而丰富的女娲信仰。除上述几处地区之外，参考清乾隆时官修《续通志》[3] 中相关记载，可知在临汾市襄汾县、临汾市蒲县、大同市太平县、晋中市灵石县、吕梁市交城县、吕梁市汾阳市栗家庄乡等诸多区县均分布有女娲庙、女娲殿、女娲墓、壁画等，后世兴修的相关祭祀场所也不在少数，可谓星罗棋布，与之相对应的祭祀和习俗仪式呈现出明显的差异和地方特色，可见女娲遗迹及民间信仰在山西的流布之广泛。

再以河北省为例。该省同样为女娲信仰历史悠久且有形资源丰厚的省份，与山西省呈点状散布的遗迹分布样态不同，该省以位于邯郸市涉县中皇山的娲皇宫为核心，形成了以点带面的空间布局。涉县娲皇宫始建于北齐（550—577），又称女娲庙或悬空寺，距今已有1400多年的历史，其在空间规模、肇建时间和影响范围等综合因素考量之下，被奉为"华夏祖庙"和全国五大祭祖圣地之一。有研究者认为，女娲自古至今在当地民众日常生活中具有全方位的影响，并最终以中皇山娲皇宫为核心形成了覆盖面广泛的女娲信仰圈。[4] 围绕该处遗迹存世的女娲神话口传文本版本较为众多，涉及的内容类型也非常丰富，基本囊括女娲补天、女娲造人、洪水后再生人类、女娲的婚姻、女娲的发明、女娲的死亡与纪念等几大类型。如围绕"洪水后再生人类"的主干情节展开的叙事，流传于邯郸市涉县一

---

[1] 张叶露：《山西黎城县的女娲信仰研究》，博士学位论文，黑龙江省社会科学院，2019年。
[2] 赵改萍：《霍州圣母庙壁画与女娲崇拜》，《山西档案》2014年第4期。
[3] （清）嵇璜、刘墉等撰，纪昀等校：《续通志》，成书于乾隆五十年（1785）。
[4] 常玉荣：《河北涉县地区女娲信仰圈的形成》，《河北工程大学学报》（社会科学版）2015年第1期。

则《女娲治世》①中记述，玉皇大帝派他的儿女伏羲女娲到凡间配夫妻繁衍人类，盘古催促兄妹结合，并"耍手段"让二人通过了滚磨盘结合的考验，伏羲女娲遂成婚，天底下才又有了人。如围绕"女娲造人"事迹展开的叙事，流传在邯郸市涉县东戌村，由李杨氏讲述、李亮采录的《女娲捏泥人》②中记述，洪水后女娲奶奶在河边和泥捏泥人，泥人经女娲哥哥吹气之后成活，随后泥人们结为夫妻，生育的子女又有了美、丑、健全与残疾之分。再如与文物遗迹（娲皇宫）相互佐证的叙事，流传于邯郸市涉县，由赵德崇讲述、李亮采录的《炼石补天》中记述，因涉县中皇山位于九州中心，有山有水，水里又有五色河卵蛋石子，取料方便，且悬崖陡立，升天返地容易，所以女娲选择在中皇山补天，随后形成了纪念女娲的娲皇宫。这虽与文宣帝高洋兴修娲皇宫的事实有所出入，却忠实反映出当地民众对女娲神迹的充分关注和认可。

更值得关注的是，上述流传在涉县的神话叙事，在河北省其他地区也可找到相似或可归为同系列的相关文本，如流传于秦皇岛市卢龙县陈官屯的《盘儿和古儿》，流传于张家口市的《百家姓的来历》，流传于承德市平泉县的《百家姓的来历》，流传于涿州市高碑店市的《女娲造人》，流传于石家庄市新乐市的《洪水漫世》等神话中均有"洪水后女娲繁衍人类"的叙事，除部分人物（婚姻的帮助者等）和细节（洪水中得救的器具和方式等）不同之外，文本整体框架结构和主干并无二致，大多以变体或异文的形式存在。鉴于历史和地理因素考虑，这些文本由涉县辐射、散布到上述地区的可能性较小，但随着娲皇宫景区的逐步开发，涉县一带在形成规模旅游经济效应的同时，却实现了文化信仰空间的整合和集聚。其中既包括当地民众和地方文化爱好者对相关古籍、文献和口传文本的自觉搜集和综合，又包含文化旅游活动中导游、游客和表演者的再加工、传播、运用和重述，这种充满生命力的形式使得以神话文本为代表的女娲文化向涉县一带不断流动，呈现出口头传统与书面传统有机融合、景区叙事表演以情境和游客为中心的更加多元化的叙事体系，涉及的神话也更为系统化

---

① 《女娲治世》，中国民间文学集成全国编辑委员会编《中国民间故事集成》（河北卷），中国 ISBN 中心 2003 年版，第 24 页。

② 《女娲捏泥人》，中国民间文学集成全国编辑委员会编《中国民间故事集成》（河北卷），中国 ISBN 中心 2003 年版，第 8 页。

和地方化。① 除了对本省民众，以娲皇宫为核心的女娲信仰对周边省份甚至更远的信众也充满了吸引力。每年农历三月初一至三月十八，在祭祀女娲诞辰的时间段内，大量来自外省的游客或香客会前来朝拜，这些访客不仅来自河北周边的晋、豫、鲁一带，甚至远到粤、苏、鄂、皖等地的善男信女也纷纷前来找寻祖先的印记②，在进一步扩大文本的散播途径的同时，也在一定程度上接纳、丰富了来自五湖四海女娲信仰地区的文化浸润，河北涉县娲皇宫所塑造的祖先信仰文化影响力也已突破了省域的界线，在更大的地理区域范围内实现了存续和繁荣。

②以华中地区为例考察伏羲女娲神话的分布与特点。华中地区包括河南省、湖北省、湖南省三个省份。对河南省伏羲女娲神话文本资源特别是口传神话资源做了系统实地考察和汇总的，尤以张振犁教授带领的河南大学师生（也有少数外来学者参与）共同采录的口传神话为代表。这里主要以张振犁编著的《中原神话通鉴》③为主要数据来源，另将《中国民间文学大系·神话·河南卷》《盘古与女娲——经歌篇》④等中的神话文本收录其中作为基础数据的补充。选取《中原神话通鉴》这部著作作为中原地区伏羲女娲神话数据建构之主体架构的原因，主要从该套书包含数据的丰富性、覆盖地区的完整性和逻辑架构的科学性等几方面综合进行考虑。该套书籍共计174万字，393幅图片，包含了800多篇民间神话故事，是张振犁于20世纪八九十年代带领河南大学"中原神话调查组"田野作业的成果，近30年时间内调研组遍访了23个神话蕴含重点县、市，并在此基础上定义了活态的"中原神话群"。正如他在《情系中原神话》一文中所说："北上太行、王屋，南下桐柏、伏牛；西登秦岭夸父之山，东去商丘火星之台"都有大量的伏羲女娲神话口传文本、古典神话异文以及民俗、文献等资料。⑤ 呈现形式上也是1949年以来第一部采用分类方式将箭垛式神话人物进行系统性宏观研究的专著，打破了调研区域平铺直叙式的局

---

① 杨利慧：《遗产旅游语境中的神话主义——以导游词底本与导游的叙事表演为中心》，《民俗研究》2014年第1期。
② 孙建刚、史红霞：《河北女娲文化旅游资源开发研究》，《中国商贸》2011年第6期。
③ 张振犁：《中原神话通鉴》（四卷），河南大学出版社2017年版。
④ 耿宝山：《盘古与女娲——经歌篇》，人民日报出版社2016年版。
⑤ 参见张振犁《情系中原神话》，中国民间文艺家协会编《中国口头文学遗产数字化工程全记录》，2014年，第192—195页。

限，而是以中原地区神话传说中垛子式的神话人物为牵引主题，将近千篇神话做了类型化的梳理和整合，各部分的神话文本呈平行结构，包含简单编号、题目、流传地、正文、附注信息、剖析、述评与对照等，某种程度上已与"数据表""记录""字段""索引"等概念相契合，结构上已经隐约具备了"神话数据库"的雏形。

资料显示，伏羲女娲神话在中原神话中占据了相当的比重，其中"女娲神话像一般神话原型一样，本来是没有地域特征的。但在中原地区却显示出浓厚的地方色彩"[①]。如伏羲女娲神话在河南境内特别是东部（开封市、商丘市、周口市等地）一带表现出明显的"地方化"特征。所谓神话的地方化，指的是某一类特定的神话在流传和散播过程中，与流传地的原有人物形象、历史事件或地理环境等相结合而形成的具有明显地方特色的叙事，这一特点也在张振犁的《中原古典神话流变论考》《中原神话研究》等书中得到了充分证明，如在《论女娲神话的地方化》异文中对女娲神话在太行山、王屋山、思都岗、太昊陵等地的异文及其与地方风物、民众信仰和习俗的联系以及神话地方化的文本表现等均有所阐述。[②] 如流传在河南省孝义市一则《三皇》[③] 神话中记述了该地圣祖庙三皇殿中供奉的"三皇"之一天皇即太昊伏羲，从文物遗迹角度对伏羲神话进行了记录和阐发。再如流传在河南省周口市淮阳县汲冢镇，由张中山讲述的一则《伏羲的由来》[④] 中记述了人头狗身的伏羲在古陈州建都之时协助国王击退敌军的过程，这里明显将伏羲作为古陈州建都的重要历史人物来看，并融糅了淮河以南楚文化的部分叙事，两者加以融合和地方化之后，进而阐释了人祖"伏羲"种源的来历。再如流传在河南省新密市一带的《船山》[⑤] 中记述了伏羲女娲兄妹的家在中岳嵩山北面的洪荒沟里，洪水潮天后二人躲入浮戏山得以幸存，这是一篇解释"浮戏山"名称的神话遗存，文中多处反映出"天柱山""天皇山""密儿山""伏羲女娲庙"等的地理位置，在

---

① 张振犁：《中原古典神话流变论考》，上海文艺出版社1991年版，第46页。
② 梅东伟：《中原神话研究述论——以张振犁的中原神话研究为中心》，《黄河文明与可持续发展》2013年第4期。
③ 乌丙安：《中国民间神谱》，辽宁人民出版社2007年版，第50页。
④ 《伏羲的由来》，张振犁编著《中原神话通鉴》（第一卷），河南大学出版社2017年版，第283—284页。
⑤ 《船山》，张振犁编著《中原神话通鉴》（第一卷），河南大学出版社2017年版，第295页。

神话叙事与人文遗迹之间建立起强烈的相互印证关系。

有些研究者还围绕女娲的内容结构分布与地理分布展开了对应关系方面的探讨。以中原广泛流传的女娲神话为例，我们可以较为系统地发现神话叙事与地理坐标之间存在明显的对应结构关系。如张振犁在《中原女娲神话流变图》（见图3-6）中将女娲神话的关键事件和场景与河南境内的遗迹做了一一对应的考证，更加直观地展现了伏羲女娲神话在河南境内的地方化特征。在此，如果与华北或西北地区的同类神话相比，可以发现伏羲女娲遗迹众多的其他地点也有类似的地方化现象，如华北地区山西省阳泉市一则由朱翠兰讲述的《兄妹神婚与东西磨山》[①]中说伏羲兄妹是女娲从天上下凡到人间，七日之后用泥造出来的，该省其他地区关于伏羲女娲的来历又有"洪水后，成亲的伏义兄妹是女娲用泥捏的"[②]等类似说法。同样，西北地区的流传在甘肃省陇南市徽县伏家镇，朱老大讲述的一则《伏羲女娲成婚》[③]神话，也把伏羲女娲结合在一起，作为共同叙事的主体，在叙事结构上进行了丰富的带有民间特色的艺术创造，把这两个古代的神话人物通过世俗化、生活化的方式进行符合当地文化特色的再塑造。显然河南省的本土化现象数量更多、形式更加丰富，且具有更加鲜明的特色。

据笔者考察走访河南太行山沿线时发现，以伏羲、女娲、盘古等为代表的创世大神的故事不仅仍然在中原民间广泛传播，而且至今仍保留了隆重崇祀的仪典活动[④]，特别在西华县思都岗一带祭祀女娲的节日和仪礼非常丰富，无论在仪式活动的编排上，还是民众口中的叙述中，均不难捕捉到伏羲女娲神话在特定的新的自然环境中发生的内容和形式上的诸多变化，由此不仅可以看出当地女娲、伏羲信仰历史之悠久、流布之广泛、内容之丰富，也可以深刻感受到明显的地方化变化特征。这也在很大程度上为数据的地理区域类型划分与呈现提供了客观基础。

---

① 《兄妹神婚与东西磨山》，中国民间文学集成全国编辑委员会编《中国民间故事集成》（山西卷），中国ISBN中心1999年版，第12页。

② 《兄妹神婚和东西磨山》，见台北汉学研究中心《中国神话与传说学术研讨会论文集》（下），内部交换本，1995年，第464—465页。

③ 《伏羲女娲成婚》，中国民间文学集成全国编辑委员会编《中国民间故事集成》（甘肃卷），中国ISBN中心2001年版，第10—11页。

④ 张振犁、陈江风等：《东方文明的曙光——中原神话论》，东方出版中心1999年版，第8页。

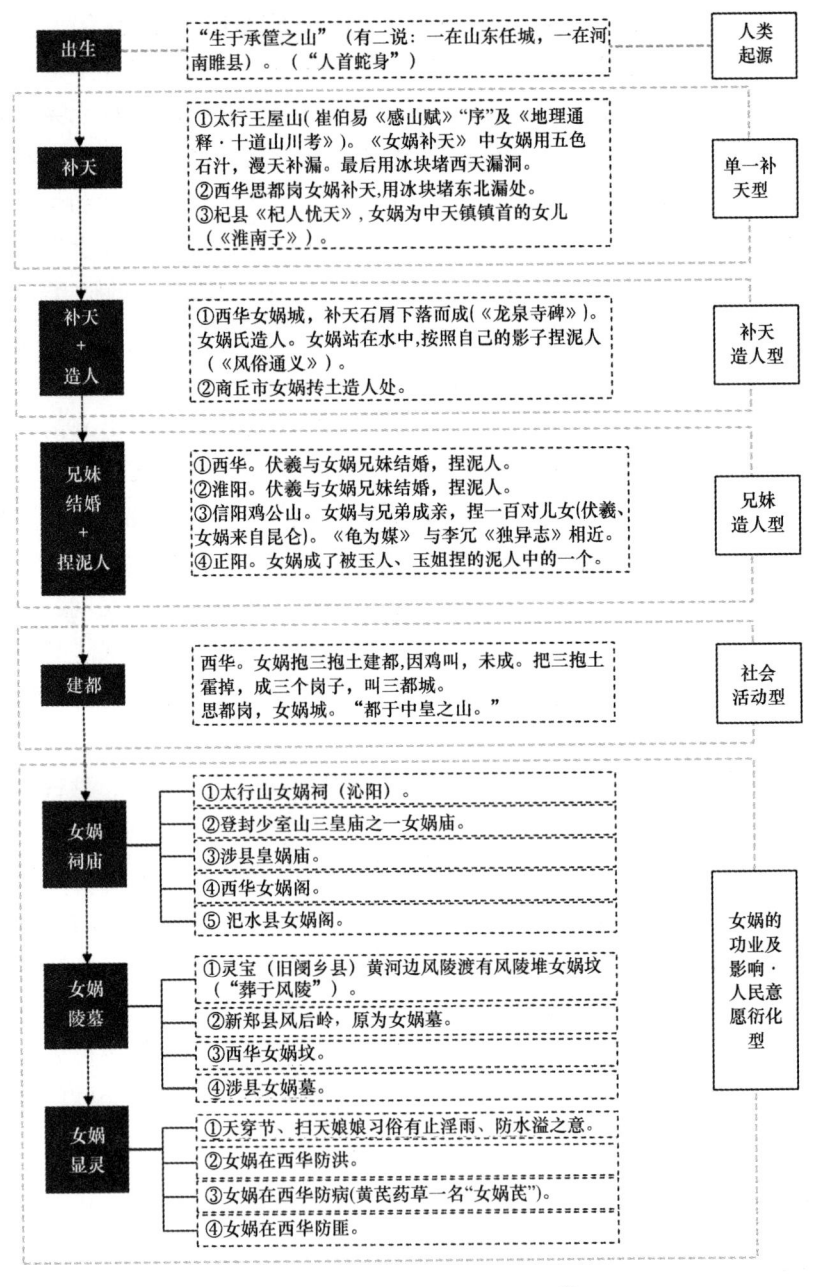

```
┌────┐   ┌─────────────────────────────────────────────┐      ┌────┐
│出生│──▶│"生于承筐之山"（有二说：一在山东任城，一在河  │      │人类│
│    │   │南睢县）。（"人首蛇身"）                      │      │起源│
└─┬──┘   └─────────────────────────────────────────────┘      └────┘
  │
  ▼
┌────┐   ┌─────────────────────────────────────────────┐      ┌──────┐
│    │   │①太行王屋山（崔伯易《感山赋》"序"及《地理通   │      │      │
│补天│──▶│释·十道山川考》）。《女娲补天》中女娲用五色  │      │单一补│
│    │   │石汁，漫天补漏。最后用冰块堵西天漏洞。        │      │天型  │
│    │   │②西华思都岗女娲补天，用冰块堵东北漏处。       │      │      │
│    │   │③杞县《杞人忧天》，女娲为中天镇镇首的女儿    │      │      │
│    │   │（《淮南子》）。                              │      │      │
└─┬──┘   └─────────────────────────────────────────────┘      └──────┘
  │
  ▼
┌────┐   ┌─────────────────────────────────────────────┐      ┌──────┐
│补天│   │①西华女娲城，补天石屑下落而成（《龙泉寺碑》）。│     │补天  │
│ + │──▶│女娲氏造人。女娲站在水中，按照自己的影子捏泥人 │      │造人型│
│造人│   │（《风俗通义》）。                            │      │      │
│    │   │②商丘市女娲抟土造人处。                      │      │      │
└─┬──┘   └─────────────────────────────────────────────┘      └──────┘
  │
  ▼
┌────┐   ┌─────────────────────────────────────────────┐      ┌──────┐
│兄妹│   │①西华。伏羲与女娲兄妹结婚，捏泥人。           │      │      │
│结婚│   │②淮阳。伏羲与女娲兄妹结婚，捏泥人。           │      │兄妹  │
│ + │──▶│③信阳鸡公山。女娲与兄弟成亲，捏一百对儿女(伏羲、│    │造人型│
│捏泥│   │女娲来自昆仑）。《龟为媒》与李冗《独异志》相近。│     │      │
│人  │   │④正阳。女娲成了被玉人、玉姐捏的泥人中的一个。  │      │      │
└─┬──┘   └─────────────────────────────────────────────┘      └──────┘
  │
  ▼
┌────┐   ┌─────────────────────────────────────────────┐      ┌──────┐
│建都│──▶│西华。女娲抱三抱土建都，因鸡叫，未成。把三抱土 │      │社会  │
│    │   │霍掉，成三个岗子，叫三都城。                   │      │活动型│
│    │   │思都岗，女娲城。"都于中皇之山。"              │      │      │
└─┬──┘   └─────────────────────────────────────────────┘      └──────┘
  │
  ▼
┌────┐   ┌─①太行山女娲祠（沁阳）。                     
│女娲│   ├─②登封少室山三皇庙之一女娲庙。                
│祠庙│──▶├─③涉县皇娲庙。                                        ┌──────┐
│    │   ├─④西华女娲阁。                                        │女娲的│
│    │   └─⑤汜水县女娲阁。                                      │功业及│
└─┬──┘                                                          │影响· │
  │                                                             │人民意│
  ▼                                                             │愿衍化│
┌────┐   ┌─①灵宝（旧阌乡县）黄河边风陵渡有风陵堆女娲坟           │型    │
│女娲│   │  （"葬于风陵"）。                                     │      │
│陵墓│──▶├─②新郑县风后岭，原为女娲墓。                          │      │
│    │   ├─③西华女娲坟。                                        │      │
│    │   └─④涉县女娲墓。                                        │      │
└─┬──┘                                                          │      │
  │                                                             │      │
  ▼                                                             │      │
┌────┐   ┌─①天穿节、扫天娘娘习俗有止淫雨、防水溢之意。           │      │
│女娲│   ├─②女娲在西华防洪。                                    │      │
│显灵│──▶├─③女娲在西华防病(黄芪药草一名"女娲芪"）。              │      │
│    │   └─④女娲在西华防匪。                                    │      │
└────┘                                                          └──────┘
```

图 3-6　中原女娲神话流变图[①]

[①]　本图内容参见张振犁《中原神话研究》，上海社会科学院出版社 2009 年版，第 55 页。

在湖北省大部分地区流传的大量伏羲女娲神话文本也同样表现出鲜明的民族和地域特色。如流传在荆州市江陵县纪南乡松柏村，杨士景讲述的《女娲配伏羲》[1]中，忠实记录了洪水后伏羲女娲兄妹成亲繁衍百家姓的情形，其中保留了大量鲜活的方言表述；如流传在安陆市烟店镇，万大江讲述的同名异文文本《女娲配伏羲》[2]中，则用较短的篇幅概述了女娲伏羲婚后生怪胎、繁衍百家姓的情形，与其他地区同主题神话叙述的不同之处在于，这则神话模糊掉了伏羲女娲婚前难题考验的记叙，认为伏羲女娲成婚是"一件自然而然发生的事"，两者的关系是夫妻而非兄妹，而通过抓取刻有不同姓氏的石块来确定百家姓的方式，有些类似于大部分地区的"抓周"习俗，整体叙事与现当代生产生活关联性较强，大多能在现当代生活中找到类似的影子。再如流传在恩施土家族苗族自治州利川市谋道镇土家族中，朱林山、赵昌德讲述的《上天梯》[3]中，讲述了伏羲兄妹受观音菩萨教化，爬上一株通天水杉树躲避冰雪灾难，婚后生下土家族的过程，该株水杉树至今仍生长在利川市谋道镇，据考证是冰川时期幸存下来的稀有树种，被称为"活化石"。当地标志性历史遗存与神话叙事的粘连，是为将神话历史化，抑或一种借遗迹与神圣叙事相佐证的民间表达，这种情形在其他众多地区和民族中并不鲜见，上述情形一方面丰富了伏羲女娲生人类神话的内容，另一方面也侧面反映出该类型神话在上述地区的极高适应性和融合性。

（4）从社会生产方式或经济形态划分的民族板块。除上述三种常见的地理空间划分方式之外，还有研究者按生产形态将中华文化划分为"中原旱地农业文化圈""北方森林草原沙漠绿洲狩猎游牧文化圈""江南稻作文化圈""西南高原农牧文化圈"[4]四大板块。认为通过这一板块理论可以解决包括少数民族文学共性、区域文学共性以及中原汉语文化圈和周边关联的具有明显民族区域特色的洽谈三个文化圈民族文学互动关系，

---

[1]《女娲配伏羲》，中国民间文学集成全国编辑委员会编《中国民间故事集成》（湖北卷），中国ISBN中心1999年版，第10页。

[2]《女娲配伏羲（异文1）》，中国民间文学集成全国编辑委员会编《中国民间故事集成》（湖北卷），中国ISBN中心1999年版，第10页。

[3]《上天梯》，中国民间文学集成全国编辑委员会编《中国民间故事集成》（湖北卷），中国ISBN中心1999年版，第16页。

[4] 梁庭望：《中华文化板块结构中少数民族的贡献》，《社会科学家》2012年第9期。

进而还可以考察中国少数民族文化与周边其他国家民族特别是跨境民族文化的关系等诸多问题。一般而言，一个文化圈内可以同时包括几个不同的类型，其内容应该属于一个较大范围的概念，包括地理和文化两方面的层次，具体而言由物质和非物质两部分内容构成，具有相同或相近的文化因素，又可以分为若干小文化区。如北方森林文化圈可进一步划分出北方文化区、蒙古高原文化区、西北文化区；西南高原农牧文化圈可划分为青藏高原文化区、四川盆地文化区、云贵高原文化区；等等。了解这些地缘关系，对于分析一个民族神话的产生、发展和演变无疑是积极有益的。

综上所述，通过地理结构分层设置与区域定位，我们可以推测出许多有关伏羲女娲神话传承与演变的可能性，如有的研究者在分析河北省、甘肃省、山西省、河南省、陕西省五省多地参与争抢"女娲故里""女娲发源地"这种文化现象时，认为"女娲发源地"的存在不是空穴来风，并从地理地缘关系的角度分析提出："据史书资料记载，甘肃省天水市秦安县与平凉市静宁县的交界处即陇西成纪、河北省涉县、山西晋城泽州、河南省周口市西华县、陕西平利县等地均有女娲活动。足见女娲在黄河、淮河、海河流域有广泛的活动，在中华民族发展史上有极其重要的影响。"[1]无独有偶，也有研究者从地域视角分析女娲神话时提出"女娲神话主要产生在河南省的北部、山西省南部、陕西省西部一带，随后沿黄河向东传播，与自东向西的伏羲神话在河南的东部地区交汇、融合，从而丰富、发展、变异，并产生新的神话与传说"[2]。上述两种结论尽管不同，却无一例外地抓住地理分布这一研究方法作为神话叙事分析的突破点，同时也为神话地理大数据的建构提出了需求。

三 以中原地区为例考察伏羲女娲神话的地理分布

从地理空间结构角度我们可以清晰地考察伏羲女娲资源在特定区域的丰富性和广泛性。对这一问题展开讨论时，我们要充分考虑到伏羲女娲文化时空分布广泛的先决条件。由于其自古便承载了中华各民族共同的崇拜

---

[1] 武兵：《冀甘晋豫陕五省多地争"女娲故里"狼烟翻滚》，《中国地名》2012年第8期。
[2] 胡安莲：《河南女娲神话的演变及其意义》，《殷都学刊》2001年第1期。

和文化信仰，并在几千年的流变过程中最终被塑造成"文化始祖"的形象得以固定和推崇。虽古籍中的记载可能支零破碎甚至语焉不详，但正是由于这种不确定性和开放性，才给信众和其他民众预留出极大的遐想和创作空间。所以历经累世的传承、发展，与伏羲女娲相关的神话、传说、故事乃至遗迹存世众多，甚至在现当代更是不断被赋予新的价值和内涵。时至今日，我们仍可以在多处发现有关女娲及其部族治水、补天、造人以及创世发明的痕迹，再加上不同时期文化的流动与交融，次生文化乃至研究成果的极其丰富，都为该神话的地理分布数据的形成创造了条件。本节将以中原地区为例对这一现象作出分析。

人们一般认为河南是"中原地区"的主体。作为学术界普遍认为的伏羲女娲神话发源地的"中原地区"是一个历史范畴的概念，"中原"一词早可追溯至春秋时期，早可见诸《诗经》中的"漆沮之从，天子之所。瞻彼中原，其祁孔有"[1]，随后经历代演化逐渐形成了完整而统一的地域概念。中原又称中土、中州、华夏，是中国祖地、华夏文明的发源地，从历史地理角度来讲一般指以洛阳至开封一带为中心的黄河中下游地区，而狭义来讲便是指如今的河南省。关于"中原神话"，不少学者认为特别指的是以河南一省为主的与传统华夏古典神话相类似的民间口头传承的活态神话。[2] 从笔者目前搜集到的文本数据来看，在河南地区以"伏羲""女娲""伏羲女娲"为主题进行叙事的文本数量近 200 篇，叙事主要分布在河南省周口市、郑州市、驻马店市、汝州市、焦作市、洛阳市、鹤壁市、三门峡市、信阳市、新乡市、南阳市、濮阳市、安阳市、平顶山市、漯河市、开封市、商丘市、许昌市 18 个市，存在并不限于郸城县、淮阳区、太康县、汝南县、渑池县、西华县、济源市、遂平县、息县、孟津县、淇县、正阳县、汝阳县、武陟县、新安县、社旗县等在内的 45 个区县，其中省辖市占比 100%，市辖区、县级市及县占比粗略估计近 50%[3]，足可见该类神话分布范围之广（见表 3-4）。

---

[1] 《小雅·吉日》。
[2] 参见陈泳超《关于"神话复原"的学理分析——以伏羲女娲与"洪水后兄妹配偶再殖人类"神话为例》，《民俗研究》2002 年第 3 期。
[3] 该数字由笔者根据已搜集文本数量计算得出，但受采访讲述者数量、文本搜集数据的完整度等因素限制，实际占比应高于 50%。

表3-4　　　　　中原地区伏羲女娲神话类型分布结构示例表

分布特征	覆盖区域			母题类型
	省	市	区（县）	
淮阳伏羲女娲神话群	河南省	周口市	淮阳区、项城市、郸城县、太康县	伏羲和女娲、人祖爷和人祖奶、女娲补天、女娲造人、伏羲画卦、伏羲结网、伏羲教民、伏羲造琴瑟、正姓氏、制嫁娶、伏羲指向等
西华伏羲女娲神话群	河南省	周口市	西华县	伏羲和女娲、女娲补天、女娲造人、女娲修城等
新密伏羲女娲神话群	河南省	郑州市	新密市	兄妹婚、女娲补天、女娲捏泥造人
济源伏羲女娲神话群	河南省		济源市	伏羲女娲灾难后创世、女娲炼石补天、祈子崖、广生奶奶
遂平伏羲女娲神话群	河南省	驻马店市	遂平县	滚磨成亲、女娲造人、红石崖里出娘娘
汝州伏羲女娲神话群	河南省	汝州市		滚石成亲、女娲结婚、女娲补天、女娲造泉、女娲造人
沁阳伏羲女娲神话群	河南省	焦作市	沁阳市	伏羲峰、女娲山、泥人场
孟津巩义伏羲女娲神话群	河南省	洛阳市	孟津县	纪念伏羲、负图寺、伏羲画卦
		郑州市	巩义市	
荥阳伏羲女娲神话群	河南省	郑州市	荥阳市	红石崖滚磨坡、伏羲女娲用花草编凤凰
淇县伏羲女娲神话群	河南省	鹤壁市	淇县	女娲造人、女娲补天地
零散分布区	河南省	驻马店市	正阳县、汝南县	伏羲和女娲兄妹婚、婚后造人（生人）、人祖爷和人祖奶
		三门峡市	义马市、渑池县	
		洛阳市	汝阳县	
		焦作市	武陟县	
		信阳市	信阳市、息县	
		新乡市	封丘县	

续表

分布特征	覆盖区域			母题类型
	省	市	区（县）	
零散分布区	河南省	洛阳市	栾川县、新安县	女娲补天、补天材料、补天方法、女娲补天结果
			滑县	
		南阳市	南阳市、社旗县、西峡县	
		濮阳市	范县	
		新乡市	长垣市、卫辉市	
		三门峡市	灵宝市	
		安阳市		
		平顶山市		
		漯河市		
		信阳市		
		驻马店市	确山县	
		开封市	杞县	
		信阳市	信阳市、息县、平桥区、固始县	女娲造人、女娲造人材料、女娲造人方法、女娲造人结果
		新乡市	长垣市	
		濮阳市		
		驻马店市	汝南县	
		安阳市		
		洛阳市	汝阳县、栾川县、洛宁县	
		南阳市	新野县、南召县、桐柏县、西峡县	
		漯河市	舞阳县、郾城区	
		商丘市	夏邑县	
		开封市	尉氏县	
		平顶山市		
		三门峡市	义马市、卢氏县、灵宝市	
		焦作市	武陟县	
		濮阳市	范县	
		许昌市	襄城县、禹州市	

通过表3-4及相关图例，我们对伏羲女娲神话在中原地区的地理分布就会有一个较为清晰直观的认识。这也将为该类型神话的深入研究提供更为客观的支持。

通过地理结构的定位还可以考察同主题伏羲女娲神话的变体与异文情况。仍以流传在河南省的伏羲女娲神话为例，同一叙事主题下的伏羲女娲神话，在河南省内不同地区有着丰富的变体和异文版本存在。以"女娲的产生"这一母题为例，便有女娲自然存在、女娲从天上来、女娲是造出来的、女娲是生育产生的等诸多途径。流传在河南省周口市西华县聂堆镇思都岗村，张慎重讲述的《女娲补天》①中记述，女娲早先没穿衣裳，是从天上掉下来的。这则文本只有短短200百余字，只简单交代了女娲是"掉下来"的，还用"没穿衣裳"加以佐证，反映出讲述者对女娲来历的淳朴认知。流传在河南省安阳市安阳县磊口乡清凉山村，赵金和讲述的《清凉山的传说》②中记述，女娲炼石补天后，在天宫一直无法恢复元气，变得怕热，便只好离开了天宫，来到人间歇息。这则文本中女娲下凡到人间的直接因素是"补天后怕天上热"，这样的说法更加符合普通百姓对环境的感受，随着女娲下凡这一行为的发生，其神格之中增加了人性的色彩，实现了由一位"补天的神"向"知人间冷暖的女性祖先"的悄然转变。流传在河南省南阳市桐柏县一则《女娲造人》③中讲女娲是从大地里生长出来的女神，《抱朴子·内篇·释滞》中也有"沙壹触木而生群龙。女娲地出，杜宇天堕"④的相关记载，这种将祖先崇拜和大地崇拜有机融合在叙事之中的做法，与神话时代产生的拜土意识不谋而合⑤，或许可以理解为神话时代膜拜黄土的原始集体无意识的一种现当代表达。

流传在河南省驻马店市正阳县袁寨乡袁寨村，张昀讲述的《玉人和玉姐》⑥中记述，灾难毁灭人类后，幸存的玉人、玉姐兄妹造出的第一个女孩就是女娲。类似说法在这一带还有不少，有说胡玉人和胡玉姐兄妹未成亲，直接捏泥人，女娲是这些泥人中的一个⑦。还有说灾难后，幸存玉人

---

① 《女娲补天》，张振犁编著《中原神话通鉴》（第一卷），河南大学出版社2017年版，第130页。
② 《清凉山的传说》，张振犁编著《中原神话通鉴》（第一卷），河南大学出版社2017年版，第154页。
③ 《女娲造人》，么书仪选注《神话传说三百篇》，大连出版社1999年版，第8—9页。
④ 《诸子集成》本卷九。
⑤ 周延良：《社祭神话与高禖神话的人类学诠解》，《中国文化研究》1997年第4期。
⑥ 《玉人和玉姐》，中国民间文学集成全国编辑委员会编《中国民间故事集成》（河南卷），中国ISBN中心2001年版，第11页。
⑦ 《玉人和玉姐》，张振犁、程健君编《中原神话专题资料》，内部编印，第131—134页。

和玉姐兄妹俩捏泥人"女娲氏"①。这则文本均涉及一对玉人玉姐兄妹，叙事中这对兄妹在产生时间上早于女娲，且与女娲没有直接血缘关系，多通过捏泥人的方式造出女娲。据推测玉人兄妹或许为当地在伏羲女娲神话流传过程中的一种地方性创造，在叙述女娲的来历时，把地方神与女娲结合起来，是中华民族传统文化本土化的一种做法，对伏羲女娲形象在这些地区的再传承与再发展创造了条件，这也充分说明了"地理维度"在神话数据结构设置中的重要作用。

---

① 《玉人和玉姐》，张振犁编著，孟宪明、朱淑君统纂《中原神话通鉴》（第二卷），河南大学出版社2017年版，第428页。

第四章　伏羲女娲神话数据的关联性

　　数据关联是数据建设和数据研究中非常重要的一个系统性工作，也是生成新数据、进行数据分析和可视化呈现的基础。一般会涉及关联数据的资源整合框架、模式、模型、策略、系统、应用等诸多问题。无论是一般性数据建设，还是特定研究对象的专题数据建设，其主要目的与实质无非是通过数据结构化，进而在特定的数据之间实现关联，最后能够在同一类型、不同类型或相关的数据之间架构起相应的知识查询与判断，尽最大可能地为使用者对相关信息作出最大数量的选择与可参考判断，从而增强结论的客观性、准确性与科学性。因此对于伏羲女娲神话专题数据建构而言，如何强化这种关联性也是一个不可回避的问题。毫无疑问，无论从理论还是实践层面，伏羲女娲神话的全部数据在内容、形式、时间、空间、民族、逻辑等诸多方面的关联都应该是多元立体的。本章为了阐释的需要，主要选择其中的几个方面并重点对伏羲女娲神话的母题关联、民族间的关联作些探讨。

第一节　伏羲女娲神话的几种基本关联模式

　　伏羲女娲神话专题数据的关联性，无论是目的、要求与结构，既是一个人文学科案例中"个体"与"整体"的关联问题，也是一个人文学科尚待探讨的"特殊性"与"普遍性"的实践问题，属于人文学科借助于目前日益普及的信息数据技术打通"个案研究"与"系统研究"、"定量研究"与"定性研究"的方法创新，要求我们在数据建构中不仅要看到数据"相互联系"，更重要的是如何挖掘与实现这些联系。因此这一专题数据关联性的建构既要突出数据的丰富性与独立性，其采集或关联的文本要足以适应研究的需要，数据库中数据的逻辑结构和应用程序要实现相互独立，同时又要利于实现数据共享，让使用此数据的所有用户能够按照自己的需求存取数据库中的数据，并能够使用各种方式通过接口共享数据库的其他授权数据，进而通过特定的信息关联达到对所需数据实现集中控制或使用的目的。这样，研究者或使用者就可以通过引导性的关联，把数据库或数据库推荐链接中的那些处于分散状态的数据包括诸多表面上看似毫无关系的大量文件进行集中控制和管理。下文主要从伏羲女娲神话专题数据的内容与形式两个方面加以阐释。

一 国内外关于人文学科知识关联的研究与实践

1. 典型神话数据库中知识关联的体现

关于传统文化或民间文学创作与传播中的关联性研究，在国内外已经有了一些研究与实践。下面以希腊罗马史专业的两位青年教师创建的"爱古典"数据库中收录的"希腊神话数据库"（THEOI GREEK MYTHOLOGY）[①]为例加以分析。该数据库主体架构包含 Olypians, OtherGods, Titans, Bestiary, Heroes, Miscellany, Gallery, Texts 八大门类，截至 2020 年 1 月包含 1500 多个页面及 1200 张全尺寸图片，描述了希腊神话中的神灵和其他人物。该数据库网站虽然支持"SEARCH THEOI"的全站检索，但功能更侧重于对某一神话现象的单线罗列，如在"APOLLON"（阿波罗）这一项下，涉及的数据内容如表 4-1 所示。

表 4-1　　　　　THEOI.COM 网站板块特征一览表

序号	板块名称	板块分类	呈现形式	是否站内关联	是否站外关联	特征剖析
1		阿波罗名称演绎	表格	否	否	
2		阿波罗人物概述	文字+图片	否	是	图片关联至大英博物馆官网

[①]　"希腊神话数据库"网（THEOI GREEK MYTHOLOGY），网址：https://www.theoi.com。

续表

序号	板块名称	板块分类	呈现形式	是否站内关联	是否站外关联	特征剖析
3	MYTHS	阿波罗神话作品	文字	是	否	
4	APOLLOPAGESONTHEOI.COM	阿波罗在THEOI.COM本网站数据汇总信息	文字	是	否	对该词条数据进行了宏观把控和梳理，方便读者实现类型化知识的全面搜集
5	FAMILYOFAPOLLO	阿波罗家族	文字+图表	是	否	家族谱系停留在静止的图表展示阶段，无法进行点击关联，原本凸显"谱系"概念的联想和检索功能自然削弱
6	ENCYCLOPEDIA	百科全书	文字+图片	否	否	全部文字均来自特定词典，并未提供其他可选的信息来源参考
7	CLASSICALLITERATUREQUOTES	与阿波罗相关的经典文学名著	文字+图片+视频	否	否	
8	ANCIENTGREEK & ROMANART	古希腊与罗马艺术	图片	是	否	作品关联到本网站的Galleries目录下，有简单编码，方便检索和记录

该网站依据神话分类展示出信息要素系统性的关联。以希腊神话、画廊、文学作品等八大类型作为数据库的横向展示门类，各大类之下以希腊神性人物作为展示主体和核心，围绕该人物进行了发散式的信息展示，总体上体现出线性与网状结构相结合的表现形式。

该神话数据库的搭建在本领域资源最大化挖掘和集中的基础上，依靠相关网络资源的完善和高开放度营造出更为开放的关联。希腊神话数据库网站中的图片主要来源于大英博物馆（British Museum）、皮奥·克莱门蒂诺博物馆（Pio-Clementino Museum）、梵蒂冈博物馆（Vatican Museums）、卢浮宫（Musée du Louvre）等各大博物馆门户网站，而文字资料主要来源于《希腊和罗马传记与神话词典》（*Dictionary of Greek and Roman Biography and Mythology*）等专业词典，上述站点以 THEOI. COM 为核心节点，几者之间建立了较强的多点联通关系，形成了丰富的知识图谱，极大扩展了信息面，增加了读者在数据库页面的停留时间的同时丰富了选择的可能性，极大提升了信息获取速度和准确度，如图 4-1 所示。

关于口头传统的关联性探索也有可以借鉴的经验。如美国著名的史诗学者、古典学者和口头传统比较研究专家约翰·迈尔斯·弗里（John Miles Foley），长期潜心于多语种多国家的口头程式来历研究，以敏锐的洞察力积极开展对口头传统和互联网两者的并置和比较研究，提出人类口头传统知识的"思维通道"的设想，并试图多角度归纳其中的传播规律与特点，他提出的"通道项目"则引入"集市"的概念，设定了不同语言与地区口头传统叙事的虚拟交换场所即"语言的集市"（verbal market place），以此为知识公共空间的枢纽，拟构出"文本集市"（tAgora）、"口头集市"（oAgora）和"电子集市"（eAgora）知识存储与交往空间，使相关联的知识体系可以通过多种媒介路径或通道实现共享。由此，"电子信息的浏览方式、信息之间的连接'结点'和信息之间通过'通道'流动的关系，与口头传统的信息产生方式、组织方式、传递方式乃至存在方式相通。可以由此推论说，以电子方式呈现口头传统，有着难以比拟的优势和便利"[①]。显然，神话作为口头传统的一种重要类型，弗里的这些关联性学术理念不无启发。

2. 知识图谱数据平台对神话关联的探索

随着计算机技术和信息技术的不断发展，以知识挖掘、关系分析、知识网络建构和可视化呈现为核心技术的领域知识图谱研究或可为神话关联的发现提供大数据层面的参考。知识图谱（Knowledge Graph）作为特定知识领域的映射地图，是显示本领域知识发展进程与结构关系的数据展示平台，它的构建需要对本领域知识进行结构化梳理和知识间关联规则的提取，并与大数据科学、信息可视化科学等在理论和技术方面紧密配合，通过实体抽取、分析、构建、绘制和显示关系等环节，最终以图谱的形式全面展示本学科领域的核心结构、发展历史、前沿领域以及整体知识架构。

[①] 朝戈金：《约翰·弗里与晚近国际口头传统研究的走势》，《西北民族研究》2013 年第 2 期。

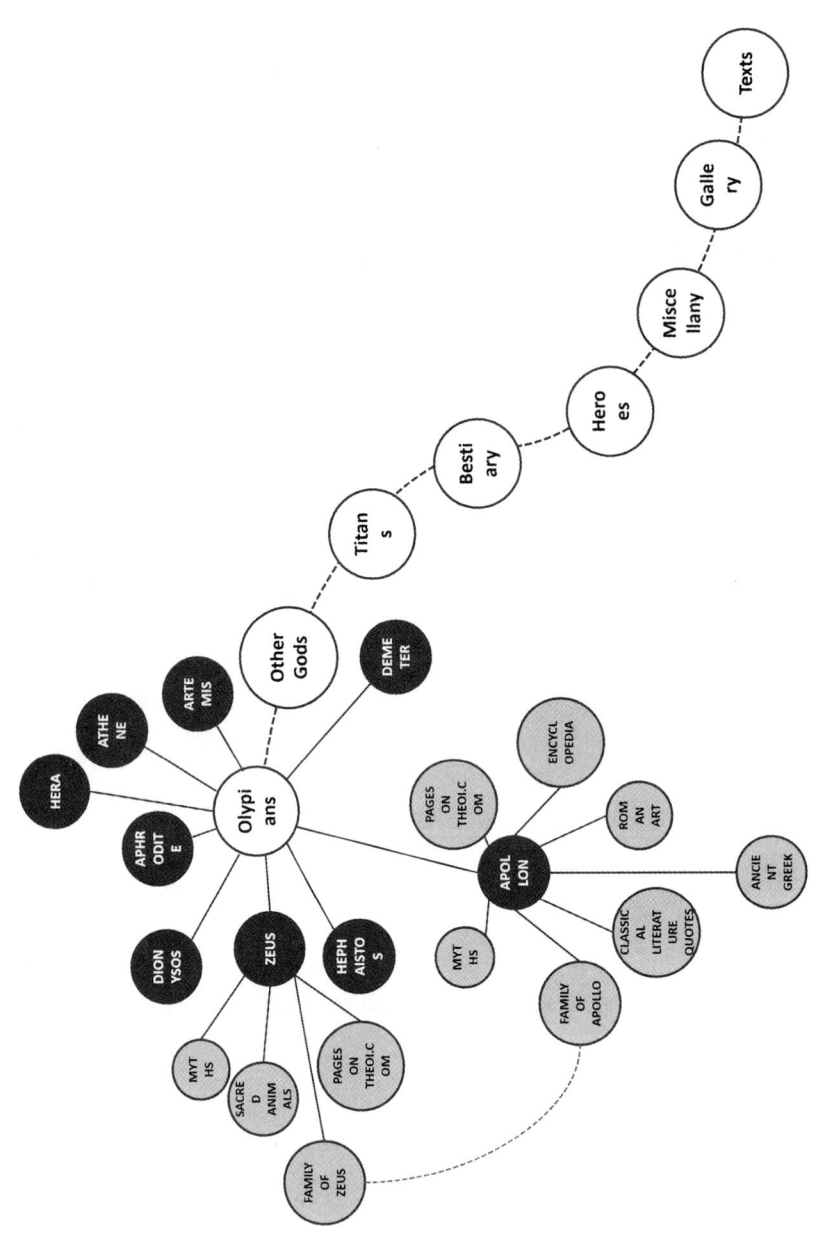

168 / 中华文化祖先神话大数据研究

图 4-1 THEOI.COM 希腊神话数据库网页关联结构示意图

注：此图根据该网站提供的信息绘制。

目前，国内人文社会科学领域的知识图谱研究与构建尚在起步阶段，关于其实现路径和应用场景的探索在目前学界也鲜有涉及，或可参照自然科学相关应用研究展开合理推测。周园春等在《科技大数据知识图谱构建方法及应用研究综述》一文中，从科技大数据知识图谱构建及应用研究角度，对科技领域知识图谱技术在科技实体推荐、社区发现、实体评价、学科交叉以及学科演化等科技大数据知识图谱分析挖掘方法进行了充分阐释，文章特别提出："科技知识图谱通过将大量的科技知识关联为网状结构，为科技资源的规律性知识的洞察和发现提供了支撑……通过对科学数据的分析，可以发现科学发展过程背后隐藏的各种知识和规律，从而为相关科研人员和科研政策制定者提供科学研究的方向和政策制定的依据。"[①]丁浩宸等在《基于本体的油茶中文知识图谱构建与应用》中，通过对包含7个一级概念、15个二级概念及若干关系的油茶知识本体的抽取[②]，通过油茶知识图谱的构建，实现了以图形化方式展示知识结构和关联的功能，极大提升了研究者定位信息、发现知识关系的效率。截至2020年8月，知网收录与人文知识图谱相关的文献306篇，如《数字人文背景下基于需求的知识可视化方法研究——以国图公开课的视频内容可视化为例》[③]《基于知识图谱的古籍数字化研究前沿热点及演化趋势分析》[④]等，上述论文半数以上使用了CiteSpace、VOSviewer等计量软件对文献关键词、作者、机构、题录等有限信息进行分析，研究方法和路径基本属于图书情报学的研究范畴，数据来源集中于知网、CSSCI、CSCD等文献数据库。在本领域知识图谱的完整性、精准度、专业性和时效性等方面仍有很大的发展空间，但这些研究探索，为知识图谱技术在人文社会科学研究中的深入推广提供了宝贵的理论与实践基础。

以目前国内拥有1.4亿知识图谱数据的知思网站为例，与"女娲"相

---

① 周园春、王卫军、乔子越、肖濛、杜一：《科技大数据知识图谱构建方法及应用研究综述》，《中国科学：信息科学》2020年第7期。

② 参见丁浩宸、王忠明《基于本体的油茶中文知识图谱构建与应用》，《世界林业研究》2020年第4期。

③ 周笑盈、魏大威：《数字人文背景下基于需求的知识可视化方法研究——以国图公开课的视频内容可视化为例》，《图书馆》2020年第1期。

④ 范桂红、赵纯洋：《基于知识图谱的古籍数字化研究前沿热点及演化趋势分析》，《出版广角》2020年第11期。

关的知识图谱如图 4-2 所示。

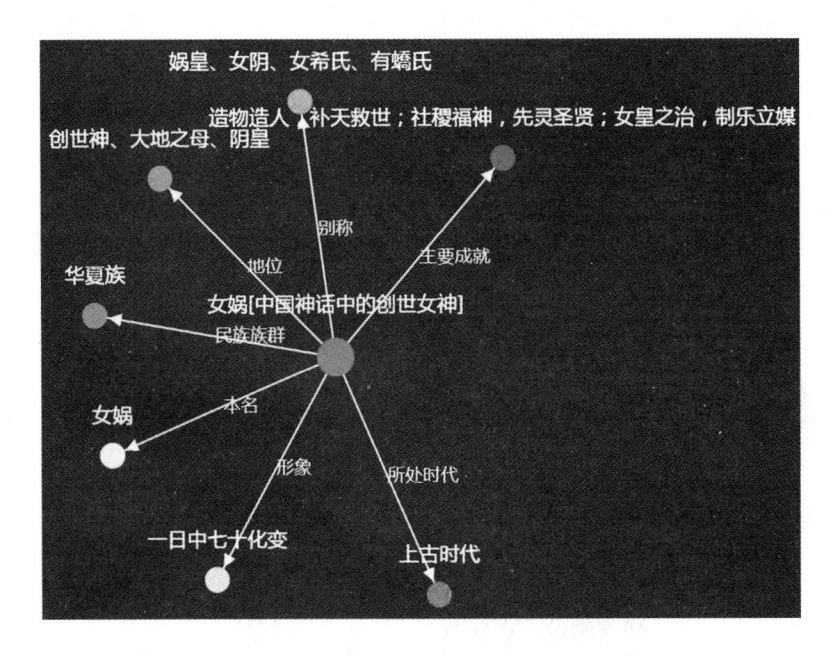

图 4-2 知思"女娲"知识图谱示意图①

在该数据平台，使用者可以通过 HTTP 请求 URL 的方法获取与之相关的实体知识，具体（entity-〉knowledge）输入实体（entity）返回字典格式的全部知识，其中实体名一般为消歧后的实体，如果直接输入名称（mention），请求将会自动进行消歧处理并返回实体全部知识，以"https：//api. ownthink. com/kg/knowledge? entity = 女娲"为例，我们可以得到以下实体知识：

　　{
　　　　" message"：" success"，
　　　　" data"：{
　　　　　　" entity"：" 女娲 [中国神话中的创世女神]"，
　　　　　　" domain"：" 百科"，

---

① 知思网，网址：https：//www. ownthink. com/knowledge. html? word = 女娲。

```
        "desc":"女娲,中国上古神话中的创世女神。",
        "avp":[
            [
                "本名",
                "女娲"
            ],
            [
                "别称",
                "娲皇、女阴、女希氏、有蟜氏"
            ],
            [
                "所处时代",
                "上古时代"
            ],
            [
                "民族族群",
                "华夏族"
            ],
            [
                "主要成就",
                "造物造人,补天救世;社稷福神,先灵圣贤;女皇之治,制乐立媒"
            ],
            [
                "形象",
                "一日中七十化变"
            ],
            [
                "地位",
                "创世神、大地之母、阴皇"
            ]
        ],
        "tag":[
            "历史人物",
```

```
            "人物"
        ]
    }
}
```

使用者同样可以使用相同的方式获取数据的属性值，具体而言（entity & attribute-〉value）给定实体（entity）和属性（attribute）返回其对应的值（value）列表，其中实体名一般为实体（entity），属性（attribute）一般为全部知识 AVP 列表中的属性，如果没有直接对应的 entity 与 attribute，请求将会对 entity 与 attribute 进行消歧、共指消解处理。如我们想要获得女娲的性别属性，就可以通过 https：//api.ownthink.com/kg/eav？entity＝女娲＆attribute＝性别获得如下属性值，即"女娲的性别是女"。

```
{
    "message"："success",
    "data"：{
        "entity"："女娲",
        "attribute"："性别",
        "value"：[
            "女"
        ]
    }
}
```

以知思网为代表的一类初具试验性质的知识图谱类网站虽然已经具备一定的展示和检索功能，可以较为灵活、平面化地描画出某一特定知识的面貌，但对特定对象的准确描述方面却稍显欠缺，如与伏羲女娲相关的数据量和关系远未达到全面展示的程度，其数据来源也主要局限在网络开放性信息上，缺乏一定的专业性，甚至对于一些关系属性的判断出现了明显错误，如对"女娲"的"身份属性"进行判断时，网站得出了"妖教教主、人教教主（第二代）"的判断：

```
{
    "message"："success",
```

```
        "data": {
           "entity": "女娲",
           "attribute": "身份",
           "value": [
               "妖教教主、人教教主（第二代）"
           ]
        }
}
```

这条属性信息明显是直接来自某网络游戏官网发布平台，与学术研究中所需客观真实的知识信息存在较大出入，所以在数据来源、信息的甄别和清洗等方面，需要专业研究人员的介入，具体关联的设定也需要通过进一步探索和研究实现精准化。

由此可见，就神话学研究而言，通过覆盖全领域的知识网络构建，可以对其中所包含的任意知识实体进行多方位的、全面的审视，并依循其所具有的任意属性发现与该属性相关的其他知识实体或实体集群。此外，由于知识图谱基于大数据的应用技术属性，在计量分析方面具有区别于传统研究的明显优势，可以实现从"小数据"到"大数据"的跨越，不仅助益于跨文本、跨民族、跨地区、跨时空的分析研究，更可为研究者提供基于海量数据的更加广阔的研究视野。

二 伏羲女娲神话文本的时间关联

任何一则神话文本涉及的时间表述往往是多元的。这个时间数据在都柏林核心元素集（Dublin Core Element Set）规定为"日期"，即资源生存周期中的一些重大日期。从目前的神话资源专题数据的时间关联需求看，这一简单的规定需要作出更多的扩充，主要包括文本的讲述时间、文本采集生成时间、文本内容涉及的时间等多个类型。每一个类型都可以生成不同的数据关联。

1. 文本讲述时间

讲述时间可以看作神话文本产生时间指标之一。神话文本讲述时间信息有助于我们考察神话传承、讲述与特定年代的信息。由于以往神话文本的搜集整理工作中一般比较偏重文本本身，而很少关注讲述者自身等方面的信息，所以讲述者的讲述时间、讲述地点等信息常常缺失，反观目前很多神话资料采集中的科学文本一般都会有相对准确的标注。根据今天数据研究中时间关联的需要，我们在今后应重点加强三个方面：（1）讲述人的讲述神话的具体讲述时间；（2）讲述人的出生时间；（3）讲述人的生平简历。这些不同的时间点可以采用查阅资料、田野调查、多渠道咨询等方式，形成讲述人相对完整的生平传记，其中的若干时间标记可以作为分析文本形成的一些影响因素。这类信息不仅可以全面考察同一讲述人不同时期神话记忆的变化、神话讲述的差异性，还可以选取不同的时间节点与同时期其他相关神话讲述人进行关联性比较，进而发现神话讲述与神话传承中的某些规律性问题。

通过将神话讲述时间作为关联项可以拓展创作背景比较研究、创作主题比较研究等多种研究视野。如以不同年代采集的女娲神话为例，流传于云南省迪庆藏族自治州中甸县尼西乡汤美村（汤满村）的藏族神话《女娲娘娘补天》①，讲述人缺失，记录者为马龙祥、李子贤，标注的记录稿时间是20世纪60年代初，全文1185字。该神话主要内容记叙了古时候只有动物没有人，女娲因孤独造人，造人后补天等情形。虽然我们今天已很难找到当时讲述人的年龄与具体讲述时间，但这里的20世纪60年代初的时间点，则会为我们进一步理解神话文本的情况提供参考，如参阅60年代初的文学大事记，我们会发现之所以产生这样一则藏族女娲神话，有其特定的时代背景。如有研究者认为，1958—1966年是中国民间文艺学的高扬时期，如克冰在1957年发表的《关于人民口头创作》② 一文中就对民间文学的范畴和边界展开了讨论，同时提出了民间文学在文学研究和学科发展中的重要地位。"1958年，随着全国展开新民歌搜集运动，民间文学得到前所未有的重视，获得良好的发展契机"；主要大事如1958年第一次全国民间文学工作者代表大会上提出了"全面搜集、重点整理、大力推广、加强研究"的任务和"古今并重"的原则，针对采录具体提出"全面搜集、忠实记录、慎重整理、适当加工"十六字方针，1961年，中国民间文艺研究

---

① 该神话收录在姚宝瑄主编的《中国各民族神话》（门巴族、珞巴族、怒族、藏族）中，山西出版传媒集团、书海出版社2014年版，第81—84页。该书标注选自《钟敬文民间文学论集》（上），上海文艺出版社1982年版。

② 克冰（连树声）：《关于人民口头创作》，《民间文学》1957年5月号。

会研究部与《民间文学》杂志社联合召开了两次"社会主义时期民间文学范围界限问题讨论会";这一阶段"伴随全国民族识别工作,出版了各少数民族的简史、简志、民族自治区概况等三种民族丛书"并注重"调查产生民间故事的环境"①,等等,《女娲娘娘补天》与这些重要事件的时间关联,可以使我们对同时期的神话专题采集取材与主题产生更全面的理解。此外,我们还可以查找到钟敬文在60年代分析云南迪庆藏族自治州汤美村藏族老人讲述的《女娲娘娘补天》时的一些体会与感想,认为"把那些在古记录上相当分散的、断片的活动项目(如造人、制乐等)结合在一起——不,应该说,它保留了那些神话的原来的活姿态。因此,它不仅使我们得以印证那些被分离的各个项目,更使我们能够看到它原有的、较完整的存在形态"②。该文还进一步提出,古书中关于女娲的记载有历史化、哲学化、文学化的倾向,而口承故事正可以纠正这三种"异化"。据此,我们可以进一步丰富当时与这则女娲神话的表述有关的实际语境,有助于我们正确分析神话文本的内容、价值与文化意义。

同样从时间关联的角度,考察流传于广西壮族自治区象州县罗秀乡的壮族神话《女娲补天》③,该神话的口述者为苏国才,整理者为苏汉高,搜集时间是1981年10月。这里没有交代讲述人的具体年龄,但从1981年的采集时间关联入手,我们不仅可以发现与之相关的同时期的大量关于女娲神话的文本,也可以看到此时期在神话采集方面的一些时代背景。如最早起始于1981年"民间文学三套集成"的动议,使人们逐渐意识到采集民间传统文化的重要性,接下来各省市县区先后有几十万文化工作者参与调查、搜集、编纂的《中国民间故事集成》《中国歌谣集成》《中国谚语集成》三套书的省卷本90卷、县卷本达到4000多卷,这种将民间文学当作人民的诗学,并视为与作家文学并存于文学领域,甚至将民间文学当作文学之源。研究者从该时期大量出现的民间神话文本数据关联对比也可以看出这一时期伏羲女娲神话内容与形式方面的时代特征。

2. 文本采集生成时间

采集时间关联对比可以作为神话文本产生时间的指标之一。就神话文

---

① 参见毛巧晖《新中国民间文学研究七十年》,《东方论坛》2019年第4期。
② 钟敬文:《钟敬文民间文学论集》(上),上海文艺出版社1982年版,第165—166页。
③ 《女娲补天》,农冠品编注《壮族神话集成》,广西民族出版社2007年版,第318—319页。该书标注原载《广西民间文学作品精选(20)·象州县卷》之《象州的传说》。

本本身而言，找到并定义不同文本之间的关联性，是研究的客观基础也是主观需求。许多神话文本虽难以确定其创作时间，但相对而言，它的采集或整理时间却具有时间标记，这些时间反映出神话至少在这个特定的时间之前已经出现，通过对其后一定数量的关联文本或有关记载进行比较，不仅可能会发现不同文本之间有许多潜在的联系，而且还能通过分析它们之间的互文性发现某些神话传播规律。正如有研究者从民俗学视角研究民间文学时所提出的"民俗学的互文方法（Intertextual approaches in folkloristics）：互文性方法是民俗学方法论中重要的研究方法。此指任何文本多处于文本与他文本背后的外来文化（The given culture）的循环往复的交流中。民俗学的互文性研究，是从对多元民俗的文本研究和大量的异文研究开始，逐渐发展到对广义的文化文本的环境研究、话语差异性的研究等，这些研究都在改变民俗学者对'民俗'含义的认识"①。

关于神话采集者、翻译者、整理者等的时间信息，与讲述人时间信息的具体内容大致相同，不再赘述。下面重点分析一下神话文本的出版时间。

无论是已经出版的古籍，还是我们见到的一些现当代采集民间口头神话形成的文本，绝大多数都有文本形成的时间。这些时间虽然往往只是笼统的时间表达，但对考察和分析神话的形成发展具有重要的意义。如目前古籍文献可以按照朝代时间排列出商、周、秦、汉、魏、晋、南北朝、隋、唐、宋、元、明、清等，每个朝代关于伏羲女娲的记载与描述往往具有特定时代的特征。以女娲的记载为例，战国中后期出现的《山海经·大荒西经》中记载："女娲之肠，化为神，处栗广之野"，这一记载与当今河南省周口市西华县栗楼村的传说仍能联系起来，据当地群众说栗楼村古称"思乡城"，这种时空的关联为神话传承的考察提供了极大空间。从古文献的记载中可以发现女娲在不同时代的关联性。如西汉产生的文献《淮南子·说林训》中记载的"黄帝生阴阳，上骈生耳目，桑林生臂手，此女娲所以七十化也"，可以看作是女娲神话的进一步发展演化。北魏时期出现的《水经注》中记载的"庖羲之后，有帝女

---

① ［爱沙尼亚］于鲁·瓦尔克：《信仰·体裁·社会：从爱沙尼亚民俗学的角度分析》，董晓萍译，中国大百科全书出版社2017年版，第135页。

娲焉，与神农为三皇矣"，对女娲的身份作出新的定位。东晋出现的《抱朴子》中记载的"廪君起石而泛土船，沙壹触木而生群龙，女娲地出，杜宇天堕，氂飞犬言，山徙社移，三军之众，一朝尽化"，则把女娲神话与南方地区少数民族关联在一起。北宋出现的《太平御览》中记载的"庖牺、女娲、神农、夏后，蛇身、人面、牛首，此非人之状，而有大圣之德"，可以看作是对女娲身份在更大历史背景中的再次定位。元代出现的《金史》中记载的"岁以春分日祀青帝、伏牺氏、女娲氏，凡三位，坛上南向，西上"，反映出该时代女娲祭祀现状。清代出现的《红楼梦》中描述，原来女娲氏炼石补天在大荒山无稽崖炼成的三万六千五百零一块顽石，补天时"只单单剩了一块未用，便弃在此山青埂峰下"，化作贾宝玉，则反映出清代文学创作中对"女娲补天"神话的创造性运用，等等。通过不同朝代中有关女娲神话的著述，既可以发现女娲神话传承的延续性，也可以发现传承中的演化或时代特征。这也可以看作是时间关联前提下的一种分析角度。

同样，在神话研究中以神话文本的产生时间为维度，也可以获得可期结论。如有研究者在《战国秦汉时期女娲形象的演变》一文中，通过对战国秦汉时期不同时间段出现的神话文献进行分析，发现由战国中后期诗人笔下不确定的女神，到西汉文献中女娲与伏羲并列为"圣王"，再到东汉前期伏羲、燧人、祝融"三皇"的出现，判断出东汉后期伏羲、女娲、神农"三皇"标志着"女娲圣王"形象的最终形成。[1] 有研究者在《河南女娲神话的演变及其意义》一文中分析女娲神话时，将河南省北部、山西省南部、陕西省西部一带地区设定为该类神话的主要发源地，据此，便可推断出该神话产生之后沿黄河向东传播的一般规律，并且与自东向西的伏羲神话在河南的东部地区碰撞、交汇进而融合，呈现出今天人们看到的伏羲女娲神话内容的演化。[2]

3. 神话文本内容涉及的时间

依据神话文本叙事内容包含的时间元素建立不同文本间的关联，也是专题神话数据建设应该考虑的因素。神话的创作、传承与创新发展，一般

---

[1] 参见宋超《战国秦汉时期女娲形象的演变》，《咸阳师范学院学报》2004年第1期。
[2] 参见胡安莲《河南女娲神话的演变及其意义》，《殷都学刊》2001年第1期。

都有特定的历史背景，如神话学研究中的历史学派就把神话所讲述的内容看成是真实的历史人物或历史事件，把神话中的许多内容看作是人类生产生活的历史，也往往试图以时间定位和索引的形式，找出神话人物或事件的历史原型。

一般而言，神话内容中反映的时间比较依赖于空间叙事。尽管有些伏羲女娲神话叙事中涉及他们出生的时间，但这些具体时间是根本不存在的，也许只是记忆中的"远古"，或鉴于叙事自身的需要推想出来的时间。但我们针对伏羲女娲神话文本作出时间方面的考量，会发现可以提取出不同的时间标识，如神话文本内容反映的大致时代背景。因神话叙事中采用的时间一般都是"从前""很早以前""很古老的时候""某某刚产生的时候"等模糊概念，有时也会出现远古的某个特定时期，如"神农时期""尧之时"等。除了神话文本叙事中的这些文字，有时数据采集者可以根据神话内容大致判断出反映的时间，如"石器时代""青铜时代""铁器时代"以及"采集时代""渔猎时代""农耕时代"等。在数据采集时，如果把某些研究成果中对神话内容时间的界定与原文本关联起来，就可以为研究者提供更有针对性的思维引导。

三 伏羲女娲神话文本的空间关联

伴随着神话资源的不断发掘与涌现，特别是各民族地区口传文本的大量采集和文物遗迹的不断发掘，地理空间信息作为神话事象的重要参数，也逐渐引起了学界关注。从笔者目前采集的女娲口传神话文本来看，"神话的地理信息"主要有两个层次的概念，一是叙事中表明的地理信息，二是神话文本本身的产生地与流传地。由于神话神圣叙事的特殊性，文本中的地理信息往往是模糊的甚至是幻想出来的，所以在具体采集过程中，还是更倾向于对后者空间信息进行采集，一来符合客观实际，二来可以更好地与地理坐标对应以缩短空间数据分析的实现周期。

伏羲女娲神话的空间关联有两层含义，一是可以表示特定神话主题在空间的数量分布关系或相对位置关系，二是可以进行特定叙事的跨地理比较研究。以"女娲抟土造人"主题的神话为例，不同地区同类神话的地区关联性数据见表4-2所示。

表4-2　　不同省市自治区"女娲抟土造人"神话关联性示例表

篇名	民族	流传地 省	流传地 市	流传地 区（县）	叙事片段截取或概述	文本出处
老盘古，真威风	汉族	河南省	周口市	西华县	都知道女娲娘造了人类，细想想女娲娘用啥造成，这世上要没有泥土和水，也没有咱人类来到世中。	耿宝山编著：《盘古与女娲·经歌篇》，人民日报出版社2016年版，第6—14页
女娲创世	汉族	重庆市	巴南区		女娲把泥巴拿来捏成些娃儿，捏一个活一个。	姚宝瑄主编：《中国各民族神话》（汉族），山西出版传媒集团·书海出版社2014年版，第30—31页
绿鸭淘沙造大地	汉族	江苏省	盐城市	阜宁县	女娲氏在这块地上造出人。	中国民间文学集成全国编辑委员会编：《中国民间故事集成》（江苏卷），中国ISBN中心1998年版，第13页
女娲补天造人	汉族	湖南省	常德市	鼎城区·灌溪镇	女娲见还剩了一堆黄泥巴，就用它捏人。	中国民间文学集成全国编辑委员会编：《中国民间故事集成》（湖南卷），中国ISBN中心2002年版，第22页
女娲补天	汉族	甘肃省	天水市	北道区	自从天神女娲创造了人类后，世上到处充满了欢声笑语。	中国民间文学集成全国编辑委员会编：《中国民间故事集成》（甘肃卷），中国ISBN中心2001年版，第6页
女娲娘娘补天	藏族	云南省	迪庆藏族自治州		女娲到河边捏泥巴。首先捏成圆的，然后又捏成长的，最后把泥巴做成像她一样的人。	姚宝瑄主编：《中国各民族神话》（门巴族、珞巴族等），山西出版传媒集团·书海出版社2014年版，第81—84页

续表

篇名	民族	流传地 省	流传地 市	流传地 区（县）	叙事片段截取或概述	文本出处
盘哥古妹	毛南族	广西壮族自治区	河池市	环江毛南族自治县·下南乡·松现屯	盘哥和古妹结婚三年没有生娃崽，就用泥捏成人崽。捏了七七四十九天，乌鸦衔泥人后成活。	中国民间文学集成全国编辑委员会编：《中国民间故事集成》（广西卷），中国ISBN中心2001年版，第70页
女娲造就人世	汉族	陕西省	榆林市	绥德县·辛店乡	女娲在无定河和大理河的两河口岸上捏泥造人。男的都照伏羲和神农的模样儿捏，女的就照自己的模样儿捏。	中国民间文学集成全国编辑委员会编：《中国民间故事集成》（陕西卷），中国ISBN中心1996年版，第5—6页
女娲造人	汉族	四川省	凉山彝族自治州	德昌县·热和乡·田村	女娲抠起一坨泥巴洒上些水，颠来倒去地揉。照着水里自己的影子揉，造出跟自己一模一样的人。	中国民间文学集成全国编辑委员会编：《中国民间故事集成》（四川卷），中国ISBN中心1998年版，第27页
女娲造人	汉族	山西省	朔州市	应县	女娲想让天底下有人，就用昆仑山的黄泥开始捏泥人。	郭万金主编：《山西民间故事大系》（晋北卷），商务印书馆2017年版，第20页
女娲造人	汉族	河北省	保定市	高碑店市	她灵机一动，想了一个好办法：和泥造人。她把泥和好后，就忙碌地捏起泥人来。	罗杨总主编：《中国民间故事丛书》（河北·保定·高碑店卷），知识产权出版社2016年版，第3页
女娲造人	汉族	湖北省	宜昌市	点军区	女娲看见河边的黄泥巴又细又软，就在那儿捏起泥巴来。将捏好的泥人放到地上，一个个都活了。	罗杨总主编：《中国民间故事丛书》（湖北·宜昌·西陵点军卷），知识产权出版社2016年版，第3页
女娲娘娘造人	汉族	上海市		黄浦区	女娲把地上的黄土、白土、黑土挖来好几堆，掺了水和成泥团，捏成有头有身体、有手有脚的人。	中国民间文学集成全国编辑委员会编：《中国民间故事集成》（上海卷），中国ISBN中心2007年版，第4—5页

续表

篇名	民族	流传地 省	流传地 市	流传地 区（县）	叙事片段截取或概述	文本出处
女娲捏泥人	汉族	浙江省	宁波市	象山县	女娲没事情做，一个人觉得很心焦，便拿着烂泥捏着玩，七捏八捏，捏出了一些烂泥人。	罗杨总主编：《中国民间故事丛书》（浙江·宁波·象山卷），知识产权出版社2015年版，第5页
女娲姐弟	汉族	广东省	江门市	开平市	女娲姐弟俩成亲后一起捏泥人。女娲捏一百个女的，弟弟捏一个男的，吹气后泥人成活。	中国民间文学集成全国编辑委员会编：《中国民间故事集成》（广东卷），中国ISBN中心2006年版，第6—7页
人的来历	汉族	吉林省	白山市	靖宇县·靖宇镇	女娲用剩下的一块泥捏成了一男一女两个小泥人，吹仙气后成活。	中国民间文学集成全国编辑委员会编：《中国民间故事集成》（新疆卷），中国ISBN中心2008年版，第1页

由表4-2数据可以看出，包括河南省、重庆市、江苏省、湖南省、甘肃省、云南省、广西壮族自治区、陕西省、四川省、山西省、河北省、湖北省、上海市、浙江省、广东省、吉林省在内的16个省及直辖市均有类似的描述，这些不同地区的伏羲女娲神话可以通过"女娲造人"的核心叙述关联起来，且造人的材料无论是宽泛的"土""黄土""泥巴"，还是特定的"昆仑山黄泥""黄河泥土"，均在一定程度上反映出中华民族早在数千年的农耕文明中就形成了对土地的深刻认识。"土"不仅能孕育万物，也能孕育人，所以各地区的女娲用泥土造人神话不仅是就地取材对造人材料方面的认知共性的体现，而且还会存在文化认同方面的关联。即使从世界范围看，用土造人也是非常普遍的母题。

同样，以表达伏羲女娲兄妹婚的主题神话为例，之所以在不同民族和地区得以广泛传播，是因为存在多种多样的关联性。这其中既可能有文化意义上与"兄妹婚"客观现实的联系，有灾难型人类再生神话的叙事程式的关联，也可能存在神话传播中的文化影响关系，等等。研究者一般认为，最早的"女娲神话"和"伏羲神话"产生于不同的时代，"伏羲"

"女娲"在早期也是不相关联的两个神话人物，后来"伏羲""女娲"作为对偶神时，二者的关系才确定下来。虽然在考古发现的大量画像石和帛书中的"伏羲""女娲"没有明确注明二者是以兄妹相婚配，但"考虑到同胞配偶型洪水神话中，男性洪水遗民娶'天女'或'帝女'为妻乃是兄妹婚的可置换情节，并以此构成其亚类型的标志，这就使我们可以进一步论证：婚姻的创造被置于创世之初，或曰婚姻作为神创工作中的必要程序（由此证明婚姻的神圣性质），是中国洪水创世神话中的原初性和结构性成分，而不是后世附加或拼接上去的可有可无的要素。芮逸夫当年的近似观点在此得到了出土文献的证明"①。这一伏羲女娲兄妹婚神话在不同地区的广泛流传，以及并非以"伏羲女娲"为名称的"洪水后兄妹婚再生人类"在很多民族地区的普遍流传，都表明这些神话无论在创作目的、叙事内容，还是表达形式方面，都可能存在内在的关联。

四　伏羲女娲神话文本与研究成果的关联

将神话研究的学术史与研究现状结合来看，学术界存在两种研究倾向：一种是倾向于对神话文本的本体研究，包括古文献、整理出版的口头传统文献以及田野采集文本等，这种情况下无论是从宏观还是微观角度切入，都主要侧重于对特定案例进行分析，虽然能观察到丰富的研究对象，但同时往往缺少理论高度；另一种倾向则是形而上学的纯粹理论研究，主要对已有理论进行抽象分析和推演，但也常常存在与客观现实相脱节的情况。因此，就以往传统的研究方法而言，由于研究者大量的时间和精力会花费在特定的对象之中，有时即使有"窗前老一经""十年磨一剑"的雄心壮志，但由于观察对象数量的不充分，很难得出更深入更系统的结论。

值得庆幸的是，目前的大数据技术不仅在自然科学领域、生产生活中得到迅速普及与规范应用，而且在人文学科领域也正在出现数据技术的推广。这样把海量"神话作品"与日益增长的神话"研究成果"通过数据技术关联起来已经步入现实。

通过数据技术实现伏羲女娲神话多种载体的关联已经逐渐进入人们的视野。如通过关键词建构的知识图谱，可以把伏羲女娲神话的各类文本、

---

① 吕威：《楚地帛书敦煌残卷与佛教伪经中的伏羲女娲故事》，《文学遗产》1996年第4期。

图像图片、讲述人录音、讲述语境视频、模拟复原视频制作、多种语言翻译、新媒体创作、与伏羲女娲有关的风物、与伏羲女娲有关的民俗、专题研讨平台、调研问卷、数据职能分析等一系列数据板块有机关联在一起，为研究者提供一个科学有效的导航式的数据关联平台。上述每个板块的设计与实施都会涉及许多专业技术问题，本书不再多论。

需要一提的是，就本书对目前上述数据板块的实际调查与分析的情况看，人文大数据建设的具体实施与推进升级还存在许多困难和挑战。如图形、音视频类材料虽然已经实现了数字化存储，目前能够进行简单的网络呈现、共享和检索，但数字化管理和数字化应用尚未形成规模，距离数字化向数据化的真正转化还有许多理论、方法需要探讨与磨合。人们对人文数据知识关联性在研究方法创新方面的意义和价值还存在认知方面的不足，特别是老一代研究者对数据研究的兴趣不浓，存在使用率不太高的现象。因此，有必要通过多种场合做好人文数据建设与研究的推介宣传，让研究者真正意识到大数据的本质都是多种知识跨学科的关联与关联基础之上的知识智能化再生产，通过大数据不仅能建构出多学科、多文类研究专题的交叉关联的知识图谱，而且可以最大限度地促进研究方法创新与保证研究结论的整体性、系统性与科学性。

第二节　伏羲女娲神话在民族间的关联

伏羲女娲神话在民族间的关联主要基于中华民族多民族构成与历史上的高度融合基础之上。就中华民族产生与发展的悠久历史而言，一直就是一个多民族融合的结果，这种史实，也为我们更全面地审视伏羲女娲在多民族间的关联提供了前提和基础。

一　伏羲女娲神话形象在各民族的传播符合史实

作为中华民族早期概念的"华夏"，又有"夏""诸夏"之称，在《尚书》中的《周书》"武成"篇就出现"华夏蛮貊，罔不率俾"的记载，春秋时中原各国因经济文化上较先进而自称为华夏，相比之下与之相邻的其他族群则被称为戎狄蛮夷，因此在历史记载中还曾出现"南蛮""北狄""东夷""西戎"等说法。特别到了汉朝，出现了作为主体的"汉人"

说法,许多研究者认为这就是"汉族"作为当今主体民族这一确定名称的起点。但历史上古代诸民族的称呼并不是一成不变的,如一些研究成果认为,"春秋中期后,华夏各国日益强大,许多戎狄夷蛮被他们征服吞并,如在今陕西境内的许多西戎被秦所灭,赤狄、白狄大多被晋所灭,齐灭莱夷,南方蛮族和大部分淮夷被楚、鲁所灭。到春秋末,大多数居住在中原或靠近中原的各族逐渐地融合于华夏族,华夷之间的差别、界限也就渐渐地泯灭了"[1]。在历史上的民族大迁徙中,既有汉族对少数民族的融合与影响,也有少数民族对汉族的融合与影响,如在春秋战国时期,各国诸侯通过向其领地的四周扩张土地,战国七雄与其他诸侯国之间的兼并,都涉及不同古代民族的融合问题。秦始皇统一六国后,为进一步增强国力,获取资源,而开发巴蜀,征伐岭南,将许多人迁移到北疆,都导致了民族间的迁移与融合。汉朝建立后,汉武帝时期北击匈奴,并征服西域各国。晋代,以匈奴、羯、鲜卑、氐、羌为代表的"五胡"不断进入中原,也在很大程度上改变了中原地区以往的民族构成。晋代永嘉之乱后,中原地区汉族大迁徙和大流动,许多人口流向东北、西北和南方等地区。时至唐朝多民族文化进一步高度融合,元朝时期多民族进一步融合,蒙古人、女真、契丹等"诸色人户"杂居于黄河以南的许多地区。明清时期,虽然我国民族分布格局在这一时期已基本定型,但不仅有满族大规模进入中原地区,致使汉族及其他诸多民族杂居或迁徙,而且汉族人口大量迁往地广人稀边疆地区的定居一直没有停止过。在中华民族发展的历史进程中,有些古代名称消失了,但民族人口却融合在其他民族之中;有些新的民族名称出现了,但吸收了很多其他民族的成分。从总体上反映出中国各民族"你中有我,我中有你"的密切关系。如果从这个角度审视伏羲女娲神话,那么这一类型就不会是一个特定民族神话,而是整个中华民族文化的有机组成部分。因此,伏羲女娲是中国多民族的伏羲女娲,即使有些民族的记载或文化中没有出现伏羲女娲的名字,但这并不代表没有这些神性人物的影子,通过关联性数据的分析显示,有些可能在历史或民间以种种形态存在着,这些现象在后续研究中亟待被发现和证实。

例如汉代大量关于伏羲女娲的各类画像在中国许多地区都有发现。

---

[1] 翦伯赞:《中国史纲要》(第一册),人民出版社1979年版,第59页。

"据不完全统计,至少有 15 个以上省市区出土了关于伏羲女娲的汉代墓葬画像。这一现象尤以中原地区为多,如河南洛阳市新安县磁涧镇里河村汉代空心砖画像、南阳市宛城区溧河乡十里铺村东汉晚期石墓画像、邓州市元庄乡梁寨村石墓画像等;山东有济南长清孝堂山郭氏墓祠,泰安肥城的栾镇村墓祠,济宁微山县两城乡的祠堂画像、嘉祥县武氏祠;江苏有徐州铜山县利国汉画像石墓、雎宁县双沟汉画像石等;安徽有宿县褚兰汉画像石墓。此外,四川、贵州、云南、青海、新疆吐鲁番等地都有类似图像。"① 以"一带一路"沿线的新疆地区为例,有研究者在早期就考察了伏羲女娲神话传播的情况,认为"'人首蛇身'伏羲、女娲绢画均出自新疆吐鲁番阿斯塔那墓地,为该地区古代较特殊的一种葬俗现象。阿斯塔那地处古高昌地区,西汉时有车师前后国。张骞通西域,开辟'丝绸之路'后,车师国同中原关系密切。公元前 48 年,置戊己校尉于高昌壁,屯田积谷,以供来往丝路之使者,渐成丝路之重镇,中原文化风俗随之亦传于此。后东汉、魏、晋继之。南北朝时,政权更迭。公元 499 年,建麴氏高昌国,割据一方,但仍同中原有联系。公元 640 年,唐灭之,设西州。中原文化、风俗遂更为普及。因此,这些绢画对探讨古高昌地区礼俗信仰,揭示丝路开通带来的民俗文化交融,及内地同边疆地区的联系,都具有重要意义"②。这些绢画作为伏羲女娲神话的重要载体,随着实物的流通,相关神话叙事自然传播、散布到不同地区。

当然,由于伏羲女娲神话在不同民族、不同地区流传的复杂性,会导致出现不同的研究成果。如有些学者认为伏羲女娲是虚构的神话人物,也有一些学者认为伏羲女娲是有一定历史依据的传说人物,还有些学者坚持伏羲女娲就是历史上真实存在的人物,只不过由于当时信息捕获工具的缺乏导致没有史料记载。如果从神话数据研究本身而言,也许我们更应将关注的重点放在"为什么不同语境中都有相关人物的存在"这一问题上。这个问题的提出,恰恰为我们应用辩证的历史唯物主义观念分析神话开辟了一个路径。如有研究者研究伏羲女娲现象时提出"甲骨文金文没有记载。直到战国时期著作中才把这一传说人物记录下来,而有关的少数民族如苗族瑶族则一直流传着他们的故事"。这种传说不是没有根据的,并且进一步

---

① 王宪昭:《论伏羲女娲神话母题的传承与演变》,《中原文化研究》2015 年第 5 期。
② 裴建平:《"人首蛇身"伏羲、女娲绢画略说》,《文博》1991 年第 1 期。

提出了"江汉流域和西南地区少数民族流传的洪水故事，以苗族、瑶族为最普遍"。并通过研究不同民族与地区的45个洪水故事，认为这些神话"一致地反映洪水泛滥，灭绝人类，兄妹一同避水得救，结婚生子，切割变人。其中苗族占20个，瑶族15个，彝族5个，壮族、侗族、傈僳族各1个，大部分兄妹名号与伏羲或女娲发音相同……说明苗、瑶等族的洪水故事，正是伏羲女娲传说在少数民族中流传的反映"，并由此认为"苗族的远古先人与伏羲有密切的关系"[1]。

基于考察伏羲女娲神话历史上多民族地区流传与演变的需要，笔者2019年8月对"一带一路"沿线涉及的伏羲女娲神话及民间叙事进行了实地调研，其中既有甘肃天水一带伏羲庙、秦安女娲祠以及大地湾文化遗址与伏羲女娲神话的关联，也有不同人文习俗、地方风物对伏羲女娲事迹的附会。调研中发现，随着唐代社会政治的安宁和经济的繁盛，丝绸之路文化交流空前繁荣，始自长安或洛阳，通过甘肃河西走廊和今新疆地区，直至中西亚等地，职贡不绝，商旅相继，伴随着"无数驼铃遥过碛，应驮白练到安西"的盛景，以丝绸、茶叶、手工艺品为代表的中华文化和技术实现了沿路的传播与辐射，伏羲女娲形象在绢画、绸缎和器皿上频频出现，如带有明显西域体征的伏羲女娲交尾图等，见证了跨地区、跨民族乃至跨国界的特定文化通融。如图4-3便很好地反映出历史上不同民族和

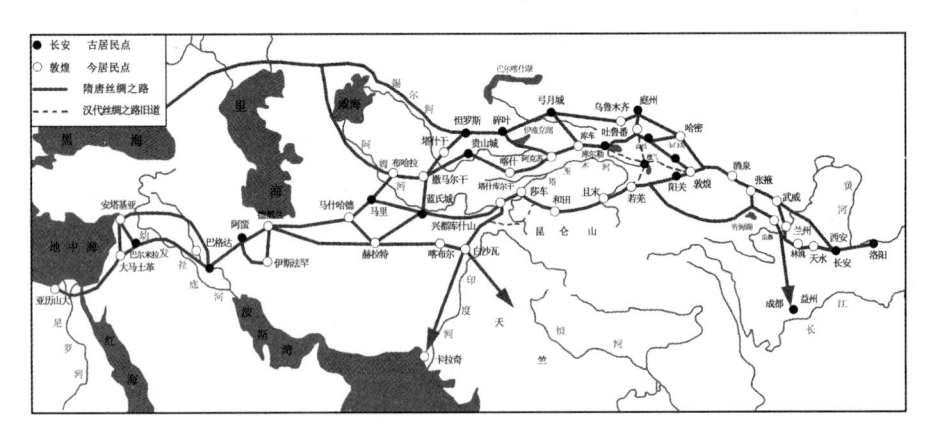

图4-3　唐代丝绸之路路线示意图（笔者据2019年乌鲁木齐新疆博物馆《唐代丝绸之路路线图》重绘）

---

[1] 侯哲安：《中国南方古代传说人物考》，贵州省民族研究所编《民族研究参考资料》第6集。

地区文化交流的密切关系。

基于上述历史现实,以身着汉服的伏羲女娲交尾图为代表的中原风格汉画像在新疆地区被广泛发掘,如图4-4所示。

图4-4 唐代阿斯塔那墓葬彩绘伏羲女娲交尾绢画
(2019年摄于乌鲁木齐新疆博物馆)

此外,当地现在的文化景观中也融入了伏羲女娲的图像。发掘的伏羲女娲考古图像主要集中出现在吐鲁番高昌地区,诸如阿斯塔那墓葬中的伏羲女娲图、巴达木墓葬中的伏羲女娲图以及高昌故城墓葬中留存的一些图像。在墓室中放置伏羲女娲交尾图似乎是高昌地区墓葬中的一个普遍现象,都表达了大致相似的文化信仰。正如有些研究者分析,"吐鲁番出土的伏羲女娲图体现了高昌地区画家高超的技法和才思,伏羲和女娲的形象由流畅粗犷的线条勾勒,却又不失精细,设色精湛,极富浓郁的装饰效果,无不透露出对汉画风格的传承,画面上的人物形式、发式、衣着,具有明显的地域特色"[①]。《周书·高昌传》记载:"服饰,丈夫从胡法,妇人略同

---

① 封巍:《伏羲女娲文化西传图像秩序构建与地域文化的融通》,《美术教育研究》2012年第5期。

华夏。"《隋书·高昌传》记载："男子胡服，妇人群襦，头上作髻。"伏羲女娲文化也渐渐被当地民族接受，各个时期的遗画中人物衣着既有宽袖的汉服，又有翻领窄袖的少数民族服装。在这里伏羲和女娲的形象也被改造成西域少数民族人的形象（见图4-5）。由此可见，在伏羲女娲文化向西传播的过程中，图像与地域文化的融通，是中原汉文化推广、传播，深入西域的明显标志。从时间上看，该地区的墓葬群大致为西晋至唐代，从墓葬主人的身份看，则涉及多民族身份，如阿斯塔那古墓群以葬汉人为主，同时也葬有车师、突厥、匈奴、高车等少数民族，这说明高昌王国时代该地区汉族是墓葬的主体，同时表现出各民族之间的高度融合。毫无疑问，这些有关伏羲女娲的墓葬文物绝不是一种秘而不宣的文化存在，既然有文物实证，那么就会有相应的民间口头神话传说来解释或支撑这些民俗现象，所以在该地区曾流传伏羲女娲神话是符合事实的。

图4-5 四面女娲伏羲交尾石像景观（2019年摄于吐鲁番市交河故城维吾尔古村）

无独有偶，笔者在2018年7月对广西壮族自治区来宾市多地进行盘古女娲田野调研时，发现来宾市许多村落的盘古庙中把"盘古""女娲"作为壮族文化祖先，如武宣县桐岭镇大祥村盘古庙，现存的盘古庙是1998年由全村民众募捐在旧庙址上重新修建而成。庙内绘有壁画，如图4-6中所示的是庙内后壁上绘有双龙戏珠图案，还配有"下界保平安，上天奏好事"等文字。壁画下筑有一长长的石砌平台，台上立有9尊神像，从左到右依次是：芝妹、伏羲、天女、白婆、盘古爷、布谷爷、神农、三界公、夏禹。据当地居民讲，"芝妹"和"伏羲"就是汉族所说的"女娲"和"伏羲"。

图4-6 大祥村盘古庙神像（2018年摄于广西来宾市武宣县桐岭镇大祥村）

在兴宾区良塘乡北合村盘古公园中有一块题为《盘古再造人类》的石碑，根据碑文记载，可以梳理出一则故事："一年后，妹妹分娩，诞生下的不是小孩，而是一团形状似磨刀石的肉团，兄妹俩认为这是上天对他们结婚的惩罚。于是，将肉团砍碎撒向四野，可是撒出去的粒粒碎肉，都变成一个个活蹦乱跳的小人，有男有女，这些小人长大后，开山造田，饲养家禽，自食其力，相互婚配，就这样人类又重新繁衍起来了。"居住在这里的老人解释说，这对盘古兄妹就是"盘古与女娲兄妹"①，两个主人公的名称虽然不是"伏羲""女娲"，但民间盘古女娲叙事却与其他地区的"伏羲女娲兄妹婚"叙事大同小异。因公园为了突出"盘古"的主题，还建造了一个葫芦状的高大建筑（见图4-7）。据当地人介绍，该建筑仿照盘古女娲兄妹用来逃避洪水的葫芦造型修建而成，建筑内部搭建有简易的舞台供附近村民集会使用。关于洪水时伏羲女娲兄妹葫芦逃生并再生人类的神话叙事在不少壮族地区广有流传。

---

① 关于"盘古女娲兄妹婚"的神话，在许多地区都有流传，如河南省周口市西华县、南阳市桐柏县等，学界大多认为这类叙事与"伏羲女娲兄妹婚"本质相同。

在广西柳州市鱼峰区蟠龙山公园盘古庙的《碑记》中有这样的记载："盘古庙是柳州最早的庙宇，曾几番重建，初建的时间已不详，庙神有盘古、雷公、电母、女娲、轩辕，均系传说中的人类先圣、始祖。""伏羲、女娲相传是兄妹，为地球上最早'天作之合'的恋人，后兄妹结婚，繁衍了人类。""女娲正月初一造鸡，初二造狗，初三造羊，初四造猪，初五造牛，初六造马，初七已仿造人。"这些文物景观虽然在时间上有早有晚，但对伏羲女娲现象在壮族地区的传播则会影响深远。

图4-7 盘古公园内大葫芦建筑（2019年摄于来宾市兴宾区良塘乡北合村）

这类情形在云南民族地区也有多处发现。如云南省开远市老勒村彝族人祖庙内供奉着一对兄妹塑像（见图4-8），据当地彝族村民介绍，所供

图4-8 开远市老勒村彝族人祖庙内供奉的兄妹塑像（2016年摄于开远市老勒村）

奉的二位神灵就是洪水后繁衍人类的伏羲女娲兄妹。

伏羲女娲在各民族文化中产生的原因是多样的，其传承源远流长，不仅有神话传说、文物古迹，也有民间祭祀、祈禳还愿、进香朝拜等节日习俗，甚至会融入丰富多彩的人生仪礼之中。这为我们更全面细致地寻找伏羲女娲在多民族间的关联性奠定了客观的基础。

伏羲女娲神话在民族之间的关联性也可以从具体神话中加以证明。如关于女娲与创世的关系，在不同民族神话的表述中表现出明显的相似与关联。下面选择几则表达"女娲补天"主题的神话文本对这一问题做些观察（见表4-3）。

表4-3 "女娲补天"类型神话在跨民族之间的关联性示例表

篇名	民族	流传地	内容片段或概述	关联项	文本出处
女娲创世	汉族	重庆市·巴南区①	女娲看到天漏，找海龙王帮忙补天。海龙王把他的四只脚拿给女娲。女娲用龙王的四只脚把天撑起。	补天者女娲；天漏；支天的材料；女娲补天	姚宝瑄主编：《中国各民族神话》（汉族），山西出版传媒集团·书海出版社2014年版，第30—31页
女娲娘娘	藏族	云南省·迪庆藏族自治州	撑天的不周山垮后，女娲用大虾的两只稍长的脚撑住东边的天，用稍短的撑西边的天，把天撑稳当之后，女娲又到大山上、海底下找来许多五彩石，把它们炼过后来补天。	补天者女娲；天漏；支天的材料；补天的材料；炼石补天	陶阳、钟秀编：《中国神话》（上册），商务印书馆2008年版，第401—403页
盘古开天，女娲补天	土家族	湖南省·湘西土家族苗族自治州·吉首市	玉皇大帝令女娲娘娘补天。女娲起初炼石来补，但没有补好。又苦苦炼了五年，用炼出来的软绵绵的五彩云，才把天补好。但是天上仍有些渗水，时不时漏下来，就成了雨。	补天者女娲；补天材料；天漏	中国民间文学集成全国编辑委员会编：《中国民间故事集成》（湖南卷），中国ISBN中心2002年版，第5页

---

① 原文标注流传地为四川省巴县，应为重庆市巴南区。

续表

篇名	民族	流传地	内容片段或概述	关联项	文本出处
唱古情	壮族	广西壮族自治区·柳州市·鹿寨县	女娲补天炼青石，铸出龙牙来做钉，不信你今抬头望，青天龙牙亮晶晶。	补天者女娲；炼石补天；补天材料	农冠品编注：《壮族神话集成》，广西民族出版社2007年版，第6页
伢俣开创世界①	水族	（贵州省）	以前天地相连。伢俣（研究者认为是"女娲"）拿了根铜棍撑住天的肚子，又拿了根铁棍撑住地心，再用四根鳌鱼的骨头，撑天四边，支地四角。	支天者女娲；支天的材料	姚宝瑄主编：《中国各民族神话》（水族、布朗族等），山西出版传媒集团·书海出版社2014年版，第4—10页

通过表4-3可以看出，包括汉族、藏族、土家族、壮族、水族等在内的多民族均包含相互关联的叙事项，如女娲、天漏、女娲补天、女娲撑天（支天）、补天的材料等，体现了跨民族间对"天的产生"这一现象的共通性思考，也侧面反映出女娲这一创世大神在各民族之中的广泛认可度和接受度。当然，在具体情节的叙述上不同民族间也表现出一定程度的关联，如关于女娲补天的材料，流传在云南迪庆藏族自治州藏族中认为女娲用五彩石补天，广西柳州市鹿寨县的壮族认为采用"青石"作为补天材料，而湖南湘西土家族苗族自治州吉首市的土家族讲述者则认为女娲补天的材料是"五彩云"，三者虽有差别但却以"石"和补天材料的颜色特征作为相同的讲述要素。同样，在叙述撑天（支天）的情节时，重庆巴南区汉族神话中解释的是"海龙王就把他的四只脚给女娲（作为撑天柱）"，云南迪庆藏族自治州藏族认为撑天的柱子是虾脚做成的，而广西柳州市鹿寨县壮族神话中以龙牙钉天，水族《伢俣开创世界》中的伢俣用鳌鱼的骨头撑起天的四边。除此之外，撑天柱的材料还有鱼足、蛙足、牛腿、乌龟四肢，等等。凡此种种，大多来自常见的渔猎、农耕类物种，这些物种往往在先民生产生活中扮演了重要的角色，这种相关性既体现了民间神话创

---

① 伢俣：伢，水语，意是婆婆、太婆，傣族称祖母婆为"雅"，布桑人、雅桑人中的"雅"，就是开创人类的女始祖。俣，据说是"娲"的转音，伢俣就是"女娲"。

作取材自生产生活的相同神话思维，也在某种程度上反映了跨民族之间的文化传播和相互影响。

二 伏羲女娲神话关联中的民族认同

在历史上不同时期的民族交往活动中，许多神话的传播与接受往往会存在较为广泛的跨民族间认同。如伏羲女娲作为中华民族的文化祖先就是一个带有明显共性的多民族共有的文化现象。无论是从早期文献中出现的伏羲女娲，还是后来民间叙事的再创造，许多民族把伏羲女娲认定为自己的始祖是不争的事实。如流传于滇东北和川西南的凉山彝族的彝族神话《兄妹成婚》[1]中说，远古洪水后，幸存的伏羲、女娲兄妹相配成婚，生育的三个儿子分别成为彝族、藏族、汉族三族的祖先。流传于广西金秀瑶族自治县的瑶族神话《伏羲兄妹的故事》[2]中说，洪水后，只有伏羲兄妹幸存，二人在太白仙人撮合下成婚，生的一个肉团砍碎后变成芝麻和青菜籽，后来演化出汉族和五种瑶族的祖先。而流传于云南文山州的瑶族神话《伏羲兄妹》[3]中则说，人类遭遇洪水后，穷人家生的伏羲兄妹幸存，他们滚磨成婚后生一个肉瘤，盘古劝他们剁碎肉瘤，繁衍出李、陶、杨等各种姓氏和一些民族，等等。类似的叙事在少数民族中存量丰富，正如有研究者所说："伏羲大概是渔猎时期部落酋长形象的反映，而女娲却似是初期农业阶段女族长形象的反映。他们的神话原来各自流传着，到民族大融合以后，才或速或迟地被撮合在一起。他们被说成为相接续的人皇，被说成为兄妹，被说成为夫妇。"这段论述过程中作者还进一步补充说："关于兄妹和夫妇的说法，可能是跟别的部落的原始神话有关。"[4]这一补充表面上看只是一个注释性的说明，但却强调了一个明确的分析问题的思路，即无论是汉族还是少数民族，关于"伏羲女娲"的叙事是不同神话合成或改造

---

[1] 刘尧汉：《论中华葫芦文化》，《葫芦与象征——中国民俗文化国际学术研讨会论文集》，内部编印，1996年。

[2] 《伏羲兄妹的故事》，中华民族故事大系编委会编《中华民族故事大系》（第5卷），上海文艺出版社1995年版，第21—26页。

[3] 《伏羲兄妹》，中国民间文学集成全国编辑委员会编：《中国民间故事集成》（云南卷），中国ISBN中心2003年版，第201—203页。

[4] 钟敬文：《马王堆汉墓帛画的神话史意义》，《钟敬文民间文学论集》（上），上海文艺出版社1982年版，第127页。

的产物，但都可能会有一个相对一致的原型，这个原型虽然来源于难以考证的早期人类社会，也可能在叙事情节上会有诸多不同，但随着"民族大融合"，这些本来相对独立的情节，则可能发生叙事结构的聚合，"或速或迟地被撮合在一起"，这样就成为我们今天看到的不同民族中许许多多相似的伏羲女娲神话。所以，通过伏羲、女娲、伏羲女娲、伏羲兄妹等神话人物形象在不同民族中出现的情况，以及伏羲女娲作为民族祖先的叙事，把多民族文化传统联系起来不仅有现实基础，也是多民族文化情感的自然体现。

三　伏羲女娲神话民族间关联的案例分析

根据数据之间的影响程度深浅或关联性强弱，我们可以针对同一主题或叙事本质相同的若干神话设定出不同的关联层次：（1）如果神话文本中出现完全相同的神话人物，并且叙事主要情节相似，主题的本质具有一致性，我们就可以规定它属于最直接的"一级关联"；（2）如果神话中出现了相似或可能相似的神话人物，并且叙事主要情节相似，主题的本质具有一致性，我们就可以规定它属于次一级的"二级关联"；（3）如果神话中出现了不同的神话人物，但人物身份或关系相同或相似，并且叙事主要情节大致相似，主题的本质具有一致性，我们则可规定它属于再次一级的"三级关联"；（4）如果神话中出现了不同的神话人物，但人物身份与关系相同或相似，并且叙事主要情节大致相似，主题的本质具有相似性，我们就规定它属于再次一级的"四级关联"；等等。其中上面的叙事主题和具体叙事结构选择与组合，可以根据研究本身的需要设定。这样在数据比较时根据研究的需要合理确定分析对象的范围，处理好研究对象的"量"与研究结论的"质"的升华关系，进而保证研究结论的科学性。

下面以与"洪水后伏羲女娲兄妹婚"有关的神话文本为例，对以民族为主要考察对象时文本关联的不同层次的界定可以作出如下阐释。

1. "洪水后伏羲女娲兄妹婚再生人类"神话民族间的一级关联

根据个人研究的实际需要，可以对民族间同类型神话文本作出相应的关联级别标准。如我们作为一级关联的条件设置为如下几点：

（1）叙事主题：通过洪水后伏羲女娲兄妹婚再生人类，塑造文化祖先，解释社会现象。

（2）叙述对象：伏羲女娲兄妹、伏羲兄妹。

（3）叙事结构：①叙事背景为"洪水"；②兄妹结婚；③生育后代；④其他，如产生不同民族、百家姓等。

那么，我们就可以通过计算机数据处理，在考察洪水后伏羲女娲兄妹婚再生人类神话时，就会得出如下"一级关联"的文本（见表4-4）。

表4-4　　　　多民族"洪水后伏羲女娲兄妹婚再生人类"
神话文本一级关联示例表

民族	主要内容	流传地	出处[①]
布依族	洪水后，伏哥和羲妹结婚，生5个儿子。	四川省·凉山彝族自治州·宁南县·上游村	《洪水朝天》，贵州省社会科学院文学研究所等编《布依族民间故事》，贵州人民出版社1982年版，第321—323页
布依族	洪水后，伏羲姐妹与玉皇派来的哥哥结婚，繁衍后代。	贵州省	马学良、梁庭望等：《中国少数民族文学比较研究》，中央民族大学出版社1997年版，第49页
仡佬族	洪水后，伏羲兄妹结婚再生人类。	贵州省·安顺市·关岭布依族苗族自治县·龙滩（龙潭街道）·麻凹（太坪村）	《伏羲兄妹制人烟》，贵州省《民间文学资料》第49集，内部编印
汉族	洪水幸存者伏羲兄妹成婚后再生人类。	四川省·绵阳市·三台县·红星乡	《伏羲兄妹造人》，《中国民间故事集成》（四川卷），中国ISBN中心1998年版，第50页
回族	洪水后，逃生的伏羲女娲兄妹滚石磨成婚，大地重新有了人类。	甘肃省·张家川回族自治县·马鹿乡	《伏羲女娲成婚》，《中国民间故事集成》（甘肃卷），中国ISBN中心2001年版，第10—11页

[①] 为表述简洁，本表中（1）所有神话文本的讲述者、采集者等省略；（2）出版物采取缩略形式，如"《中国民间故事集成》"是"中国民间文学集成全国编辑委员会编《中国民间故事集成》"的缩略，"《中华民族故事大系》第11卷"是"中华民族故事大系委会编《中华民族故事大系》第11卷（达斡尔族、仫佬族、羌族）"的缩略，"《中国各民族宗教与神话大词典》"是"《中国各民族宗教与神话大词典》编审委员会编《中国各民族宗教与神话大词典》"的缩略，等等。表4-5、表4-6、表4-7与此相同。

续表

民族	主要内容	流传地	出处
毛南族	洪水后，伏羲女娲兄妹成婚，再生人类。	广西省·河池市	《女娲歌》，蒙国荣等《毛南族文学史》，广西人民出版社1992年版，第51—52页
仡佬族	洪水后，阿伏和阿兮兄妹成婚，再生人类。	贵州省·安顺地区	《三月三》，贵州省安川地区民委编《仡佬族古歌》，贵州民族出版社1991年版，第3—5页
苗族	洪水后，伏羲女娲兄妹结婚再生人类。	湖南省·湘西土家族苗族自治州	芮逸夫：《苗族的洪水故事与伏羲女娲的传说》，《人类学集刊》1938年第1卷第1期
苗族	洪水后，伏羲兄妹结婚，繁衍苗族子孙。	（无考）	刘守华：《中国民间故事精选》，华中理工大学出版社1993年版，第30—34页
羌族	洪水后，伏羲兄妹生人烟。	四川省·阿坝藏族羌族自治州·汶川县	《伏羲兄妹治人烟》，《中华民族故事大系》第11卷，上海文艺出版社1995年版，第684—685页
壮族	洪水后，伏依兄妹结婚再生人类。	广西省·红水河流域	蓝鸿恩搜集整理：《布伯的故事》，《中华民族故事大系》第3卷，第373—384页
……			

通过表4-4可以看出，表中所选择的可以作为"洪水后伏羲女娲兄妹婚再生人类"神话"一级关联"的神话文本，无论在叙事主题、内容还是结构上，都具有极大的相似性，各个文本间的影响或借鉴关系也表现得非常突出。

2."洪水后伏羲女娲兄妹婚再生人类"神话民族间的二级关联

能够作为"洪水后伏羲女娲兄妹婚再生人类"神话二级关联的条件设置为：

（1）叙事主题：通过洪水后特定的兄妹婚再生人类，塑造文化祖先，解释社会现象。

（2）叙述对象：除"伏羲女娲兄妹""伏羲兄妹"之外的特定兄妹。

（3）叙事结构：①叙事背景为"洪水"；②兄妹结婚；③生育后代；④其他，如产生不同民族、百家姓等。

具体关联的神话文本示例，见表4-5。

表4-5　　　　多民族"洪水后伏羲女娲兄妹婚再生人类"
神话文本二级关联示例表

民族	主要内容	流传地	出处
白族（勒墨）	洪水后，阿布帖和阿约帖两兄妹再生人类。	云南省·碧江县	《氏族来源》，谷德明编《中国少数民族神话》，中国民间文艺出版社1987年版，第305页
白族	洪水后，阿十弟和阿仪娣兄妹结婚生人。	云南省·怒江、曲江一带勒墨人中	《虎氏族的来历》，云南省民间文学集成办公室《白族神话传说集成》，中国民间文艺出版社1986年版，第43页
侗族	洪水后，丈良、丈美兄妹结婚再生人类。	贵州省·黔东南苗族侗族自治州·黎平县	《龟婆孵蛋》，《民间文学》1986年第1期
高山族（阿美）	洪水后，兄妹始祖比洛嘎劳乌与玛洛基洛克自相婚配繁殖阿美人。	中国台湾地区	曾思奇：《高山族的雕绘艺术与原始崇拜》，《中国典籍与文化》1996年第1期
仡佬族	洪水后，阿仰与妹妹结婚再生人类。	贵州省·六盘水市·水城县·蟠龙镇及六圭河畔一带	《阿仰兄妹制人烟》，《南风》1983年第3期
哈尼族	洪水后，者比和帕玛兄妹结婚传人种。	云南省·普洱市·墨江哈尼族自治县	《兄妹传人类》，《中华民族故事大系》第6卷，上海文艺出版社1988年版，第13—18页
哈尼族	洪水后，里斗和里收兄妹结为夫妻，繁衍出人类。	云南省	《里斗和里收》，转引自李光荣《论哈尼族神话的"期待原型"》，《云南师范大学学报》2001年第1期
汉族	洪水后，幸存的阿根和阿莲兄妹婚后造人。	广西壮族自治区·贵港市·桂平县·龙山一带	《百家姓的来历》，刘经元《民间故事集成》（广西桂平县），内部编印，1989年，第14页

续表

民族	主要内容	流传地	出处
拉祜族（苦聪）	洪水后，阿牟拨和阿牟玛兄妹结婚，生了许多子女。	云南省·普洱市·澜沧拉祜族自治县	《阿牟拨与阿牟玛》，《中国各民族宗教与神话大词典》，学苑出版社1990年版，第375页
黎族	洪水后，老当和老定兄弟两家生1对表兄妹再生人类。	海南省·保亭黎族苗族自治县·保城镇	《三个民族同一源》，《中国民间故事集成》（海南卷），第9—10页
怒族	洪水后，腊普和亚妮兄妹结婚，生9子9女，配成9对夫妻。	云南省·怒江傈僳族自治州·贡山独龙族怒族自治县	《腊普和亚妮》，攸延春《怒族文学简史》，云南民族出版社2003年版，第25—27页
怒族	洪水后，勒阐和齿阐兄妹成婚，生下皇帝和多个民族。	云南省·碧江县	《鹿马登怒族创世传说》，怒江傈僳族自治州政协文史资料研究组编《怒江文史资料选辑》（第八辑），内部编印，1987年，第8—11页
毛南族	洪水后，盘与古兄妹结婚，再生人类。	广西壮族自治区	《盘古兄妹和他们的神祖神孙》，南宁师院广西民族民间文学研究室编《民歌与民间故事》（七），内部编印，第660页
苗族	洪水后，姜央和妮央两兄妹结婚，生儿育女。	云南省·黔东南苗族侗族自治州·剑河县·观么乡	《谷种是怎样来的》，燕宝、张晓编《贵州神话传说》，贵州人民出版社1997年版，第72—73页
撒拉族	洪水后，圣人奴海夫妇养的4对儿女婚配繁衍人类。	甘肃省	《洪水破天》，满都呼主编《中国阿尔泰语系诸民族神话故事》，民族出版社1997年版，第100—101页
畲族	洪水后，盘哥云囡兄妹成婚再生人类。	东南沿海一带	马学良等主编：《中国少数民族文学比较研究》，中央民族大学出版社1997年版，第47页
土家族	洪水后，补所和雍尼两兄妹成亲再生人类。	四川省·西阳县（今信阳市光山县）·可大乡	《补所和雍尼》，《中国民间故事集成》（四川卷），中国ISBN中心1998年版，第1213—1214页

续表

民族	主要内容	流传地	出处
瑶族	洪水后，刘三妹兄妹成亲再生人类。	湖南省·郴州市·临武县·西山林场	《刘三妹兄妹再造世界》，《中国民间故事集成》（湖南卷），中国ISBN中心2002年版，第33—34页
彝族	洪水后，老三和妹妹成婚，人类重新繁衍。	云南省	《倮族》，《神话学论文选萃》（上编），第405—406页
藏族	洪水后，兄妹成亲后有了人烟。	四川省·绵阳市·平武县·白马乡	《皮绳造人》，《中国民间故事集成》（四川卷），中国ISBN中心1998年版，第938页
壮族	洪水后，布伯的子女兄妹婚再生人类。	广西壮族自治区	《布伯》，梁庭望、农学冠主编《壮族文学概要》，广西民族出版社1991年版，第12页
……			

通过上表示例不难发现，"洪水后伏羲女娲兄妹婚再生人类"神话的"二级关联"文本虽然没有"一级关联"文本那么直接，但作为神话的比较研究，这些关联的文本对整个神话类型的深入分析仍具有非常重要的意义。

3. "洪水后伏羲女娲兄妹婚再生人类"神话民族间的三级关联

能够作为"洪水后伏羲女娲兄妹婚再生人类"神话三级关联的条件设置为：

（1）叙事主题：通过灾难后血缘婚再生人类，塑造文化祖先，解释社会现象。

（2）叙述对象：除"伏羲女娲兄妹""伏羲兄妹""其他特定兄妹"之外的姐弟、姑侄、妇女。

（3）叙事结构：①叙事背景为"洪水"；②血缘结婚；③生育后代；④其他，如产生不同民族、百家姓等。

具体关联的神话文本示例，见表4-6。

表4-6　　　　多民族"洪水后伏羲女娲兄妹婚再生人类"
　　　　　　　　　　　神话文本三级关联示例表

民族	主要内容	流传地	出处
德昂族	洪水后，人与天女结婚，繁衍人类。	云南省·德宏傣族景颇族自治州·潞西县（芒市）·三台山乡	《人与葫芦》，谷德明编《中国少数民族神话》，中国民间文艺出版社1987年版，第513页
鄂伦春族	洪水后，幸存的1个大姑娘和1个小伙子婚生人类。	黑龙江省·黑河市·爱珲区·新生乡	《五姓的由来》，《中国民间故事集成》（黑龙江卷），中国ISBN中心2005年版，第43—45页
高山族	洪水后，莎崩嘎基与瓦那盖基姐弟结婚生后代。	平埔巴则海人聚居区	《巴则海人始祖》，《中国各民族宗教与神话大词典》，学苑出版社1990年版，第144页
汉族	洪水后，幸存的东山老人与南山小妹再造人类。	湖南省·涟源市	《东山老人与南山小妹造人》，见《中国民间故事集成》（湖南卷），中国ISBN中心2002年版，第32页
黎族	洪水后，天女为繁衍人类刺面后与儿子结婚生育子女。	海南省·崖县（三亚市）·田独乡	《天狗》，《中国民间故事集成》（海南卷），中国ISBN中心2002年版，第18—19页
赫哲族	滔天洪水后，姊姊与弟弟婚后生子。	黑龙江省·富锦、同江一带	《姊弟俩》，汉学研究中心《中国神话与传说学术研讨会论文集》（下），中国台北，内部交换本，1995年，第464页
满族	洪水后出现的两个生灵结婚生人。	黑龙江·牡丹江市·宁安县·江东乡·缸窑村	《佛赫妈妈和乌申阔玛发》，《中国民间故事集成》（黑龙江卷），中国ISBN中心2005年版，第12页
苗族	洪水后，幸存的老二休仑米娶了雷公爷梭的老婆生育子女。	贵州省·毕节市·赫章县·古木村	《休仑米和爷梭》，《中国民间故事集成》（贵州卷），中国ISBN中心2003年版，第51—54页
苗族（瓦乡）	洪水后，黄狗与皇上的公主辛女婚生后代。	湖南省·湘西土家族苗族自治州·泸溪县	《盘瓠和辛女》，《中国民间故事集成》（湖南卷），中国ISBN中心2002年版，第19—20页
纳西族（摩梭）	洪水后，幸存的老三锉治路一苴与天女结婚繁育了摩梭人。	云南省·丽江市·宁蒗彝族自治县	《锉治路一苴》，《中华民族故事大系》第9卷，上海文艺出版社1995年版，第669—678页

续表

民族	主要内容	流传地	出处
普米族	洪水后，幸存的老三与天女捏的灰姑娘结婚再生人类。	云南省	《洪水滔天的故事》，《山茶》1983年第3期
土家族	洪水后，姐弟成婚再生人类。	湖北省·宜昌市·长阳土家族自治县·龙潭坪乡	《姐弟成亲》，《中国民间故事集成》（湖北卷），中国ISBN中心1999年版，第12—13页
佤族	洪水后，幸存的达梅吉神和一条小母牛交配再生人类。	云南省	《西岗里》，陶立璠《民族民间文学理论基础》，中央民族学院出版社1990年版，第26页
佤族	洪水后，青蛙达惹嘎木和小母牛婚生人类。	云南省·临沧市·沧源佤族自治县	《青蛙大王与母牛》，《山茶》1985年第6期
瑶族	洪水后，姑姑沙房三和侄子盘十六结婚生后代。	广东省·清远市·连南瑶族自治县	《洪水的传说》，《中国各民族宗教与神话大词典》，学苑出版社1990年版，第654页
瑶族	洪水后，幸存的小伙与仙女结婚再生人类。	广东省·清远市·连南瑶族自治县	《开天辟地的传说》，《中华民族故事大系》第5卷，上海文艺出版社1995年版，第27—29页
彝族	洪水后，年轻人笃慕与仙女婚生人类。	云南省·玉溪市·峨山彝族自治县	《洪水泛滥》，云南教育出版社1987年版，第38—45页
藏族	洪水后，幸存的格萨尔与龙女结婚繁衍人类。	四川省·凉山彝族自治州·木里藏族自治县	《洪水潮天》，《中国民间故事集成》（四川卷），中国ISBN中心1998年版，第940页

通过上表示例不难发现，"洪水后伏羲女娲兄妹婚再生人类"神话的"三级关联"文本与"二级关联"文本相比较，关联强度有所减弱，如果研究者能够最大程度地关注此类文本的叙事特征，主人公的名称虽然不是"伏羲""女娲"，但洪水后通过结婚再次繁衍人类的主题却有高度的一致性，这些文本对进一步分析神话的民族特征具有非常大的作用。

4."洪水后伏羲女娲兄妹婚再生人类"神话民族间的四级关联

能够作为"洪水后伏羲女娲兄妹婚再生人类"神话四级关联的条件，可以设置为：

(1) 叙事主题：通过灾难后其他形式再生人类，塑造文化祖先，解释社会现象。

(2) 叙述对象：各种对象。

(3) 叙事结构：①叙事背景为"洪水外其他灾难"；②除婚姻外的多种人类产生方式（如造人、非婚姻生人、变化产生人、化生人等）；③人类再次产生；④其他，如产生不同民族、百家姓等。

此项下各民族的示例文本众多，下面仅选择个别文本作简单示意（见表4-7）。

表4-7　　　多民族"洪水后伏羲女娲兄妹婚再生人类"
神话文本四级关联示例表

民族	主要内容	流传地	出处
白族	大地震和洪水后，一对兄妹结婚生子孙。	云南省·大理白族自治州	《鹤拓》，大理州《白族民间故事》编辑组编《白族民间故事》，云南人民出版社1982年版，第68页
傣族	火灾、风灾和洪灾之后，天神英叭用身上的泥垢造人。	云南省·德宏傣族景颇族自治州	《巴塔麻嘎捧尚罗》，《中国各民族宗教与神话大词典》，学苑出版社1990年版，第82页
鄂温克族	天塌地陷后，幸存的一对男女结婚繁衍后代。	嫩江流域鄂温克族聚居区	《人类是从哪里来的》，满都呼主编《中国阿尔泰语系诸民族神话故事》，民族出版社1997年版，第301页
毛南族	洪水后，盘和古兄妹用泥再造人类。	广西省·河池市·环江毛南族自治县·下南乡	《盘古的传说》，袁凤辰编《毛难族民间故事集》，中国民间文艺出版社1984年版，第1—7页
汉族	天塌地陷后，伏羲女娲兄妹重新造人类。	河南省·宛丘（今周口市淮阳区）	《人祖创世传说》，杨复俊编《人祖传说故事》，海燕出版社1987年版，第1—5页
汉族	油火烧天后，姨婆和狗成婚繁衍后代。	江西省·抚州市·南丰县	《油火烧天》，《中国民间故事集成》（江西卷），中国ISBN中心2002年版，第8—9页

续表

民族	主要内容	流传地	出处
汉族	瘟虫毁灭人类后，幸存的青哥和红姐造人。	河北省·邢台市·内邱县·五郭店乡·紫草沟村	《哥姐庙》，《中国民间故事集成》（河北卷），中国ISBN中心2003年版，第23—24页
满族	天塌地陷后，幸存的姐弟结婚先生10个孩子，然后又造人。	东北地区	张其卓等整理：《人的来历》，满都呼主编《中国阿尔泰语系诸民族神话故事》，民族出版社1997年版，第257—259页
畲族	天火后，幸存的祖兄和先妹两兄妹结婚再生人类。	福建省·宁德市·畲村	《天火》，《中国民间故事集成》（福建卷），中国ISBN中心1998年版，第9—10页
土家族	人类冻死后，剩下的两兄妹再生人类。	湖北省·利川市·谋道镇	《上天梯》，《中国民间故事集成》（湖北卷），中国ISBN中心1999年版，第16—17页
佤族	洪水后，幸存的一个人用泥巴造人繁衍人类。	云南省	《人类的祖先》，云南省民族事务委员会编《佤族文化大观》，云南民族出版社1999年版，第162页
佤族	天塌地陷后，利吉神和路安神重新创造了人。	云南省·普洱市·西盟佤族自治县	《以祖先的职务及居住过的地方命姓氏》，《中国民间故事集成》（云南卷），中国ISBN中心2003年版，第338页
藏族	大火毁灭人类后，兄妹成婚生很多子女。	四川省·阿坝藏族羌族自治州·若尔盖县·求吉乡	《兄妹成亲》，《中国民间故事集成》（四川卷），中国ISBN中心1998年版，第942页
……			

通过上面几组示例表格，我们大致可以考察出伏羲女娲神话在多民族之间不同层次的关联，据此便可形成大量的神话文本聚类，这些类型数据的不断丰富，在对多民族神话进行考察和比较研究时，便可为研究者提供资料归纳、观念验证或推论演绎等方面的有效支撑。

第三节　伏羲女娲神话的母题关联

伏羲女娲神话的母题关联，是建构在以上所有伏羲女娲神话时间关联、空间关联、多种载体关联以及多民族文化关联基础之上的关联类型。其重要作用突出体现在数据建设与研究过程中关联的全面性、开放性与实用性上。

一　伏羲女娲神话母题关联性质的确定

伏羲女娲神话的关联性主要涉及伏羲女娲神话叙事内容本身的语义关联、不同地区神话之间的关联、不同民族神话之间的关联、与其他神话类型之间的关联以及结构形式方面的关联等。这些数据的关联有的属于伏羲女娲神话体系建构中的本体关联，有些属于发散性关联，不同性质的关联都会有助于推动伏羲女娲神话的系统研究或专题性考察。从数据建设与分析的实际需要而言，上述一系列关联路径的实现可以借助于神话"母题"来完成。

关于"母题"的性质、作用和结构，在第三章"第二节　母题视角下的伏羲女娲神话数据结构"中已作出相应的说明和阐释，并特别强调了神话"母题"的提取与描述兼具"类型"与"层级"的双重性质，在数据检索过程中具有"关键词""数据元"的作用。这与母题本身所具有的可关联性是分不开的。

母题关联兼具神话叙事结构关联与语义关联两个维度。所谓结构关联，主要指通过不同层级的母题对相应神话叙事的结构进行解析，而语义关联则是把同类型、不同类型乃至仅包含相关叙事的各种文类和载体链接在一起。在人文数据研究与开发过程中，对这两个层次的关联性研究已有了一些实践性成果。如目前"百度"网站中迅速占据大量比例的"百度快照"就是此类关联的一种尝试，若使用者在搜索框中输入一个特定的"词语"之后，点击"搜索"，就会轻松获得想要的检索结果。如输入"伏羲女娲"，就会出现"伏羲女娲图""伏羲女娲为何是蛇首人身？为什么集中出现在墓中？""在中国古代神话传说中，伏羲女娲是兄妹，为何却结为了夫妻""伏羲，女娲到底长得什么样？一幅图道出了真相""伏羲女娲

（豆瓣）""伏羲女娲——人类始祖""女娲和伏羲（知乎）"等一系列与"伏羲女娲"相关的"百度快照"数据引导词。据该网站介绍，这种海量数据的查询结果的背后，是三大搜索引擎公司建立的庞大数据库，当使用者搜索某个特定的"词"时，搜索引擎就会在数据库内自动搜索并找出使用者更喜欢、更可能需要的结果作出呈现。据该网站介绍，"提到搜索引擎的这一系列努力，我们称之为'算法'。搜索引擎优化即指专业人员通过技术手段，让搜索引擎认为你的落地页是相关词的搜索者喜欢、需要的结果，从而在该词的众多搜索结果中，以更靠前的排名展示给搜索者"[①]。从这种数据关联的结构与语义实践看，"百度快照"在努力试图通过特定"词"的检索而实现关联数据的聚集，这在特定领域的知识数量最大化方面无疑是一种尝试，但从学术研究和专题研究需求而言，却不容易查找到带有明确知识导向的数据结构。如果针对"伏羲女娲神话专题研究"，增加"神话母题"类型与层级结构的关联项，就可以使海量数据检索变得更有针对性。

从理论上讲，伏羲女娲神话专题中的母题是对各民族神话进行定量和定性分析的特定单位，虽然在提取过程中会不可避免地附加上主观色彩，但其本质却要尽可能地反映文本叙事本身的客观性。同时，母题既然具有不同使用者均能够接受的检索关键词功能，那么它必然具有"关联性"，即能够在大数据背景下，通过选择一个神话母题作为全方位考察神话的元素时，这个母题就应该不仅能够关联到与之相关的神话文本、神话图片、神话语境，还能够通过计算机生成相应的"类"判断，能引导使用者进一步有目的地选择相关内容。因此，科学的母题结构应该构成相对科学合理的母题体系，这个体系是开放而不是封闭的，能够在使用过程中实现自主更新升级。

二 伏羲女娲神话母题的类型与层级

神话母题的层级数量理论上是可以无限细分的。所谓母题的单位某种程度上可类比为测量神话文本结构的长度单位，如只有划分出光年、千米、米、分米、厘米、毫米、丝米、忽米、微米、纳米……这样不同层级

[①] 《什么是百度快照》，百度快照专区网站，网址：http://www.so-top.cn/h-col-196.html。

的单位，在具体测量某一特定对象时才能有的放矢，得心应手。神话作为以语言为主体的艺术，其语言表意本身也具有做出无限分级的可能性。如有研究者在语言表意实验中，把语言分为语言"涉身"与"非涉身"两种形态，认为语言作为身体经验时表现为有限结构原型，但是如果把表征扩展到无限非身体经验范围时，就会"形成共时层面的涉身与非涉身形态。语言在原型与非原型变换中演化建构，认知和语言建构是不变性基础上的拓扑变换，主要通过同域和跨域两种形式实现"[①]。

伏羲女娲神话母题的类型与层级是与数据库设计及应用紧密联系的。合理划分类型有利于把握伏羲女娲神话母题的数量范围与界限，对母题进行类型划分可以根据特别的需要采取不同的分类标准。

1. 中国神话体系第一层级关联性的思考

本书在第三章阐释"母题视角下的伏羲女娲神话数据结构"一节时，已对伏羲女娲母题数据的参照来源作出说明，并对中国神话体系的母题类型的第一层级进行了介绍，认为根据计算机数据处理的需要，建议将中国全部神话母题第一大类划分为10类，分别用代码W0—9表示，具体神话专题则可以通过增加相应的代码字母进行标示区别。从中国神话母题十大类型的关联性与逻辑关系而言，能够基本实现神话叙事的关键数据结构解析。

（1）神话母题第一个类型"W0 神话人物母题"，可以清晰提取神话叙事对象与叙事主体，这些神话名称不仅是神话文本叙事的基础，而且若干神话人物本身也会存在关联性，如文化祖先伏羲、女娲，可以自然关联到其他类似的如多民族神话中的"三皇五帝"、阿昌族神话中的"遮帕麻与遮米麻"、壮族神话中的"布洛陀与姆洛甲"，等等。

（2）神话母题大类中的第二个类型"W1 世界与自然物起源母题"，这类母题往往是解释世界产生和万物起源神话的重要有机构成，也是塑造神话人物事迹的重要内容，是表现神话人物的重要叙事和基础，所以这个类型的母题不仅数量多，而且成为不同地区、不同民族神话关联的重要纽带。

（3）第三个母题类型"W2 人与人类起源母题"，是神话创作中阐释

[①] 吕公礼、布占廷：《语言涉身性的原型论与语言构造的拓扑变换原理》，《外语学刊》2016年第3期。

"人""神"关系的最好话题，而人们解释"我是谁""我从哪里来"等一系列问题也正是基于"W1 世界与自然物起源母题"基础之上要同时解决的问题，也符合一般神话创作思维习惯中"先有万物再产生人"的表述顺序。无论是解释"人与人类起源"，还是"人的特征"，都往往会成为多民族神话文本关联与比较的重要节点。

（4）第四个母题类型"W3 动物与植物起源母题"则是第三个母题类型"W2 人与人类起源母题"的自然延伸，人的生产生活离不开密切相关的动植物，当人类关注自身之后，就会自觉关注并解释与人类的自然生活环境直接联系的动植物现象，无论是解释动植物的多种产生方法的母题，还是探讨动植物特征来历的母题，在不同的神话文本中可能既有联系又有区别，通过这类母题可以搭建出很多神话叙事中的关联。

（5）第五个母题类型"W4 自然现象与自然秩序母题"。这个类型可以看作是人类认知世界万物、人类自身和动植物之后，对自然现象的进一步关注与探索，无论是"日月星辰"的运行规律，还是"风雨雷电"的产生，都属于与人类密切相关的自然科学的有机内容。通过神话对此作出解释是非常正常的事情，通过关联不同神话文本对自然现象的解释，有助于我们能更多地了解人与自然的关系。

（6）第六个母题类型"W5 社会组织与社会秩序母题"，人们不仅需要关注与解释自然现象，还要对一系列社会问题进行认识和把握，如"村落""城池""氏族""民族""国家"的产生，关于"道德""契约""律法"的来历等，都需要作出合理的解释。通过这些叙事也有助于进一步塑造神话人物，从一定意义上讲，这一类型是"W4 自然现象与自然秩序母题"的进一步深入，同时也相辅相成。

（7）第七个母题类型"W6 文化起源母题"，人类文明进程和"文化"的产生与发展是分不开的，无论是"火的发明""农耕""制陶""弓箭的发明"等这些众所周知的物质文化，还是"语言""文字""文学艺术""丧葬习俗"等非物质文化成果，都是人类认知世界和改造世界的重要内容。通过不同神话文本在这一问题方面的关联，不仅有助于神话的文化探源，也有利于推进古今文化互动。

（8）第八个母题类型"W7 婚姻与性爱起源母题"。人们普遍认为"婚姻与性爱"是人类有史以来表现与思考自身的永恒主题，借助于这类问题不仅能将前面的"人类的起源""民族的产生"等类型母题联系起来，而且对于探讨"W5 社会组织与社会秩序母题""W6 文化起源母题"等也有很大程度的助益。

（9）第九个母题类型"W8 灾难与争战母题"，许多神话在表达特定主题时，会应用到"灾难与争战"，这些母题展现了许多与人类命运休戚相关的重大事件，诸如"洪水神话""争战神话"等，又常常与上面的许多母题类型交织在一起。

（10）第十个母题类型"W9 其他母题"，这个母题类型的设计主要照顾到上面 9 个类型难以包含的一些神话母题，诸如"命运""因果报应""预言占卜""竞赛""巧遇"等。这些情况在神话文本数据分析中会经常出现，所以有必要作为母题关联类型单独列举出来。

上述 10 个功能不同又相互联系的母题类型，从理论上讲应该能够覆盖与解析所有的神话文本，因此可以在海量神话文本中有效生成相应的母题数据关联。

2. 神话的母题类型与神话类型的关联及逐级划分

从以往神话研究的实践看，神话作品的分类一直以来都是困扰阅读者和研究者的重要问题，在学界对同类甚至同一篇神话的类型判断也存在很多争议，如果以神话文本叙事中核心母题的所属层级为参考进行类型界定，这个问题一般会得到较好的解决。如有关"伏羲"的神话，从大类上我们可以把它定位为"文化祖先神话"，再划分出第二类，根据"母题"层级的逻辑顺序划分出：

（1）关于伏羲产生的神话
（2）关于伏羲特征的神话
（3）关于伏羲身份的神话
（4）关于伏羲事迹的神话
（5）关于伏羲生活的神话
（6）关于伏羲关系的神话
（7）关于伏羲名称来历的神话
（8）关于伏羲死亡的神话
（9）关于纪念伏羲的神话
……

其中，不同的核心母题不仅标志了伏羲神话的不同类型，也会反映出不同的叙事主题。如果对第二个层级的类型再做细分，我们还会命名出第三个层级的类型。如"（4）关于伏羲事迹的神话"项下，可以划分出第三层级的若干类型，如下：

（1）伏羲的创造

（2）伏羲的发明

（3）伏羲繁衍人类

（4）伏羲保佑后人

（5）伏羲斗妖

……

如果对第三个层级的类型再做细分，我们还会命名出第四个层级的类型。如针对"（3）伏羲繁衍人类"，我们划分出第四层级的类型，如下：

（1）伏羲造人

（2）伏羲变人

（3）伏羲婚生人

……

如果对第四个层级的类型再做细分，我们还会命名出第五个层级的类型。如针对"（3）伏羲婚生人"，我们划分出第五层级的类型，如下：

（1）伏羲与妹妹婚生人

（2）伏羲与姐姐婚生人

（3）伏羲女娲兄妹婚生人

（4）伏羲与其他特定人物婚生人

……

上面的第五层级类型还可以继续再分，如"（3）伏羲女娲兄妹婚生人"又可以分为"洪水后伏羲女娲兄妹婚生人""天塌地陷后伏羲女娲兄妹婚生人"，等等。

当然，每一个类型都可以与相关类型实现内容上的关联，如"洪水后伏羲女娲兄妹婚生人"不仅可以与"洪水后兄妹婚人类再生型神话"直接对比，而且可以与"洪水后人类再生型神话"甚至"洪水神话"中的所有母题关联在一起，通过多层次数据之间的相互对比、印证，有助于发现神话叙事中的共性与个性。

3. 运用母题层级引导考察多类型神话数据的关联

根据神话母题作为数据元的通用功能，利用母题层级作为引导，可以对数据类型进行较准确的定位和较便捷的查询。

（1）以特定网站的伏羲女娲神话数据呈现为例。在此以女娲神话中"女娲"图片①在百度中的关联检索为例。第一层级，如在百度上搜索关键词"女娲"，会出现"网页""资讯""贴吧""知道""视频""音乐""图片""地图""文库"以及"更多"之类的类型指向，使用者可以根据需要选择关注的类型。这些类型看似包含了有关"女娲"的诸多文类或类型，但由于其针对的对象并非专题神话研究，在这些列表中只有一部分可以作为女娲神话研究的主要选材渠道。在此我们选择关注女娲的"图片"。

第二层级，如在"图片"类中在"相关搜索"中会出现"女娲是蛇还是美人鱼""女娲的真身""女娲补天简笔画大全""王者荣耀女娲""鸿钧老祖""女娲蛇身""女娲造人简笔画""女娲真正样子图片""伏羲女娲创世图""真实女娲后人""女娲娘娘图片"等。

第三层级，如果点击"伏羲女娲创世图"链接引擎，则会出现"伏羲四子""人皇伏羲纹身""伏羲八卦图由来""伏羲画卦原文""三皇之首伏羲图片""伏羲女娲盘古""创世女神""创世王""创世之柱""创世之刃""上帝创世""创世大神""创世青莲""创世九州"等不同类目。

第四层级，如果点击第三层级的"伏羲女娲盘古"关联词，则出现了"盘古""盘古大观""盘古天地""盘古开天辟地""盘古开天地""盘古七星""北京盘古""盘古的斧头""盘古幡""盘古大厦""盘古斧""盘古图片""盘古七星酒店"之类的类目。

当然，我们还可以这样无限查找下去。但网络关于图片的检索存在几个明显缺陷：（1）图片信息类型、排序等为自然生成，呈现不规范，没有逻辑性，缺乏知识导图的功能；（2）图片资料为网络上传或随机提取，缺乏稳定性，随着时间的变化导致信息变化甚至缺失；（3）图片数量虽然众多，但鱼目混珠，质量良莠不齐，绝大多数缺少完整的标注，无法适应科学研究；（4）知识产权不明晰；等等。

---

① 百度网址：http://image.baidu.com/search/index?tn=baiduimage&ct=201326592&lm=-1&cl=2&ie=gb18030&word=%C5%AE%E6%B4&fr=ala&ala=1&alatpl=adress&pos=0&hs=2&xthttps=000000。

同时，"百度"在女娲神话相关图片的关联上还存在一个突出的问题就是，查找者如果缺少相应的学术积累，可能很难从这些繁杂的图片资料中迅速找到有价值的资料。我们从第三层级就会发现，许多图片的标识已经转变到女娲之外的其他人物，而到了第四层级，我们虽然查找包含"女娲"的"伏羲女娲盘古"项，可结果几乎展现的内容完全变成了与"盘古"有关的图片，甚至出现了"盘古七星酒店""盘古大观漂亮女高管"之类与神话中的"盘古"根本毫无关系的图片。这自然是网络数据生成规则的结果，但对于学术研究而言，只有预先把知识结构的设定作为数据处理的元数据基础，才能更有效地引导使用者逐步梳理出相对有价值的数据。

（2）以多民族多地区伏羲女娲神话文本数据的呈现为例。在母题层级方面的神话文本关联也是如此。利用特定民族伏羲女娲神话中的母题，关联延伸到其他民族与地区的神话叙事是切实可行的。如选取表4-4至表4-7中的"伏羲女娲兄妹造人"，则可关联到"女娲造人"，那么相应地可检索到不同地区与民族中流传的女娲造人神话。

例如，由"女娲造人"母题关联到"始祖造人"母题以及再下一级"男祖先造人""女祖先造人"等母题，那么从数据的性质而言，则会进一步开放，关联的同一性质或同一类型的神话数量会急剧扩大，进而为神话的比较研究提供更为开阔的视野。如在"男女祖先共同造人"项下，我们会发现这类神话可以出现有关不同民族、不同地区的文本关联（见表4-8）。

表4-8 以"男女祖先共同造人"为主题的多民族神话文本关联示例表

民族	主要内容	流传地	出处[①]
傣族	祖先男神布桑戛西和女神雅桑戛赛（夫妻神）造出一对男女成活。	云南省	《破仙葫芦进人间，开创世道人类》，《中国各民族神话》（哈尼族、傣族），第262页
侗族	始祖神丈良丈美造人。	广西壮族自治区·柳州市·三江侗族自治县	《侗族款词耶歌酒歌》，内部资料，第130页

① 为简化表格内容，本表中的文本出处采用缩写形式。

续表

民族	主要内容	流传地	出处
汉族	盘古和玉帝三女儿兄妹捏泥人成活。	河南省·南阳市·桐柏县	《盘古兄妹》,《民间文学》1986年第1期
汉族	盘古爷和盘古奶捏了好多泥巴人儿。	河南省·南阳市·桐柏县	《盘古爷的俩娃儿》,《中原神话通鉴》(第1卷),第108页
汉族	盘古爷姓古,叫古瑞,他姐叫古凤,盘古姐弟造人。	河南省·南阳市·桐柏县·二郎山乡·李沟村	《盘古姐弟造人七千》,《中原神话通鉴》(第1卷),第83页
汉族	天塌地陷后,幸存的一对兄妹用泥造人。后辈人都称他俩为人祖"太昊"。	河南省·周口市·西华县	《太昊》,《中原神话通鉴》(第1卷),第334页
汉族	玉帝叫伏羲兄妹到人间种人,生出男女。	宁夏回族自治区·惠农县·庙台乡	《世上为啥女人比男人少》,《中国民间故事集成》(宁夏卷),第14—15页
汉族	伏羲兄妹造了人烟。	四川省·崇庆县(现崇州市)	《盘古开天地》,《中国民间故事集成》(四川卷),第22页
汉族	洪水幸存者伏羲兄妹成婚后造人。	四川省·绵阳市·三台县·红星乡	《伏羲兄妹造人》,《中国民间故事集成》(四川卷),第50页
汉族	女娲与哥哥伏羲成婚后,觉得自己肚皮里没动静,因性急,决定靠神力来造人。	上海市·黄浦区	《女娲娘娘造人》,《中国民间故事集成》(上海卷),第5页
汉族	结婚造人的兄妹被尊为高祖公、高祖婆。	黑龙江省·哈尔滨市·呼兰区·呼兰镇	《高祖公高祖婆》,《中国民间故事集成》(黑龙江卷),第9—10页
羌族	索依迪朗(夫妻神)造出的第一个完整的人,给他取名字叫雅呷确呷·丹巴协惹,就是羌族人的祖先。	四川省·阿坝藏族羌族自治州·茂县·太平乡·牛尾巴村	《索依迪朗造人》,《中国民间故事集成》(四川卷),第1118页
土家族	人类始祖神"呷罗娘娘"造人。	湖南省	《摆手歌》,彭继宽等《土家族文学史》,湖南文艺出版社1989年版,第61页

如果把"男女祖先共同造人"母题作为关联引导的一个特定语义项,

那么，在该项下我们可以区分出另外两个并列的文本类型。这里之所以不把"男祖先造人"和"女祖先造人"作为"男女祖先造人"的下一级类型，主要是因为依据神话叙事主题这个统一的分类标准，由于文化背景和叙事主题不同，神话文本中会出现不同的祖先造人，如果一则神话强调的是男女祖先或祖先夫妻共同造人，表明这则神话不仅强调了男女祖先的二元对立或共同作用，而且标志着该神话也许已经不是母系社会或父系社会产生的歌颂单一的女性祖先或男性祖先的产物，而极有可能产生于婚姻家庭出现之后，意识到男女两性在人类繁衍中的共同作用，这类情形从汉代出土墓葬中大量的"伏羲女娲交尾图"可以得到充分证明。这种男女祖先神话叙事的黏合，具有特定的历史和文化背景，一般认为"女娲造人"神话要比"伏羲"神话出现时间早得多，女娲神话中的"女娲"的事迹明显带有母系社会的印记，而伏羲神话中的"伏羲"则是人类神话进入父系社会时代的产物，带有男性祖先一般所具有的文化发明和创造，既不能像早期的神灵那样有补天的神功，也很少有"造人"方面的叙事，类似的大量相关神话文本就会为深入研究神话的历史传承提供可能。正如有研究者所提出的"女娲与兄妹婚神话的粘连，不免引起原有情节与兄妹婚神话的复合。为适应新的神话格局，原有的情节常常有所变动"[1]。据此，我们可以首先以"男祖先造人"为关联项，得出与"伏羲女娲造人"叙事中有关"伏羲造人"的相关文本，示例见表4-9。

表4-9　以"男祖先造人"为主题的多民族神话文本关联示例表

民族	主要内容	流传地	出处[2]
独龙族	老祖目朋创造人类。	云南省·怒江傈僳族自治州·贡山独龙族怒族自治县·独龙江乡	《行米夏朋》，《中国民间故事集成》（云南卷），第275页
汉族	盘古开天辟地后，觉得孤单，开始造人。	陕西省·宝鸡市·马营镇	《开天辟地》，《中国民间故事集成》（陕西卷），第4页

---

[1] 杨利慧：《伏羲女娲与兄妹婚神话的粘连与复合》，《北京师范大学学报》（社会科学版）1997年第6期。

[2] 为简化表格内容，本表出处采用缩写格式。

续表

民族	主要内容	流传地	出处
汉族	盘古大仙一个人觉得没有意思，便用河里的泥沙捏了个粗棒棒人。	新疆维吾尔自治区·哈密市·陶家宫乡·沙枣园村	《人是怎么来的》，《中国民间故事集成》（新疆卷），第30页
汉族	盘古捏了许多许多血泥人。	山西省·运城市·闻喜县·峪堡村	《盘古出生》，《中国民间故事集成》（山西卷），第3页
汉族	盘古用斧子劈开大气包出来，成为地上第一人。	河南省·南阳市·桐柏县·二郎山乡	《开天辟地》，《中国民间故事集成》（河南卷），第4页
汉族	脑袋顶上长着两个肉犄角的盘古开天造人。	河北省·沧州市·青县·盘古乡·大盘古村	《盘古造人》，《中国民间故事集成》（河北卷），第4页
汉族	盘古王开天地以后，用黄泥捏出两个人。	浙江省·金华市·永康县·柿后村	《盘古造人》，《中国民间故事集成》（浙江卷），第37页
汉族	盘古用菜刀刮丁板成1人。	江西省·吉安市·万安县·潞田乡	《伏羲和女娲》，《中国民间故事集成》（江西卷），第10—11页
汉族	盘古用泥巴来捏人。	四川省·眉山市·彭山县·建和乡·纱溪村	《残疾人的来历》，《中国民间故事集成》（四川卷），第28页
汉族	神灵盘古用泥造人。	福建省·龙岩市·上杭县·临城镇·北路村	《盘古女娲成亲》，《中国民间故事集成》（福建卷），第5—6页
汉族	伏羲在封台山上创造了人。	甘肃省·天水市·麦积区·渭南镇	《伏羲封姓》，《中国民间故事集成》（甘肃卷），第14—15页
汉族	伏羲造人。	甘肃省·天水市·北道区·利桥乡	《蛇为啥没有脚》，《中国民间故事集成》（甘肃卷），第13页
傈僳族	盘古毁灭懒惰的第一代人类后造人。	云南省	《盘古造人》，《傈僳族民间故事选》，第7—11页
苗族	祖先博咚生觥斗曦（男性人名，祖先），觥斗曦造了人。	贵州省·紫云县（麻山苗区）	《亚鲁族源》，《亚鲁王》，第33页
壮族	伏羲造人。	广西壮族自治区·贺州市·钟山县·清塘乡	《世间万物从哪来》，《壮族神话集成》，第11页
壮族	开天辟地老祖布洛陀，造了天地和人以后，在天上安家。	广西壮族自治区·百色市·西林县·八达镇	《地上的星星》，《中国民间故事集成》（广西卷），第86页

通过表4-9我们可以看出，许多民族和地区均流传有男性祖先造人的神话，体现出较为接近的主题或情节，但具体叙事背景、叙事结构和叙事结果又千差万别，这些数据为我们全面审视这一类型的叙事提供了丰富的研究材料。

下面以"女祖先造人"为关联项，则得出与"伏羲女娲造人"叙事中有关"女娲造人"的许多相关文本，示例见表4-10。

表4-10　以"女祖先造人"为主题的多民族神话文本关联示例表

民族	主要内容	流传地	出处[1]
布朗族	神巨人顾米亚造人类。	云南省·西双版纳州·勐海县	《顾米亚》，《中国民间故事集成》（云南卷），第151页
侗族	女祖神萨天巴按自己的想法造人。	广西壮族自治区·柳州市·三江侗族自治县，桂林市·龙胜县	《嘎茫莽道时嘉——远祖歌》（未出版稿），《中国各民族神话》（土家族、毛南族、侗族、瑶族），第90页
汉族	伏羲是一个女性形象。	广西壮族自治区·玉林市·兴业县·葵阳乡镇	《伏羲造人》，《中国民间故事集成》（广西卷），第67页
汉族	地上来的一个女神仙女娲娘娘造出人类。	四川省·凉山彝族自治州·德昌县·热和乡·田村	《女娲造人》，《中国民间故事集成》（四川卷），第27页
汉族	盘古的后代女娲在盘古死后成仙造人。	湖南省·涟源市·杨市镇·太和村	《女娲补天造人》，《中国民间故事集成》（湖南卷），第22页
汉族	人的祖先管造人的娲儿公主叫女娲娘娘，又称她是人的始祖。	辽宁省·阜新市·细河区	《人的来历》，《中国神话》（上），第324—326页
苗族	女祖宗一次又一次地造族人。	贵州省·安顺市·紫云苗族布依族自治县（麻山苗区）	《亚鲁族源》，《亚鲁王》，第54页

---

[1] 为简化表格内容，本表出处采用缩写格式。

续表

民族	主要内容	流传地	出处
水族	牙巫（女神名，研究者认为是"女娲"音转）不仅造人，还造出兽和万物。	贵州省·三都、荔波、独山、榕江、雷山等县	《开天地造人烟》，《水族文学史》，第39—40页
瑶族	女祖先务告造人。	贵州省·黔南布依族苗族自治州·荔波县·洞塘乡	《务告造人》，《中国民间故事集成》（贵州卷），第13—14页
瑶族	女神密洛陀在蜜蜂的帮助下创造出人类。	广西壮族自治区·河池市·巴马瑶族自治县	《密洛陀》，《中国少数民族神话》，第122页
壮族	始祖娘姆洛甲用蜂蛋和蝶蛋做人，生养后代。	广西壮族自治区·河池市·大化瑶族自治县·羌圩乡	《姆洛甲造三批人》，《中国民间故事集成》（广西卷），第4—5页
藏族	世上只有女娲和各种动物，动物不会说话，女娲很苦闷，用泥巴造人。	云南省·迪庆藏族自治州·香格里拉市·汤美村（汤满村）	《女娲娘娘补天》（原始稿），《中国少数民族神话论文集》，第112页

三 以壮族伏羲女娲神话为例看母题关联的实现

从母题的关联性入手，可以逐步实现从专题数据到综合数据，从小数据到大数据的关联。以广西壮族自治区流传的伏羲女娲为例，很多"伏羲女娲"神话母题既有民族方面的特征，又有地区方面的特征，与其他民族和地区相比，还可能同时具备共性与个性特征，所以在数据关联的思考方面关注这些问题是非常必要的。在此主要选择《壮族神话集成》一书中流传在壮族地区与民族、地域两个维度有关的5篇文本[①]，以便就母题在不同民族、不同地区建构起来的关联性加以分析（表4-11）。

本表中仅选择了壮族神话中的部分有关"伏羲""女娲"的神话文本，其他如流传于广西宁明县的神话《拱粪虫定错人寿》，应用了"女娲用土造人""女娲定寿命""女娲规定一日三餐"等母题；流传于广西象州县的神话《女娲补天》，应用了"女娲是女神""女娲用黄泥造人""女娲补

---

① 原书中共收录10篇文本。

第四章 伏羲女娲神话数据的关联性 / 217

表4-11 壮族地区伏羲女娲神话母题关联性示例表①

篇名②	流传地	基本母题③	关联性举例④			
^^^	^^^	^^^	关联母题	民族	流传地⑤	作品信息⑥
伏羲和女娲	广西柳城县古砦乡一带	洪水后伏羲女娲兄妹幸存	盘古婚生伏羲兄妹	汉族	河南省·焦作市·武陟县	《避难创世》，《中国民间故事集成》（河南卷），第10—11页
^^^	^^^	^^^	盘古开天地后莲花生伏羲女娲	汉族	中原地区	《连生伏羲女娲》，《中原神话》，第12页
^^^	^^^	伏羲女娲婚	伏羲女娲兄妹婚	汉族	河南省·南阳市·桐柏县	《伏羲女娲兄妹结婚》，《神话传说三百篇》，第16—19页
^^^	^^^	^^^	女娲与盘古婚	汉族	甘肃省·天水市	《伏羲女娲成婚》，《中国民间故事集成》（甘肃卷），第10页
^^^	^^^	^^^	女娲与后羿婚	汉族	浙江省·兰溪市	《女娲补天》，《中国民间故事集成》（浙江卷），第16页
^^^	^^^	^^^	^^^	汉族	河南省·安阳市	《下雨时为啥起黑云》，《中原神话通鉴》（第1卷），第170页

① 此表的主要目的是考察一个特定民族或地区母题与其他民族或地区的伏羲女娲神话母题的发散式关联，限于表格限制，一些栏目只显示某些具有代表性的母题元素，有些重复性的母题采取省略方式，不再一一标出。
② 本表中选择的5篇神话《伏羲和女娲》《伏羲人》《伏羲兄妹》《伏羲女娲的传说》分别选自农冠品编注《壮族神话集成》，广西民族出版社2007年版，第327—328、320—321、328—331、326—327、328页。
③ 每篇神话往往包含数量不同的基本母题，在此根据示例所需要每篇选择3—5个与伏羲女娲有关的具有代表性的基本母题。
④ 任何一项关联从理论上讲，都会有无限的关联项，此表只是选择一些具有代表性的其他民族或地区的相应母题作为参照内容，以考察其民族或地区关联的丰富性与复杂性。具体关联可以在伏羲女娲专题数据库中实现关联。
⑤ 本表将"流传地"限定到省、县两级。
⑥ 由于表格限制，此处的神话文本出处及讲述人、采集人等信息采取简约的形式。

续表

篇名	流传地	基本母题	关联母题	关联性举例			
				民族	流传地	作品信息
伏羲和女娲	广西柳城县古砦乡一带	伏羲女娲婚	女娲与香山老祖兄妹婚	汉族	四川省	《女娲娘娘和香山老祖》，杨利慧，《女娲的神话及其信仰》，博士学位论文，1993年
		伏羲女娲婚生怪胎	伏羲女娲兄妹婚繁衍人类	汉族	河北省·邯郸市·涉县	《女娲治世》，《中国民间故事集成》（河北卷），第24页
			伏羲姊妹结婚后生葫芦瓜	瑶族	湖南省·永州市·江华瑶族自治县	《人是怎样来的》，《瑶族民间传说故事选》，1980刻印本，第67页
		伏羲女娲创造人类	伏羲女娲用土造人	汉族	甘肃省·平凉市·静宁县	《伏羲降生》，《中国民间故事集成甘肃卷·静宁民间故事》，内部编印，1989年，第9页
			伏羲兄妹造人	汉族	四川省·成都市·简阳县	《伏羲兄妹造人》（四川卷），第49页
				汉族	宁夏回族自治区·石嘴山市·惠农县	《世上为啥女人比男人少》，《中国民间故事集成》（宁夏卷），第14—15页
			伏羲女娲兄妹造人	汉族	河南省·济源市·邵原镇（邵原镇）	《女娲伏羲避难创世》，《济源邵源创世神话群》，第4页
				汉族	上海市·黄浦区	《女娲娘娘造人》，《中国民间故事集成》（上海卷），第5页
			女娲造人	藏族	云南省·迪庆藏族自治州	《女娲娘娘》，《中国民间故事集成》（云南卷），第67页

续表

篇名	流传地	基本母题	关联母题	民族	流传地	作品信息
伏羲和女娲	广西柳城县古砦乡一带	伏羲女娲创造人类	女祖先造人	苗族	贵州省·安顺市·紫云苗族布依族自治县	《亚鲁族颂》，《亚鲁王》，第54页
				瑶族	贵州省·黔南布依族苗族自治州·荔波县	《务告造人》，《中国民间故事集成》（贵州卷），第13—14页
			夯人生伏羲兄妹	瑶族	云南省·文山壮族苗族自治州	《伏羲兄妹》，《山茶》1982年第1期
			大圣生伏羲兄妹	瑶族	广西壮族自治区·来宾市·金秀瑶族自治县	《伏羲兄妹的故事》，《中国各民族神话》（土家族等），第190页
			华胥生伏羲兄妹	汉族	河南省·周口市·淮阳区	《人祖爷》，《中原神话通鉴》（第1卷），第214页
伏羲和芝妹（1）	广西合山市	伏羲兄妹	华胥生伏羲女娲	汉族	陕西省·西安市·蓝田县	《华胥国》，《中国民间故事集成》（陕西卷），第6页
			女娲造伏羲兄妹	汉族	山西省·阳泉市·平定县	《兄妹神婚与东西磨山》，《中国民间故事集成》（山西卷），第12页
			伏羲兄妹是聪明的猴子	汉族	四川省·成都市·双流区	《伏羲与兄妹与猿猴》，《中国民间故事集成》（四川卷），第53页

续表

篇名	流传地	基本母题	关联母题	民族	流传地	作品信息
伏羲和芝妹(1)	广西合山市	洪水后伏羲兄妹婚生人	伏羲女娲婚生黄帝和炎帝	汉族	河南省·焦作市·武陟县	《人从哪里来》,《中原神话通鉴》(第1卷),第303页
			布洛陀和姆六甲是壮族始祖	壮族	广西壮族自治区·河池市,云南省·文山壮族苗族自治州	《布洛陀和姆六甲》,《壮族神话集成》,第47—58页
		伏羲兄妹是壮族始祖	一对娘侄是壮族祖先	壮族	云南省·文山壮族苗族自治州·西畴县	《娘侄通婚》,《壮族神话集成》,第41—42页
			盘和古是壮族祖先	壮族	广西壮族自治区	《盘和古》,《中国各民族神话》(仫佬族等),第130—133页
		盘古分开天地		土家族	湖南省·吉首市	《盘古开天、女娲补天》,《中国民间故事集成》(湖南卷),第5页
				汉族	上海市·黄浦区	《女娲补天治水》,《中国民间故事集成》(上海卷),第13页
伏羲人	广西横县	盘古造天地	盘古开天辟地	汉族	浙江省·宁波市·宁海县	《盘古开天辟地》,《中国民间故事丛书·浙江宁波·宁海卷》,第3页
				汉族	河南省·武陟县	《盘古开天辟地》,《中原神话通鉴》(第1卷),第17—18页
				汉族	广东省·茂名市·电白县	《盘古开天辟地》,《中国民间故事集成》(广东卷),第3页
				汉族	重庆市·巴南区	《盘古开天地》,《中国民间故事集成》(四川卷),第22页

第四章 伏羲女娲神话数据的关联性 / 221

续表

篇名	流传地	基本母题	关联母题	民族	流传地	作品信息
伏羲人	广西横县	盘古造天地	盘古开天辟地	壮族	桂东南（广西壮族自治区玉林地区所辖县市）	《伏羲祖的传说》，《广西民间故事辞典》，第25页
			盘古开天辟地	白族	云南省·大理白族自治州·大理市	《盘古开天辟地》，《中国神话》（上），第13—18页
			盘古皇开天辟地	瑶族	云南省	《盘古皇》，《云南少数民族文学资料》（第3辑），第95页
		洪水后伏羲姊妹婚	洪水后幸存男子与柳枝变的姑娘结婚	满族	黑龙江省·牡丹江市	季永海等《满族民间文学概论》，第9页
			洪水后人变猕猴与女鬼结婚	藏族	西藏自治区	《人的由来》，《西北民族学院学报》1983年第1期
			洪水后，天降的男人西沙和女人勒沙结婚	傈僳族	云南省	《岩石月亮》，《中国创世神话》，第59页
		伏羲姊妹造人类	参见"伏羲女娲创造人类"			
		伏羲造八卦	伏羲兄妹造工具	瑶族	云南省·文山壮族苗族自治州	《伏羲兄妹》，《中国民间故事集成》（云南卷），第201页

续表

篇名	流传地	基本母题	关联母题	民族	流传地	作品信息
伏羲兄妹的传说	广西乐业—田林雅长一带	洪水后幸存伏羲兄妹	洪水后伏羲兄妹幸存	瑶族	广西壮族自治州·金秀瑶族自治县·来宾市	《伏羲兄妹的故事》,《中华民族故事大系》（第5卷），第21—26页
			洪水后伏哥和羲妹幸存	布依族	四川省·凉山彝族自治州·宁南县	《洪水朝天》,《布依族民间故事》，第321—323页
		仙人劝伏羲兄妹成婚	盘古劝伏羲女娲婚	汉族	河北省·邯郸市·涉县	《女娲治世》,《中国民间故事集成》（河北卷），第24页
		伏羲兄妹婚生的怪胎变成人	伏羲女娲婚生的卵变成炎黄	汉族	河南省·焦作市·武陟县	《人从哪里来》,《中原神话通鉴》（第1卷），第303页
		动植物劝伏羲兄妹婚	白鹤劝洪水后幸存的兄妹结婚	白族	云南省·大理白族自治州	《鹤拓》,《白族民间故事》，第69页
	广西桂西地区		鸭子劝洪水后幸存的兄妹结婚	汉族	陕西省·汉中市·勉县	《洪水泡天》,《中国民间故事集成》（山西卷），第13页
			竹子劝洪水后幸存的兄妹结婚	京族	广西壮族自治区	王孝廉：《岭云关雪——民族神话学论集》，第132—133页

续表

篇名	流传地	基本母题	关联性举例			
			关联母题	民族	流传地	作品信息
伏羲兄妹的传说	广西桂西地区	伏羲兄妹是人类的祖先	人类祖先是伏羲兄妹	仫佬族	广西壮族自治区·河池市·罗城仫佬族自治县	《伏羲兄妹的传说》，《中国少数民族神话》，第146页
			伏羲女娲婚生黄帝尧舜禹	汉族	河南省·洛阳市	《龙的传人》，《中原神话通鉴》（第1卷），第292页

第四章 伏羲女娲神话数据的关联性 / 223

天""女娲回仙界"等母题；流传于广西贵港市的神话《伏羲兄妹》，应用了"伏羲兄妹的产生""洪水后伏羲兄妹婚""伏羲兄妹婚后用黄泥造人"等母题；流传于广西宜州的神话《伏羲兄妹》，应用了"伏羲女娲兄妹是种田人的儿女""洪水后伏羲女娲幸存""女娲劝伏羲与自己成婚""伏羲女娲兄妹难题成婚""伏羲女娲兄妹婚生怪胎""伏羲女娲婚生的怪胎变成很多人"等母题；流传于广西武宣县的神话《伏羲和芝妹（2）》中，应用了"伏羲兄妹是太白的儿女""洪水后伏羲兄妹婚""伏羲兄妹难题成婚""伏羲女娲婚生怪胎""伏羲兄妹婚生百家姓"；等等。这些都可以与壮族以及其他民族的神话构成母题关联的节点。本表中所示及举例之中的母题，都会给人一种似曾相识的感觉，据此可以寻找到关于伏羲女娲的大量关联信息，会得到不同类型、不同层级的关联延伸，如比较《伏羲和女娲》和《伏羲和芝妹（1）》、《伏羲和芝妹（2）》可以发现，虽然后两篇把"女娲"置换为"芝妹"，但只是名称的变化，而叙事的主题与核心母题则往往大同小异。

表4-8、表4-9、表4-10、表4-11中所列举的母题关联，并不局限在神话作品题目中含有"伏羲""女娲"的神话。再如流传于广西壮族自治区百色市达江乡、阳圩乡一带的《花和姓》[①]，该神话叙述的大意是，古时候有两兄妹孤儿，女的叫花，男的叫姓，二人住在名为布越的地方。有个老公公到他们的住处告诉他俩，如果看到村边的石狮眼睛出血泪，就要发生大洪水，还给他俩一粒葫芦种子，让他们种葫芦逃避洪水。后来有个人出于好奇顺手将猪血涂到石狮子的眼睛上。兄妹俩见到石狮子的眼睛出了血，马上爬进葫芦里，避过七七四十九天大暴雨造成的大洪水得以逃生。这时，地上的人都已淹死，兄妹俩按老公公的话各奔西东寻找配偶，结果一个人影也找不到。为了再造人类，兄妹俩只得结婚。一年后生了一个儿子，肤色黄，取名黄帝。他俩感觉生育人太慢，就把芝麻籽往山脚下撒播。不久，芝麻地中钻出一个个人儿来，他们称花和姓为爹娘，花和姓说："你们都是百家花姓，按着顺序排列：赵钱孙李、周吴郑王，各据一

[①]《花和姓》，张声震总主编，农冠品编注《壮族神话集成》，广西民族出版社2007年版，第348—349页。原文注释中说，讲述人龙明朗（男，54岁，壮族，民间医生，百色达江乡达金村人），搜集整理者龙广兴（男，23岁，壮族，百色达江乡达金村小学教师，中师文化），1988年元月采集于达金村。流传地区为达江乡、阳圩乡等百色壮族地区。原载罗小莹主编《百色民间故事》，百色市民间文学三套集成编委会1987年编印。

方。朝贡黄帝，男婚女嫁，各立家业。"从此以后，天下便有了黄帝的子孙。该文本的采集者在注释中解释说："此属洪水神话汉译文本，伏羲兄妹变成'花'与'姓'，'姓'是兄，'花'是妹；雷王变成'老公公'，兄妹用芝麻种子造人类。洪水神话在流传过程中异化成各种不同的故事。"不仅如此，这则神话其实包含着丰富的中华民族同源共祖的文化信息。通过上面的具体叙事不难看出，一方面，这则神话与南方地区其他民族的"洪水后兄妹婚再生人类"神话存在密切关联；另一方面，这则壮族神话中的"兄妹"虽然名称说成是"花"与"姓"，但事实上说的是与"花"，即与"华夏""黄帝""炎黄子孙"的血缘关系，其实质与"伏羲女娲"兄妹婚是一致的，因此这里不是简单的文字表象方面的关联，而是与神话语义或寓意方面的关联，与各民族数量众多的伏羲女娲神话在表达主题方面的相似性是不言而喻的，因此这种关联属于神话叙事主题的本质性关联。此类现象也是考察关联生成中一个不可忽视的问题。

第五章 伏羲女娲神话数据的开发与应用

从伏羲女娲神话专题数据建设的核心任务而言，主要包括两个方面，一是根据研究实际需要形成符合专业标准的相当数量的数据，二是专题数据库神话信息存储并可以通过关联查询实现各网络平台数据共享。无论是这些数据的结构建模还是知识图谱的关联层级设计，归根到底都要在解决学术实践的具体问题中才能发挥出作用。这是围绕中华民族伏羲女娲神话数据作为研究的出发点和最终目的，同时也为当今大数据背景下的人文学科资源的创新型转化提供数据开发应用的一些参考。

第一节 伏羲女娲神话数据的应用与实践价值

与伏羲女娲相关的神话叙事是中华民族传统文化的重要组成部分，具有中华民族的根文化特征，体现出中华民族文化的精髓和精神，并对当今中华民族传统文化的发展和繁荣持续产生积极影响。探讨伏羲女娲神话数据在当今知识服务、文化建设、对学科建设的支撑以及传统文化的创造性转化、创新性发展中的合理利用问题，具有重要的社会实践价值。

一 专题数据建设与研究的应用价值

由于不同学科研究对象、研究方法不同，做好学科专题数据建设与研究是必要的。专题数据不仅有利于从更宏观的视野考量该学科的面貌，更重要的是，它具有无可替代的实践应用价值。

1. 专题数据库建设与研究为专业知识服务提供坚实基础

专题数据库的一大显著应用价值，体现在可以为用户提供更加高效和专业的知识服务。所谓"知识服务",指的是从各种显性或隐性知识资源中按照用户提出的需求,有针对性地对数据库中的信息进行提炼并搭建起知识网络,进而解决用户提出的问题的信息服务过程。这一概念源自1963年奥地利裔美国经济学家Fritz Machlup提出的知识产业理念,后经20世纪70年代中期以Chaparral Steel为代表对"以知识为中心的管理"概念的推崇和发展,历经1992年非营利服务组织联盟"服务创新联盟"和EBSCO Knowledge Services知识库知识产业的摸索,最终在21世纪初形成了相对成熟的以公共知识项目(Public Knowledge Project)和可见知识项目(Visible Knowledge Project)等为代表的知识项目概念[①],从而在世界范围内呈现出迅速发展的态势。国内知识服务概念的兴起和技术推广伴随着图书情报技术发展起来,20世纪90年代后期萌芽于图书情报领域,随后经历了基于"知识网络"的知识服务体系建设、"知识社群"概念的提出到以大数据知识服务为核心的知识服务模式的新发展,时至今日,云计算环境下对知识服务平台构建和媒体融合环境中知识服务模式的探究已成为跨学科研究的热点问题,在社会各领域的实践和应用也逐渐形成了规模。

在数据的实际应用层面,知识服务作为一种创建、共享、使用和管理组织知识和信息的过程和方法,囊括了信息的捕获、分发和有效利用等几个关键环节,强调信息的精确性和共享性。所谓精确性,既包括信息获取的精确性,也包括提供时间的精确性和被服务者的精确定位,最终达到绩效组织的精确目的;而共享性则强调在充分满足各个环节信息开放性的基础上,尽可能广泛地融合不同领域的知识体系,以通过充分利用知识来实现组织目标的多元性和系统性。

知识服务本质上归属于"信息服务"的升级。20世纪信息革命之后,互联网和服务器完成了对海量信息的聚集,人们可以轻易通过检索,按图索骥找到目标信息,这时的"信息"还是"信息"本身,需要人们完成后续的信息筛选、处理和组织以使之有意义,即"信息服务"所倡导的以提供信息、数据或文献为目的,以利用固有信息资源提供被动式应答服务为特点的服务。随后,人们面临着下一更高阶段的需求——对知识或答案的

---

① 参见张立、吴素平、周丹《国内外知识服务相关概念追踪与辨析》,《科技与出版》2020年第2期。

直接获取——这就需要数据库在后台完成隐性信息的检索、处理、组织和呈现，此时便进入了知识服务阶段：这种服务以面向解决方案为目的，具备专业化知识技能，并可以提供主动的、集成的、个性化的服务，从而实现知识的最大化增值。这种观念的革新，同样适用于以伏羲女娲神话为代表的中华民族传统文化数据信息的方法革新。

2. 国内外与专题数据开发有关的知识服务数据平台建设实践

随着当今大数据、云计算技术等与知识服务的无缝衔接，知识服务创新模式也在不断升级。用以解决结构化、半结构化及非结构化多源异构数据的大数据获取、处理和分析技术，正在改变着传统的知识服务方法和体系。无论人们是不是已经了解或关注到这些正在日益影响着研究理念和方法的数据平台建设，它都以不可阻挡的发展态势改变着当今各项科学研究。下面选取两个简单的实例作为说明。

（1）"中国知网"数据平台中的"伏羲女娲神话"资源生成。在知网文献库以"伏羲女娲"作为主题关键词进行检索（时间截至2020年2月18日），可得到355篇文献。其中以伏羲女娲作为专题进行研究的比例最高，数量为226篇，占全部检索结果的63.67%。居于检索数量第二位的是"汉画石像"类，数量为45篇，占12.68%；之后是"民间文学"类文献38篇，占10.70%。此外在伏羲女娲图像研究、墓葬考古、神话传说、中华民族传统文化等诸多领域均有对两者进行整体研究的学术探索。

如果将"伏羲"单独作为检索关键词在知网全库进行搜索，可得到2924条数据，其中占绝对优势比例的研究类型为"伏羲氏"，数量为586篇，占20.04%。此外在伏羲女娲综合研究、伏羲文化、民间文学、伏羲与中华民族的联系、易学、图腾崇拜、人文始祖等方面均有不同数量的文献面世。以"女娲"作为检索条件，可得到相近的结果。

将"伏羲"或"女娲"作为研究对象的文献最早可追溯至1930年顾颉刚发表于《清华学报》的《五德终始说下的政治和历史》。[1] 在此后的80余年间，该领域研究呈现出"前期平缓—中期爆发—后期稳定"的发展态势。据不完全统计，以1983年至2017年为样本采集区间，把

---

[1] 顾颉刚：《五德终始说下的政治和历史》，《清华学报》1930年第1期。

"伏羲女娲"作为整体进行研究的文献共计185篇。研究发表的学术论文数量分别在2002年、2006年和2015年迎来了3次爆发式增长，中文文献量和环比增长率[①]分别达到了：2002年发表论文数量为11篇，环比增长率为267%；2006年发表论文数量为14篇，环比增长率为56%；2015年发表论文数量为26篇，环比增长率为30%。2006年至今，文献数量基本稳定在每年15篇以上，呈现出较高的学术活跃度和媒体关注度。

通过以上数据分析不难看出，学术界对伏羲女娲的研究已涉及各个领域的诸多研究方向，研究学科分布集中在考古、旅游、宗教、文化、美术雕塑与摄影、中国文学、中国古代史、音乐舞蹈、中国通史及中国民族与地方志史十大学科，学科跨度大，历史积淀深厚。涉及伏羲神话、女娲神话、伏羲女娲神话相关的期刊论文、硕博学位论文等共计4724篇，相关著作62部，召开的国际、国内学术会议40余次。这种情况说明了两个问题，一是伏羲女娲的研究具有重要的学术价值和社会价值，二是数据研究方法已成为目前人文学科研究中的一种行之有效的方法。对该问题的进一步研究将有利于全方位数据资源的整合，对少数民族语言学、数据学、少数民族文化产业等领域也将产生积极的推动作用。

同时，在具体研究成果的数据分析方面，该网站也为使用者提供了数据关联与引申服务。如点击"期刊"类"篇名"检索中的"伏羲女娲对偶图像的符号意义阐释"，进入检索结果页面，就会出现如下几类结果。

①"知识节点"项，包括"基本信息""摘要""基金""关键词""DOI"等，每一项均对应相应信息。

②"知识网络"项，包括"引文网络""关联作者""相似文献""读者推荐""相关基金文献"等。

上述每一项均通过网络数据进行了不同程度的可视化处理，其中"引文网络"以类似于知识图谱式的"参考引证图谱"，给读者提供了更加清晰直观的知识展示，如图5-1、图5-2所示。

---

① 环比增长率一般指和上期相比较的增长率，此处是指当年发表文献数量与上一年相比的增长比率。环比增长率=（本年度文献数量－上年度文献数量）/上年度文献数量×100%。

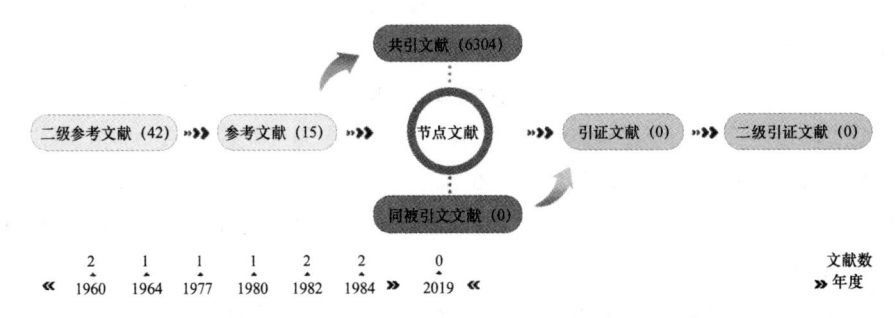

图5-1 《伏羲女娲对偶图像的符号意义阐释》一文引文
网络图示（截图取自知网）

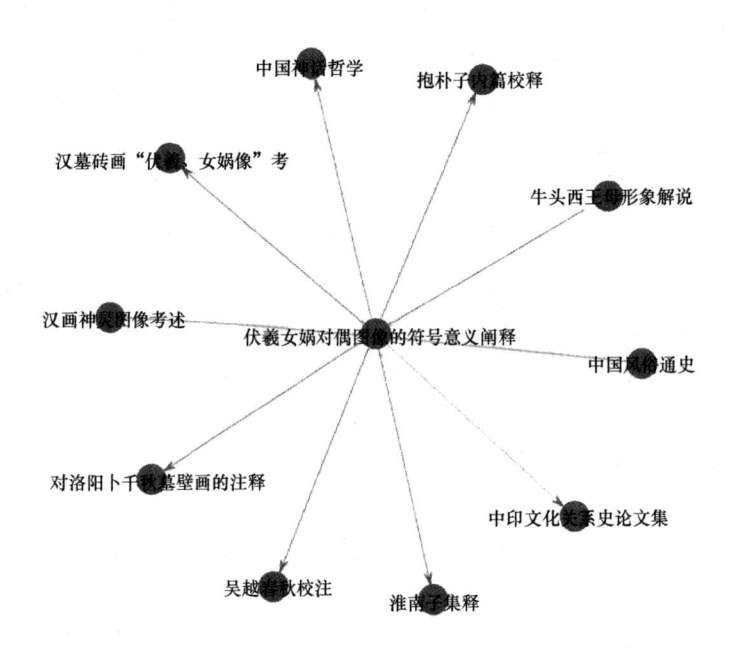

图5-2 《伏羲女娲对偶图像的符号意义阐释》一文参考
引证图谱（截图取自知网）

此外，网站提供了"相似文献"的选项，在"中国学术期刊网络出版总库"中列举了5篇类似的成果关联，如下：

［1］王倩：《左东右西：论汉画像石中的西王母方位模式》，《文化遗产》2014年第2期。

［2］陈金文：《东汉画像石中西王母与伏羲、女娲共同构图的解读》，

《青海社会科学》2011年第1期。

［3］叶舒宪：《牛头西王母形象解说》，《民族艺术》2008年第3期。

［4］孟庆利：《汉墓砖画"伏羲、女娲像"考》，《考古》2000年第4期。

［5］林巳奈夫、蔡凤书：《对洛阳卜千秋墓壁画的注释》，《华夏考古》1999年第4期。

上述结果为使用者进一步查询同类型研究成果或学术观点比较提供了数据指引，也在很大程度上拓展了研究者的视野。

随着中国知识基础设施工程的逐渐深入推行，知网在行业知识服务与知识管理平台、研究学习平台和专题知识库等专业知识服务领域持续探索，深刻服务于科技创新和社科创新。其中，"大数据研究平台"中集成了专利分析、学术图片、统计数据、学术热点和学者库等功能，在知识元和数据层面为学者们提供了更加精准、专业的服务保障。

（2）国家图书馆数据平台中的"伏羲女娲神话"资源生成。不同的数据信息平台在数据采集对象、数据结构、数据呈现等方面往往有所不同，如果说"中国知网"以学术研究成果为主体，那么"国家图书馆数据平台"则以丰富的图书资源为其特色。如通过图书馆的"文津"首页检索，我们就会发现该引擎与"中国知网"存在明显的差异，在检索项中设置了"全部""图书""古文献""论文""期刊报纸""多媒体""缩微文献""文档""词条"等，显然这种不同类型中的检索关联，更突出了图书文献方面的功能。如果将"伏羲"作为检索词，页面下方的"相关搜索"中便会提示使用者一些可能有价值的检索项。如当使用者检索"伏羲"时，提示显示有"伏羲庙""伏羲祭""伏羲考""伏羲伏兮""伏羲伏羲""伏羲传奇""伏羲图赞""伏羲庙志"等，通过这些检索词的指引，研究者会获得许多相关的研究资源。

目前绝大多数网络知识平台都实现了"关键词"在著作或论文中的全文检索，甚至可以在PDF文件中实现全文检索，有的还实现了"添加检索条件""中英文自动翻译检索""模糊检索"等，这样极大地扩展了所检索的知识信息量。毋庸讳言，虽然通过数据技术提供了如此强大的数据资源，但目前使用者一般仍处于"经验检索"阶段，因为这些网络由于专题知识开发力量不足的限制，很难为读者提供知识引导性的知识导图，如查找"伏羲女娲",可以很快得到不同类型的海量资料,但这些数据就像堆放在仓库中大量没有标签或标签并不准确的商品,有时难免让使用者产生盲人摸象的困惑,甚至像在一个知识的海洋里遨游,至于能否寻找到真正需要的东西,有时只能凭运气。所以从专题数据的知识引导上有必要上升一个新的台阶。如通过伏羲女娲神话母题知识体系的建构,使用者可以先了解该神话专题中的伏羲女娲母题的类型结构和层级结构,然后用这个体系中的特定提示,作为对该问题大数据检索的参考,无论是通过母题检索(关键词检索)还是与母题有关的模糊检索,都可以更快地将上面多个网站提及的图书、文献、论文、报纸、多媒体等更准确地关联在一起,进一步提升工作效率。

目前国内外已有不少知识数据库类网站上线,用户规模且影响力较大的有中国大百科全书、CNKI、CNKI 学术趋势、日本 CINII、超星图书馆、PubMed、中国社会科学引文索引、中国研究服务中心、Springer、EBSCO、国家科技图书文献中心、The Reciprocal Net Site Network、ChemExper Chemical Directory、STN 国际联机检索系统、IEEE、sciencedirect、NASA 技术报告、斯坦福技术报告、OAK RIDGE,等等。如果今后数据平台建设中能兼取众长,将会不断推进专题数据平台的升级与完善。

二 伏羲女娲神话数据在中华民族传统文化研究中的运用

伏羲女娲神话数据从理论与实践应用上讲,可以适用于中国传统文化研究、民间文学研究、民族学研究、民俗学研究、文化人类学研究等多个领域。在此,选择该数据在中华民族传统文化研究中的运用作为案例,做一些简单的分析。

1. 博大精深的中华民族传统文化需要客观数据作为研究基础

对中华民族的优秀传统文化进行系统的分析和研究,是时代赋予的重任。正如中共中央办公厅、国务院办公厅 2017 年印发的《关于实施中华优秀传统文化传承发展工程的意见》中明确提出:"在 5000 多年文明发展中孕育的中华优秀传统文化,积淀着中华民族最深沉的精神追求,代表着中华民族独特的精神标识,是中华民族生生不息、发展壮大的丰厚滋养,是中国特色社会主义植根的文化沃土,是当代中国发展的突出优势,对延续和发展中华文明、促进人类文明进步,发挥着重要作用。"①

中华民族传统文化博大精深源于其悠长的历史及其传承过程中的不断发展。无论依循时间还是空间维度,都可将这一重要文化资源划分出若干专题,如以断代划分的专题、以特定研究对象划分的专题、以特定主题划分的专题等等。其中,若以研究对象作为神话研究专题,我们可以划分出盘古专题、三皇五帝专题、大禹专题、后羿嫦娥等神话人物专题。如果以"三皇五帝"为例,又有不同说法,像《尚书大传》中说"三皇"是"燧人、伏羲、神农",《春秋运斗枢》中认为是"伏羲、女娲、神农",《风俗通义》中则说是"伏羲、祝融、神农",等等;而"五帝"也有不同说法,像《吕氏春秋》中说是"太昊、炎帝、黄帝、少昊、颛顼",《大戴礼记》中说是"黄帝、颛顼、帝喾、尧、舜",等等,当今一些研究者认为"少昊"就是"伏羲",又把上面"三皇五帝"的说法混同在一起。但不可否认的是,伏羲女娲作为中华民族的文化祖先,与许多古老的神话人物具有本质上的一致性,伏羲女娲专题数据的专题建设与研究恰恰有利于更深入地认识中华民族传统文化的丰富内涵与文化特征。

通过上面所举诸多案例,不仅可以一窥伏羲女娲神话在中国跨地区与民族的丰富性,同时也可发现伏羲、女娲在许多民族叙事中已被当作繁衍中华民族的文化始祖来塑造了。这些丰富多彩的叙事不仅可以反映出史上汉族与少数民族文化的高度融合,而且可以清晰展现出中华民族共同体意识在民族文化信仰中的建构过程。有研究者认为,"在原始民族以及许多少数民族中,神话并不像我们理解的那样,只是一种古老的故事"。"神话包含的不仅是古老的故事(且多看成历史故事),而且是有关事物起源的道理,不可动摇的信念及言行的规矩等等。"② 这一判断正是基于客观事实之上得出的结论,体现出神话叙事在特定文化语境下所表现出的神圣性。当然,支撑这一客观事实和神圣性的依据就是大量翔实的神话数据。

2. 伏羲女娲专题数据中的文化祖先母题彰显中华民族共同体意识

关于数据研究并不是对其叙事的表层研究,更重要的是透过表层对其母题组合、结构特征等进行深入挖掘,发现其社会文化价值,并从其表述

---

① 中共中央办公厅、国务院办公厅:《关于实施中华优秀传统文化传承发展工程的意见》,《人民日报》2017年1月16日。

② 万建中:《祖婚型神话传说中禁忌母题的文化人类学阐释》,《民族文学研究》1999年第3期。

的文化精神生成为人类的价值观、人生观乃至世界观。

中华民族优秀传统文化的重要内容之一就是表现出鲜明的"中华民族共同体意识"。党的十九大报告中明确提出："全面贯彻党的民族政策，深化民族团结进步教育，铸牢中华民族共同体意识，加强各民族交往交流交融，促进各民族像石榴籽一样紧紧抱在一起，共同团结奋斗、共同繁荣发展。"[①] 如何铸牢中华民族共同体意识并真正促进"各民族像石榴籽一样紧紧抱在一起"，作为中华民族的文化战略乃至文化自信而言，必须从广大人民群众发自内心的文化认同找到依据，正如顾颉刚所说"文化的力量本来可以超越种族的界限，只要文化联成一体，那就是一个不可分解的集团了"[②]。通过对伏羲女娲神话大量文本数据的分析，我们不难发现中国各族人民亲如兄弟的民族团结之树深深植根于中华传统文化叙事之中。

伏羲女娲神话属于中华民族始祖文化的有机组成部分。中华始祖文化不仅是中华民族的根源文化和共同文化信仰，也是自古以来各族人民记忆历史、表达民族情感的文化基础。始祖文化在本质上体现出民族精神的结晶并与时代精神相契合。从某种意义上说，以伏羲女娲为代表的始祖文化是增强民族认同感和凝聚力的优秀传统文化。不同时代、不同地区的人大多经由自觉或不自觉的祖先塑造从而找到生存的智慧和发展的驱动力。同时，对祖先的崇拜和文化追忆是人类共有的特征。对个体而言，回溯三代印象已经较为模糊了，也几乎淡出了祭祀的视野。关于三代以上的祖先，即使有家谱或族谱，也只是一种平面化的记载和说明。但像伏羲女娲这样更加久远的祖先形象，却得到了更多的尊重，在祭祀活动中表现出更大的虔诚，其根本原因在于这一具有共识性的文化祖先本质上迎合了人们在集体信仰、溯源神圣性、高维度心理认同和持续发展成长等方面的内在诉求。

从一般神话的叙事特征看，这类文化祖先已经成为一种特定的象征符号，它所生的后代，很少有具体的姓名，一般以不同民族、不同姓氏的产生为结果，且表述上多为"诸多民族""百家姓"等笼统描述。这种产生

---

① 习近平：《决胜全面建成小康社会　夺取新时代中国特色社会主义伟大胜利——在中国共产党第十九次全国代表大会上的报告》，人民出版社2017年版，第40页。
② 顾颉刚：《中华民族是一个》，《益世报·边疆》（周刊）1939年第9期。

结果上的模糊性就与当下确切的人与生活产生了实际接触距离，而这种心理距离却引发了一种新的审美——正因为现实的人与远古的祖先有了天然的时空差距，所以才产生了更大的想象空间和叙事空间。这里叙事空间的丰富性，就形成了人们所认可的文化接受心理。这一现象在一些民间信仰特别是与宗教神话有关的叙事中，自然成为普遍现象，甚至成为人类祖先叙事的一种规则。从这类神话的文化功能上讲，它有利于人们通过缅怀祖先而产生更强烈的民族凝聚力，进而激发全民族奋发向上的拼搏精神。伏羲女娲作为文化祖先型神话在中华民族的文化长河中生生不息，在增强民族团结和培育民族文化自信中一直发挥着重要作用。

据研究显示，当今社会语境中对大量伏羲女娲等文化始祖的叙事及其关联文本的创新性发展是培育文化自信的重要渠道。文化自信源于群体，许多民族和地区在叙述文化祖先的神话中，往往会描述多个民族对同一文化祖先的认同，如流传于四川省宁南县上游乡的布依族神话叙述，洪水后，幸存的伏哥和羲妹结婚生五个儿子，这五兄弟分别成为布依族、汉族、彝族、苗族、藏族的祖先。① 流传于滇东北和川西南凉山一带的彝族神话中叙述，远古时洪水泛滥，伏羲、女娲兄妹在葫芦中避过洪灾，兄妹婚配生三个儿子，分别成为彝族、藏族、汉族的祖先。② 流传于广西壮族自治区金秀瑶族自治县的瑶族神话说，大洪水后，幸存的伏羲兄妹经过几次难题考验后结婚，将生的一个肉坨剁碎后，变成汉族、瑶族等五个分支。③ 而流传于广西壮族自治区的另一则瑶族布努支系的神话则说，洪水后，幸存的一对兄妹结婚三年后生下一个磨石状肉团，剁碎后变成汉族、壮族和瑶族。④ 不仅在明确含有伏羲、女娲名号的叙事中，可以反映出不同民族对两位始祖神的认同，我们还可以从大量叙事性质相同的关联文本中，分析出不同民族神话对中华民族共同祖先的认同（见表5-1）。

---

① 《洪水朝天》，贵州省社会科学院文学研究所等编《布依族民间故事》，贵州人民出版社1982年版，第321—323页。

② 参见刘尧汉《论中华葫芦文化》，《葫芦与象征——中国民俗文化国际学术研讨会论文集》，内部编印，1996年，第136—137页。

③ 《伏羲兄妹的故事》，中华民族故事大系编委会编《中华民族故事大系》（第5卷），上海文艺出版社1995年版，第21—26页。

④ 《皇帝与么公》，中国少数民族神话学术讨论会论文集《神话新探》，贵州人民出版社1986年版，第458—462页。

表5-1　　一对兄妹作为多个民族共同祖先神话示例表

民族	主要内容	流传地	出处
布朗族	洪水后，幸存的兄妹婚生四个孩子，成为彝族、哈尼族、傣族、布朗族的祖先。	云南省·西双版纳傣族自治州·勐海县	《兄妹成婚》，中华民族故事大系编委会编《中华民族故事大系》（第12卷），上海文艺出版社1995年版，第18—19页
独龙族	洪水后，幸存的一对兄妹结婚生9男9女，成为独龙、傈僳、藏、汉、白、纳西、门巴和僜人。	云南省·怒江傈僳族自治州·贡山独龙族怒族自治县	颜其香：《中国少数民族风土漫记》，农村读物出版社2001年版，第480—481页
仡佬族	洪水后，幸存的阿仰兄妹结婚生9个儿子，成为苗、汉、彝、仡佬、布依、侬家、蔡家等。	贵州省·六圭河畔和水城特区	《阿仰兄妹制人烟》，《南风》1983年第3期
哈尼族	大火与洪水后，一对兄妹婚生的77个小娃成为傈僳、傣、布孔、路别、卡别、民家、阿哈等族。	云南省·普洱市·墨江哈尼族自治县	《豪尼人的祖先》，《山茶》1986年第3期
基诺族	洪水后，幸存的玛黑、玛妞兄妹繁衍出控格、汉和基诺人。	云南省·景洪市	《祭祖的由来》，中华民族故事大系编委会编《中华民族故事大系》（第16卷），上海文艺出版社1995年版，第804—807页
拉祜族（苦聪）	洪水后，幸存的阿牟拨和阿牟玛兄妹婚后生育苦聪、瑶、哈尼、汉、傣、苗人的祖先。	云南省·普洱市·澜沧县	《阿牟拨与阿牟玛》，《中国各民族宗教与神话大词典》编审委员会编《中国各民族宗教与神话大词典》，学苑出版社1990年版，第375页
傈僳族	兄妹结婚生的3个男孩会说汉、彝、傈僳族三种语言。	四川省·凉山彝族自治州·德昌县	《盘古造人》，见中国少数民族民间文学丛书《傈僳族民间故事选》，上海文艺出版社1982年版，第7—11页
纳西族	洪水后，错则勒厄兄妹难题成婚，生的3子成为藏、汉、纳西族的祖先。	四川省·凉山彝族自治州·木里藏族自治县·俄亚乡	《错则勒厄》，中国民间文学集成全国编辑委员会编《中国民间故事集成》（四川卷），中国ISBN中心1998年版，第1419—1421页
怒族	洪水后，幸存的勒阐和齿阐兄妹生育皇帝、汉、苗、独龙、景颇、怒族的祖先。	云南省·碧江县	《鹿马登怒族创世传说》，怒江傈僳族自治州政协文史资料研究组编《怒江文史资料选辑》（第8辑），内部编印，1987年，第8—11页

续表

民族	主要内容	流传地	出处
侗族	洪水后，姜良、姜妹兄妹婚生的怪胎变成汉、侗、苗、瑶族。	贵州省·黔东南苗族侗族自治州·天柱县	《捉雷公》，燕宝、张晓编《贵州神话传说》，贵州人民出版社1997年版，第28—32页
黎族	洪水后，幸存的兄妹婚生的男孩，剁碎后变成汉族、杞黎、本地黎等。	海南省各地	《人类的起源》，谷德明编《中国少数民族神话》，中国民间文艺出版社1987年版，第184页
毛南族	洪水后，幸存的盘与古兄妹结婚生育壮族、瑶族和毛南族。	广西壮族自治区	《盘古兄妹和他们的神祖神孙》，南宁师院广西民族民间文学研究室编《民歌与民间故事》（七），内部编印，第660页
土家族	洪水后，幸存的补所和雍尼两兄妹婚生的肉坨剁碎后变成汉、土家和苗人。	四川省（今重庆市）·西阳土家族苗族自治县·可大乡	《补所和雍尼》，中国民间文学集成全国编辑委员会编《中国民间故事集成》（四川卷），中国ISBN中心1998年版，第1213—1214页
苗族	洪水后，幸存的兄妹难题考验占卜结婚，生下苗、汉、彝的祖先。	贵州省	《召亚兄妹》，陶立璠等编《中国少数民族神话传说选》（洪水篇），内部编印，第175页
彝族	洪水后，幸存的老五兄妹结婚，妹妹喝了哥哥洗澡的河水怀孕，生葫芦，葫芦中走出汉、傣、彝、傈僳、苗、藏、白、回族的祖先。	云南省·楚雄彝族自治州·姚安县、大姚县等	云南省民族民间文学楚雄调查队搜集整理：《梅葛》，云南人民出版社1978年版，第18—46页

表5-1只是从众多神话叙事中摘取的示例性文本，这些文本在本质上与"伏羲女娲兄妹婚繁衍多民族型神话"范式基本雷同，在叙事主题、结构和内容主干方面异曲同工，只是在兄妹名称、产生族属名称、灾难逃生方式等具体细节上衍生出不同的变体和丰富表述。这种情况既可能是汉族与少数民族文化之间的融合关系的体现，也可能存在民族间的影响关系，但这些丰富的数据告诉我们，不同神话叙事中可能这类神话叙事某种程度上已经形成了特定叙事程式，都无一例外地表达出中华民族共同体意识。不少研究者在研究成果中也表现出对这一本质的关注，认为"我国涉及到民族关系的始祖神话则从族源关系方面反映了中华民族共有精神家园

形成的原始背景。民族始祖神话，即讲述民族始祖出生、出现或创世经过的神话。涉及民族关系的始祖神话主要有两种：始祖同源神话，共祖始祖神话。两类神话反映了我国各民族你中有我、我中有你的民族关系，从文化源头上奠定了中华民族共有精神家园多元一体格局的雏形"[①]。这些结论正是中国传统神话综合研究的价值的重要体现。

三 伏羲女娲神话数据助力神话学学科发展

鉴于神话学兼收并蓄的学科属性，它在一定程度上可以看作人文学科中较为典型的跨学科研究领域。在历史各个时期的神话作品和经典论著中，可以发现诸多与国家、民族的传统文化发掘、文化振兴关系密切相关的内容。但我国的神话学研究相对起步较晚，从 20 世纪初到当下一百多年的发展进程中，伴随着无数学人的不懈努力，神话学学科在取得一系列经验的同时，也存在一些缺憾。特别是在数据技术已深入各个领域的时代背景下，有必要审时度势，抱着"他山之石可以攻玉"的胸怀，通过数据平台和计算机技术方法积极推进本学科的进步和跨学科融合发展。下面主要以伏羲女娲神话数据研究为例，做一些思考。

1. 通过数据分析服务于中国神话学学科发展

大数据分析不仅是宏观研究与微观研究相结合的需要，也是确保研究结论客观性和准确性的需要。如果一个学科不以明确的研究对象和丰富的分析资料为基础，就很难建构出知识体系的大厦。显然，一个学科的知识体系又是由若干个知识类型构成的，对神话学而言，若干神话专题就是对本学科知识体系的有力支撑。

（1）中国神话学学科发展需要专题神话数据的有力支撑

中国神话学作为特定研究学科起步较晚，目前不少学者甚至长期从事社会人文科学研究，也没能真正认识到神话兼具跨学科特征以及可以作为多种人文学科之源的学科研究价值。所以有研究者提出："无论探讨一族、一国的神话，还是对若干族、若干国的某些神话进行比较，还是论述若干族、若干国的某一类或某几类神话，都只能让人们看到某一部分神话的面影，而全人类神话的轮廓，由它们都看不到。构建世界神话体系，即可弥

[①] 向柏松、袁咏心：《始祖神话与中华民族共有精神家园的起源》，《中南民族大学学报》（人文社会科学版）2018 年第 4 期。

补其不足。通过它，全人类神话的轮廓会分明地展现在人们面前。这样，人们对全人类神话可以有全面的印象，而不至于失之于零散了。"① 而一些神话研究者则基于自己长期的神话研究实践，进而发现了其他诸多学科与神话学密不可分的事实，审视作为世界性的跨学科研究新宠——文学人类学的发轫与滥觞时，认为它的产生源于神话原型批评，特别是文学人类学作为中国目前正处在主要依托神话学而努力建构适应中国本土文学和文化的新理论体系，该学科在迅速发展中，"其中一个主要的学术突破是打破了文学本位的神话观，将神话研究引向文、史、哲与宗教学相互整合的大视野。特别是 2009 年从'中国神话'到'神话中国'观念的首次提出，中国文学人类学研究的学术范式变革才真正获得了理论上的自觉"②。这些观点都无疑强调了建立神话学学科的重要性。但如何让人们获得并使用"中国神话"以及"神话中国"的"证据"，如何让人们感受到由大量神话展现出来的是一个"学科"而不是一堆"材料"，我们不能简单地罗列零散的"证据"，而是需要无数个在专题神话数据中呈现的"神话体系"来说明。

（2）神话数据是中国神话体系建设的客观保障

要推动中国神话学学科发展，一个不能回避的重要前提就是建立相对完善的神话体系。神话体系的构建首先要正确把握一系列神话的整体性。从中国神话学学科而言，各民族关于伏羲女娲神话实际上都是中国神话体系的有机构成，中国神话学学科的产生、形成与发展离不开神话体系的建构。所谓"神话体系"，既指在特定语境下将许许多多不同时代、不同地区、不同民族的神话联系构成的一个符合表述规则的整体，也指从神话学、叙事学、文化学等学科规范要求下形成的符合全面性逻辑性的表述。

尽管各民族神话非常丰富，但由于特定历史背景的制约，学术界对中国神话学建设的探讨一直处于不断摸索的过程，关于中国神话的体系性也存在不同的观点。如在 20 世纪初期，茅盾曾认为中国存在完整的神话体系，提出"现存的中国神话只是全体中之小部分，而且片断不复成系统；然此片断的材料亦非一地所产生，如上说，可分为北中南三部；或者此北

---

① 刘城淮：《略论建构世界神话体系》，《湖南教育学院学报》1996 年第 1 期。
② 参见叶舒宪、公维军《从"中国神话"到"神话中国"——文学人类学对神话研究范式的变革》，《文化学刊》2017 年第 3 期。

中南三部的神话本来都是很美丽伟大，各自成为独立的系统，但不幸均以各种原因而毁灭，至今三者都存了断片，并且三者合起来而成的中国神话也还是不成系统，只是片段而已"①。与茅盾的结论相比，顾颉刚则提出昆仑神话和蓬莱神话两个神话系统，提出"中国古代留传下来的神话中，有两个重要的大系：一个是昆仑神话系统；一个是蓬莱神话系统。昆仑神话发源于西部高原地区，它那神奇瑰丽的故事，流传到东方以后，又跟苍莽窈冥的大海这一自然条件结合起来，在燕、吴、齐、越沿海地区形成了蓬莱神话系统"②。上面的论点很有代表性，对后来的中国神话学研究产生了深远的影响。从当时学术研究的传统和客观条件，以及学术界侧重于文献考察的主流研究导向而言，主要是依据有限的汉族古代文献得出的结论，应该无可厚非。事实上，这些结论的论证建构在文献神话所涉猎的有限的叙事上，只是对有限的神话流传地域作出的考察，因此这种神话体系的建构研究只涉及了部分古神话的内容，很明显上述结论也只是以汉族神话为证，与今天已整理出的神话特别是大量的少数民族神话相比已相去甚远，应该说某些方面存在偏颇。从这个意义上说，丰富的少数民族神话成为中国神话数据的重要构成。

（3）少数民族神话数据的日趋丰富为中国神话学学科发展提供了有利的资源支持

随着社会生产的发展特别是科学技术的发展，人们对中华民族文化的关注及发掘呈现出前所未有的态势，在国家政策指引下，不仅通过民族识别将中华民族确定为56个民族，而且将各民族文化的采集以及研究也列入日程。因此，中国神话资源这个老问题，也出现了新的生机。

一是从国家层面逐级开展对民族民间文化的普查与采集。如从20世纪80年代初期开始的中国民间文学三套集成省卷本与县卷本的拉网式采集整理，进入21世纪之后，由中国民间文艺家协会组织开展的"中国民间文学大系"出版工程，其中单列出神话卷，对各省市区神话作品的全面采集拟定出版近百卷，使得许多不被人所知的民族地区神话作品重现生机。

二是我国学科分类工作中将少数民族文学设定为中国文学的二级学

---

① 茅盾：《中国神话研究ABC》，《茅盾说神话》，上海古籍出版社1999年版，第18页。
② 顾颉刚：《庄子和楚辞中昆仑和蓬莱两个神话系统的融合》，《中华文史论丛》1979年第2期。

科。这种学科划分使丰富而具有体系的中国少数民族神话与汉族神话一样成为中国神话的有机组成部分,这对中国神话学的体系建构提供了重要资源。正如有研究者所说,"与我国现存的汉族神话相比,许多少数民族神话在近现代仍属'活形态',形式多样,内容丰富。加强少数民族神话研究,有利于发掘中国神话的整体文化价值,有利于建构中国多元神话体系,有利于深化中国文学研究和推进文学的繁荣发展"①。

三是当今对中国少数民族文字及文化产品的翻译工作不断深入。这类翻译工作为中华民族神话资源的开发提供了更充足的条件,也为少数民族神话的资源共享创造了更大空间。

四是少数民族神话正进入中华民族传统文化数据建设平台。当今如火如荼的人文领域大数据建设为人们更多更快地了解、采集与研究中国各民族神话提供了资源支持,可以使研究者站在更高的角度整体考察丰富多彩的中华民族神话,进而建构中国神话学分类与结构体系。

总之,中国神话学作为一项特定领域的科学研究,不仅需要研究结果的"质"的定位,也需要研究过程的神话作品的"量"的把握,研究者占有大量的神话资源之后,就能做到更好的定量与定性分析。根据目前采集到的大量神话数据,我们有理由认为,中华民族神话存在自身的体系是不容置疑的,这不仅特指通过像伏羲女娲神话这样的专题数据案例我们可以建构起中国多民族相互联通的体系,而且中华民族神话的体系在本质上就是一个综合性文化表达系统,这个系统不仅反映出各族人民对世界万物的认知与记忆,而且储存着各族人民重要的文化信息与文化创造,其自身存在和发展演变都具有内在的逻辑性和数据的关联性、可分性。

2. 通过神话数据分析中国神话的创作与叙事特征

通过伏羲女娲神话数据分析中国神话的创作、叙事特征可以体现在多个方面,诸如通过这一专题数据考察创世神话中文化祖先的创作规则、分析神话叙事的结构与演化、分析同类型神话叙事的共性与个性、分析中国神话的本土化特色等。下面选取几个案例加以说明。

(1) 通过伏羲女娲神话数据考察创世神话中文化祖先的创作规则

许多有关伏羲女娲的神话反映的主题都属于"文化祖先型神话"的范

---

① 王宪昭:《论少数民族神话的研究价值》,《理论学刊》2004年第9期。

畴。文化祖先型神话的产生与发展往往关联着一个民族的"祖先崇拜"和"文化自信"。各个民族都流传着或曾经流传有关于祖先的神话,有时同一个民族的不同支系或不同地区可能流传着差异较大的祖先神话。诸多塑造文化祖先的神话往往体现出民族传统文化的精髓,对文化始祖进行塑造的过程中往往又关系着一个民族的传统信仰。由此,从本书的伏羲女娲神话母题数据看,在创作这两位中华民族的文化祖先时,不同神话文本的创作方面经常都会涉及二者的出生来历、成长经历、身份能力、各类业绩、亲缘关系、死亡与纪念等有关事项,无论是从其时间顺序还是空间转化来看,一般都会表现出类似的程式化规则。

这种关于文化祖先的创作规则还明显地由神话时代传递到文化英雄时代。如在世界上久负盛名的三大英雄史诗——藏族等的《格萨(斯)尔》、蒙古族的《江格尔》和柯尔克孜族的《玛纳斯》,在塑造英雄时仍然明显地沿用了英雄神奇的出生、不平凡的成长、建立不凡的功业、婚姻、后代、纪念等一些带有程式化的规则。正如有研究者在评论朝戈金《口传史诗诗学:冉皮勒〈江格尔〉程式句法研究》时所言:"任何文学形式,如果能在大量的个体之间达致共鸣,就一定存在着既能打动这一个,也能打动那一个的共通的结构模式。这种共通的规律既显现于民间文学,也隐现于作家文学。"① 并且,当今的一些创作仍然传承遵循着这一创作规则,正如有研究者所提出的"天才韩寒的成名史,就其结构来说是一部当代英雄史诗。在史诗传统中,无论史诗情节如何丰富多元,其结构和母题都是相对固定的。英雄形象主要从英雄成长、英雄人格、英雄业绩三个方面加以塑造"②。

如果从文化祖先型神话的内容角度分析,数据层面显示大量作品创作的重点又集中在"事迹"的描述方面。如以民间文化研究者通过对河南省周口市西华县一带群众传唱或碑刻、抄本文献等采集整理出的《传法术》③为例,可以将这一神话中的"女娲事迹"作出如下归纳,即女娲造出男女,女娲让儿女学本领,女娲传授法术,女娲教人说话,女娲教人采摘果

---

① 施爱东:《朝戈金的〈口传史诗诗学〉》,https://www.chinesefolklore.org.cn/web/index.php? NewsID = 3078。
② 施爱东:《韩寒神话的史诗母题》,《清华大学学报》2013 年第 1 期。
③ 耿宝山:《盘古与女娲·经歌篇》,人民日报出版社 2016 年版,第 59—68 页。

实,女娲教人狩猎,女娲教人穿衣服,女娲教人搭巢穴,女娲教人学会取火,女娲教人垒砌锅灶,女娲教人躲避洪水,女娲显灵,女娲教人造木船,女娲教人疏通河道,女娲教人降服野兽,女娲教人制作狩猎工具,女娲教人驯服犬类,女娲教人使用牛马,女娲教人养鸡鸭猪羊,女娲教人祛除病魔,女娲教人使用草药,女娲教人治病法术,女娲教人懂得阴阳,女娲教人按时作息,女娲教人知道四季变化,女娲教人耕种,女娲教人懂得报恩,等等。我们不难发现,这则神话虽然塑造的是"女娲",但女娲的"事迹"却基本涵盖了"三皇五帝"等许许多多文化祖先的业绩,这种情况表明,通过多种事迹"箭垛式"地加在特定文化祖先身上,使女娲已经变成一个文化祖先的符号或象征,可以看作是一种特定的创作模式。从某种意义上看,这种有关特定人物的塑造创作方法不仅在神话作品、文学作品中被不断使用,而且潜移默化为人们模塑所崇拜人物的一种潜意识。

(2) 通过伏羲女娲神话数据分析神话叙事的特征

通过伏羲女娲神话数据呈现出的结果,我们发现不同的伏羲女娲神话母题组合结构上呈现出相对稳定的叙事结构,但在具体叙事中又表现出口头传统的不稳定性。有时同一个主题的神话由于在不同民族或地区也会发生变异。

这里仅以神话中出现的"名称"为例。如神话文本中关于女娲名字的解释,流传于湖北省黄冈市浠水县的《天父地母》[①] 中说,混沌旋涡中生的女子"涡"后来叫"女涡",渐渐传成"女娲";流传于河南省驻马店市正阳县的神话《玉人和玉姐》[②] 中说,一对兄妹造的女孩取名"女货",后来音转变成"女娲";流传于江苏省淮安市金湖县的神话《张伏羲补天》[③] 中说,人间有一个叫李女娲的人补天;流传于湖南省娄底市涟源市的神话《女娲补天造人》[④] 中说,女娲娘娘是石矶娘娘;等等。有时同一

[①] 《天父地母》,中国民间文学集成全国编辑委员会编《中国民间故事集成》(湖北卷),中国ISBN中心1999年版,第6页。

[②] 《玉人和玉姐》,中国民间文学集成全国编辑委员会编《中国民间故事集成》(河南卷),中国ISBN中心2001年版,第11页。

[③] 《张伏羲补天》,姚宝瑄主编《中国各民族神话》(汉族),山西出版传媒集团、书海出版社2014年版,第63页。

[④] 《女娲补天造人》,中国民间文学集成全国编辑委员会编《中国民间故事集成》(湖南卷),中国ISBN中心2002年版,第22页。

个地区也会发生变化，如流传于浙江省兰溪市的《女娲补天》[①] 中说，盘古给天降的女子取名女娲；而流传于该地区的《女娲补天空》[②] 中则说，盘古给涡涡洞里出现的女子取名女娲，该文本把"女娲天降"变成了"女娲洞生"。这种不稳定性或模糊性的文本，可以通过母题数据检索的途径实现大量聚集和汇总。如以"洪水后伏羲女娲兄妹婚繁衍人类"作为检索内容，我们选择民族属性为"土家族"，那么就会得出如下文本，见表5-2。

表5-2　　土家族"洪水后兄妹婚繁衍人类"神话文本数据示例表

民族	叙事关联	流传	出处信息
土家族	洪水后，阿可笔、阿大笔姐弟成婚，再生人类。	（无考）	彭继宽、彭勃搜集，彭勃记录稿整理，彭燕郊发表稿整理：《摆手歌》，《楚风》1981年第1期
土家族	洪水后，甫梭和冗妮兄妹结婚再生人类。	湘西土家族聚居区	《齐天大水》，谷德明编《中国少数民族神话》，中国民间文艺出版社1987年版，第168页
土家族	洪水后，兄妹成亲再生人类。	四川省（今重庆市）·酉阳土家族苗族自治县	何云搜集整理：《孙猴子上天》，中华民族故事大系编委会编《中华民族故事大系》（第5卷），上海文艺出版社1995年版，第651—653页
土家族	洪水后，兄妹成婚再生人类。	湖北一带	全明村搜集整理：《土家人的祖先》，中华民族故事大系编委会编《中华民族故事大系》（第5卷），上海文艺出版社1995年版，第667—668页
土家族	洪水后，布索、雍妮兄妹成婚再生人类。	湖南省西北、湖北省	覃仁安搜集整理：《布索和雍妮》，中华民族故事大系编委会编《中华民族故事大系》（第5卷），上海文艺出版社1995年版，第641—650页
土家族	洪水后，布索和雍妮兄妹成婚再生人类。	（无考）	《梯玛神歌》，中央民族学院少数民族文艺研究所编《中国民族民间文学》，中央民族学院出版社1987年版，第652页
土家族	洪水后，补所和雍尼两兄妹成亲再生人类。	四川省（今重庆市）·酉阳土家族苗族自治县·可大乡	徐元科讲述：《补所和雍尼》，中国民间文学集成全国编辑委员会编《中国民间故事集成》（四川卷），中国ISBN中心1998年版，第1213—1214页

[①]《女娲补天》，中国民间文学集成全国编辑委员会编《中国民间故事集成》（浙江卷），中国ISBN中心1997年版，第16页。

[②]《女娲补天空》，姚宝瑄主编《中国各民族神话》（汉族），山西出版传媒集团、书海出版社2014年版，第44—45页。

续表

民族	叙事关联	流传	出处信息
土家族	洪水后，两姐弟成婚再生人类。	湖南省·湘西土家族苗族自治州·永顺县	彭武东讲述：《罗神公主和乌神娘娘》，见中国民间文学集成全国编辑委员会编《中国民间故事集成》（湖南卷），中国ISBN中心2002年版，第31页
……	……		

对表5-2示例中的洪水后结婚再次繁衍人类的叙事对象——兄妹或姐弟进行比较，我们不仅能够发现同类神话中神话人物在同民族之中流传的不稳定性，而且能够为进一步分析不同神话文本的叙事规则提供充分有效的客观论据。

（3）通过数据分析提升研究成果在神话研究中的应用

在以往神话研究中，研究者特别是初学者在面对海量学术史的梳理问题时往往苦于没有抓手，也很难有足够的时间与精力对已有研究成果作出全面系统的考察分析，这样就很难做到站在别人提供的基础上借力研究，甚至会产生一些重复性劳动。对此借助于数据生成的结论无疑会成为提升研究效率的有效路径，例如对女娲身份进行研究分析时，我们想要找到期刊论文中的相关观点，则可在建构的女娲神话母题基础数据库中检索"女娲身份+论文"，便可显示出不同研究者在发表的论文中对女娲身份的分析与判断，见表5-3。

表5-3 　　　　研究论文中对女娲身份的研究成果示例表

母题编码[①]	女娲身份	研究者	论文题目	出处
WN021.2.1.1#	伏羲女娲是天神	王嵘	《高昌墓葬〈伏羲女娲图〉的文化学意义》	《西域研究》1999年第1期
WN021.2.2.2.1#	女娲是后土的人格化	陈振民	《后土圣母：人祖与地母的结合——也谈后土与女娲的关系》	《运城学院学报》2009年第6期

---

① 该母题编码为本书作者从针对"女娲神话"数据设计的学术成果中提取的部分编码，为示区别，在其提取出的母题编码后加"#"符号。

续表

母题编码	女娲身份	研究者	论文题目	出处
WN021.2.2.3#	女娲是最早管理大地的神	孙清珉、孙召	《关于女娲与后土的文献考证》	《山西社会主义学院学报》2012年第2期
WN021.2.2.5#	女娲氏是地祇	孙清珉	《让历史说话——谈女娲与后土是一回事》	《后土文化》2003年第4期
WN021.2.3#	女娲是西方神	刘宗迪	《伏羲女娲兄妹婚故事的源流》	《民族艺术》2005年第4期
WN021.2.4.1#	女娲是冥神	杨利慧	《女娲的神话与信仰》	中国社会科学出版社1997年版,第169—170页
WN021.3.1.2.1#	女娲是扫天媳妇	靳之林	《中华民族的保护神与繁衍之神——抓髻娃娃》	中国社会科学出版社1989年版,第10页
WN021.3.2#	女娲是月神	小敏	《"男左女右"习俗的由来》	《炎黄纵横》2011年第6期
WN021.3.2.1#	伏羲、女娲分别是日神和月神	陈峰	《汉画中的日月神——伏羲、女娲》	《南都学坛》1992年第2期
WN021.3.3#	女娲是水神	李祥林	《行走闽地说娲煌——女娲神话及信仰在闽地的考察》	《内蒙古艺术学院学报》2018年第2期
WN021.4.1#	女娲是蛙神	叶林生	《帝誉考》	《甘肃社会科学》1998年第4期
WN021.5.1.2.1#	女娲是高禖神	段友文、郑月	《"单性异体"与"两性合体":从女娲神话到伏羲女娲神话考论》	《贵州大学学报》(社会科学版)2015年第4期
WN021.5.1.3#	女娲是伏羲的配偶神	段友文、郑月	《"单性异体"与"两性合体":从女娲神话到伏羲女娲神话考论》	《贵州大学学报》(社会科学版)2015年第4期
WN021.5.2.4#	女娲是主管生育的女神	黄悦	《从河北涉县女娲信仰看女神文明的民间遗存》	《中国比较文学》2007年第2期

续表

母题编码	女娲身份	研究者	论文题目	出处
WN021.5.2.5#	女娲是与生育有关的神灵	赵自勇	《〈淮南子〉对上古神话的整理》	《安徽史学》2009年第4期
WN021.5.3.3#	女娲是婚姻和生育的保护神	刘刃	《汉代画像石砖中传统性崇拜资料浅述》	《才智》2013年第24期
WN021.5.5#	女娲是丰育神	芮传明	《古代蛇形纹饰考》	《史林》1995年第3期
WN021.5.6.1#	女娲带有农神色彩	刘峻	《伏羲女娲神话、图像流变与所蕴含的农业文化现象》	《西北农林科技大学学报》（社会科学版）2015年第3期
WN021.7.5.1#	女娲是万物之母	郭迪泽	《"女娲暨中华女性文化"研讨会主要观点简述》	《妇女研究论丛》2012年第4期
WN021.7.5.2#	女娲是女性造物大神	周进芳	《敬神道·崇天道·重人道——关于女娲神话、形象与崇拜的思考》	《郧阳师范高等专科学校学报》2012年第5期
WN021.7.6#	女娲是红山女神	逯宏	《"女娲补天"神话与"红山文化"考古关联之探析》	《鞍山师范学院学报》2006年第5期
WN021.7.8#	女娲娘娘是母性神	仵军智	《关中西部乡村"母性神"信仰活动考察》	《咸阳师范学院学报》2017年第3期
WN021.8.1#	女娲是万能神	常玉荣、何石妹、侯艳娜	《民间信仰对女娲形象的双重演绎》	《河北工程大学学报》（社会科学版）2011年第4期
WN021.8.2#	女娲是福神	张国祥、杜强	《地方文脉在旅游规划中的应用》	《科技风》2012年第1期
WN021.8.3#	女娲是爱神	张国祥、杜强	《地方文脉在旅游规划中的应用》	《科技风》2012年第1期
WN021.8.3.1#	伏羲女娲是性爱之神	郑先兴	《论汉代的伏羲女娲信仰（上）》	《宁夏师范学院学报》2008年第2期

续表

母题编码	女娲身份	研究者	论文题目	出处
WN021.8.4#	女娲是化生神	李炳海	《伏羲女娲神话的地域特征及文化内涵》	《河南大学学报》（社会科学版）1992年第2期
WN021.8.5#	女娲是圣母神	郭顺峰	《汉水流域女娲文化资源的整合与开发》	《荆楚学刊》2015年第3期
WN021.8.6#	伏羲女娲是远古时代神话中的主神	刘芊	《汉代伏羲擎日、女娲举月图图像建构研究》	《装饰》2012年第11期
WN021.8.8#	女娲是乐神	王怀义	《凤凰之鸣：乐教传统的神话起源》	《民族艺术》2013年第3期
WN021.8.9#	女娲是傩神	胡健国	《长无绝兮终古：论〈楚辞〉与沅湘巫傩文化》	《艺海》1998年第3期
……	……			

上表仅选取"女娲是神"的判断为例，由此不难看出研究者对女娲身份定位的不同观点，当然，这类研究成果数据会生成很多，如以"女娲是祖先"为例，则会出现"WN022.1.1# 女娲是最高始祖神""WN022.1.8.1# 女娲是多数民族的共祖""WN022.1.8.2# 女娲是繁衍华夏民族的始祖""WN022.1.8.3# 女娲是九黎远祖""WN022.1.8.4# 女娲是苗族始祖神""WN022.1.8.5# 女娲是夏人女祖先""WN022.1.8.6# 女娲是越人祖先""WN022.1.8.7# 女娲是龙族始祖""WN022.1.8.8# 女娲是高句丽的母系祖先"等等。通过对这些数据的对比研究，从而形成更有针对性和系统性的观点。

3. 通过神话数据分析中国神话的传承现状及规律

神话作为特定的文化遗产，其发挥作用的有效渠道是传承与利用，如果对其传承现状与传承规律缺乏清楚的认识，就很难谈得上将这一优秀文化古为今用。

通过数据的采集与呈现可以清楚地分析中国神话的传承现状与问题。从当今神话传承所需客观语境而言，它在民间的传承一般需要相对舒缓的生活生产节奏和相对封闭的地理生态环境，对神话讲述人来说，则需要有对神话讲述的责任感和浓厚兴趣；对接受者而言，则需要相对固定的受众和较为充足的接受及熏染时间，上述几个条件相互作用，相辅相成。但随着经济社会的迅速发展，外来文化、速食文化冲击的不断加剧，传统神话讲述环境发生了根本变化，一方面体现在民间群众接受信息的渠道发生了根本改变，移动媒体逐渐替代了口耳相传的交流模式；另一方面体现在传播群体和接受群体的不断流失，大量农村劳动力进城务工，不仅直接造成神话受众的减少，而且也影响到神话传承人的培养，特别是大量的歌手、艺人等神话讲述人也随着年龄的增长出现了人亡歌歇的现象，曾经鲜活的世世代代口耳相传的神话出现了不同程度的衰弱甚至消逝。

以笔者2018年10月对湘西土家族苗族自治州沅水澧水流域的苗族文化祖先型神话调研为例，原来中国民间故事集成资料中出现的许多神话讲述人已经离世，关于神话包括人们所重视的祖先神话也只有60多岁以上的人群才有所了解，并且大多又是知其然不知其所以然。对目前生活在村寨中的年轻人而言，早已情系新生媒体，热衷于现代生活及文化观念；即使在祖先祭祀这样的场合，也只是扮演了"过客"和"旁观者"的角色。如在湘西州凤凰县柳薄乡米坨村，访谈到当地苗族有关神话中神犬盘瓠祖先崇拜的"狗蹄帕"故事时，只有两位80岁以上的老人才能回忆起妇女在出嫁或死亡时佩戴狗蹄帕的祖先图腾含义，并且叙述的相关神话情节也支离破碎，周边围观的大多数村民对此也不知所云。这一尴尬场景在附近几个村落的调研过程中也并不鲜见。这种现象可以说是当今神话传承的一个小小缩影，作为古老文化记忆的许多神话在不久的将来会消失或将成为不争的事实。

关于伏羲女娲这种文化祖先型神话在当今传承中也遭遇着一些困惑。通过对目前采集的网络数据进行分析，在当今传承过程中还存在过度开发与盲目消费问题，主要表现在为"利益"而"文化"的盲目追风，即一些地区为了"文化搭台经济唱戏"人为制造"文化祖先神话"，产生了相当多的"伪神话"，甚至有些地方并没有深入挖掘始祖神话的客观条件，而是为了提高地方知名度或吸引游人，硬是打造出与始祖文化不相适宜的景区，使神圣的文化现象变成一种"广告招牌"。当然，从另一个角度看也给神话传承带来契机。如当下从国家与地方文化振兴层面看，无论是在社会文化实践，还是学术研究领域，都得到了不同程度的重视和开发。特别是当下非遗保护与对中华民族传统文化的持续关注，很大程度上激活了中华民族神话的传承活力。如文化部公布的六批国家级非遗名录中，很多有关文化祖先的神话被收录其中，像汉族的《盘古神话》《黑暗传》《伏羲女娲》《三皇五帝》《尧舜禹神话》等，阿昌族的《遮帕麻和遮咪麻》，苗族的《创世古歌》《亚鲁王》，佤族的《司岗里》，彝族的《梅葛》，壮族的《布洛陀》，瑶族的《密洛陀》，景颇族的《目瑙斋瓦》，拉祜族的《牡帕密帕》，等等。而地方性非遗名录中有关文化祖先的神话更是数以百计，这也从一定程度上说明，国家从文化发展战略层面上对该类神话口头传统的重视，这极有利于文化祖先型神话的传承和地方传统文化的发展。

对此，我们得出的结论是，包括各民族神话在内的优秀的传统文化是中华民族的血脉和根基，是一个国家、一个民族发展中更基本、更深沉的力量。这些传统文化需要通过尽可能丰富的大数据采集与分析去发现问题和提出问题，发现不同民族与地区神话口头传承的共性与个性，关注其内在的传承环境差异性，宏观与微观综合考虑，因地制宜，努力促成口头传统自身的传承条件、传承规则与本土文化的有机结合，通过必要的保护与引导保证其应有的生命力。

4. 伏羲女娲神话数据在学科发展中的其他应用

伏羲女娲专题数据作为一个特定的人文学科数据案例，在神话学学科建设与发展的宏观视野下会有不同的应用方式，不仅可以用来分析中国各民族神话的创作、叙事与传承规律，而且还可以拓展研究者考察对象的范围，实现由"小数据"到"大数据"、由"专题数据"到"综合数据"的延伸。如在神话研究中通过数据结构实现扩大神话文本的多语义关联性，就是这一方法的具体应用。

关于如何在专题数据库中实现数据关联，一个突出的问题就是检索。正如不少研究者敏锐捕捉到"形式化查询语言"在对文学叙事类信息进行检索时的局限性，认为"形式化查询语言（如 SPARQL 等）因其语法的复杂性及查询本体的相关性阻碍其效用的发挥，迫切需要新的方法或工具实现以自然语言为基础（如关键字检索）的检索"[①]。诚然，包括研究者在内的大多数用户更倾向于使用自然语言进行检索和查询，这种途径也更加

[①] 肖铮：《关联数据的自然语言查询方法》，《计算机技术与发展》2020 年第 5 期。

适应人的思维方式，检索效率也自然更高。有研究者通过对国内外关联数据在语义发现及关联构建领域研究现状的观察思考，认为"关联数据语义发现与关联构建过程遵循数据源选取—数据预处理—相关度计算—聚类与关联构建这四个核心阶段"[①]。针对本书建构伏羲女娲神话数据的基本设想而言，对神话母题的提取、选择与结构建构，主要论述的问题在于"数据源选取"和"数据预处理"两个阶段，如何尽可能地全面发现数据的关联性和尽可能多地呈现出不同类型或同类型间的关联关系，主要通过设置母题名称和解析母题结构，完成数据的导入与生成。

伏羲女娲神话母题的提取与建构，要符合各类神话的内在逻辑规律。本书第一章已经分析了母题作为分析神话叙事的结构学功能。此外，如何准确表达这种功能，还应注意的一大问题在于，要充分观照神话作品作为特定叙事文本在母题分类、关联构建方面的完整性。一般而言，一个完整的叙事包括事件的"发生→发展→高潮→再发展→结局"等基本结构。一则特定的神话文本，它的叙事结构系统虽然可以以特定"事件"为中心，但由于它的创作与传承具有原始性和动态性，很难用一般文学理论或作家文学的叙事结构去削足适履，更需要从神话文本本身去解构那些灵活而复杂的叙事过程，这样我们就会发现伏羲女娲神话叙事不仅会存在主题的多元性，而且叙事过程常常会出现脱离基本叙事结构的情节与细节，呈现出规则或非规则性的表现形式与叙事特征。

第二节　伏羲女娲神话知识图谱的建构与应用

基于上述伏羲女娲神话数据研究及当今知识图谱在人文社科领域中的积极尝试，本节重点探讨神话专题知识图谱的建构。近几年，随着现当代文化信息的爆炸式增长，传统的搜索引擎和查询方式已经无法满足以各民族神话为代表的中国传统文化知识的捕获和理解，而基于领域大数据的知识图谱理论与技术在解决专业知识查询的精度以及可扩展性方面展现出了巨大的优势，逐渐成为相关研究领域关注的前沿问题和热点问题。它在整合大量分散孤立信息、语义辅助理解、深度挖掘叙事内涵、快速构建知识

---

① 成全、周兰芳：《关联数据的语义动态发现及关联构建机制研究》，《情报科学》2016年第10期。

网络等关键环节,具有传统知识获取和分析过程所不能比拟的显著特性。本节重点参照伏羲女娲神话有关数据与研究,针对中国各民族神话资源的现状与特点,提出一种包含覆盖全面（Comprehensive Coverage）、多维刻画（Multidimensional Characterization）、精准定位（Precise Positioning）和有机更新（Self Growth）四种功能范式在内的神话知识获取及分析框架,并试图通过构建一个基于中国神话领域数据特点的,面向神话领域应用场景的,能够高效响应神话文本分析需求的专业知识图谱,以实现神话资源辅助研究效能的显著提升。

一 知识图谱在神话研究中的几个问题

1. 神话数据来源广泛

之前的章节中已经从分类和传播途径等多维度探讨了中华民族神话的划分问题,这里不再一一赘述。不难发现,神话资源的获取面临着数据来源广泛、结构化数据比重偏低、信息内容过度碎片化等实际问题,特别是一些散落在书籍文献中的文本类数据和研究过程数据,这些信息是学者关注的重点内容,也蕴含着学者日常研究产生的、与具体研究内容紧密相关的隐性数据,如田野调研获取的口传神话语料、少数民族转译为汉语的中间过渡文本及通过特定途径获取的数据信息,等等。这类数据与神话研究工作直接相关,价值密度最高,可转化成能效的路径最短,但也面临着科研项目及管理系统建设自成体系,共用共享程度低,且重复数据多、同一数据的差异性大等实际问题。同时,对非结构化数据的分析处理仍以人工研判为主的现状也间接导致了知识获取循环周期的拉长。

2. 神话数据复杂程度高

在信息技术快速发展的时代背景下,大数据对人文社科科研和理论的辅助作用越发凸显,数据驱动也逐渐成为大数据时代人文现代化建设发展的关键之策。[①] 从神话数据的类型来看,从数据本身的质量来看又存在信息重复、真伪共存和原生、次生形态模糊等不同情形,数据的复杂程度很高。具体而言,一是重复冗余信息多。特别是针对事实性神话资源,不同立场、不同维度、不同语言和不同观察视角获取的信息不一而足,如伏羲

[①] 参见游宏梁、汤珊红、高强、程佳军、王郑冬如《军事数据科学研究中的核心概念及关键问题思考》,《情报理论与实践》2019年第6期。

的名号的诸多变体，需要通过消歧与融合技术对其进行处理，不然将会在一定程度上削弱数据库在具体应用过程中的丰富性和普适性，造成视域狭窄的弊端，进而增加了学者和使用者二次判断的成本。二是真伪判断难度大。大数据以其超长的时空跨度、超大的数据存储和超高的计算速度等优势成为当前社会发展的新引擎和经济增长的新亮点，但大数据来源的复杂性、丰富性和多样性特征又给大数据应用带来诸多安全隐患。特别是有些神话资源与宗教、政治问题和知识产权问题相关联，一定程度上具有敏感度高、标准难以统一、数据特征复杂等特征，甚至不少信息的真实性也值得进一步考究，这就需要借助知识图谱技术对数据本身进行判断，并对真伪、结果和趋势进行合理预判。三是次生数据利用难度高。次生数据不同于原始数据，是在对原始数据进行加工处理的基础上，出现了资产化升值，在原始数据向次生数据过渡过程中，处理加工者对数据进行了转化、综合及提升，使数据以新面目出现并且具有了新的价值。[①] 在实际调研过程中，笔者发现，与应用场景紧密相关的一类重要数据来源于科研过程数据，这类数据大多在开源原始数据的基础上进行了不同程度的开发和利用，如何在不改变知识产权权属的前提下，将这类数据有效纳入神话知识图谱 Schema 架构并对这部分信息进行创新性利用，也是摆在研究者面前的重要问题。

3. 实时更新迅速

在计算机技术和信息化手段日益发展的新时期，神话题材的影视作品、小说、游戏在相关领域逐渐占领了一席之地，借短视频网站、微博、论坛等自媒体平台对神话进行重新解读甚至重构的现象更是不断涌现。"新神话""新媒体神话"乃至"全民神话"时代带来的直接问题便是，需要处理的数据量更大，需要处理的数据种类更多，数据产生和变化的速度更快。而对于神话研究本身而言，对不断更新的数据信息的响应主要体现在信息的捕获和信息的处理两方面。在本书的研究中，主要偏重于对历史累积的神话资源和民间口传神话信息的数据研究分析，所以对信息的实时捕获需求并不是很高，相关的设计思路与研究主要偏重于对神话资源本身的高效分析与处理上。

[①] 参见王渊、黄道丽、杨松儒《数据权的权利性质及其归属研究》，《科学管理研究》2017年第5期。

4. 通用图谱精度不足

知识图谱的概念最早由谷歌于 2012 年提出，其表现形式是以提高人工智能可解释性为主要目标的智能搜索引擎，本质是一种以实体语义为核心的语义网络，能够从关系的角度提供分析及解决相关问题的能力。[①] 目前全球范围内的知识图谱研究尚处于起步阶段，国外较成熟的通用型知识图谱有 DBPedia、YAGO、OpenCyc、Freebase 和 WordNet 等，国内则以百度百科、互动百科等为代表，并在此基础上繁衍出一些面向特殊需求的专业知识图谱。从现有知识图谱的建设模式来看，特别是作为其他很多知识图谱的数据融合来源的大规模通用知识图谱（例如 WikiPedia、百度百科等）还遵循着以人为主（众包等）、机器自动挖掘为辅的人机结合建设方式[②]，侧面反映出通用知识图谱在建设前期所要投入的高人力和时间成本等现实问题。

在具体建构和应用效果方面，目前的通用型知识图谱在精准度、专业性、时效性、保密性等方面远不能满足中国神话资源分析的专业需求。特别是神话知识图谱与通用型知识图谱相比较，在实体属性、关系描述（表述方式、细粒度）等方面的差异性大，通过外部知识库连接、相似度计算等方式实现关系和属性的融合难度大，加之国际通行 schema.org 标准无法大规模使用推广等现实原因，直接导致了不同知识图谱之间的融合和使用更加困难。所以本书以伏羲女娲神话为切入点，对神话领域知识图谱在实际研究中的框架逻辑、构建方式与场景应用进行了有针对性的探索。

二 神话领域知识图谱的几个特征

基于各民族神话文本构建的神话领域知识图谱，是将信息技术和计算机技术深度应用于中国各民族神话领域的创新性探索，具有以下几个典型特征。

1. 覆盖全面

领域知识图谱的重要特征之一便是对本领域全部知识的解构与表达。中国各民族神话知识图谱作为领域知识图谱，往往有非常明确的应用背景。

---

① 周园春、王卫军、乔子越、肖濛、杜一：《科技大数据知识图谱构建方法及应用研究综述》，《中国科学：信息科学》2020 年第 7 期。

② 谭玉珊、罗威、毛彬、田昌海：《从对通用知识图谱深入剖析中探究军事知识图谱建设思路》，《情报理论与实践》2020 年第 2 期。

Schema 层的构建是对整个神话知识图谱框架的构建，Schema 对类及类之间的关系进行定义，也就是对知识图谱中的概念与概念之间的语义关系进行定义。设计出一个面向神话资源研究与分析实际场景应用的、覆盖全面的 Schema，是进行后续工作的重要前提，也是合理规划数据流线的重要举措。

在神话知识体系的具体设计中，会考虑到每一类实体的很多具体属性、关系需求。但从实操来看，由于中国各民族神话领域的知识来源有限，如果知识体系设计得过于复杂，可能导致很多知识无法获取、数据支撑跟不上的情况。因此，在具体操作中首先应本着应用牵引原则，重点考虑应用特别需要的知识框架；其次，充分考虑可能掌握的原始素材等知识来源，合理设计知识细粒度；最后，鉴于神话知识图谱的特殊性，Schema 的设计应充分参照高可信度的模式原型，如本书在结构设计中参考了国际通行的阿尔奈－汤普森分类法（Aarne-Thompson classification system）、王宪昭的《中国神话母题 W 编目》等系列神话专著与专业工具书，以保证其合理性。本书 Schema 层的构建主要采用自顶向下的方式构建中国神话知识图谱的概念层，遵循"结构/半结构化数据源中抽取实体、实体属性和关系——非结构化数据源中命名实体识别和抽取——验证神话知识表示"的基本路径。下面即以"女娲神话知识图谱构建"为例，进行具体探讨。

基于女娲神话数据的类型和具体内容，在充分匹配神话研究特点的基础上，设计 Schema 结构，设计特征主要包括：

（1）可扩展性。为满足后续研究数据的持续跟进与补充，设计充分考虑了高扩展性的结构模式。

（2）完整性。图谱设计定义了包括女娲的产生，女娲的特征，女娲的身份与职能，女娲的能力、事迹与经历，女娲的生活，女娲的关系，女娲的名称（女娲的名字），女娲的死亡与纪念，女娲的遗迹与遗俗，与女娲有关的其他母题 10 个一级类型。一级分类之下细分出相应的二级类型，如"女娲的产生"又分为女娲自然存在、女娲来源于某个地方、女娲是造出来的、女娲是生育产生的、女娲是变化产生的、女娲是婚生的、女娲是感生的、女娲是转生的、与女娲的产生有关的其他母题等 9 个二级类型。在充分体现与女娲相关的神话知识完备性的同时，也充分观照到特征之一的可扩展性。此外，在节点与节点之间和节点自身方面，也充分考虑了彼此联通的可能性。

（3）关联性的充分体现。在女娲神话知识图谱 Schema 结构设计的关联性方面，除了通用的三元组关联形式，在整体上还体现了跨类别、跨级别、跨民族、跨地域的交互关系，进而利用知识图谱快速构建实体三元组，定义实体、事件、事理等语义网络，并且结合使用神经网络的智能搜索和智能推荐等功能帮助学者挖掘神话数据中的重要信息。同时，基于三元组结构的图结构的知识存储管理模式，可突破关系型数据库的局限性，实现更加复杂的神话信息结构搭建，并提供更加清晰的关系路径，达到跨域快速关联检索的目的。

2. 多维刻画

知识图谱在各学科特别是人文学科之中还算是一个较为新颖的技术，其主要作用还是在于分析关系，尤其是深度的关系。知识图谱与传统的知识表示不同，以三元组为统一的表达形式，不仅更加容易被人接受，而且在储存、推理和搜索方面也更加高效。目前来看，许多比较先进的知识推理方法普遍关注于利用结构和文本信息，忽略了知识图谱中丰富的属性信息，而例如神话人物实体的民族、讲述者、记录者、采录地点、流传地、文本出处等基本属性，恰恰能够很好地描述女娲神话知识图谱中的特定母题。基于以上考量，研究在女娲神话知识图谱架构的设计中充分考量到这一实际问题，广泛采集图谱涉及的文档和相关实体属性，并存储在相应的数据池中，有效实现了对于女娲神话母题属性的多维刻画。

基于多维刻画的女娲神话知识图谱在具体分析应用方面的优势主要体现在：

（1）实现语义层面的神话信息关联。女娲神话数据关联的基本任务是根据主题、形式、人物属性、母题事件等链接相关信息，其本质是对各种实体自然属性和社会属性之间的复杂关系进行建模。在各种神话数据关联类型中最关键的是关联数据模型。传统的数据模型着重解决的是数据个体的存储组织与管理问题，而关联数据模型不仅要能够存储组织和管理 PB 级的非结构化实时神话数据，还要能够存储组织和管理神话数据之间的逻辑关联，能够存储组织和管理每个神话数据的多维属性以及每个关联的多维属性，能够反映神话数据及其关联的时空属性、语义含义、权重、概率等特性。[1] 以知识图谱为基础构建数据模型，在此基础上，才能够更好地

---

[1] 参见葛斌、谭真、张翀、肖卫东《军事知识图谱构建技术》，《指挥与控制学报》2016 年第 4 期。

实现传统数据模型所不能支持的多种智能分析，如时空关联分析、逻辑关联分析、语义相似性搜索、数据世系管理与分析、数据溯源与核查等，提升神话资源分析的能力水平。

（2）挖掘神话数据信息中的新问题与新知识。挖掘知识的基本任务是洞察真相、因果推理和规律探寻，其本质是对神话叙事、目标对象或事件的来龙去脉、前因后果、特点规律进行建模和表现。比如：神话人物画像，即对目标神话人物和母题事件的真实情况、流传模式、属性关系等进行"全景成像"；规律探寻，即通过模式识别、可视化分析等揭示潜在规律或行为模式。构建基于神话领域的知识图谱有利于形成更加高效、明确的神话资源管理体系，从而有效提升神话资源的价值和利用率。

3. 精准定位

作为数据密集型的人文科学研究范式，对特定神话事象的分析和掌握便成为神话研究的基本需求，如何在纷繁的神话资源中实现目标信息的迅速判读和精准定位，对神话知识图谱的知识呈现与分析功能提出了更高的要求，这就需要充分利用神话知识图谱的特性实现针对研究需求本身的"精准服务"和"微服务"。

（1）更精准的检索功能。基于中国神话知识图谱，构建智能语义知识发现平台，提供多类型（人物、母题、流传地、民族）知识实体搜索、知识关联搜索、语义主题分析等细粒度化的发现功能，突破传统基于关键词的篇章搜索服务模式，实现精准检索。

（2）智能神话信息梳理。在充分分析现有神话研究内容和流程的基础上，利用"数据+技术"混合模式，实现分析过程与分析方法的条理化、模型化，充分挖掘与利用中国神话研究领域结构化数据，辅助以一定数量的非结构化数据，实现中国神话资源信息分析工作的简约化与智能化，实时生成传播趋势结论、分布态势结论等，从而加快知识转化周期，在神话领域专家的专业辅助和研判下，高效辅助神话研究。

（3）趋势预判与推理。目前，"事理图谱"还是较新的概念，国内多家公司和科研机构都在"事理图谱"的相关研究上进行了探索。如哈尔滨工业大学信息检索实验室刘挺团队首先提出了"事理图谱"这一概念，并做了一些实验和基础性的工作[①]；中国科学院自动化所赵军团队、上海大学刘宗田团队分别在事件抽取[②]和事件本体表示[③]上取得了丰硕的成果。基于此，通过构建中国神话事理知识图谱，建立起一套逻辑推理的方法论，对特定环境下的神话资源信息和神话知识在时空域上进行展开，可以实现微时间跨度，抢占本领域研究先机。

4. 有机更新

知识图谱的构建不是一个静态过程，当引入新知识时，需判断新知识是否正确，与已有知识是否一致，如新知识与旧知识间有冲突，则需判断是原有知识错还是新知识不靠谱。在实现神话知识图谱的知识更新过程中，一般遵循权威度、冗余度、多样性和一致性等基本原则。如利用神话专家的经验对新知识的准确性进行判读，若正确，则进行相关实体和关系的更新。同时，领域知识图谱的特性之一，便是可以通过模型训练、远程监督等过程，实现系统功能的自我完善与升级。相关功能概念包括：

（1）神话信息资源池。以外部神话资源作为基础，以公布的文本数据及论文数据作为补充，基于流水线技术设计多源异构数据采集机制及配套工具，结合成熟的实体识别和关系抽取方法，实现对开源神话数据的高效采集、处理与存储，同时为了对外部开源数据的质量进行管理，研究数据清洗和预处理技术，进一步解决数据无关、数据重复、数据缺失、噪声数据等数据质量问题。

（2）神话信息知识库。在神话资源池的基础上，基于知识图谱技术，构建神话资源信息知识库；实现对神话人物、民族、流传地、讲述者、出处等多个层次的关联信息多维及网络关系上的重新组织，形成神话知识图谱，为后续深入应用提供知识基础。

（3）通过远程监督激励系统的逐步增强与持续构建。在专业神话知识图谱的构建过程中，为了减少对大量数据的标注的人工成本，研究尝试使用远

[①] 哈工大信息检索实验室：《事理图谱：事件演化的规律和模式》，http：//blog. sina. com. cn/s/blog_ 72d083c70102y3jv. html；哈工大信息检索实验室：《抽象因果事理图谱的构建和应用》，http：//www. sohu. com/a/137802985_ 657157；哈工大信息检索实验室：《从知识图谱到事理图谱》，https：//www. jianshu. com/p/4acc5bb1d712。

[②] 中国科学院赵军：《开放域事件抽取》，https：//www. leiphone. com/news/201807/2QQZ2aRIZNHFODBY. html。

[③] 刘宗田等：《面向事件的本体研究》，《计算机科学》2009 年第 36 期。

程监督的方法进行实体和关系的抽取。针对海量无标记数据的处理，远程监督的实体关系抽取方法极大地减少了对人工的依赖，可以自动地抽取大量的实体对，从而扩大神话知识库的规模。但同时，由于远程监督所基于的假设过于肯定，难免含有大量的噪音数据，而如何使用有效的降噪方式来缓解远程监督中的错误标注问题一直是关系抽取研究的重要课题。[①] 本书即引入神话专家参与的远程监督机制，通过高专业度的标注数据有效降低引入外部数据所带来的噪音数据，逐步构建起一个持续增强的智能图谱体系（见图5-3）。

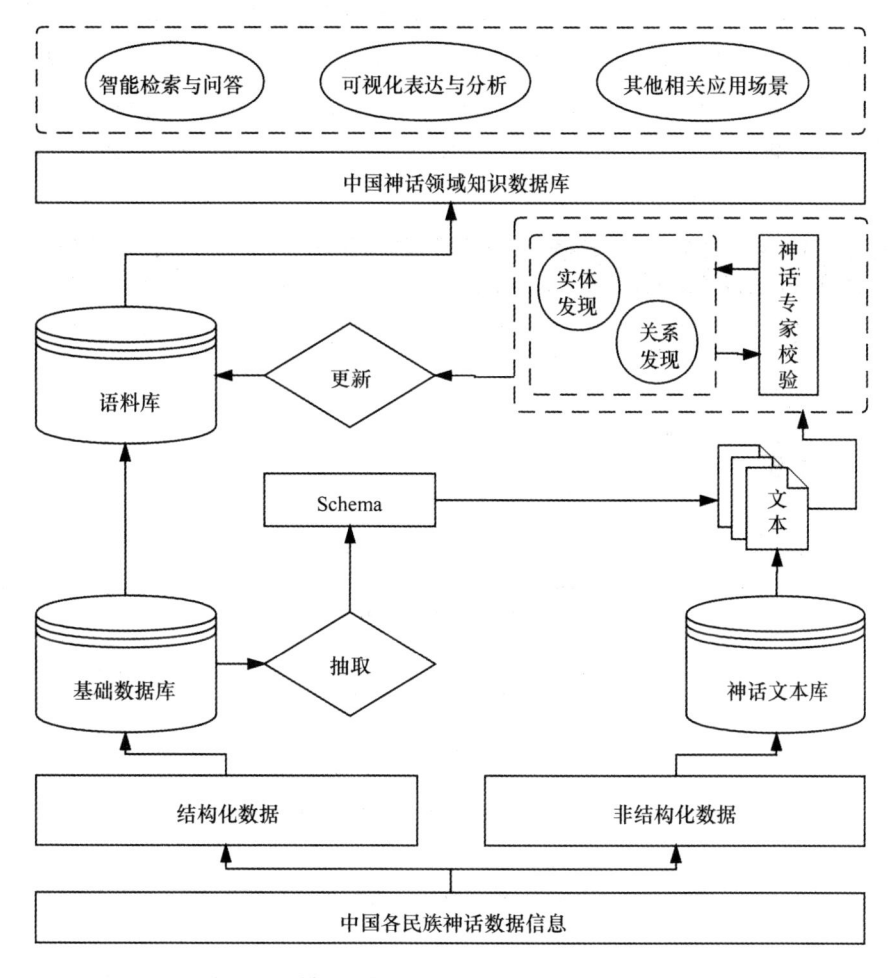

图5-3 神话知识图谱"有机更新"逻辑架构图

---

① 王传栋、徐娇、张永：《实体关系抽取综述》，《计算机工程与应用》2020年第12期。

三　神话知识图谱的建构方法探究

1. 相关图谱项目参考

目前国内外各大知识数据网站中有些已或多或少运用了知识谱图的相关理念。以目前我国最大的学术网站中国知网（CNKI）[①]为例，该平台在提供一般检索功能的基础上搭载了"知识元检索"的功能，与概念知识（元）库相对应，这里借用了数据库中文献内容里的"元知识"概念，通过分析检索者的关键词提问，向读者提供自动从文献中挖掘出的"条状"的知识链条，从而试图接近检索者想要的答案（见图5-4）。但这种功能在具体使用中仅将碎片化的信息进行了"链条状"的整合，向检索者提供的知识找寻路径还是线型的，答案的准确性有待读者进一步筛选和分析，并未形成真正意义上的知识图谱概念。

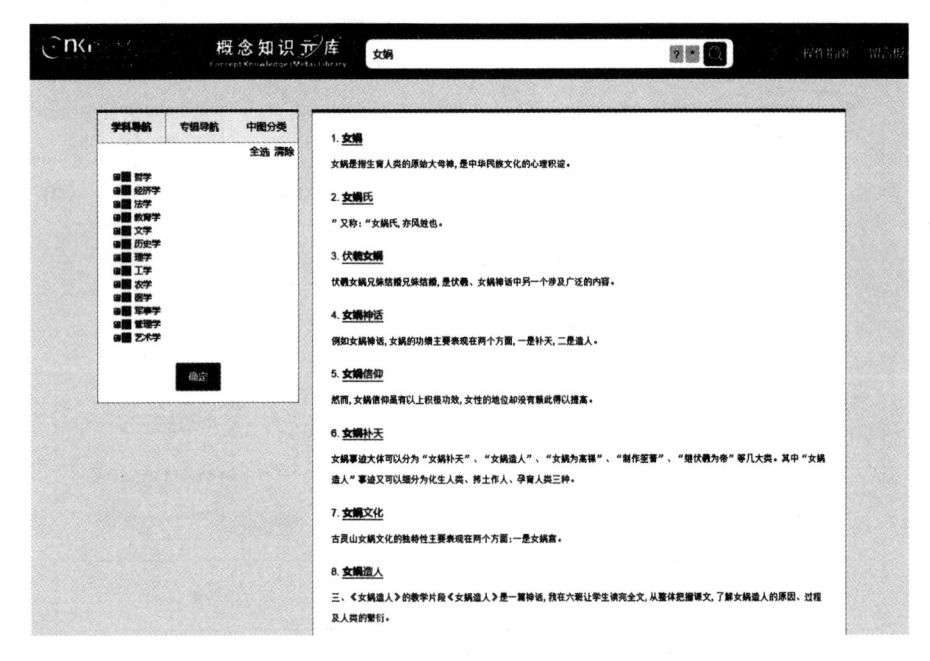

图5-4　中国知网概念知识（元）库检索示意图

在2006年上线，由清华大学计算机科学与技术系教授唐杰率领团队

[①] 参见中国知网，网址：https://www.cnki.net。

建立并具有完全自主知识产权的科技情报大数据挖掘与服务系统平台 AMiner，则是一个囊括了学者档案管理及分析挖掘、专家学者搜索及推荐、技术发展趋势分析、全球学者分布地图、全球学者迁徙图、开放平台等综合典型服务项目的知识服务网站。[①] 其中的"溯源树"功能即直观展现出基于科技专家学者的典型的知识图谱功能。所谓"溯源树"指的是一个通过构建论文演变图帮助学者研究论文发展的线上工具。使用者在 AMiner 中搜索需要研究的论文，并通过点击右侧的"生成 MRT"键以形成新的溯源树。溯源树的工作原理包括检索、阅读、构图和推理四个计算过程，从数据源中检索论文的直接引用与间接引用，并在引用部分中抽取特征并聚焦于最重要的一部分资料，然后分析引用之间的关系并将其作图于一棵树中，进而在形成的引用关系中学习它们相互作用的方式，给使用者提供了跨文本的、全局的、结构化的、溯源的崭新研究视角。溯源树的每个节点对应了一篇在数据库中抽取的学术论文作为支撑，标识出这篇论文的重要程度、发表年份、出处、作者和摘要，并提供了题目的复制功能，以便使用者对信息进行二次提取和处理。AMiner 网站提供了几种溯源树的参考案例，如围绕自然语言处理领域最受关注的 BERT 技术形成的溯源树，等等。目前 AMiner 是专门针对科技情报的数据库平台，并未涉及人文社科领域，且溯源树功能需要使用者首先对形成溯源树的论文进行选取，之后才能由网站形成树形结构网络并通过邮件形式发送至使用者邮箱，在操作简易程度和反馈时效性上略显保守。

2. 图谱构建总体目标

本书的长远目标是，构建一个以伏羲女娲神话知识图谱为案例的中国神话研究领域数据体系，建立相关文档信息库、标注库和知识图谱库，探索中国神话研究领域数据分析应用场景和模式库，研发中国神话研究领域发展态势分析支持模型，服务中国神话研究领域的分析与应用创新。

3. 数据的获取与存储

面向领域知识图谱中神话数据的质量直接关系到数据挖掘及应用分析的效果，也关系到神话数据分析能力的准确性。领域知识图谱数据来自不

[①] 参见清华大学成果与知识产权管理办公室网站《新一代智能型科技情报挖掘和服务平台 AMiner》，网址：https://baike.baidu.com/reference/23803242/7d05YFIcEUGKb3waLy5dlBqh6jx-FzEAe9PFuofWlDBxZRCK7FMg-FL5LEOdWdu60881371Ik_ gYZZt2821u69fr27xsH2clFh6v_ OUcw。

同的系统，数据资源描述方式各异，将不同数据源的异构数据融合为高质量的领域知识图谱数据是神话数据源获取过程中需要考虑的重要因素。除了顶层设计时要紧密结合特定知识领域的数据特点构建出相应的 Schema 层模型，对不同渠道获得的神话数据的融合处理也是领域知识图谱构建过程中数据质量的保证。

中国神话数据具有不同类型的来源和结构，对不同类型的数据进行知识抽取的方法各有不同，具体数据类型可分为结构化数据、半结构化数据以及非结构化数据。结构化数据具有较好的组织特性，而半结构化的神话数据往往是由异构数据混合组成，具有多来源和多类型的特征。在构建领域知识实体时可以根据名称规范元数据设计，通过系统从集成融合的神话数据中抽取不同的实体信息，例如人物名称、身体特征、生活方式、随身器具、发明事项，等等。对于结构化的领域知识实体抽取，通常使用基于规则匹配的抽取方法；非结构化的领域知识实体抽取通常使用基于机器学习方法；半结构化的科技实体抽取方法则两者皆有。

结构化的神话数据指的是使用关系型数据库（RDBMS）进行表示和存储，表现为二维形式的科技数据，数据集中往往各项数据属性之间存在明确的关系名称和对应关系。因此可以将其转化为 RDF 或其他形式的知识库内容。我们只需将这类数据中的实体属性特征与需要构建的知识库中的命名一一对应即可。本书中结构化数据的主要来源与获得，在本书第二、三、四章已进行了充分阐述。半结构化的神话数据来源于口传文本、经典文献、知网论文等本身存在的一定结构，但往往需要进一步提取和整理的数据。非结构化数据的特点是种类繁多且缺少固定和严格的模式，一方面，要对每种类型的非结构化神话数据发掘固定的抽取模式，另一方面，要对不同类型的神话数据抽取的实体进行链接。

在系统中知识图谱的构建分为模式层和数据层两部分：其中模式层是知识图谱的核心，在模式层存储的是经过提炼的知识；数据层存储的是具体数据信息。在知识图谱的数据层，知识以"事实"（fact）为单位存储在图数据库。如果以"实体—关系—实体"或者"实体—属性—性值"三元组作为事实的基本表达方式，则存储在图数据库中的所有数据将构成庞大的实体关系网络，形成知识的"图谱"。模式层在数据层之上，是知识图谱的核心。通常采用本体库来管理知识图谱的模式层，借助本体库对公理、规则和约束条件的支持能力来规范实体、关系以及实体的类型和属性等对象之间的联系。

系统中领域知识库的构建与应用需要多种智能信息处理技术的支持。通过知识抽取技术，可以从一些公开的结构化、非结构化的数据中提取出实体、关系、属性等知识要素。通过知识融合，可消除实体、关系、属性等指称项与事实对象之间的歧义，形成高质量的知识库。知识推理则是在已有的知识库基础上进一步挖掘隐含的知识，从而丰富、扩展知识库。这里按照神话知识图谱自底向上的构建流程，将知识图谱体系架构分为数据清洗层、信息抽取层、知识融合层、知识加工层、知识管理层以及领域应用层等六个层次。

（1）数据清洗层主要负责原始数据质量的维护，通过采用数理统计、数据挖掘或预定义规则的方式对结构化数据、半结构化数据、非结构化数据进行审查和校验，删除重复信息，纠正无效值和缺失值，并提供数据一致性检测，为构建知识图谱准备高质量的原始输入。

（2）信息抽取层主要负责从经过清洗的数据中提取出实体、属性以及实体间的相互关系，具体包括实体抽取、关系抽取和属性抽取等过程。

（3）知识融合层主要负责对信息层提取出的三元组进行整合，以消除矛盾和歧义，具体包括实体对齐、实体链接和知识合并等过程。通过知识融合，可以有效消除知识中的不一致现象。

（4）知识加工层主要负责对经过融合的新知识进行智能化推理与概念化抽象，并经过有效的质量评估之后，将合格的部分加入知识库中，以确保知识库的质量，具体包括知识推理、本体构建与质量评估等过程。

（5）知识管理层主要负责对知识加工层提炼出的知识进行有效存储、维护和管理，具体包括知识存储、知识更新、知识检索等过程。

（6）领域应用层主要负责在构建好的知识图谱上实现面向神话研究领域的应用与开发。比如基于神话数据库的资源分析、深度问答、神话知识检索等。

4. 神话实体标注与关系抽取算法模型设计

（1）神话实体标注算法模型

实体识别也称为命名实体识别（Named Entity Recognition，NER），是指从非结构化的文本中识别出具有特定类型的实体，如名称、族称、地点名等。其中，需要指出的是，NER 任务属于自然语言处理（Natural Language Process，NLP）中的一项基础任务。识别后的实体可以用于问答系统等高级任务中。当前实体识别的主流算法分为两种：一种是基于规则以及字典的实体识别，另一种是基于深度学习算法的实体识别。而神话数据由于其作为人文数据的特殊性与复杂性，可供进行深度学习训练的开源数据集较少，难以进行大规模的训练，所以本书基于当前人工处理后的神话数据集进行了基础模型的预训练，可以将实体进行自动识别，但为保证实别的精度，可再加上基于规则的前置匹配，最后达到将神话实体识别出来的目的。其中较为常用的是基于深度神经网络的命名实体识别方法。

在基于深度神经网络之前关于命名实体的研究工作大多是基于统计学的识别方法，包括隐 Markov 模型、最大熵 Markov 模型、条件随机场（CRF）等。但基于统计学的命名实体方法需要严重依赖于预先定义的特征，这种特征工程工作面临的问题不仅是代价高而且与特定领域紧密相关，导致在某一领域在提交了模型的识别有效性的同时牺牲了模型的泛化能力与迁移能力。以深度学习为代表的相关算法模型发展的前提是计算能力以及词的分布式表示技术的支持，使得基于深度神经网络（Deep Neural Network，DNN）的命名实体识别任务不再依赖特征工程，同时取得了显著的研究进展。目前的研究大多是基于 BiLSTM 的方法学习文本的长距离特征，使得网络模型在进行训练学习时可以充分考虑上下文信息，同时使用条件随机场（Conditional Random Field，CRF）对 BiLSTM 输出的特征矩阵进行标签化并获得相邻标签间的依赖关系，进而确定整个句子的最优标签序列。

（2）神话关系抽取算法模型

在知识图谱的发展需求推动下，关系抽取的方法从 20 世纪后半叶的基于人工编写规则的方法，逐渐发展到基于统计的方法，直至近十年来基于机器学习神经网络方法的陆续涌现。早期基于规则的方法虽然促进了关系抽取研究的长足进步，但其自身的局限性也很明显，如人工编写规则的过程较复杂、规则产生的效率较低、系统针对性好、通用性差等，所以后来的研究逐渐又转向基于统计的方法。随着网络开放程度增加，以及电子元器件计算速度、存储能力的提升，文本数据体量和规模迅速增长。基于统计的方法开始快速发展并获得广泛应用，主要包括监督学习、Bootstrap

方法、远程监督学习、无监督学习等。

基于统计的学习方法，首先需要大量完整的已进行实体标注和实体间关系标注的语料库，然后根据定义的关系类型和定义的实体类型，通过提取文本特征，将词特征、位置特征等通过不同的分类算法训练模型，在测试时根据训练的模型抽取训练语料的实体对，并判断其关系类型。由于在特征提取的过程中需要依赖自然语言处理的自动分词、词性标注等工具，使得在对语料处理时工具操作难免造成正确率损失，这会对最终的分类性能产生影响。除此之外，文本特征提取过程还需要参照专家经验。因此，特征的设计和验证需要耗费大量人力物力。但统计方法不仅可以在无标注文本中抽取出实体对及其关系，也在一定程度上脱离了对领域知识的依赖。近十年来，深度学习成为实体关系抽取中颇受业界瞩目的研究新方法，深度学习是一种特殊的机器学习方法，具有灵活性好、性能高等特点。相比于基于统计的方法，深度学习的神经网络模型可以自动获取文本特征，并不需要对文本特征进行复杂的设计和验证。

第三节 伏羲女娲神话数据的创造性转化

"文化从来不是一成不变的，而是伴随着历史的进程，随时发生着或快或慢的、时显时隐的、这样那样的变化，有时候是文化的内在特质发生变化，有时候是外在表现方式发生变化，还有的时候是人们对特定文化的阐释和解读发生了变化。"① 作为中华民族文化遗产的神话以及神话数据也不例外，在当今世界新格局形成及国家民族日益振兴的大时代背景下，神话数据包括伏羲女娲类的专题数据只有与时俱进，在内容与形式上不断创新发展，才能真正发挥出其应有的作用。

一 通过神话数据研究探讨神话转化的多样性

当今世界信息技术创新日新月异，数字化、网络化、智能化深入发展，信息与数据已经成为人们工作和生活的重要组成部分。神话数据建设与研究不仅成为中国神话学学科的研究热点，在研究方法创新中扮演了重

---

① 朝戈金：《创造性转化　创新性发展》，《光明日报》2018年3月29日。

要角色，而且在满足社会文化需求和推动文化振兴、实现传统文化的创造性发展中也不断发挥着积极作用，特别是新时代人们对美好生活的精神需求不断提升，大众更加向往多元化的、定制式、沉浸式的文化娱乐产品。在对神话资源进行整合、开发和利用方面，随着人们对新技术手段的普及与把握，已经可以借助神话数据库建设实现口头讲述、文本阅读、音像视听、场域复原、动手参与等多种方式兼得并行，使神话在当今中华优秀传统文化传承与创新发展中获得新的生命，发挥出更加古为今用的积极作用。

1. 神话数据创造性转化面临的现状

神话自古以来传承与延续的主渠道是口耳相承，如何将这一传承形式与当今社会"接轨"，实现多渠道的创造性转化和创新性发展，是摆在诸多研究者面前的现实问题。问题之一便是，目前通过各种载体形式被采集和固定下来的神话资源虽然众多，但许多神话在口头传统中失去了原来的"客观真实性"，陷入了"无法定性"的窘境，特别是蕴含并反映着上古时代观念的早期神话在当代语境下经常遇到很难实现解读和转化的困境。正如有研究者所言："中国神话的定型转化过程中，还存在着景观转化与艺术转化的差异问题。中华民族有许多神话人物，文化背景差异较大，缺乏相对固定的、公认的形象与故事，在民族文化史上的传播力度与影响力度也极不平衡，而我们所借以研究这些神话的理论则十分有限，甚至是不相对应的。"[1] 这种情况会为目前神话数据中的"神话复原"技术提出更高的要求。同时，不少神话研究者对当今神话数据的开发与利用表现出担忧，特别是国内乃至世界范围的神话学研究中大多仍然依赖文献记录或考古学资料，把古代典籍神话长期作为神话学的核心的事实，崇尚"向后看"（backward-looking perspective）的研究视角，而对于神话在当代大众文化以及文学、艺术、商业等范畴中的表现及再创造兴趣不浓。

2. 神话资源创造性转化的理论探讨

在神话资源的当今创造性转化理论方面，国内外学术界有不少积极探索，其中最首要的理念之一就是解决"驱动力"的问题。如美国比较神话学家约瑟夫·坎贝尔（Joseph Campbell）根据自己对于神话资源转化的长

---

[1] 刘锡诚：《在中西文化比较视野下看神话资源转化的中国实践》，《长江大学学报》（社会科学版）2006年第3期。

期研究，在当下社会实践与应用中重新审视神话的概念和功能，并"试图从张扬个人英雄主义的文化语境出发，从人类文化英雄的谱系来审视西方的文化创新，并将个体觉醒提到古老神话精神复兴的高度，从而打通了传统与当下之间的隔阂，他将这些文化创新（包括科学、文学、哲学等张扬人的解放的文化表述）定义为创造神话"[1]。他还通过《神话的力量》《千面英雄》《上帝的面具》等系列著作围绕该问题进行了深入探讨，提出了把神话在当代社会中的转化与当下人们的内心需求和精神需要相契合的最终目的，并以此作为神话在当今社会转化的原动力。这种理念对实现神话多样性的创造性转化不无启发。对此，有研究者提出了"神话主义"的概念，并把它解释为"用来指现当代社会中对神话的挪用和重新建构，神话被从其原本生存的社区日常生活的语境移入新的语境中，为不同的观众而展现，并被赋予了新的功能和意义"[2]。这些探讨都是神话数据包括伏羲女娲神话专题数据的创造性转化的有益参考。

3. 神话资源创造性转化的实践性尝试

神话资源特别是神话数据在社会发展中的应用是多方面的，自古以来，人们就有通过神话演述由"娱神"到"娱人"再到"育人"教化功能的不断开发与变化。目前我们在许多文化样式中都能很容易发现神话的再创造与再发展，如北京歌剧舞剧院创作演出的大型舞剧《女娲》，剧中重点选取了女娲创世、女娲造人、女娲制笙簧、女娲成婚、女娲阻止水火之战、女娲炼石补天等母题，采用新的艺术形式重新建构了一个乐于奉献、敢于斗争、勇于牺牲的东方圣母形象。故有评论者认为，"虽然此剧取材于远古神话传说，但却以时尚绚丽的光影安排、美妙前卫的舞美设计和东西交融的音乐语言带给观众崭新的视听冲击，令观众在切身感受酣畅淋漓舞台效果的同时，又对那段神秘的远古传奇，心生强烈的向往之情"[3]。再如，伏羲神话在河南省淮阳县把传统神话融入现代化建设中，通过"羲皇故都"为塑造城市品牌提供文化资源支持，也成为当地的重要文

---

[1] 张洪友：《约瑟夫·坎贝尔的神话诗人观研究》，《文学人类学研究》2018年第2期。
[2] 杨利慧：《遗产旅游语境中的神话主义——以导游词底本与导游的叙事表演为中心》，《民俗研究》2014年第1期。
[3] 张丰艳：《多元文化交融中的视听盛宴——谈大型舞剧〈女娲〉的音乐元素与表意情境》，《交响》（西安音乐学院学报）2012年第1期。

化符号。

关于伏羲女娲神话的各类创造性转化的情形种类繁多。下面仅以伏羲女娲的名称或称号在中国不同民族和地区产生及演变出的诸多变体为例,论述一下伏羲女娲神话数据转化的多样性问题。

伏羲女娲许多不同的称谓广泛存在于民众的口传作品中,也可以依附于遗迹遗俗存世,并在许多民族或地区的民间生产生活中扮演了重要角色。以女娲的姓氏为例,除云姓、风姓等通识讲法外,更有极富地方特色的说法,如流传在江苏省淮安市金湖县南部,冯学仁讲述的《张伏羲补天》[1]中,有"皇帝张伏羲在天上补,妻子李女娲在地上接石头给他"的记述,这里的女娲便被赋予了李姓,体现了当地民众对女娲姓氏的独特记忆。民间对于女娲的封号或尊称的流变,应该可以看作是人们对历史追忆和始祖信仰中文化诉求的直接反映。如女娲的封号,大多与"皇""圣"相联,如重庆市巴南区普遍尊女娲为"圣母",陕西省榆林市绥德县辛店乡尊女娲为"人皇",河南省三门峡市灵宝市民间尊女娲为"娲皇",等等。在中国不同民族和地区流传着大量有关女娲的神话,"女娲"作为特定的文化符号呈现出生育神、祖先神以及创造神等多神一体的特征,其核心母题则是"女性始祖"。这一母题的广泛流布既体现了人们追忆历史与始祖信仰的文化诉求,也反映出女性始祖文化身份塑造中的创作理性与逻辑认同。[2]

科技领域对神话名称的再运用也是很好的例证,如航天领域关于"神舟""天宫""悟空号""嫦娥"等的命名,这些老百姓耳熟能详的名字,清晰且深刻地表达出中华民族的传统信仰与文化自信。当然"女娲"这个名字同样在太空空间探索的命名中占有一席之地,如报道,随着人类航天科技的发展以及太空活动的日益频繁,太空目标数量的剧增,以地球静止轨道(GEO)为代表的高轨命名,成为世界各国争相抢夺的轨道资源。该领域研究者提出以"女娲"作为 GEO 在轨服务计划的代称,其理由是"女娲氏是中华民族的人文始祖之一,其抟土造人、炼石补天的故事激励着一代代的中华儿女"。因此,"设计的 GEO 在轨服务计划,取名'女娲',突出创造、变废为宝的思想,并且在轨维修和在轨制造对应于

---

[1] 姚宝瑄:《中国各民族神话》(汉族),山西出版传媒集团·书海出版社 2014 年版,第 63 页。
[2] 参见王宪昭《论女娲神话女性始祖文化身份的建构》,《社会科学家》2016 年第 8 期。

'补'，GEO 资源也对应于'天'，相得益彰"①。

这里的解释不仅仅是奇思妙想，更是对神话本身内涵的创造性发展与应用。无独有偶，许多关于神话人物的当今经济与生产等有关应用可以说是五花八门，如1999年3月，凯思集团正式向外界发布了Hopen嵌入式操作系统，并将Hopen产业化推进策略命名为"女锅计划"。②还有药物推广解释中说："经过一年多的临床实验，瑞典及荷兰科学家决定尽快将他们共同研制的避孕药具女娲环（NuvaRing）推向市场。据称，女娲环同时结合了传统避孕药物和避孕工具的优势，它代表着避孕技术的一次革命。"③显然这里把外国人研制出的避孕药物在中国医药保健品市场上推广，用"女娲"命名避孕药物不是强调对女娲所象征的生育生殖崇拜，而是反其道而行之，但目的无非是引起人们对这一药品的兴趣与关注。又如《"女娲毛尖"茶揉捻工艺改进技术试验》④等，这种情况也可以通过特定网站提供的数据得到证明。

通过国家知识产权局网站"中国专利公布公告"检索功能和知网专利查询，分别以"伏羲"和"女娲"为关键词进行检索，截止时间为2020年1月31日，我们可以找到与"伏羲"名称有关的发明专利有43项，与"女娲"名称有关的发明专利有31项。择取几个主要类型与产品情况示例如下（见表5-4、表5-5）。

表5-4　以"伏羲""女娲"为商标名称的"装饰物件"类示例表⑤

项目	伏羲		女娲	
	产品名称	专利公开号	产品名称	专利公开号
1	仿真艺术摆件（伏羲魂）	CN305346717S	挂饰（Q版女娲）	CN304493167S

---

① 张雅声、程文华：《"女娲"计划：面向地球静止轨道的在轨服务系统》，《装备学院学报》2017年第2期。
② 周芝光、陈俊、秦旭辉：《"维纳斯"与"女娲"的真实写照》，《微电脑世界》2000年第10期。
③ 佚名：《"女娲环"问世》，《医疗保健器具》2001年第4期。
④ 刘涛：《"女娲毛尖"茶揉捻工艺改进技术试验》，《中国茶叶》2017年第1期。
⑤ "装饰物件"类产品，主要包括小摆设、桌子、壁炉台和墙壁装饰、花瓶、花盆等用品。

续表

项目	伏羲		女娲	
	产品名称	专利公开号	产品名称	专利公开号
2	摆盘（伏羲八卦龟形蛇纹寿1）	CN305034889S	人偶（蛇身女娲）	CN304431264S
3	人偶（人身伏羲）	CN304431263S	摆件（人身女娲）	CN304431270S
4	人偶（蛇身伏羲）	CN304431265S	雕像（女娲）	CN304004244S
5	瓷瓶（白釉橄榄瓶——伏羲画卦）	CN303824738S	装饰品（伏羲女娲石板雕刻）	CN300858331
6	丝织挂毯（伏羲龙）	CN303105493S	瓷瓶（白釉梅瓶——女娲补天）	CN303824729S
7	观赏盘（伏羲八卦）	CN302278525S	钧瓷工艺品（女娲补天）	CN304605595S
8	雕塑（伏羲创八卦）	CN302217397S	工艺品（女娲石）	CN3181750

表5-5　　以"伏羲""女娲"为商标名称的"运输或处理货物的包装和容器"① 类示例表

项目	伏羲		女娲	
	产品名称	专利公开号	产品名称	专利公开号
1	包装箱（太昊伏羲）	CN303926765S	包装袋（女娲茶）	CN304317516S
2	包装袋（太昊伏羲）	CN303927561S	茶叶包装盒（映象女娲53）	CN303177757S
3	包装盒（伏羲枣）	CN303375443S	手提袋（女娲茶）	CN303125400S
4	伏羲玉器木盒	CN303305703S	包装袋（女娲茶）	CN303125401S
5	瓶包装盒（伏羲乾坤八卦仪）	CN301307654S	包装盒（女娲茶）	CN303124766S

---

① 在用于运输或处理货物的包装和容器大类之下，又可以分为袋、香袋、箱、盒、罐、管、囊、容器、（防腐）罐、瓶、喷雾器装置的容器等，表中不再一一具体列出。

续表

项目	伏羲		女娲	
	产品名称	专利公开号	产品名称	专利公开号
6	盒（伏羲之印）	CN302880345S	包装盒（女娲银峰内盒）	CN302434706S
7			包装盒（女娲银峰）	CN302434707S
8			手提袋（女娲银峰）	CN302435035S
9			包装盒（女娲银峰）	CN302359491S
10			包装盒（女娲毛尖内盒）	CN302359564S
11			包装盒（女娲银峰银卡条盒）	CN301498443S
12			包装盒（国陶女娲）	CN301397220S
13			酒瓶（国陶女娲）	CN301230023S
14			包装盒（绞股蓝茶）	CN3614984
15			手提袋（女娲神草系列产品）	CN3615094

其他还有诸如"乐器"类型中的"古琴（女娲式）"（CN305537736S），"游戏玩具"类型中的"玩具（5041女娲石）"（CN303960440S）、"陶偶（女娲娘娘）"（CN302804125S），"建筑物单位和建筑元素"类型中的"板材（女娲石）"（CN303388980S），"文具和办公设备"类型中的"包装桶标贴（滇宝女娲）"（CN301445970S），"家用物品"类型中的"茶具（女娲石）"（CN3181371），"人造和天然材料之片材"类型中的"包装纸（滇宝女娲）"（CN300983510）等多种产品专利。

上面不同的数据说明，人们在当今经济社会中选择"伏羲""女娲"等神话形象作为产品或事件名称除了它的家喻户晓便于传播与接受外，往往还涉及对其自身神话叙事意义的再开发与再应用。而这些对中华民族传统神话的文化实践与应用，不仅在一定程度上增强了经济活动与文化元素的融合，从某种程度上说，也有利于培育人们在生产生活等日常活动中的文化自觉与文化自信。通过对此类数据的统计与分析，有利于考察伏羲女娲神话在当今经济社会的应用情况及文化引导。

二 伏羲女娲神话数据现实应用的调查问卷分析

伏羲女娲神话作为传统文化在当今文化发展中的重要构成部分，其现实应用涉及中华民族传统文化的接受、再创造、再传播以及开发转化的问题。针对这一问题，本书通过调查问卷的方式，设计了相关数据元素及其调查问卷分析。

1. 问卷调查的目的

此次问卷调研是"第五章 伏羲女娲神话数据的开发与应用"部分的辅助性研究，主要目的是探究以伏羲女娲为代表的文化始祖型神话人物在当今社会大众中的熟悉度、接受度和传播度，并试图从一个侧面了解大众对该类传统文化创造性转化的态度及预期，为相关研究提供客观的数据分析结论，并为后续深入研究提供方向参考。问卷发放时间为2020年7月至2020年12月，问卷围绕"神话作为中华民族传统文化的必要性及重要性""神话的历史真实性""特定文化始祖人物的接受度与传播度""传统文化产业化开发程度调研"等关键问题展开，旨在客观反映以始祖神话为代表的中华民族传统文化在当今大众中的接受、传播和发展状况，并寻找传统文化产业化开发转化的相关方法。在问题的设置、发放过程和回收处理等环节，充分观照到了调查时间的延续性、调查对象的丰富性、调查内容的纵深性和调查目的的针对性。

2. 调查问卷的内容与结构设计

此次问卷共设置21道题目，其中第1—5题收集了受访者年龄、学历、职业、民族和常住地等基本信息；第6—7题是考察受访者对神话整体定位认知判断的题目；第8—13题主要是考察受访者对本民族神话及始祖型神话人物熟识度的题目；第14—15题就一般神话传播途径和方式进行探究；第16—21题则是传统文化产业化开发的一些问题。

此次调研问卷主要通过微信平台进行发放与推广，依靠项目参与者、微信群、朋友圈及相关微信用户之间的互动和分享机制，在2020年7月至2020年12月期间不间断投放。截至报告撰写之时，共回收有效问卷824份。本次问卷受到了来自社会各界特别是神话学、民俗学和传统文化研究者、爱好者的广泛关注，整体来看，问卷的回收率较高，回答的完整性较强，且样本基数较大，在问卷的发放与回收上符合问卷规范。

3. 问卷调研结果分析

本次问卷调查主要借用新媒体平台等较为新颖的形式，与文献分析、田野调研等传统研究方式形成了方法论层面的互补，多角度、多维度、全方位实现了对文化始祖型神话人物的社会层面观照和文化产业开发的针对性调研，形成对以伏羲女娲为代表的传统神话事象在传播学、社会学视角下的具有针对性和对策性的分析结果。

（1）受访者地理坐标信息分析

参与此次网上问卷调研的人员在北京、山东、河北、山西、广东、河南、内蒙古、广西、安徽、江西、上海、辽宁、吉林、天津、四川、湖北、香港、江苏、湖南、浙江、福建、新疆、青海、黑龙江、宁夏、贵州、陕西、云南28个省级行政区均有分布，受访数量较为集中的几个省份如图5-5所示。从参与调查问卷的人员分布及数量特征上看，具有受访者分布地域广泛、由问卷起始省份向周边省份辐射、各省份受访者人数不均衡等几个明显特征。这一方面反映出通过微信平台等散布途径开展的调查活动在偏向特定传播路径上的必然性，另一方面一定程度上反映出北京、山东、江苏、广东等省份民众对于该类型问卷的较高关注度。

（2）受访人年龄职业分析

职业信息一题中，为受访者提供了学生、科研工作者、艺术及教育工作者、政府机关管理人员、企业公司人员、个体经营人员、农民和其他8个选项（见图5-6）。

从填写调查问卷的年龄分层数据来看，具有较明显的分布不均衡性（见图5-7）。16岁以下和41岁以上的受访者人数占比较少，而16—40岁的受访者人数占总人数的87%，同时综合受访者的学历水平，可见以人文始祖为代表的传统文化在中青年群体和较高学历群体中的较高关注度。从时间纵深来看，这一数据结构在长达6个月的调查时间内始终保持着较为稳定的比例，结合相关研究佐证，体现出年龄构成数据的相对稳定性。

综合反馈信息可以得出以下结论（见图5-8）。

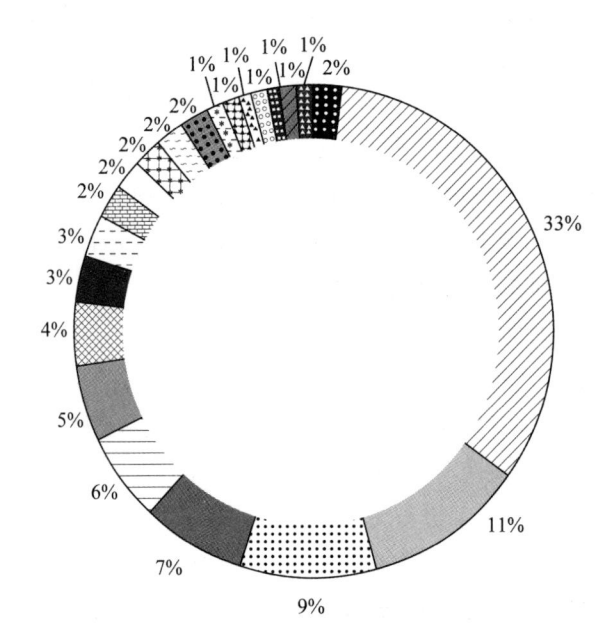

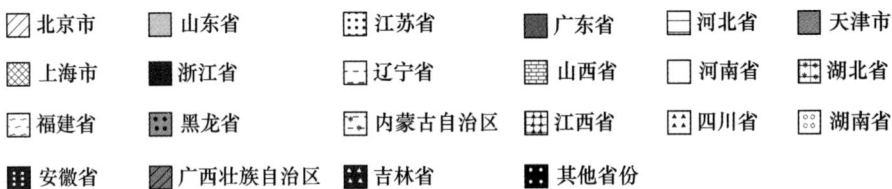

274 / 中华文化祖先神话大数据研究

图 5-5 受访人各省份分布占比图

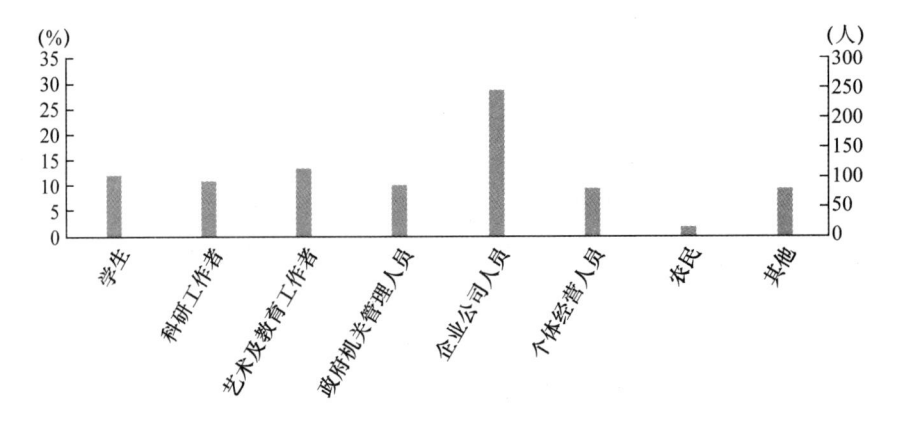

图 5-6 受访者职业分布图

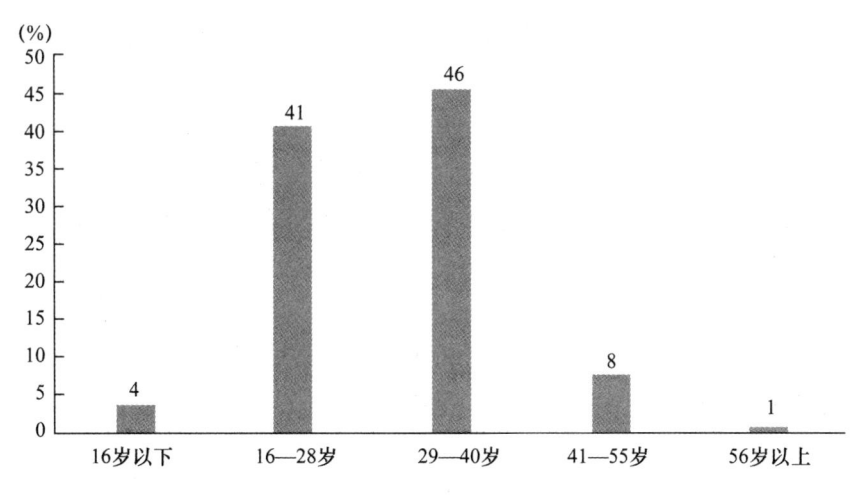

第五章　伏羲女娲神话数据的开发与应用 / 275

图 5-7　受访者年龄区间分布图

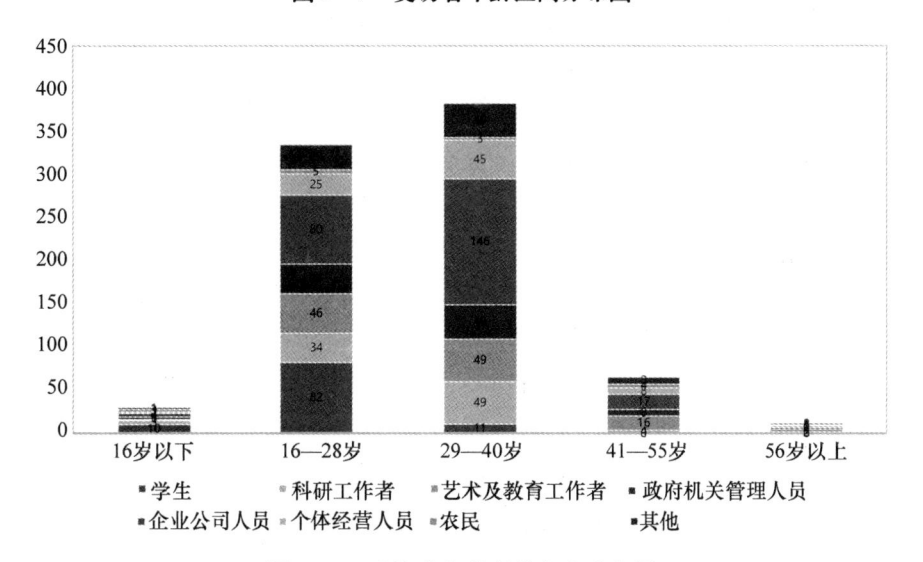

图 5-8　受访者年龄职业复合分布图

①跨职业属性的广泛关注。包括企业公司人员、艺术及教育工作者、学生、科研工作者等在内的 4 个职业类别，其受访者数量均在 10% 以上，且数值的差异性较小，表现出较为明显的平均化倾向。这种均衡化一定程度上反映出，大众对于始祖型神话和文化现象的关注脱离了职业和专业限定，"以神话为代表的传统文化"在实际生活中偏向于一种更加普适和广义的文化现象。这是目前基于该文化类型接受度和认知现状

的直观反映，也成为"文化始祖型神话"在更大范围内进行传播和推广的群众基础。

②企业公司人员样本的多元价值体现。29—40岁的关注者中企业公司职业占比约为50%，数量优势明显，其次为艺术及教育工作者。在全年龄段中，这两类职业人员的占比同样突出。从职业的专业度与敏感性出发，这类人员大多从事与文化艺术相关的工作，或长期拥有与之相关的兴趣爱好。这类受访者来自社会各行各业，考虑到年龄和从业时长优势，他们观察问题的视角也更加专业和细致，不少人在问卷最后一题留下了宝贵的意见或建议。项目组针对这一现象，也制定了后续调研计划，持续跟踪相关人员的同时挑选代表性人物进行专访。

（3）神话在中华民族传统文化历史中的定位探讨

在"您认为神话是不是中华民族传统文化的组成部分？"一题中，有87%的受访者持支持态度，10%的受访者不支持。虽然对该问题的统计概率符合学界的一贯认知，但对于持否定意见的这部分受访者，他们的观点和认知则更具有深入探究的价值。在84位认为"不是"的受访者中，有39.7%的人认为"神话并非历史"，这也许是致使比例走高的重要直接因素。这一数据明显高于认为"是"的9.6%，显然在持支持态度的716人中，有更多的人认为神话具有历史真实性或反映了部分历史。这种统计比例上的高趋同性，具有典型的神话历史化（The Theory to Euhemerus）特征，在特定受访群体中或存在着将"传统文化"等同于"史实"的一般认知。

本书认为，以历史真实性探讨神话的文化价值与意义是对神话本身定位的一种误读，或者说，将文化价值与历史性挂钩，在某种程度上不负责任地放大了历史性在神话概念中的决定性作用。对这部分受众进行深入的研究与引导，或许是此后研究关注的重要问题。

（4）受访者对本民族神话熟悉度分析

受访者中汉族同胞占比为97.5%（803人），少数民族同胞占比为2.5%（21人），涉及回族、蒙古族、满族、瑶族、壮族、维吾尔族、土家族等，相关比例见图5-9。

由图5-9所示，汉族和少数民族受访者认为存在起源与祖先神话的占比具有惊人的一致性，均为71.4%左右。其中近50%的受访者可以讲出 1 篇以上的本民族起源神话，这一数据在汉族中的比例略高。能讲出 5 篇以上起源神话的人数仅为 13% 左右（见图 5-10、表 5-6）。为进一步了解大众对文化始祖型神话人物及叙事的熟识程度，调研选取了具有典型特征的几位神话祖先和神话叙事，相关统计数据见图 5-11、图 5-12。

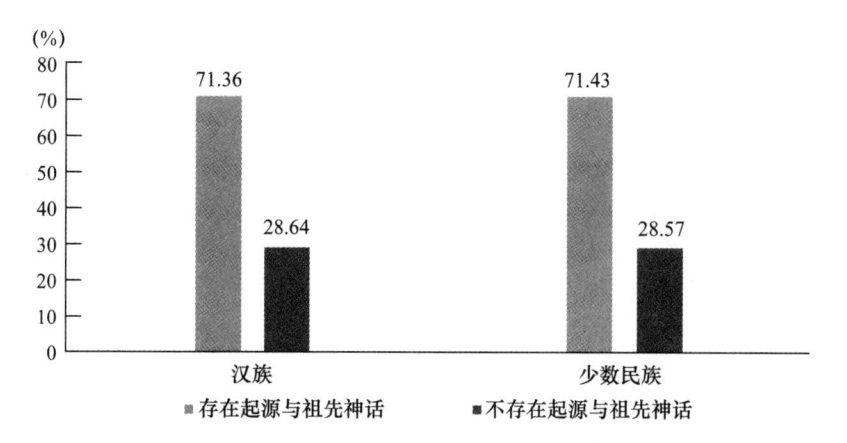

图 5-9　不同民族认为是否存在起源神话占比图

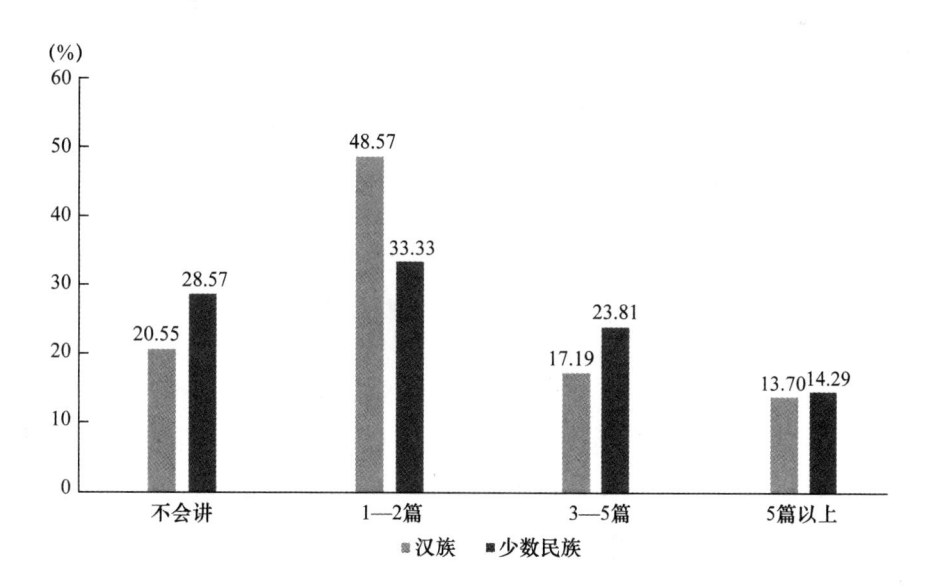

图 5-10　可以讲述起源神话数量分布图

表 5-6　　　　　　　　可以讲述起源神话数量一览表

	不会讲	1—2 篇	3—5 篇	5 篇以上
汉族	165	390	138	110
少数民族	6	7	5	3
受访总人数	171	397	143	113

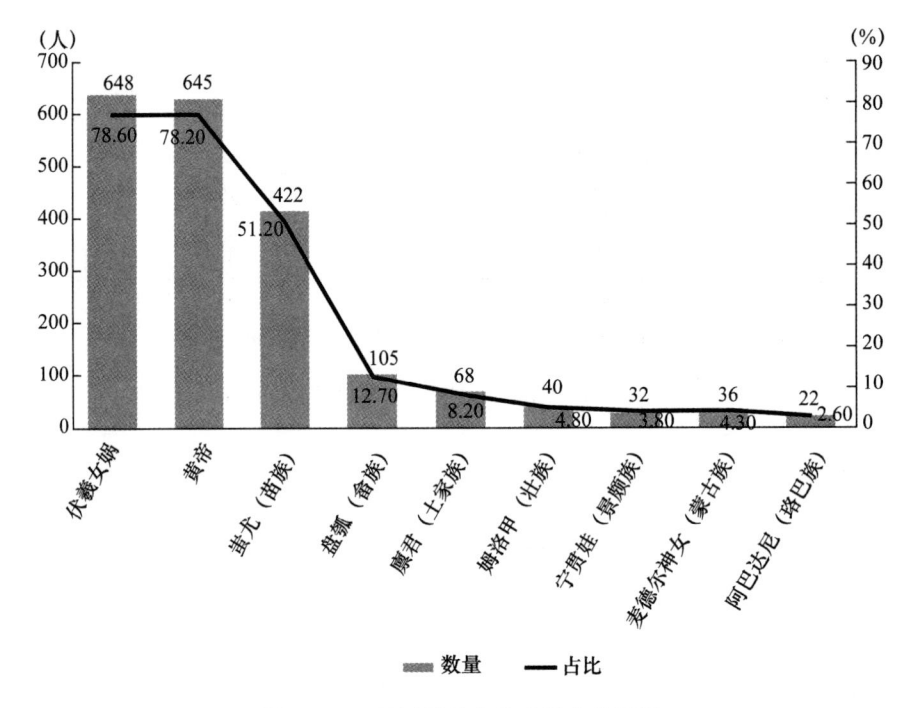

图 5-11　神话祖先人物熟识度统计图

通过图 5-11、图 5-12 可见，受访群众对不同民族的神话祖先人物的了解具有明显的差异性，伏羲女娲、黄帝居前两位，苗族祖先蚩尤居第三位。我们随机抽取了 15 位少数民族受访者，对他们的选项进行分析，其中"1"代表了解，"0"代表不了解。经分析，有以下发现（见表 5-7）。

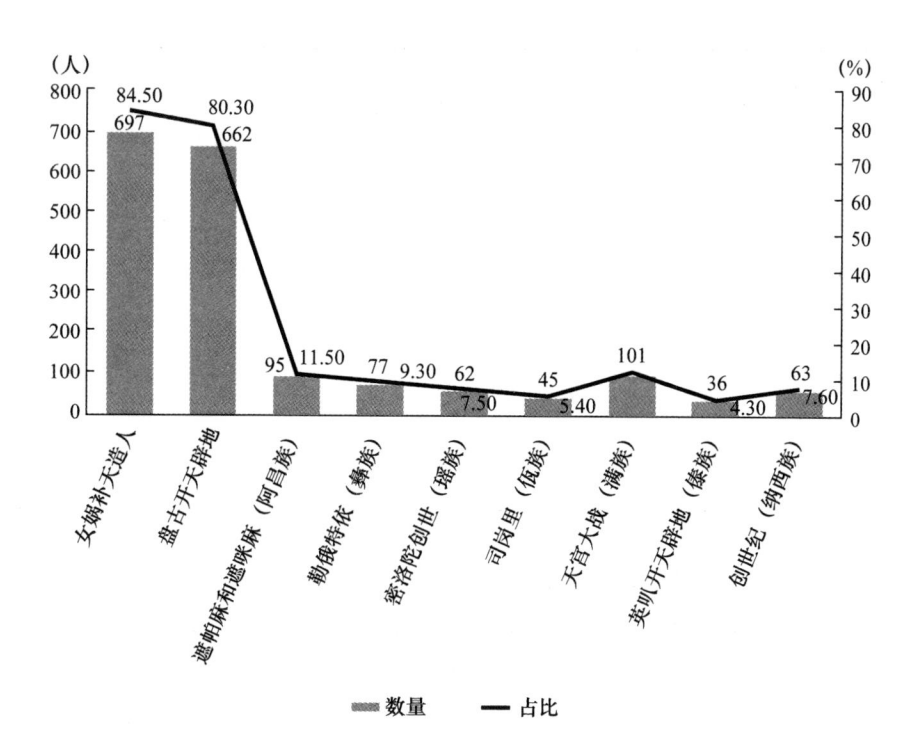

图 5-12　神话叙事熟识度统计图

表 5-7　　　　少数民族样本对各民族文化祖先了解程度统计表

样本类别	伏羲女娲	黄帝	蚩尤（苗族）	盘瓠（畲族）	廪君（土家族）	姆洛甲（壮族）	宁贯娃（景颇族）	麦德尔女神（蒙古族）	阿巴达尼（珞巴族）
回族 A	1	1	1	0	0	0	0	0	0
回族 B	1	1	1	0	0	0	0	0	0
回族 C	1	0	0	0	0	0	0	0	0
回族 D	1	1	1	0	1	0	0	0	0
蒙古族 A	0	0	0	0	0	0	0	1	0
蒙古族 B	1	1	1	1	0	0	0	0	0
蒙古族 C	1	1	1	0	0	0	0	0	0
满族 A	1	1	1	0	0	0	0	0	0

续表

样本 类别	伏羲 女娲	黄帝	蚩尤 （苗族）	盘瓠 （畲族）	廪君 （土家族）	姆洛甲 （壮族）	宁贯娃 （景颇族）	麦德尔女神 （蒙古族）	阿巴达尼 （珞巴族）
满族 B	1	1	1	0	0	0	0	0	0
满族 C	1	1	1	0	0	0	0	0	0
满族 D	1	1	1	0	0	0	0	0	0
瑶族 A	1	1	1	1	0	1	0	0	0
瑶族 B	0	0	1	0	1	0	1	0	0
壮族 A	1	1	0	0	0	1	0	0	0
土家族 A	1	1	1	0	1	0	0	0	0

根据表 5-7 内容所示，随机抽样的少数民族受访者中，大部分对伏羲女娲、黄帝和蚩尤的了解程度较高，特别是伏羲女娲，占抽样数据的比例为 66.67%。相较而言，少数民族神话祖先的普及度普遍较低，珞巴族的阿巴达尼的熟识度几乎为零。另外一个值得关注现象是，样本中对本民族神话祖先的了解基本是符合预期的，但蒙古族 B、蒙古族 C 两个样本数据显示其并不了解本民族文化祖先"麦德尔女神"，却对伏羲女娲、黄帝、蚩尤，甚至是畲族的盘瓠了解程度较高，这或许是一个值得进一步关注的现象。

(5) 伏羲女娲神话熟悉度考察

在调查问卷中，我们围绕伏羲女娲身份认定、伏羲女娲之间的关系和伏羲女娲人物的历史真实性进行了采访，所得统计结果如图 5-13 所示。其中大多数受访者认可伏羲、女娲的神性人物身份，且有 81 人认为两者在历史上确有其人，具有明显的历史真实性。对伏羲、女娲之间的关系进行调研时，由数据所见，受访者的认知出现了一定程度的偏差，有近 30%的受访者认为伏羲、女娲是夫妻关系，仅 15%的受访者认为伏羲、女娲是姐弟关系，更有 16%的受访者认为两者之间没有关系。而能将"伏羲是神""女娲是女神""伏羲、女娲是夫妻""伏羲、女娲是姐弟"这四个正确选项全部勾选出来的受访者，只有 29 位，占总人数的 3.5%。

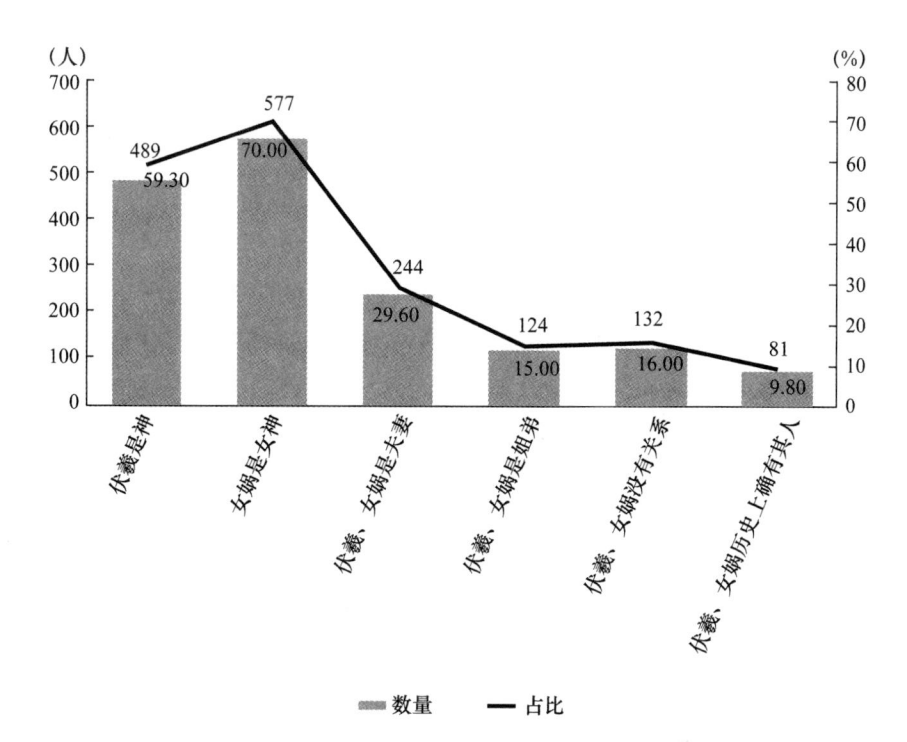

第五章 伏羲女娲神话数据的开发与应用 / 281

图 5-13 伏羲女娲神话了解程度统计图

上述数据显示出，一般大众对伏羲女娲具有一定的了解，大多知晓其是始祖神话人物，但这种了解目前还比较片面，很多民众并不了解这两位神话人物在跨民族、跨地区和跨文本中变体的丰富程度，自然也低估了伏羲女娲在中国传统文化中的重要作用与价值。

（6）神话传播现状与传播路径考察

通过数据分析，认为"非常有必要"和"有一定必要"传播、宣扬始祖神话等传统文化的受访者共计742人，占全部受访人数的90%。这一方面显示出大众对神话作为传统文化的认可，另一方面也侧面反映出当前的传播力度与大众文化需求之间还存在一定的落差，尚无法满足大众渴望了解更多神话知识的需求。

如图 5-14 所示，目前神话传播途径位居前三位的分别为图书（63.47%）、电视及网络（58.13%）和亲友长辈的口述（55.95%）。相较于神话主要通过"口耳相传"进行传播的学界通识，电视媒体的异军突起成为了一种值得强烈关注的现象。不少学者也就此问题展开了讨论，认为在科技的发展及技术进步的条件下，以电视、互联网和手机端等为代表的数字传播媒介，使得受众范围更广、传播时间更自由、展现载体更加多样化，让受众从被动接受信息转化为主动去获取信息，更大程度上强化了传播的效果。① 这种方式或将在未来可预见的一段时间内，逐渐成为神话传播的重要途径和方式。

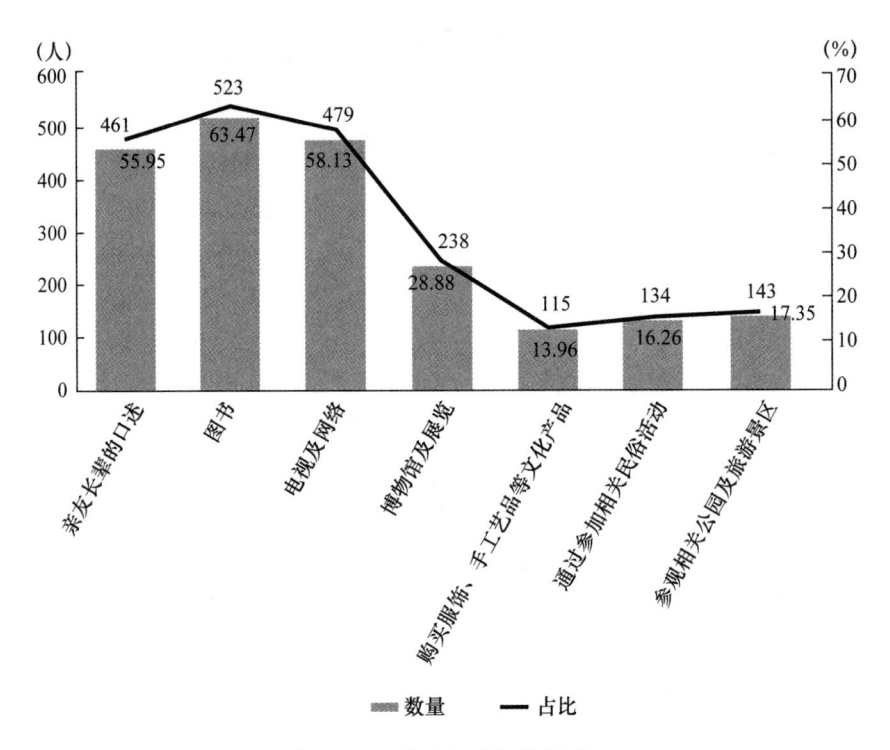

图 5-14　神话传播途径统计图

与之形成明显对比的，是"通过参加相关民俗活动"选项，该项仅有134名受访者，占全部人数的16.26%。神话的民俗衍变抑或民俗中的神话，是世界各民族神话中的重要组成部分，也是神话活态性的核心体现。

---

①　参见张潆艺《非物质文化遗产的新媒体传播策略研究——以三都水族自治县水书习俗为例》，《电影评介》2018年第23期。

早在20世纪初，闻一多便对古代神话中的民俗展开了系统研究，这类研究突破了文字和言语的范畴，通过历时观察研究，从宗教礼仪、文化心理、社会意识等民俗领域的方方面面对神话现象进行了立体阐释，极大拓展了神话的内涵与范围。但目前的现状却是，伴随着民俗活动的商业化、规模化、趋表演化，其中古老的神话符号和神话意象慢慢流逝，甚至很多民俗参与者也无法细数活动本身所代表的意味。

从乐观角度分析，图5-14中所示的低数量选项，也正是具有更大传播空间的关键途径，一定程度上可为传统文化引导发展方向提供参考。

（7）以神话为代表的中国传统文化产业化水平认知情况考察

调查问卷的第17、18两题，对大众心目中的当前中国传统文化的产业化重要性和现状认知进行了考察。受访者中有88%的人认为将始祖神话等传统文化进行产业化开发是"非常有必要"和"有一定必要"的，但与这种强烈意愿形成反差的是，有高达39%的受访者认为当前我国传统文化的产业化开发程度还处于较低的水平，其次有35%的受访者认为水平中等，仅有9%的受访者认为我国传统文化的产业化开发水平值得肯定。这一定程度上反映出，民众已经充分意识到，并坚定认可对传统文化进行产业化开发的价值和重要性，这是社会大众的选择，也是历史的必然选择。

在"您期待在下述哪些地方看到始祖神话文化的印迹？"一题中，选择数量位居前三位的分别为旅游景区（55.95%）、专门的主题公园（55.10%）和影视作品（48.06%）（见图5-15）。其实，学界也已关注到民众的这种倾向性。以"神话+旅游"为关键词在中国知网（CNKI）进行检索，可以得到337条检索记录，且发文量自2008年至今一直保持着明显的增长态势。对近十年的学术期刊论文进行数据分析。通过关键词共现网络分析，则可以更加清晰地发现，"神话叙事/民间故事/创世神话"关键词集群和"文化旅游/区域发展/文化发展"关键词集群，通过"神话"这一高中介中心性关键词紧密勾连在一起（见图5-16），由此，足以可见神话及相应的传统文化已在某种意义上成为文化旅游发展的新增长极。

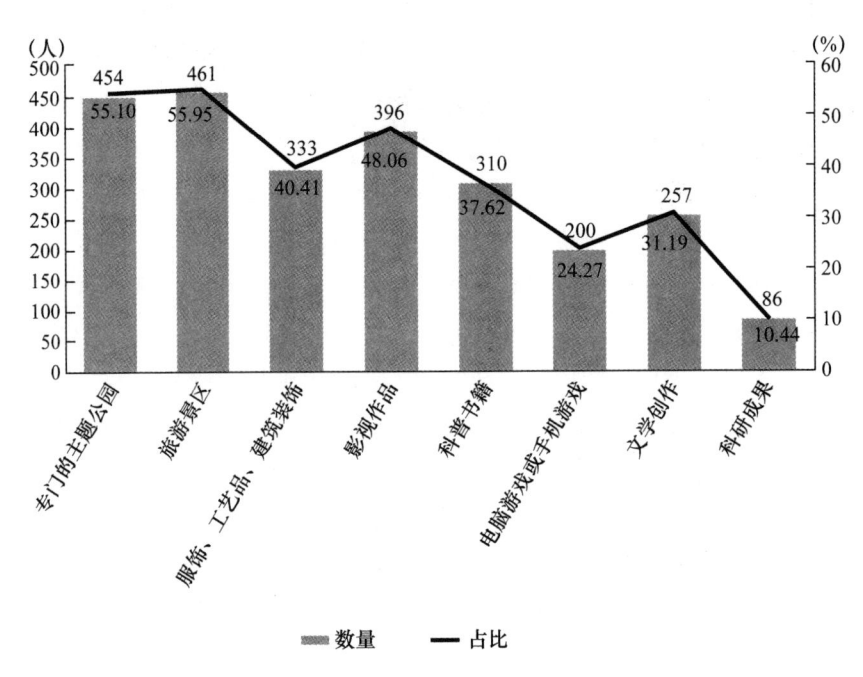

图 5-15　民众希望植入文化始祖印记的对象统计图

而讨论到传统文化的传播阻碍问题时，在几个选项上表现出较为突出的平均化现象。有半数以上的民众同时选择了"外来文化冲击""民间流传的局限性""相关部门监管力度不够，文化产业市场尚不规范"等选项。可见造成传统文化传承传播路径受阻的原因是综合的，无法一概而论，这也是文化工作者未来需要面临和解决的重要问题。同时，有86%的受访者认为深入了解中国传统神话具有相当的必要性，它在增强文化自信、加强民族团结、增强个人文化修养和增强家国观念等问题上将起到重要的促进作用。

三　伏羲女娲神话数据在新媒体中的开发与应用

所谓"新媒体"是随着计算机和网络技术的迅速发展与普及产生的概念，主要是指利用数字技术，通过计算机网络、无线通信网、卫星等多种手段或载体以及手机、电脑等终端，向用户提供迅速而便捷的信息传播与服务。其基础是利用数字技术、网络技术和移动通信技术，而最终的目的

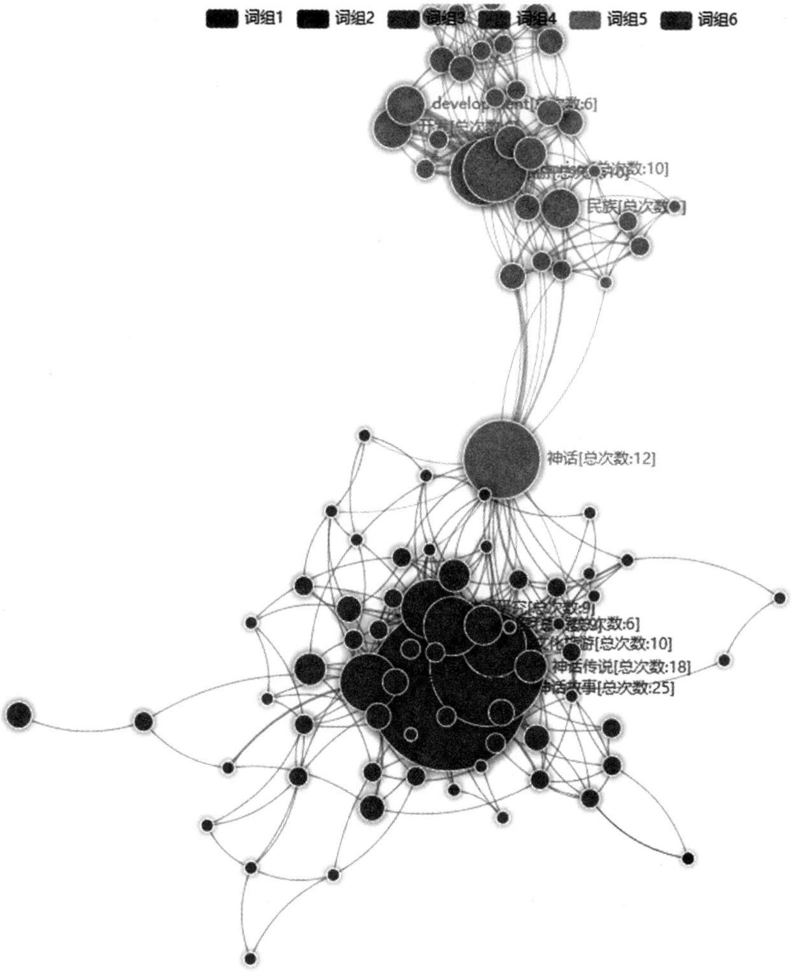

图 5-16 关键词共现网络分析图

是将服务对象和数据聚合最大化，并通过文字、音频、图像、视频、连线游戏等多种形式满足不同群体或个体的信息需求。从介质而言，可包括手机媒体、数字电视、互联网新媒体、户外新媒体等多种类型，每种类型之下又可以包括多种形式，如互联网新媒体又可以划分出网络电视、博客、播客、视频、电子杂志等诸多样态。从新媒体的产生与发展看，都离不开海量数据的支持。

有研究者通过系统观察分析当下多种电子媒介中呈现的神话应用现象，发现神话在当代以多种媒介为介质的传承与创造性转化中，明显存在"动画片""真人版影视剧""电子游戏"三种主要承载形式，并认为"诸多神话形象、神话母题和类型，反复出现在口语媒介、文字媒介和电子媒介之中，形成'超媒介'形态的文化传统"①。当今包括神话在内的数据在新媒体中的开发与应用，表现出由大制作向"短平快"方向发展的趋势。如中国网络视听节目服务协会常务副秘书长周结在2019年5月27日召开的"第七届中国网络视听大会"上曾表示："从使用时长、用户规模等方面，短视频都全面反超长视频，成为中国人最主要的娱乐视频休闲的方式，我们已经进入全民短视频时代。随着5G技术的发展，网络视听行业还将迎来历史性、突破性发展机遇。"短视频即短片视频，是一种互联网内容传播方式，一般是指在互联网新媒体上传播的时长在5分钟以内的视频，随着移动终端的普及和网络的提速，短平快的大流量传播内容逐渐获得各大平台、粉丝和资本的青睐。截至2018年12月底，中国网络视频（含短视频）用户规模达7.25亿，占整体网民的87.5%。其中短视频用户规模6.48亿，网民使用率为78.2%，短视频成为仅次于即时通信的第一大应用类型。② 基于如此庞大的受众基础，以短视频为代表的新媒体平台对神话资源转化来讲，无疑是一块亟待开发的热土。但对于伏羲女娲神话数据在新媒体背景下的开发与应用，也会遇到如下三种情况。

1. 市场运营的现实推动

"易观千帆指数"③是目前国内具有较高影响力的数字用户移动应用一站式查询平台，该数据平台立足于本网站丰富的移动数据资源储备，可精要反映出移动用户的活跃指数、领域排名及变化趋势。通过"易观千帆指数"网站所提供的数据④，截至2020年年初，月指数排行前十位App信息

---

① 杨利慧：《当代中国电子媒介中的神话主义》，《云南师范大学学报》（哲学社会科学版）2014年第4期。
② 数据来源：《2019中国网络视听发展研究报告》，《成都日报》2019年5月28日，电子报刊网：http://www.cdrb.com.cn/epaper/cdrbpc/201905/28/c41729.html。
③ 月指数：体现一段时间内App月运营能力。
④ 易观千帆指数：为基于易观大数据基础提供的包括月活指数、日活指数、指数趋势、环比增速、规模排名趋势等在内的数据查询，可以客观体现移动应用产品的数字用户实力及行业所处位置。

如表5-8所示。

表5-8　易观千帆网站App月指数前十位排行表

千帆指数排名	App	所属行业	开发商	月指数（万）	日指数（万）
1	微信	社交	深圳市腾讯计算机系统有限公司	96596.50	77051.00
2	QQ	社交	深圳市腾讯计算机系统有限公司	75631.90	36114.50
3	手机淘宝	移动购物	淘宝（中国）软件有限公司	70654.40	30243.50
4	支付宝	金融	支付宝（中国）网络技术有限公司	68685.00	23612.80
5	爱奇艺	视频	北京爱奇艺科技有限公司	60610.40	16072.40
6	抖音短视频	视频	北京微播视界科技有限公司	53132.00	30322.50
7	腾讯视频	视频	深圳市腾讯计算机系统有限公司	51873.10	13384.60
8	优酷视频	视频	合一信息技术（北京）有限公司	46086.40	8441.90
9	拼多多	移动购物	上海寻梦信息技术有限公司	44862.90	10740.70
10	快手	视频	北京快手科技有限公司	42594.00	19363.00

根据表5-8数据显示，排名前十位的移动应用软件中有5款视频类软件，数量占总数的50%，其中抖音短视频和快手均为短视频类软件。截至2020年1月17日，仅在"视频领域"项下共有367款App[①]，全部二级软件类型可细分为视频编辑、视频播放器、视频下载、网络电视、短视频聚合平台、垂直视频、短视频综合平台、聚合视频/视频导航和综合视频9类，其中排名前十位的App软件中有一半为专门短视频类应用（见表5-9）。

表5-9　易观千帆网站月指数前十位App类型一览表

指数排名	App名称	类型划分	开发商	月指数（万）	日指数（万）
1	爱奇艺	综合视频	北京爱奇艺科技有限公司	60610.4	16072.4

---

① 数据来源于易观千帆指数网：https://qianfan.analysys.cn，数据采集时间为2020年1月17日。

续表

指数排名	App 名称	类型划分	开发商	月指数（万）	日指数（万）
2	抖音短视频	短视频综合平台	北京微播视界科技有限公司	53132.0	30322.5
3	腾讯视频	综合视频	深圳市腾讯计算机系统有限公司	51873.1	13384.6
4	优酷视频	综合视频	合一信息技术（北京）有限公司	46086.4	8441.9
5	快手	短视频综合平台	北京快手科技有限公司	42594.1	19363.0
6	西瓜视频	短视频聚合平台	运城市阳光文化传媒有限公司	14230.2	5151.3
7	火山小视频	短视频综合平台	北京微播视界科技有限公司	14031.2	7575.3
8	芒果 TV	综合视频	湖南快乐阳光互动娱乐传媒有限公司	12368.8	3077.4
9	好看视频	短视频聚合平台	百度在线网络技术（北京）有限公司	8524.5	3402.2
10	哔哩哔哩	垂直视频	上海宽娱数码科技有限公司	8287.5	2657.4

就全部 367 个应用类型进行统计，短视频聚合平台及短视频综合平台 App 数量总计 64 个，占全部视频类应用的 17%，这份数据在视频播放器始终占主流的前提下也毫不逊色，甚至有迅速发展且愈演愈烈的趋势，见图 5-17。

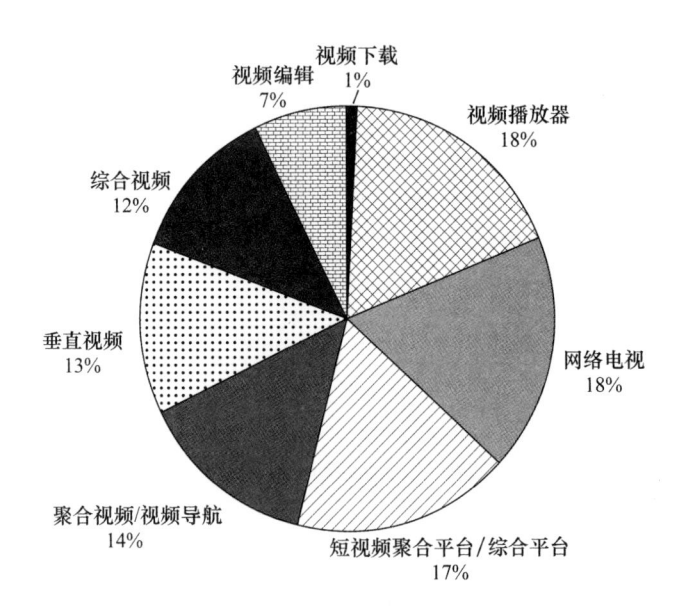

图 5-17 全市场 App 类型占比饼状图

第五章　伏羲女娲神话数据的开发与应用 / 289

通过图 5-17 可以发现，短视频移动应用对大众的影响程度之深、范围之广。这种日益普及的新传媒背景，也必然会对传统神话的传播与应用产生一定的影响。

2. 用户行为的助力

短视频之所以在短时间内呈现出燎原之势，或与其赋予用户"受众+制作者"的双重身份属性有关。在诸多短视频软件中，用户一方面是天然的观看者，另一方面则是短视频制作者。作为观看者和视频受众，这里不得不提及"精准投放"的概念。对于"精准投放"抑或"大数据精准营销"之类行为的功过之争，目前尚无定论，在本书中也不做过多探讨，只基于目前的一些客观事实进行讨论。在大数据迅猛发展的时代背景下，与传统营销强调创意、策略及覆盖度相比，目前市场所主导的营销理念是一种以技术为驱动、以海量数据挖掘为前提，对特定受众的个性化广告传播。[1] 换言之，当用户多次观看同一关键词项下的文章或视频内容时，大数据便会迅速采集该用户的习惯和偏好，并在此后的推荐中提高同类型内容的投放比例以"迎合"用户的喜好，从企业或开发者角度而言，便自然提高了用户对该软件或网站的使用频率，构成良性循环。

不同于电影、微电影和直播，由于短视频制作并没有特定的表达形式和团队配置要求，具有生产流程简单、制作门槛低、参与性强等特点，这样便极大程度上激活了用户的"制作者"属性。不乏有制作者依托于影视公司团队或成熟运营的自媒体或 IP，但包括抖音、快手等在内的几乎所有短视频 App 均开发了方便一般使用者的快捷线上拍摄和视频制作功能，使得"快手，记录世界，记录你""抖音，记录美好生活"等呼吁进入"全民短视频时代"的 Slogan 并非仅仅停留在口号阶段。

以抖音短视频软件为例，从软件层次结构来看，抖音操作路径较短，层次划分比较合理（见图 5-18）。抖音最为主要的发布视频和观看视频都处于第一层级，软件特别强调并启用了自动重复播放和滑动切换模式，提高操作便捷度的同时也增加了视频创作者的曝光度，迎合了精准投放的概念，增强了系统粘性。在视频拍摄和视频编辑逻辑分析层面，则更加便于操作，针对期望制作精良视频和快速发布视频的两类用户，抖音提供了

---

[1]　万红玲：《大数据时代下的精准营销》，《新闻传播》2014 年第 1 期。

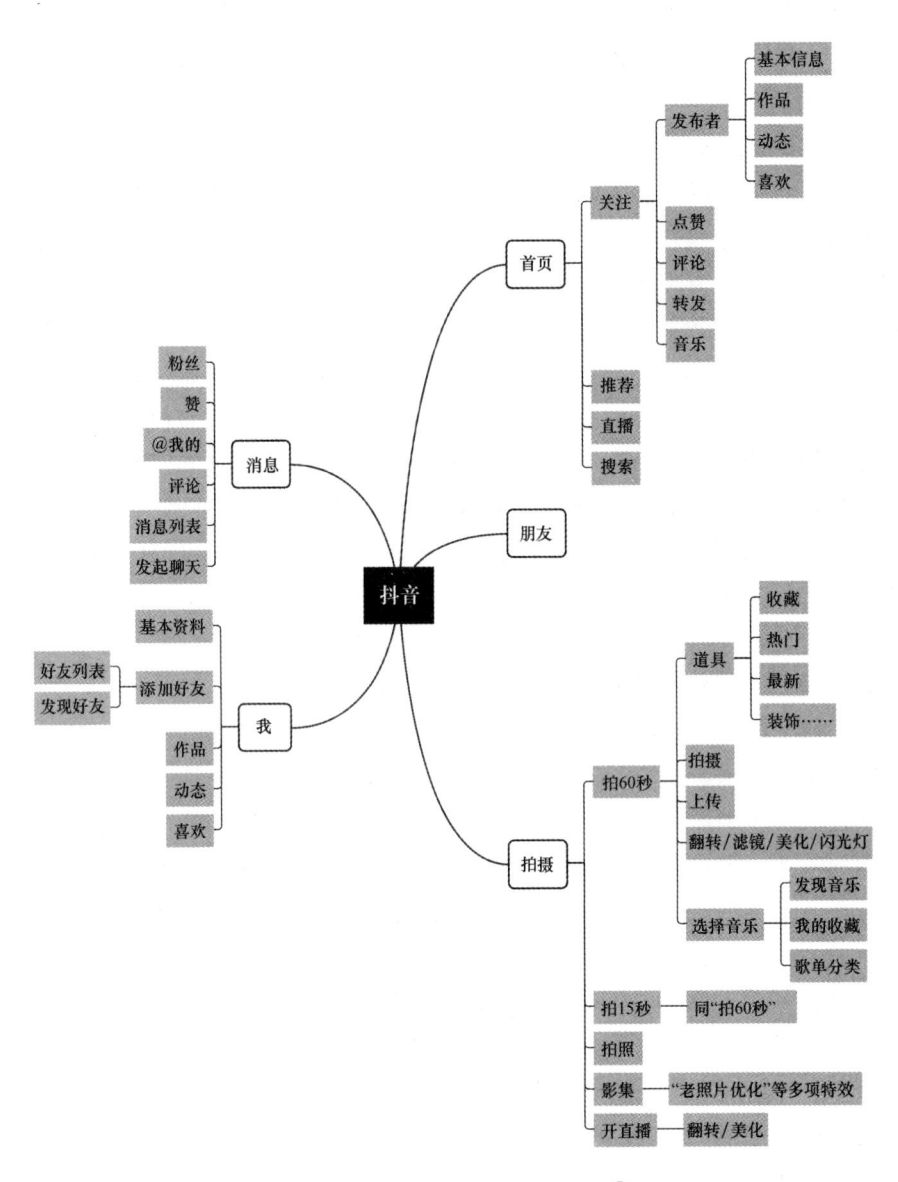

图 5-18　抖音产品结构示意图[①]

　　[①]　本图由笔者根据抖音短视频 App 用户操作界面 2020 年 1 月呈现的有关信息（官方版本号：v9.5.0）梳理而成。

相应的操作流程：针对偏重精细制作的抖音用户，软件提供了音乐的剪辑和创作，加之滤镜和特效的使用，促进用户创造出高质量、创意性高的作品，同时可关联"剪影"（视频剪辑软件）协同进行剪辑操作；针对想要几分钟就能拍摄出高质量作品的用户，则可以使用他人创作的原声，当发现好的视频原声时，也可点击视频右下角来创作同款视频。从目前该产品的发布情况来看，许多传统神话的发布与再创造也包含其中。

3. 视频内容和形式的多元化

新媒体与便捷灵活的短视频平台，为各类文化包括传统文化的传播与再创新提供了非常有利的条件，也表现出文化样态内容和形式的日趋多样化。以伏羲女娲神话为对象的视频为例，从涉及的人员和相关内容与形式的关注点方面可粗略划分为以下几种类型。

一是专门的文化传播类用户。这类视频制作者往往依托专门的文化传播公司团队，或者为传统文化爱好者。以抖音用户"旺旺故事汇"为例，该用户拥有15.7万粉丝，截至2020年1月22日共计发布57条视频作品，获得100万赞，其中讲述伏羲女娲创制姓氏的视频收获了1.7万赞。该类用户发布的视频往往采用动画、影集或电影片段剪辑的形式，通过极富趣味性和感染力的讲述，给观看者带来视觉享受的同时也传播了伏羲女娲神话典故。再如致力于为中国传统神话领域做出一点贡献的"讲神话的小志"，他拥有110万粉丝，发布的77个视频共计收获近500万赞，由于历史学背景，他拍摄的视频在趣味性的基础上增加了更多的知识性和科普的意味，最新推出的"《山海经》系列故事"栏目更是对《山海经》原著进行了深入浅出的解读，非常夺人眼球。相似的抖音号还有"神话汇""中国古代神话""子曰神话"，等等，这些账号大都遵循一定的视频制作标准，在配乐、文字、动画制作和讲述逻辑上均表现出较为高超的水平。

二是地方文化公众账号或地方文化推广者。以用户"福禧网"为例，该用户共发布近500条视频，其中内容包含2019公祭伏羲大典、伏羲庙景色、庙堂祭祖习俗仪式等，从视频拍摄内容、发布频次和时间跨度推测，该用户应该是天水文化部门工作人员或长期致力于宣扬伏羲文化的个人或团体。该类视频在制作水平上略逊于专门的文化传播类视频，往往按照时间轴的顺序进行发布，在一定程度上忠实记录了某一类特定文化现象或地域文化的特征和发展规律。

292 / 中华文化祖先神话大数据研究

三是游客等传统文化参与者。这类用户往往并没有特定的拍摄内容倾向，以甘肃天水伏羲庙这一风景名胜为例，在抖音 App 中显示有 895 万次"看过"，这一数据量级是非常可观的。此类用户发布视频的初衷多停留在"记录生活""展示旅游目的地"，往往拍摄的都是文化旅游的经典标志物，反映出游客眼中对当地文化的关注点和关注程度，一定程度上助力了该地文化景观的推广，也对当地旅游发展导向提供了一定的参考。伏羲女娲视频结构图示详见图 5-19。

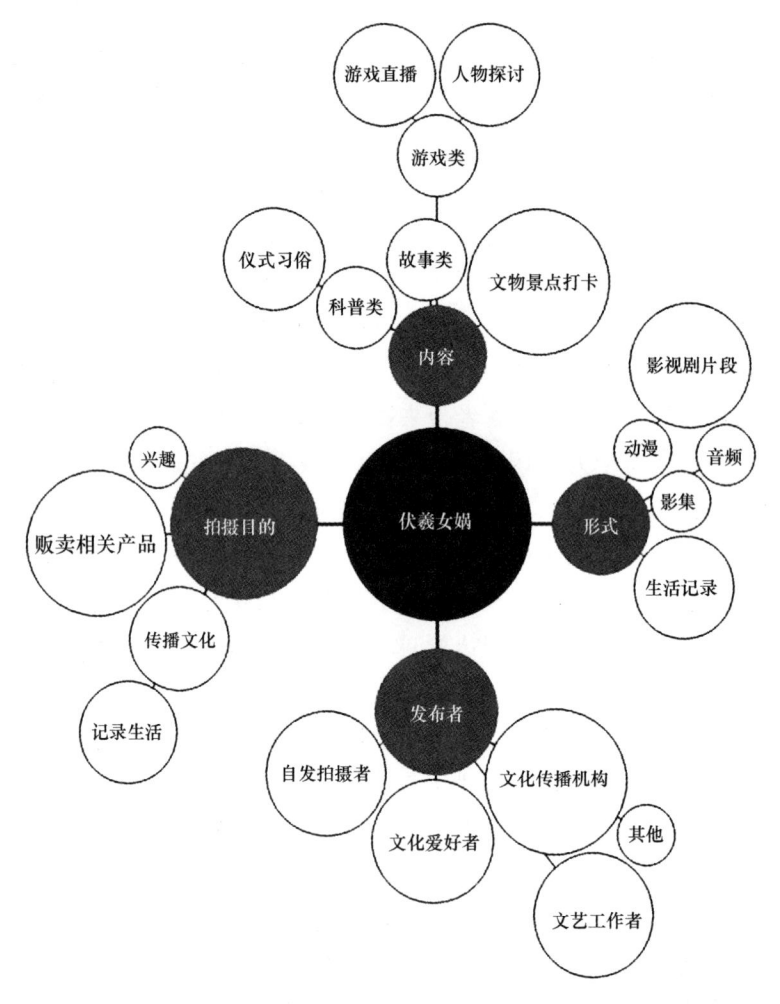

图 5-19　伏羲女娲视频结构分析示意图

这类情况也可以从女娲神话的游戏开发中看到神话在新媒体中的可塑性与巨大潜力。如由大宇资讯制作的一款国产单机中文角色扮演电脑游戏《仙剑奇侠传》，其中的女一号便是女娲族后裔赵灵儿。整个游戏围绕一个叫李逍遥的店铺伙计与赵灵儿经历的各种奇异经历展开，采取回合制通关的方式，将游戏情景一步步引向深入。随后该款游戏又发行了该系列的第2—6部及手游、网络游戏等诸多版本，吸引了无数玩家。该系列游戏一时风头无两的主要原因，便是对有关苗族流传女娲神话元素的精准挖掘和与"蛊文化"的创意融合，使得上古神话人物借由神秘的苗蛊文化得以复兴。该游戏又兼顾了女娲这一创世大神在众多民众中广泛的认知度，在游戏中将其设置为苗族尊崇的大神，使游戏内容有了很大的拓展，这也契合了游戏通过"猎奇"吸引用户的创作原则。当然，一部游戏虽然可以充满奇思妙想，但离开了现实基础上的可信度，就会失去品位。《仙剑奇侠传》系列之所以赢得了用户青睐，也许与其巧妙地运用了一些神话文本数据或研究成果有关，其内容来源具有一定的依据。如把女娲设置为苗族尊崇的大神，正如有研究者所说："近代以来一些学者考证认为女娲最早为苗族祖先，或认为汉苗两族同出于一个古代部族，而最终在黄帝与蚩尤之战后分为两个支系。由此可见，《仙剑奇侠传》系列游戏中，把女娲塑造为苗族世代崇拜的女祖，也是在对学术研究一定程度的了解后构建的。"[①] 这种情况充分说明，由于新媒体技术的发展，不仅为传统神话的传承与发展带来了新的契机，而且这种基于数据分析的新技术也会为传统神话内容和形式的创新与发展创造条件。

四 伏羲女娲神话数据在文化旅游产业中的案例分析

伏羲女娲神话在各个领域的应用与创造性成果转化很多，从社会实践的实际应用看，在我国文化旅游领域的普遍应用是一个具有代表性的现象。在此以伏羲女娲神话数据在文化旅游产业中的应用为案例加以分析。

1. 神话数据资源的创造性转化体现出时代发展的需求

2018年3月13日，国务院机构改革方案提出将文化部、国家旅游局

[①] 李诗晓：《从神的世界走来——从〈仙剑〉系列游戏论中国游戏对神话的运用》，《湖北省社会主义学院学报》2009年第1期。

的职责整合，组建中华人民共和国文化和旅游部，这意味着从此时开始，文化旅游正式进入了融合时代。12月14日全国31个省（市）文化和旅游厅（委）挂牌全部完成，则标志着各级政府层面的文旅融合已经全面完成，打破了文化与旅游之间的壁垒，特别是将原来的旅游着重附加了"文化"底蕴，而"文化"则人们通过在旅游的观察与感知中更加接近现实。那么，在这样的时代背景之下，以伏羲女娲为代表的中华民族始祖文化，更有条件依托其文物遗迹遍布全国、信仰受众分布广泛、各行各业认可度高等客观基础，与文旅产业的深度开发有机结合起来。

2. 神话数据资源在文化景观中多种呈现方式

有研究者认为："神话资源转化本质上是一种内容题材的转化。在我国，现代转化的一般方式是把神话资源化为一种景观，把神话展现出来。"① 这种说法揭示了目前神话开发中的一些普遍存在的实践问题。事实上，目前已经有一些地区对伏羲女娲类文化园或景点的打造进行了初步探索，如山东省枣庄市峄城区阴平镇的女娲文化园（女娲始祖文化园）、山西省运城市风陵渡浮云山女娲文化园以及尚处于筹划阶段的河南省西华中华盘古女娲创世文化园等。其中，在枣庄市的峄城区阴平镇以"文旅兴镇"战略为主导，将众所周知的"女娲神话"融入"旅游+"发展模式之中，并且把重造"女娲圣地"作为枣庄精心打造的"三张名片"之一，以促进"天地人和"乡村旅游。据有关资料显示，该镇的"旅游+女娲文化"，源于阴平镇历史悠久和与"女娲神话传说"的开发融合。该地的《女娲神话传说》2006年被山东省政府列入省级非物质文化遗产保护名录，通过女娲神话的广泛采集与再开发，已形成"旅游+女娲文化"的总体框架，据此"该镇积极通过招商引资，投资1亿元修缮女娲宫，重建普济寺、女娲洞、女娲池、水云阁、朝阳洞、人祖殿、抟土亭、笙簧亭、三重门、女娲国学堂等景点，着力打造女娲文化品牌，形成观光旅游产业。引来大量游客前来观光旅游、休闲度假。目前，已成功举办了两届中国（峄城）始祖女娲文化节，吸引各地游客2万多人"②。诚然，这一文化现象能否持续发展，还要看对伏羲女娲神话传说数据的进一步开发与科学运

---

① 刘锡诚：《在中西文化比较视野下看神话资源转化的中国实践》，《长江大学学报》（社会科学版）2006年第3期。

② 吕济禹：《创新"旅游+"模式 培育发展新亮点》，《山东农机化》2017年第6期。

用,但从这一事件的本身则体现出对神话的创造性转化。

无独有偶,河南省西华县则依托盘古女娲的丰富资源,借助于地方对盘古女娲经歌不断采集挖掘的优势,积极创设"中华盘古女娲创世文化传承基地"和"中华盘古女娲文化研究中心"文化传播平台,"在西华县委、县政府的坚强领导和大力支持下,这方面的工作已经做出具体规划并开始实施,正在建设盘古女娲创世文化园,打造旅游产业发展新品牌;并以盘古女娲研究为龙头,把盘古女娲文化产业做大做强。具体内容包括祭祖祭母、国学研讨、生态中国、影视基地、实景演出、水生态治理、观光旅游、休闲养生、传统民居展示等许多项目"[1]。同样,甘肃省从2003年就开始在天水市卦台山有计划地开始建设实施以伏羲为主线的"伏羲文化始祖园"华夏文化纽带工程,以伏羲文化资源开发为主导,不断培育与伏羲文化有关的新的文化产业生长点,诸如成立伏羲文化研究中心、建设伏羲文化档案馆、建设伏羲文化知识游乐园等等,特别是该地区一直把伏羲女娲神话传说以及衍生出的各类民间故事、民俗事象、建筑文物等作为构成文化产品的多种潜在资源。长期以来,甘肃省天水市有关部门先后组织整理、研究、编辑出版《伏羲庙》[2]《伏羲文化》《天水历史文化丛书》《羲皇颂》《伏羲庙志》等书籍,单从学术上讲已在国内外产生了极大影响。从客观上讲属于伏羲文化的研究延伸与旅游景区的开发,不仅为甘肃省实施的"在甘肃建设以伏羲为代表的文化标志城"起到了带动作用,也为伏羲文化景点和伏羲文化等边缘旅游景点起到了示范性作用;此外,这种规模性的开发也是基于对伏羲神话乃至伏羲相关文化数据的再开发与再利用,属于伏羲文化资源创造性转化的范畴。

上述现象在很多已经开发或正在开发的文化景区中都有不同程度的表现。这些地方大多都是在对尽可能多的传统文化的数据挖掘与再创造的基础上打造一个"文化搭台经济唱戏"开放性信息平台,吸引社会各界对地方的关注。这一目的的实现必然涉及神话数据资源在文化景观中的多种呈现方式,有的可能是对文物的复原,有的可能是对景物的再解释,有的可能是制作尽可能丰富的数字化博物馆,有的可能借助于其他新媒体设计,

---

[1] 王永宽:《坚定文化自信——从盘古女娲文化的创世精神谈起》,《河南师范大学学报》(哲学社会科学版)2017年第1期。

[2] 窦建孝:《伏羲庙》,甘肃人民出版社1986年版。

还有的可能在神话讲述文本上进行再创作和再创造。正如有研究者对河北省涉县娲皇宫景区对女娲神话的挪用、整合和重述进行个案研究,在其结论中提出:"导游个体的叙事表演具有'以情境和游客为中心'的特点,与社区里的故事讲述家和歌手一样,他们在具体实践中并不完全依赖底本,而是会根据具体的情境和游客的需要而调整叙事的内容和策略,从而使其表演保持一定的流动活力,因此并不一定会导致传统的僵化。"① 即提倡神话资源在当今的人文景观开发中的定位并不是固守原来的讲述一成不变,而是应该在保持传承内核基本稳定的前提下可以与时俱进地发生某些变化,这种现象也与民间叙事的一般传承和变异规律相吻合。

3. 神话数据资源在文化景观的再创造中应注意的问题

我们通过分析诸多以伏羲女娲神话为主题的文化景区打造中的成功经验及发现的问题,对神话数据在当今文化旅游产业中创造性转化与再发展再利用做出一些相关的思考。

(1) 神话数据在文化景观中的创造性转化不能背离文化的本质。虽然目前的神话数据开发具有服务于经济的特点,但它的最终目的是有利于文化振兴,任何文化都不能在实践与应用中丧失本身。如在现实生活中常见的一种现象就是对文化祖先神话不科学的加工改造,许多作者对"神话重述"的热情在很大程度上迎合了现代性文化产业和文化消费的诉求,甚至催生了一批以追赶潮流为目的的戏说神话作品,把原本严肃的神话内容搞成"娱乐至上"的作品。如《王者荣耀》《梦幻西游》等不少网络游戏中,将女娲塑造成一名具有超远射程与高爆发的法师,受到攻击时即可变身为一座法术炮台,大幅提升射程和伤害程度,对敌方后排进行强力狙杀。这类游戏仅仅借助了文化祖先名称在大众中的高认可度和接受度,而改变了文化祖先叙事的内在文化精神。这种做法虽然在一定程度上带动了娱乐市场的短期繁荣,但经不起学术和历史的考验。文化祖先型神话的娱乐化开发并没有带来对非物质文化遗产更有价值的研究与保护,结果只能是误导文化消费,不仅不会带来对始祖文化的深度思考,反而歪曲了神话所蕴含的本来面目。解决这类问题则需要研究者针对这种文化现象通过必要的数据采集,分类解析其产生的原因、发展动力、模仿效应、传播结果

---

① 杨利慧:《遗产旅游语境中的神话主义——以导游词底本与导游的叙事表演为中心》,《民俗研究》2014年第1期。

等，并对其中具有代表性的数据做出定量定性分析，进而提出解决方案。

（2）神话资源创造性转化的方式与路径很多，但重点在于有利于文化传承双主体的互动。如许多地方的伏羲女娲景观包括"三皇五帝"等景观开发中采用了"文化核心+民俗场景"的沉浸式景观空间。在现当代人文景观打造中，特别是现代景观，一味追求"大而全"的景观打造模式，难免出现"千园一面"的局面。在古文化街中人们可以找寻到丰富多彩的庙会民俗文化符号，如手工艺店铺、传统服饰商店、传统小吃店、杂耍戏剧体验等，但由于对特定对象的历史考察和文化底蕴的挖掘不足，往往很难使参与者对这些特定的文化始祖产生深刻印象。

在"文化核心+民俗场景"的文化景观开发与利用中，积极挖掘神话文化资源与本土民俗习惯的有机结合，对人们感知文化传承双主体的互动更有价值。以笔者2019年对甘肃天水伏羲庙景观调研中的体会为例，该景区作为西北地区著名古建筑群之一，被列为全国重点文物保护单位，其中的伏羲庙始建于明成化十九年（1483），前后历经9次重修，至今已经形成规模宏大的中华始祖文化景观，在不同时代的文化叠加中，该人文景观不像其他许多文化景观追求神灵"多而全"，而是始终突出了一个单一主题即"伏羲文化"，这样无论是庙内的建筑、文物还是其他宣传类辅助性设施都能够从不同角度关联伏羲文化的主题，如文祖殿前后院内的64株古柏按照伏羲八卦推演的六十四个方位栽植，太极殿作为伏羲的寝殿在殿内供奉的伏羲圣像比先天殿像略小而形体相似，且手中不再持八卦图，据导游解说可知：这样的人物形象表示伏羲在寝宫已经放下手中工作。这些系统的文化表述还呈现出不同年代神话传说变化的痕迹，凸显了伏羲文化的核心，同时又依据与伏羲有关的地方习俗文化资源注意到神话与民俗场景的结合，如每年农历正月十六伏羲诞辰，伏羲庙都会举行"朝人宗"庙会，当地群众积极参与活动与民俗事象密切联系起来，如纸人灸病习俗，即在庙内古柏中每年推选其中一株在庙内值班的"喜神树"，庙会时在这棵神树上悬挂红灯供祀奉，人们拜祭伏羲敬奉香火后就到神树前粘贴纸人，点香火灸病。有研究者认为："在灸病习俗中，人们将树神化，用于祈福、祈寿、治病，其表面上是迷信，但深究，是对人是自然界的主宰的价值观的颠覆，具有谋求一种与生物共生互助的深生态学价值观的雏形。"① 这类情况如果与其他许多地方祭祀祖先的人文景观和民俗活动中采集的数据相比较，我们则会发现虽然各地在文化景观开发的目的与形式上往往相似，但其景观的出彩之处却在于能否很好地从大量数据中找出地方性特色以及富有传统文化精神的经典个案，通过突出同类文化共性中的个性提升其文化吸引力。

（3）神话数据资源在文化景观转化中应体现个性与共性的高度契合。笔者在对有关伏羲女娲神话文化景观的实地调查中发现，该神话的转化过程存在两种主要路径，一种是根据政府的总体目标由地方精英或学者不断按照正史文献的记载对当地伏羲女娲神话作出规范化表述的同时，增加与当地风物的融合，并借助于地方风物或人文景观的再解释形成当地文化表述；另一种是努力将伏羲女娲文化纳入非物质文化遗产保护的框架，包括重新发现培养民间传承人、聘请知名专家学者学术论证、引进社会力量的资金注入、举办文化节日活动、利用多种新媒体培植影响力等。二者的相通之处是尽可能多地挖掘数据、创新数据和展现数据，以提升文化景观的影响力和吸引力。

中国传统神话与人文景观逐步走向结合并不断有创新性发展，也颇具中国特色。如目前国内与"女娲"有关的景区（景点）遍布多个民族与地区，包括河北涉县娲皇宫、陕西平利县女娲山、甘肃秦安女娲祠、山东枣庄女娲娘娘庙、河南济源女娲景区、湖北十堰女娲天池风景区、深圳海上世界女娲滨海公园、澳门女娲庙等100余处，这些景观文化的形成，不同地区可能会有不同情形，但其良好的存继基础则是发掘从古至今流传的关于女娲的海量的文献、口传叙事和其他文化载体，如果这个景区不能对大量的与女娲有关的数据进行检索和数据分析，其结果往往是突出地方个性甚至是为了片面强调地方个性，而忽视了中华民族文化祖先塑造的共性，就会失去保存和传承优秀传统文化的本质，也就会失去生命力。所以，神话数据资源在文化景观转化中只有充分体现个性与共性的辩证统一，才能保证传统神话的创造性转化与创新性发展。

---

① 王三北、杜婷：《渗透在天水伏羲庙纸人灸病习俗中的巫术观念》，《青海民族研究》2006年第2期。

结　　语

本书在对中华民族伏羲女娲神话专题数据的研究和写作过程中，主要有以下几点结论和体会。

从伏羲女娲神话专题研究的意义方面来看，一是中华56个民族中绝大多数民族都流传着丰富的伏羲女娲神话，这些神话无论在数量、流传形式还是叙事结构上，都具有成为专题研究的客观基础，也可梳理、提炼、建构出专题数据的相应标准和分析体系。二是在新时期中华民族传统文化继承与发展进程中，需要进一步对以中华各民族伏羲女娲神话为代表的文化祖先型神话进行更加深入、更加全面、更加系统的研究，这既有利于对历史文化资源的深入挖掘与呈现，有利于培养中华民族的文化自信，也是构建中华民族共同体意识的重要体现。三是从社会科学研究方法需求看，在当今信息技术迅速发展的大背景下，对社会科学研究对象和研究成果的整合已成为深刻影响学科持续发展的重要环节，本书试图在社会科学研究与自然科学方法之间搭建起沟通的桥梁，这一做法既符合当今社科研究方法的创新，也是将数据方法应用于当代人文科学方法的一个非常必要的尝试性探索。

本书在具体探索与研究中，主要得出以下几点结论。

第一，对以特定神话人物为核心的专题神话数据进行研究时，要注意对研究对象概念的界定，其界定标准既应强调对象概念的独立性，又应强调对象所包含内容最大程度的覆盖。诸如本书将"伏羲女娲神话"解构为"伏羲神话""女娲神话""伏羲女娲共同出现的神话"三类，三者既独立承担明确的内涵，又彼此交叉勾连，共同构成了一个相对稳定又开放共融的完整体系。

第二，在对伏羲女娲神话数据的选择方面，要充分考量以叙事主体为神话分类标准、以不同载体为分类标准和以语言类型为参照标准等不同维度的分类依据，遵循文本信息全面性、核心元素异构性、异文版本数量最大化等基本原则，完成对目标资源的选择、采集、提取和梳理。并在此基础之上，完成对相关数据的筛选、治理和清洗，以生成可供进行直接或间接分析的数据，实现基础数据库的构建工作。

第三，在伏羲女娲神话专题数据平台搭建过程中，对数据结构的规范既要符合国际通用标准，又要照顾到该研究对象作为口头文学的灵活性和数据来源的丰富性等系列问题，最大限度地凸显伏羲女娲神话作为中华民族传统文化的广泛适应性和重要现实作用。特别是在选择规范 Web 资源体系结构的国际性元数据解决方案——都柏林核心元素集的基础上，重点参考了汤普森的民间故事分类法，并全面综合近年来国内外神话学者对神话分类及关联性研究的成熟理论成果，对伏羲女娲神话"元数据"的具体标准与规范问题进行了深入探讨，并以"女娲神话"为案例，设计出十大类型 5 个层级的数据结构体系和与之相对应的基础数据库，为相关专题的数据研究提供了一个参考范式。

第四，在伏羲女娲神话数据关联性的应用研究方面，充分结合伏羲女娲神话的民族特征、地域特征和时间演变规律及其他方面的内在关联，做出有针对性的、多维度的全面分析。本书认为，多维度的研究视角在神话专题数据库的建设中是一种非常必要且具有可操作性的研究路径，具有理论和实践方面的双重功能。本书选取民族视角、空间地理视角和母题视角做了重点解析和探讨，通过比较研究全方位刻画了伏羲女娲神话数据的概貌，也为后期基于大数据技术的可视化呈现，诸如可以为特定神话事象的区域分布图、特定神话叙事的传播路线图、神性人物关系图谱、神话历史演变动态图等，提供相应的思路和借鉴。

第五，在伏羲女娲神话的具体研究方法上，研究重点要突出专题数据的"专业"特征。这种专题的特征包括很多方面，如在建立中华民族伏羲女娲神话数据的结构中，要抓住伏羲女娲神话的母题作为切入点，将非结构化或半结构化的神话文本资源转化成结构化的数据，再通过母题的提取、梳理与层级体系建构，使彼此独立的数据按研究的不同形成完整的母题链，不同数量的母题链相互交织，最终形成完整的神话叙事。这样便将对计算机领域伏羲女娲神话数据的解析由以往简单的描写、存储和管理层面，下沉到知识分析层面。这无疑是一项重要的创新和突破，在知识服务、知识图谱等领域将大有发展应用空间。对于神话数据的客观描述，本书则强调了对信息的全面性描述和关键点抽取，为相关领域大数据整体框架的搭建提供了基本规则，并为领域知识图谱特别是伏羲女娲类型的文化祖先型神话领域知识图谱的构建提供了符合专业的理论和实践策略，有效促成了伏羲女娲神话资源向大数据层面的转化，使"解剖麻雀，分析整体"的设想逐渐成为可能。

第六，本书围绕伏羲女娲专题数据在学术创新性研究、新媒体应用和文化旅游产业的创造性转化等问题上展开了进一步讨论。认为伏羲女娲神话专题数据研究，可以作为一个范式，将相关标准、流程与规范推行到与之相关的人文社会学科领域。这是一种研究方法的创新性尝试，也充分体现了伏羲女娲神话对于中华民族传统文化特别是神话学学科发展的样例功能。同时，伏羲女娲神话数据研究，也为在当今社会发展过程中如何做好创造性转化和创新性发展提供了一些参考，如神话元素在影视游戏中的情节附会，多媒体平台中的转化应用，人文景观中的合理开发，等等，这些文化新样态的创意创新和可持续发展都离不开数据的支撑。

本书认为，上述结论和体会，其核心在于通过伏羲女娲神话数据的专题性与系统性研究，实现社会人文学科和数据研究方法的对话，实现古代文明和当今文化的创新性融合，实现中华传统文化在理论研究和实践应用层面的有机结合，是一项长期工作，也需要多领域跨学科的共同关注与合作。这也是本书的出发点与最终目的。

附录 女娲神话母题数据层级示例[①]

1. 女娲的产生
（WN000 ~ WN009）

WN000 女娲的产生
WN001 女娲自然存在
WN002 女娲来源于某个地方
WN002.1 女娲从天降（天降女娲）
WN002.1.1 女娲从天洞中来到人间
WN002.1.2 女娲是从天上掉下来的
WN002.1.3 女娲下凡
WN002.1.3.1 女娲下凡的原因
WN002.1.3.1.1 女娲补天伤了元气下凡
WN002.1.3.1.2 天上的女娲娘娘跑到地上玩耍
WN002.1.3.1.3 娲儿公主被派到凡间
WN002.1.3.2 女娲下凡的过程
WN002.1.3.3 女娲下凡的结果
WN002.1.3.3.1 天神女娲下凡
WN002.2 女娲从地中生（地生女娲）
WN002.3 女娲自然存在（女娲自然产生）
WN002.3.1 女娲天地开辟后自然出现

WN002.3.2 大神女娲不知从哪里掉下来的
WN003 女娲是造出来的
WN003.1 一对兄妹造女娲
WN003.1.1 玉人玉姐兄妹造女娲
WN003.1.2 玉人玉姐兄妹造女娲氏
WN003.1.3 胡玉人胡玉姐兄妹造女娲
WN003.2#[②] 伏羲造女娲
WN004 女娲是生育产生的
WN004.1 神性人物生女娲
WN004.1.1 华胥生女娲
WN004.1.1.1 华胥在窨洞外踏大脚印孕生伏羲和女娲
WN004.1.1.2 华胥生男子为伏羲，女子为女娲
WN004.1.1.3 华胥和狗婚生女娲
WN004.1.2 王母娘娘生女娲
WN004.2 人生女娲
WN004.2.1 首领生女娲
WN004.3 植物生女娲
WN004.3.1 花生女娲

[①] 本母题示例是伏羲女娲神话中以"女娲"为主体叙事的一些代表性母题，最大层级为6级。每一级大的母题与下一级母题具有包含关系。

[②] #，表示该母题为学术成果中提取的母题。

WN004.3.1.1　莲花生女娲

WN004.4　无生命物生女娲（自然物生女娲）

WN004.4.1　天地生女娲

WN004.4.1.1　天地结婚后地母生女娲

WN004.4.1.2　地生女娲

WN004.4.2　混沌生女娲

WN004.4.3　洞生女娲

WN004.4.3.1　天洞生女娲

WN004.4.4　石卵生女娲

WN004.5　与生育女娲有关的其他母题

WN004.5.1　女娲娘娘降生

WN004.5.2　女娲的出生地

WN004.5.2.1　女娲生于承筐山

WN004.5.2.2#　女娲生于甘肃天水

WN004.5.2.3　女娲生于甘肃秦安

WN004.5.2.3.1#　女娲生于秦安县陇城镇

WN004.5.2.3.2#　女娲生于秦安县陇城镇风峪（风沟）

WN004.5.2.4#　女娲生于陕西凤县

WN004.5.2.5　女娲生于冀州蒲坂雷泽

WN004.5.2.6#　女娲生于古庸国

WN004.5.2.7　女娲生于大地湾

WN005　女娲是变化产生的（变化产生女娲）

WN005.1　神变成女娲（神性人物变成女娲）

WN005.1.1#　共工氏之子句龙变成女娲

WN005.1.2#　月亮神和龙变成女娲

WN005.2　动物变成女娲

WN005.2.1　蛇修炼为女娲

WN005.2.1.1　蛇族兄妹中的妹妹变成女娲

WN005.2.2　蛙变成女娲

WN005.2.2.1　水池中的大蛙变成女娲

WN005.3　植物变成女娲

WN005.3.1#　瓜变成女娲

WN005.3.2　葫芦化生女娲

WN005.4　与女娲是变化产生相关的其他母题

WN005.4.1　女娲的原形是蛙

WN006　女娲是婚生的（婚生女娲）

WN006.1　天地婚生女娲

WN007　女娲是感生的（感生女娲）

WN007.1　特定女子感生女娲

WN007.1.1　华胥踩脚印感生女娲

WN008　女娲是转生的（托生女娲）

WN009　与女娲的产生有关的其他母题

WN009.1　女娲的生日

WN009.1.1　女娲生日是正月初七

WN009.1.2　女娲生日是正月十五

WN009.1.3　女娲生日是三月十五日

WN009.1.4#　女娲生日是农历三月十八

WN009.2　女娲产生的时间

WN009.2.1#　女娲产生的时间很早

WN009.2.2　女娲产生于特定的时间

WN009.2.2.1　女娲娘娘出现在盘古开天时代

WN009.2.2.2#　女娲与黄帝同时代

WN009.3　女娲与伏羲的先后

WN009.3.1　女娲产生于伏羲同时期

WN009.3.2　女娲产生在伏羲之后

WN009.4　女娲与盘古的先后

WN009.4.1　女娲产生比盘古早
WN009.4.2　女娲产生比盘古晚
WN009.4.2.1　盘古开天地后才有女娲
WN009.5#　女娲氏产生于燧人氏之后
WN009.6　女娲与大禹同时代

2. 女娲的特征
（WN010 ~ WN019）

WN010　女娲的特征
WN011　女娲的综合特征
WN011.1　女娲人头人身
WN011.1.1　女娲人身蛇尾兽腿
WN011.2　女娲人头蛇身
WN011.2.1　女娲是人头蛇身的天神
WN011.2.2#　女娲人首蛇尾
WN011.2.3　女娲人首蛇身龙颜
WN011.2.4　女娲人身蛇尾，下肢为兽形
WN011.3　女娲人面蛇身
WN011.3.1　女娲氏蛇身人面，牛首虎鼻
WN011.4　女娲牛头蛇身（女娲牛首蛇身）
WN011.4.1　女娲虬身牛首
WN011.5　女娲是动物外形
WN011.5.1　女娲是蛙
WN011.5.2　古时动物唯女娲能言能行
WN011.5.3#　女娲的原型是鸟
WN011.5.4#　伏羲女娲是龙身
WN011.6　女娲是美女（女娲长得漂亮）
WN011.6.1　女娲美若天仙
WN011.6.2#　女娲华容婀娜
WN012　女娲头部特征
WN013　女娲面部特征
WN013.1　女娲眉清目秀

WN013.1.1#　女娲眉清面秀，鼻细目圆
WN013.2#　女娲面部丰满
WN014　女娲身躯特征
WN014.1　女娲的身高
WN014.1.1　女娲身高一丈多
WN014.2　女娲体形像动物
WN014.2.1　女娲蛇身
WN014.2.2　女娲蛇躯
WN014.3　女娲的乳房特征
WN014.3.1#　女娲双乳下垂
WN014.4　女娲的身高特征
WN014.5　女娲的尾部特征
WN014.6　女娲的腹部特征
WN014.6.1#　女娲之腹形似瓜
WN015　女娲四肢特征
WN015.0　女娲长着4条长腿
WN015.1#　女娲兽足
WN015.1.1　女娲下肢为兽形
WN015.1.1.1#　女娲下肢是三趾兽足
WN015.2#　女娲双臂羽翼状
WN015.3#　女娲长有双翼
WN015.4　女娲长爪
WN016　女娲的其他体征
WN016.1　女娲长得苗条标致
WN016.2#　女娲背上长满羽毛
WN016.3　女娲的生殖器特征
WN016.3.1　女娲有巨大的生殖器
WN016.3.1.1　女娲的生殖器有3亩田大
WN017　女娲性格特征
WN017.1　女娲心地善良
WN017.1.1　女娲娘娘慈心肠
WN017.2　女娲胆大心细
WN017.3　女娲有心计（女娲聪明）
WN017.4#　女娲是坏女人

WN018　女娲性别特征

WN018.1　女娲是女性

WN018.2　女娲是男性

WN018.3　女娲雌雄同体

WN018.3.1#　伏羲女娲同体

WN019　与女娲特征有关的其他母题

WN019.1　女娲是残疾

WN019.1.1　女娲是瞎子

WN019.1.1.1　女娲99岁时双目失明

WN019.1.2　女娲是跛脚

WN019.1.2.1　女娲补天时变成跛脚嫂

WN019.2#　女娲兼具神和人的特征

WN019.3#　女娲形象是变化的

3. 女娲的身份与职能（WN020～WN029）

WN020　女娲的身份

WN021　女娲是神

WN021.1　女娲是神的原因

WN021.1.1　女娲因造人、补天和杀恶龙平息洪水被敬为神

WN021.1.2　女娲随金光上天成神

WN021.2　女娲是与方位有关的神

WN021.2.1　女娲是天神

WN021.2.1.1#　伏羲女娲是天神

WN021.2.1.2　女娲是女天帝

WN021.2.1.3　女娲是孤独的女天神

WN021.2.1.4　女娲是唯一能补天的天神

WN021.2.2　女娲是地神（女娲是土地神）

WN021.2.2.1　女娲是地母

WN021.2.2.2　女娲是后土

WN021.2.2.2.1#　女娲是后土的人格化

WN021.2.2.3#　女娲是最早管理大地的神

WN021.2.2.4　女娲氏是最大的地神

WN021.2.2.5#　女娲氏是地祇

WN021.2.3#　女娲是西方神

WN021.2.4　女娲是阴间神

WN021.2.4.1#　女娲是冥神

WN021.2.5　女娲是中央神

WN021.3　女娲是与自然现象有关的神

WN021.3.1　女娲是管天气的神

WN021.3.1.1　女娲管云雨

WN021.3.1.2　女娲是扫晴娘（止雨神）

WN021.3.1.2.1#　女娲是扫天媳妇

WN021.3.2#　女娲是月神

WN021.3.2.1#　伏羲、女娲分别是日神和月神

WN021.3.3#　女娲是水神

WN021.4　女娲是动物神

WN021.4.1#　女娲是蛙神

WN021.4.1.1　女娲是女蛙神

WN021.5　女娲是与职能、行业有关的神

WN021.5.1　女娲是婚姻神

WN021.5.1.1　女娲氏定婚姻

WN021.5.1.1.1　女娲创造嫁娶之礼

WN021.5.1.2　女娲做媒人（女娲是媒神）

WN021.5.1.2.1#　女娲是高禖神

WN021.5.1.2.2　女娲娘娘是"神媒"

WN021.5.1.3#　女娲是伏羲的配偶神

WN021.5.1.4　女娲是劝婚者

WN021.5.2　女娲是生育神

WN021.5.2.1　女娲是送子娘娘

WN021.5.2.1.1　女娲因造人被奉为送子娘娘

WN021.5.2.2　女娲是送子娘娘老奶奶
WN021.5.2.3　女娲是送子老奶奶
WN021.5.2.4#　女娲是主管生育的女神
WN021.5.2.5#　女娲是与生育有关的
　　　　　　　神灵
WN021.5.3　女娲是保护神
WN021.5.3.1　女娲是福国庇民的正神
WN021.5.3.2　女娲是地方保护神
WN021.5.3.2.1　女娲护佑一方水土
WN021.5.3.3#　女娲是婚姻和生育的保
　　　　　　　护神
WN021.5.4　女娲是祷祠神
WN021.5.5#　女娲是丰育神
WN021.5.6　女娲是农神
WN021.5.6.1#　女娲带有农神色彩
WN021.6　女娲是开天辟地神
WN021.7　女娲是女神
WN021.7.1　女娲是开天辟地的女神
WN021.7.2　女娲是天上的女神
WN021.7.2.1　女娲是天上飞来的女神
WN021.7.2.2　女娲是天上下凡的女神
WN021.7.3　女娲修炼成女神
WN021.7.4　女娲是神通广大的女神
WN021.7.5　女娲是创世女神
WN021.7.5.1#　女娲是万物之母
WN021.7.5.2#　女娲是女性造物大神
WN021.7.6#　女娲是红山女神
WN021.7.7　女娲是中华民族的母亲神
WN021.7.8#　女娲娘娘是母性神
WN021.7.9　女娲是神女
WN021.8　女娲是其他类型的神
WN021.8.1#　女娲是万能神
WN021.8.2#　女娲是福神
WN021.8.3#　女娲是爱神

WN021.8.3.1#　伏羲女娲是性爱之神
WN021.8.4#　女娲是化生神
WN021.8.5#　女娲是圣母神
WN021.8.6#　伏羲女娲是远古时代神话
　　　　　　　中的主神
WN021.8.7　女娲是阴气之神
WN021.8.8#　女娲是乐神
WN021.8.9#　女娲是傩神

WN022　女娲是祖先（女娲是祖先神）

WN022.1　女娲是人祖（女娲是女始祖）
WN022.1.1#　女娲是最高始祖神
WN022.1.2　女娲是人祖奶
WN022.1.3　女娲是人祖婆婆
WN022.1.4　女娲是人根之祖
WN022.1.5　女娲是人的妈妈
WN022.1.6　女娲氏是人类始祖
WN022.1.6.1　女娲是神性和人性相结
　　　　　　　合的人类始祖
WN022.1.7　女娲是娘（女娲是老娘）
WN022.1.8　女娲是特定族群的祖先
WN022.1.8.1#　女娲是多数民族的共祖
WN022.1.8.2#　女娲是繁衍华夏民族的
　　　　　　　始祖
WN022.1.8.3#　女娲是九黎远祖
WN022.1.8.4#　女娲是苗族始祖神
WN022.1.8.5#　女娲是夏人女祖先
WN022.1.8.6#　女娲是越人祖先
WN022.1.8.7#　女娲是龙族始祖
WN022.1.8.8#　女娲是高句丽的母系祖先
WN022.1.8.9　女娲是特定部族的祖神
WN022.2　女娲是特定行业的祖先（女
　　　　　娲是特定行业的祖师）
WN022.2.1　女娲是手工艺者的祖师

WN022.2.1.1　女娲是捏面人、吹糖人等行业的祖师
WN022.2.1.2　女娲是琉璃匠人的祖师
WN022.2.2　女娲是雕刻业的祖师

WN023　女娲是其他特定神性人物

WN023.1　女娲是仙
WN023.1.1#　女娲是神仙
WN023.1.2　女娲是地上的神仙
WN023.1.3　女娲成仙
WN023.1.3.1　女娲在人间成仙
WN023.2#　女娲是东母的变形
WN023.3　女娲是地皇
WN023.3.1#　女娲是女地皇
WN023.3.2#　女娲为后地皇
WN023.4　女娲是菩萨
WN023.4.1　女娲是观音
WN023.4.2　女娲是南海观音
WN023.5#　女娲是精卫
WN023.6#　女娲是萨岁
WN023.7　女娲是嫦娥
WN023.8#　女娲是嫘祖
WN023.9#　女娲是傩母
WN023.10#　女娲是傩头
WN023.11#　女娲是圣者
WN023.12　女娲是圣母
WN023.12.1#　女娲是未婚的圣母
WN023.13　女娲是神女
WN023.13.1　女娲是古神女
WN023.14　女娲是神人
WN023.14.1　神人女娲补天
WN023.14.2#　女娲为灵昭
WN023.15#　女娲是阴性之精

WN024　女娲是管理者

WN024.1　女娲是首领（女娲是族长）

WN024.1.1　女娲是女仙头头
WN024.1.2　女娲是氏族首领
WN024.1.2.1　女娲是以蛇龟为图腾的氏族首领
WN024.1.2.2　女娲圣母是狩猎时期的氏族首领
WN024.1.2.3#　女娲氏是蛙氏族的女氏族长
WN024.1.3　女娲是部落首领
WN024.1.3.1　女娲是东夷部落的首领
WN024.1.4　女娲是特定群体的首领
WN024.1.4.1　女娲圣母是人类群居时的首领
WN024.1.5　女娲是特定阶段的首领
WN024.1.5.1#　女娲是农业阶段女族长
WN024.2#　女娲是统治者
WN024.2.1#　女娲是最高统治者
WN024.2.2　女娲统治的时间
WN024.2.2.1#　女娲统治130年
WN024.2.3　女娲统治特定的地方
WN024.2.3.1　女娲治理中皇山
WN024.3　女娲是古帝王
WN024.3.1　女娲是古神女而帝者
WN024.3.2　女娲氏是女皇
WN024.3.3　女娲是女帝
WN024.3.4#　女娲是阴帝
WN024.3.5#　女娲是帝母
WN024.3.6#　女娲是妇人之帝王
WN024.4　女娲是人皇
WN024.4.1　娲皇女娲
WN024.4.2　女娲被封为人皇
WN024.4.2.1　玉皇大帝把女娲封为人皇
WN024.4.3　女娲是三皇之一

WN025　女娲是其他特定的人

WN025.1　女娲是世上第一个人

WN025.2　女娲是特定人的代表

WN025.2.1#　女娲是西北女性的代表

WN025.3　女娲是裁决者

WN025.3.1　女娲是理老

WN025.4　女娲是制造者

WN025.4.1　女娲造天梯

WN025.4.2　女娲造生灵

WN025.4.2.1　女娲造动物

WN025.4.3　女娲造箭

WN025.4.4　女娲造乐器

WN025.4.4.1　女娲始作笙簧

WN025.4.5　女娲采桑织布

WN025.4.6#　女娲是陶工

WN025.5　女娲是教授者（女娲是文明传播者）

WN025.5.1　女娲教授渔猎

WN025.5.1.1　女娲教人捕鱼

WN025.5.1.2　女娲教人狩猎

WN025.5.2　女娲教授饲养

WN025.5.3　女娲教授耕种

WN025.5.4　女娲教授做饭

WN025.6　女娲是特定职业者

WN025.6.1#　女娲是巫女（女娲是巫姑）

WN025.6.1.1#　女娲在引绳造人中充当了巫的角色

WN025.7　女娲是治水者

WN025.8　女娲是教育者

WN025.9#　女娲是引导者

WN025.10　女娲是使者

WN025.10.1#　女娲是"土"成为人类之源的使者

WN025.11#　女娲是西王母

WN025.12　女娲是特定人物的辅佐者

WN025.12.1　女娲是伏羲的辅佐者

WN025.12.2　女娲是人皇的辅佐者

WN025.13　与女娲是特定人有关的其他母题

WN025.13.1#　女娲是涂山氏

WN025.13.1.1#　女娲不是涂山氏女

WN026　女娲是特定物

WN026.1　女娲是动物

WN026.1.1　女娲是爬虫

WN026.1.1.1　女娲娘娘是人头蛇身的大爬虫

WN026.1.2　女娲是蛙

WN026.1.2.1#　女娲是雌蛙

WN026.1.3　女娲是鲵鱼

WN026.1.4#　女娲是小龙

WN026.1.5#　女娲是龙

WN026.2　女娲是植物

WN026.2.1#　女娲是瓜

WN027　女娲是多种身份的综合体

WN027.1　女娲是复合神

WN027.1.1#　女娲是庄稼神兼土地神、泥土神

WN027.1.2#　女娲是大地母神兼农业生产保护神

WN027.1.3#　女娲是祖神、生殖神、文化英雄

WN027.1.4#　伏羲女娲是始祖神和生育神

WN027.1.5#　伏羲女娲是人类的男女始祖神兼司日月神之职

WN027.2#　女娲是合体神

WN027.3#　女娲是统治者和始祖

WN027.4#　女娲是始祖、造物主和文化英雄

WN027.5# 女娲是人母也是神母

WN028 女娲的职能
WN028.1 女娲定寿命
WN028.2 女娲保佑民众
WN028.2.1# 女娲护佑幼儿成长
WN028.2.2 女娲只保佑妇女

WN029 与女娲身份和职能有关的其他母题
WN029.1 女娲的族属
WN029.1.1 女娲属于蛇族
WN029.1.1.1 女娲原来属于海上的蛇族
WN029.1.2# 女娲是凤族
WN029.1.3 伏羲女娲属于同一氏族
WN029.1.4# 女娲氏族
WN029.2 女娲部落
WN029.2.1 女娲部落的标识
WN029.2.1.1 女娲部落的标识为蛙纹彩陶
WN029.3 女娲身份的高低
WN029.3.1# 女娲身份高于西王母
WN029.3.2# 女娲地位低于西王母
WN029.3.3 女娲的地位比伏羲高
WN029.4 女娲身份的演变
WN029.4.1# 女娲演变为帝喾
WN029.4.2# 女娲由人变成神
WN029.5 女娲的权利
WN029.5.1 女娲有秘密交媾权
WN029.6# 女娲是修炼成仙的楷模
WN029.7# 女娲的母族是华胥氏
WN029.8# 女娲是真实的历史人物

4. 女娲的能力、事迹与经历（WN030～WN037）

WN030 女娲的能力
WN030.1 女娲会变化（女娲变形）
WN030.1.1 女娲变化为神
WN030.1.1.1 女娲之肠化为神
WN030.1.1.1.1 女娲之肠化为10个神
WN030.1.2 女娲化生万物
WN030.1.2.1 女娲化生为日月星
WN030.1.2.1.1 女娲的双乳变成日月
WN030.1.2.1.2 女娲死后身体化为星星
WN030.1.2.2 女娲化生为山川河流
WN030.1.2.2.1 女娲的眼泪形成江河
WN030.1.2.2.2 女娲的四肢变成湖泊
WN030.1.3 女娲变成伏羲
WN030.1.3.1 女娲看到伏羲后变成伏羲的样子
WN030.1.4 女娲变成大禹
WN030.1.4.1# 伏羲女娲化身为禹
WN030.1.5 女娲变成美女
WN030.1.5.1 女娲娘娘补天后变成漂亮的石矶娘娘
WN030.1.6 与女娲变形有关的其他母题
WN030.1.6.1 女娲化生的次数
WN030.1.6.1.1 女娲一日七十变（女娲七十化）
WN030.1.6.1.2 女娲七十二化
WN030.1.6.1.3 女娲一天中能变化七十几次
WN030.2 女娲显灵
WN030.2.1 女娲显灵退匪类
WN030.2.2 女娲显灵退河水
WN030.3# 女娲神能附体
WN030.4 女娲无所不知
WN030.4.1 女娲明白天下事
WN030.4.2 女娲知天气
WN030.4.2.1 女娲会观天象
WN030.5 女娲力气惊人

WN030.6　女娲会生活技能（女娲心灵手巧）
WN030.6.1　女娲会织布
WN030.6.2　女娲会结绳记事
WN030.7　女娲会说话
WN030.8　女娲无性生育

WN031　女娲补天
WN031.1　女娲没有补天
WN031.2　女娲补天的原因
WN031.2.1　因天没有长好或损坏补天
WN031.2.1.1　因天的4边损坏补天
WN031.2.1.1.1　天被造天者扯破后女娲补天
WN031.2.1.1.2　红君道人造的天缺一只角
WN031.2.2　女娲受命补天
WN031.2.2.1　玉皇大帝派女娲补天
WN031.2.2.2　女娲奉玉帝之命补天
WN031.2.2.3　女娲奉老天爷之命补天
WN031.2.2.4　女娲天神之命补天
WN031.2.2.5　女娲奉天帝之命补天
WN031.2.3　女娲因灾难补天
WN031.2.3.1　女娲因天塌地陷补天
WN031.2.3.1.1　女娲因西北天塌补天
WN031.2.3.2　女娲因天漏补天
WN031.2.3.3　女娲因天上落石头补天
WN031.2.3.4　女娲为防止洪水补天
WN031.2.3.4.1　女娲因天河漏水补天
WN031.2.3.4.2　伏羲女娲为消除洪水补天
WN031.2.4　女娲因斗气补天
WN031.3　女娲补天的时间
WN031.3.1　女娲正月二十三补天
WN031.3.2　女娲二月初二补天

WN031.3.3#　女娲六月六补天
WN031.4　女娲补天的地点
WN031.4.1　女娲在特定的山上补天
WN031.4.1.1　女娲在留冠山补天
WN031.4.1.2　女娲在东平山补天
WN031.4.1.3　女娲在平定县东浮化山补天
WN031.4.1.4　女娲娘娘在嵩山顶上补天
WN031.4.1.5　女娲在清凉山太子沟补天
WN031.4.1.6　女娲在王屋山补天
WN031.4.1.7　女娲在辽河流域牛河梁红山补天
WN031.4.1.8　女娲在中皇山补天
WN031.4.1.9　女娲在大荒山无稽崖补天
WN031.4.1.10　伏羲女娲在不周山补天
WN031.4.1.11#　女娲在竹山宝丰的女娲山补天
WN031.4.2　女娲在特定的门补天
WN031.4.2.1　女娲在北天门补天
WN031.4.3　女娲在特定物上补天
WN031.4.3.1　女娲站在梯子上补天
WN031.4.3.2　女娲站在船上补天
WN031.4.3.3　女娲站在伏羲肩上补天
WN031.4.3.4　女娲站在3级飞天阶上补天
WN031.4.4　女娲在特定的地方补天
WN031.4.4.1#　女娲在陕西平利补天
WN031.4.4.2#　女娲在湖北竹山补天
WN031.4.4.3#　女娲在河北涉县补天
WN031.4.4.4　女娲在晋城水东村补天
WN031.4.4.5　女娲在邵原小沟背炼采石补天
WN031.4.4.6　女娲在唐王岐沟补天
WN031.4.5　女娲在其他特定地点补天

WN031.4.5.1　女娲在江东采石补天
WN031.4.5.2　女娲在天雷湖边采石补天
WN031.5　女娲补天的材料
WN031.5.1　女娲用石头补天
WN031.5.1.1　女娲用天罡石补天
WN031.5.1.2　女娲插石头补天
WN031.5.2　女娲用神石补天
WN031.5.3　女娲用五彩石补天
WN031.5.3.1　女娲采集五彩石补天
WN031.5.3.2　女娲在江东采五彩石补天
WN031.5.3.3　女娲从山上、海中找五彩石补天
WN031.5.3.4　女娲用五彩石蘸河水补天
WN031.5.3.5　女娲用五色石补天
WN031.5.3.6　女娲用五色金石补天
WN031.5.3.7　女娲用五颜六色的石子补天
WN031.5.3.8#　女娲用绿松石补天
WN031.5.3.9　女娲用特定数量的五彩石补天
WN031.5.3.9.1　女娲用9999块五彩石补天
WN031.5.4　女娲用颜色不同的石头补天
WN031.5.4.1　女娲用青石、白石补天
WN031.5.4.2　用天青蓝色的石头补天
WN031.5.5　女娲用补天石补天
WN031.5.5.1　女娲用特定数量的补天石补天
WN031.5.5.1.1　女娲用365块补天石补天
WN031.5.5.1.2　女娲用3万6千5百块补天石补天
WN031.5.5.1.3　女娲用10001块补天石补天
WN031.5.5.1.4　女娲用10万8千块补天石补天
WN031.5.6　用七色泥土补天
WN031.5.6.1　女娲烧泥补天
WN031.5.7　女娲用五彩云补天
WN031.5.7.1　女娲用五彩绸云补天
WN031.5.8　女娲用冰块补天
WN031.5.8.1　女娲用大冰块补西北天
WN031.5.8.2　女娲用昆仑山的冰补西北天
WN031.5.8.3　女娲用海里的冰补天
WN031.5.8.4　女娲炼五色冰补天
WN031.5.9　女娲用布补天
WN031.5.9.1　女娲用头布补天
WN031.5.9.2　女娲织多种颜色的布补天
WN031.5.10　女娲用动物补天
WN031.5.10.1　女娲用射死的鹰补天
WN031.5.10.2　女娲用虾的4只脚补天
WN031.5.10.3　女娲用金蛤蟆的舌头补天
WN031.5.11　女娲用气补天
WN031.5.11.1　女娲吹青气补天
WN031.5.12　女娲用胶糊状的液体补天
WN031.5.12.1　用麦芒和泥补天
WN031.5.12.2　女娲用水拌七色土补天
WN031.5.13　女娲用自己的身体补天
WN031.5.13.1　女娲用自己的身体和衣裳补天
WN031.5.13.2　伏羲女娲用自己的身体补天
WN031.5.14　女娲用其他特定物品补天
WN031.5.14.1　女娲用石头和梯子补天

WN031.5.14.2　用金钗环玉坠补天
WN031.5.14.3　用装着石水的砂锅补天
WN031.5.14.4　女娲用石块泥浆补天
WN031.6　女娲补天的方法
WN031.6.1　补天方法的获得
WN031.6.1.1　白龟告诉补天方法
WN031.6.1.2　太白金星告诉补天方法
WN031.6.2　女娲炼石补天
WN031.6.2.1　女娲炼顽石补天
WN031.6.2.2　女娲炼奇石补天
WN031.6.2.3　女娲炼石糊补天
WN031.6.2.4　女娲炼石成天浆后补天
WN031.6.2.5　女娲用南方的火炼昆仑山的仙石补天
WN031.6.2.6　女娲炼天上的石头补天
WN031.6.2.7　伏羲女娲夫妻炼石补天
WN031.6.2.8　女娲炼五彩石补天（女娲氏炼五彩石补天）
WN031.6.2.8.1　女娲炼蓝、红、白、紫、灰五彩石补天
WN031.6.2.8.2　女娲炼青、蓝、红、白、紫五色石子补天
WN031.6.2.8.3　女娲用泥土、石块和水炼五彩石补天
WN031.6.2.8.4　女娲用泥团炼五彩石补天
WN031.6.2.8.5　女娲在炉中用黄泥炼五彩石补天
WN031.6.2.8.6　女娲用金、木、水、火、土五个星星上的石头炼五彩石补天
WN031.6.2.8.7　女娲先找五彩石，后炼石补天
WN031.6.2.8.8　用天火炼五彩石

WN031.6.2.8.9　女娲用五彩石烧成稀糊糊补天
WN031.6.2.8.10　女娲炼七彩石补天
WN031.6.2.8.11　女娲用五色石烙石饼补天
WN031.6.2.8.12　用彩石炼成石浆补天
WN031.6.2.8.13　女娲用五色石炼石汁补天
WN031.6.2.9　与炼石补天有关的其他母题
WN031.6.2.9.1　炼补天石用了82天
WN031.6.2.9.2　女娲每天炼石补天
WN031.6.3　女娲用盘古神斧开采石头补天
WN031.6.4　女娲用石头和岩浆补天
WN031.6.5　女娲把石头炼成水补天
WN031.6.6　女娲红丝穿饼补天
WN031.6.7　女娲磨石头补天
WN031.6.8　女娲攀上青藤补天
WN031.6.9　女娲用仙术补天
WN031.7　女娲补天的过程（女娲补天的情形）
WN031.7.1　女娲一手炼石，一手补天
WN031.7.2　女娲先撑天，再补天
WN031.7.3　女娲补天前先用天柱顶天
WN031.7.4　女娲先战龙后补天
WN031.7.5　女娲先顶天再补天
WN031.7.6　补天前造特定物
WN031.7.6.1　补天前造火炉
WN031.7.7　女娲驾金牛补天
WN031.8　女娲补天使用的时间
WN031.8.1　补天用了365天（补天用了2年）
WN031.8.2　伏羲女娲补天用了4年

WN031.8.3　补天用了几千年
WN031.8.4　与补天使用时间有关的其他母题
WN031.8.4.1　女娲补天用了许多年
WN031.9　女娲补天的帮助者
WN031.9.1　神或神性人物帮助补天
WN031.9.1.1　天兵天将帮助补天
WN031.9.1.2　金童玉女帮助补天
WN031.9.1.3　两位神童帮助女娲补天
WN031.9.1.4　海龙王帮女娲补天
WN031.9.1.5　伏羲帮女娲补天
WN031.9.1.6　祝融帮女娲炼五色石补天
WN031.9.2　神性动物帮助补天
WN031.9.2.1　凤凰补天
WN031.9.3　特定的人帮助补天
WN031.9.3.1　一个妇女帮女娲补天
WN031.9.3.2　渔民帮女娲补天
WN031.10　女娲补天的结果
WN031.10.1　女娲补天失败
WN031.10.1.1　女娲用泥巴补天不成功
WN031.10.1.2　女娲炼石补天不成功
WN031.10.1.3　伏羲女娲补天最初不成功
WN031.10.2　女娲补出33个天
WN031.10.3　女娲补天后天像宝盖
WN031.10.4　女娲补天后留下天缝
WN031.10.4.1　女娲补天时天罡石不足形成天缝
WN031.10.5　女娲补天后形成日月星辰
WN031.10.5.1　女娲补天后出现太阳
WN031.10.5.2　女娲补天的小石头形成星星
WN031.10.5.3　女娲补天洞的金钗环玉坠变成星星

WN031.10.5.4　女娲补天后的贝壳类变成星星
WN031.10.6　女娲补天后出现人
WN031.10.6.1　女娲补天后水中爬出第一个人
WN031.10.6.2#　女娲补天之后的天地与原始不同
WN031.10a　女娲补天神话
WN031.10a.1　女娲补天神话类型
WN031.10a.1.1#　灭世洪水与救世范型
WN031.10a.2　女娲补天神话的内涵
WN031.10a.2.1#　女娲补天神话反映"两极均衡"观念
WN031.10a.3　女娲补天神话的比较研究
WN031.10a.3.1#　女娲补天神话与共工斗颛顼神话比较
WN031.10a.3.2#　女娲补天神话与国外神话比较
WN031.10a.3.2.1#　女娲补天神话与苏美尔文明大洪水神话结构接近
WN031.10a.4　与女娲补天神话有关的其他母题
WN031.11　与女娲补天有关的其他母题
WN031.11.1　不同名称的女娲补天
WN031.11.1.1　神娲补天
WN031.11.1.2　女娲氏补天
WN031.11.1.3　女娲娘娘补天
WN031.11.1.4　娲儿公主补天
WN031.11.2　女娲补天洞
WN031.11.2.1　女娲用石头补天洞
WN031.11.2.2　女娲补北方的天洞
WN031.11.3　女娲补西天
WN031.11.4　女娲补西北天

WN031.11.5　女娲补西方天
WN031.11.6　女娲补东南天
WN031.11.7　女娲补东北天
WN031.11.7.1　女娲炼石补东北天
WN031.11.8　女娲从东南向西北补天
WN031.11.9　女娲补天后留在天上
WN031.11.9.1　女娲补天被冻死
WN031.11.9.2　女娲补天累死
WN031.11.10　女娲补天的遗留物
WN031.11.10.1　女娲补天的遗迹
WN031.11.10.1.1　女娲补天地点的遗存
WN031.11.10.1.2　女娲补天的遗迹
WN031.11.10.1.3　补天台
WN031.11.10.1.4　女娲的补天浆糊变成红石崖
WN031.11.10.2　女娲遗留的补天石
WN031.11.10.2.1　女娲补天遗落碎渣
WN031.11.10.2.2　女娲补天遗石
WN031.11.10.2.3　女娲补天遗留1块在大荒山无稽崖青埂峰下
WN031.11.10.2.4　女娲炼石补天遗落天门石
WN031.11.10.2.5　女娲补天遗落3块石头
WN031.11.10.2.6　女娲补天后遗落巴子石
WN031.11.10.2.7　女娲补天遗落女娲石
WN031.11.10.2.8　女娲补天遗落的石头变成坛神
WN031.11.11　女娲补天的合作者
WN031.11.11.1　天皇氏、地皇氏和女娲氏把天补成圆的
WN031.11.11.2　伏羲女娲兄妹补天
WN031.11.11.3　伏羲女娲姐弟补天
WN031.11.11.4　张伏羲与李女娲补天
WN031.11.12　女娲补天后续情况
WN031.11.12.1　女娲修补天缝
WN031.11.12.1.1　女娲化五彩石泥补天缝
WN031.11.12.1.2　女娲用针线缝补天缝
WN031.11.12.1.3　女娲用骨针缝补天缝
WN031.11.12.1.4　女娲缝天缝形成天河
WN031.11.12.2　女娲补天后把天变成青色
WN031.11.12.2.1　女娲吹气形成青天
WN031.11.12.3　女娲补天后把天变成蓝色
WN031.11.12.3.1　女娲用清气补天形成蓝天
WN031.11.12.3.2　天蓝色是撒到天上的青灰变成的
WN031.11.12.4　女娲补天后把天变成多种颜色
WN031.11.12.4.1　女娲补天后天变成五彩斑斓
WN031.11.12.4.2　女娲用五彩石补天形成天的蓝色以外的其他颜色
WN031.11.12.5　女娲补黄金天
WN031.11.12.6　女娲补天后出现国家
WN031.11.12.6.1#　女娲补天后颛顼建立国家

WN032　女娲造人
WN032.1　女娲造人的原因
WN032.1.1　女娲无目的造人
WN032.1.2　女娲因为孤独造人
WN032.1.3　女娲因为苦闷造人

WN032.1.4　女娲为管理世界造人
WN032.1.5　女娲为繁衍人类造人
WN032.1.6　女娲婚后不生育造人
WN032.1.7　女娲婚后因生育太慢造人
WN032.1.8　女娲因指令造人
WN032.1.8.1　女娲奉玉帝旨意造人
WN032.1.8.2　女娲奉玉皇大帝旨意造人
WN032.1.9　女娲因受罚造人
WN032.1.10　女娲受到启发造人
WN032.1.10.1　女娲受动物的启发造人
WN032.1.11　与女娲造人原因有关的其他母题
WN032.2　女娲造人的时间
WN032.2.1　开天辟地后女娲造人
WN032.2.2　女娲补天后造人
WN032.2.3　盘古死后女娲造人
WN032.2.4　灾难后女娲造人
WN032.2.4.1　洪水后女娲造人
WN032.2.4.2　天塌地陷后女娲造人
WN032.2.5　女娲在特定的时代造人
WN032.2.6　女娲在特定的季节造人
WN032.2.7　女娲在某天造人
WN032.2.7.1　女娲第5天造人
WN032.2.7.2　女娲第7天造人
WN032.2.7.2.1　女娲降生后第7天造人
WN032.2.8　女娲婚后造人
WN032.2.8.1　伏羲女娲兄妹婚后造人种
WN032.3　女娲造人的地点
WN032.3.1　女娲在水边造人
WN032.3.1.1　女娲在河边造人
WN032.3.1.1.1　女娲在黄河边以黄土造人
WN032.3.1.2　女娲在清水塘造人
WN032.3.1.3　女娲在龙泉造人
WN032.3.2　女娲在山上造人
WN032.3.3　女娲在平原造人
WN032.3.4　女娲在洞中造人
WN032.4　女娲造人的材料
WN032.4.1　女娲用泥造人（用土造人）
WN032.4.1.1　女娲用泥捏人
WN032.4.1.2　女娲用泥巴造人
WN032.4.1.3　女娲抟土造人
WN032.4.1.4　女娲用补天剩下的泥造人
WN032.4.1.5　女娲用黄泥造人（女娲用黄土造人）
WN032.4.1.5.1　女娲用黄胶泥造人
WN032.4.1.6　女娲用各种颜色的土造人
WN032.4.1.7　女娲用烂泥造人
WN032.4.2　女娲用身体造人
WN032.4.2.1　女娲用自己的血造人
WN032.4.3　女娲用动物造人
WN032.4.3.1　女娲用猩猩造人
WN032.4.4　女娲用植物造人
WN032.4.5　女娲用多种物造人
WN032.4.6　与女娲造人材料有关的其他母题
WN032.4.6.1　女娲造人材料的获得
WN032.4.6.2　女娲舀天水地水造人
WN032.5　女娲造人的方法（女娲造人的过程）
WN032.5.1　女娲造人方法的获得
WN032.5.2　女娲造人的参照物
WN032.5.2.1　女娲参照自己的样子造人
WN032.5.2.2　女娲参照多人的样子造人
WN032.5.2.2.1　女娲参照伏羲和自己

的样子造人

WN032.5.2.2.2　女娲参照伏羲、神农和自己的样子造人

WN032.5.3　女娲和泥造人（女娲抟土造人）

WN032.5.3.1　女娲和黄泥造人

WN032.5.3.2　女娲蘸泥造人

WN032.5.3.2.1　用绳蘸泥造人

WN032.5.3.2.2　用树枝蘸泥造人

WN032.5.4　女娲剪纸造人

WN032.5.4.1　牙巫剪纸造人（伢俟剪纸造人，牙线剪纸造人，伢巫剪纸造人）

WN032.5.5　与女娲造人的方法有关的其他母题

WN032.5.5.1　女娲用树棍扎泥人的耳朵

WN032.6　女娲造人的结果

WN032.6.1　女娲造人自然成活

WN032.6.2　特定条件下女娲造人成活

WN032.6.2.1　女娲造人经吹气后成活

WN032.6.2.1.1　女娲吹气后泥人成活

WN032.6.2.1.2　女娲吐唾沫吹气后泥人成活

WN032.6.2.1.3　吹仙气后泥人成活

WN032.6.2.2　女娲发指令后造的人成活

WN032.6.2.3　女娲造的泥人经抚摸后成活

WN032.6.2.4　女娲造的泥人经乳汁滋润后成活

WN032.6.2.5　女娲造的泥人经法术成活

WN032.6.2.6　女娲造的泥人经念咒后成活

WN032.6.2.7　女娲造的泥人靠神力成活

WN032.6.2.8　女娲造的泥人放特定地点后成活

WN032.6.2.8.1　女娲造的泥人埋在土里后成活

WN032.6.2.8.2　女娲造的泥人放到地上后成活

WN032.6.2.9　女娲造的泥人经太阳晒后成活

WN032.6.2.10　女娲造的泥人经过一定时间成活

WN032.6.2.10.1　女娲造的泥人经过49天成活

WN032.6.2.11　女娲造的泥人成活的其他条件

WN032.6.2.11.1　女娲造的泥人经叶片扇后成活

WN032.6.3　女娲造人的数量

WN032.6.3.1　女娲造出2个人

WN032.6.3.2　女娲造出36个人

WN032.6.3.3　女娲造出49个人

WN032.6.3.4　女娲造出100个人

WN032.6.3.5　女娲造出300个人

WN032.6.3.6　女娲造出360个人

WN032.6.3.7　女娲造出600个人

WN032.6.3.8　女娲造出不定数量的人

WN032.6.4　女娲造出男女（女娲造人后分出性别）

WN032.6.4.1　女娲造出男女

WN032.6.4.1.1　女娲造出一对男女

WN032.6.4.2　女娲造出男人

WN032.6.4.2.1　女娲用泥土捏出男人

WN032.6.4.3　女娲造出女人

WN032.6.4.3.1　女娲用泥土捏出女人

WN032.6.4.4　女娲分出男女

WN032.6.4.4.1　女娲受动物的启发分出男女
WN032.6.4.4.2　女娲分出男人
WN032.6.4.4.3　女娲分出女人
WN032.6.5　女娲造出的人婚配繁衍后代
WN032.6.6　女娲造出的人的特征
WN032.6.6.1　女娲造出的男人的特征
WN032.6.6.1.1　女娲造出的男人长大、硬扎
WN032.6.6.1.2　女娲造出的男人比较大
WN032.6.6.2　女娲造出的女人的特征
WN032.6.6.2.1　女娲造出的女人小巧
WN032.6.6.2.2　女娲造出的女人柔嫩、灵巧、纤细
WN032.6.6.2.3　女娲造出的女人细心
WN032.6.6.3　与女娲造出的人的特征有关的其他母题
WN032.6.6.3.1　女娲造出的人有大有小
WN032.6.6.3.2　女娲造出的人有胖有瘦
WN032.6.6.3.3　女娲造出不同肤色的人
WN032.6.7　女娲造人的遗留物
WN032.6.7.1　女娲造人后遗留分人石
WN032.6.8　女娲造出特定的人
WN032.6.8.1　女娲造出第一代人
WN032.6.8.2　女娲造出矮人
WN032.6.8.3　女娲造出残疾人
WN032.6.8.4　女娲造出伏羲兄妹
WN032.6.9　女娲造人不成功
WN032.6.10　与女娲造人结果有关的其他母题
WN032.6.10.1　女娲造出的女人比男人少
WN032.6.10.2　女娲造出的人有灵气
WN032.6.10.3　女娲造出九种人

WN032.6.10.4　女娲造人后有尊卑贵贱之分
WN032.7　与女娲造人有关的其他母题
WN032.7.1　女娲氏造人
WN032.7.2　女娲繁衍人类
WN032.7.2.1　女娲生育人类
WN032.7.2.2　女娲婚配后繁衍人类
WN032.7.2.3　女娲栽培的葫芦繁衍人类
WN032.7.3　女娲造人使用的时间
WN032.7.4　女娲造人的次数
WN032.7.5　女娲合作造人
WN032.7.5.1　伏羲女娲合作造人
WN032.7.5.2　女娲与众神合作造人
WN032.7.5.3　女娲兄妹合作造人
WN032.7.6　女娲作为造人的协助者
WN032.7.6.1　女娲协助人皇造人

WN033　女娲的其他事迹
WN033.1　女娲造天地（女娲补天地）
WN033.1.1　女娲造天地
WN033.1.1.1　女娲娘娘造天地
WN033.1.2　女娲化生天地
WN033.1.2.1　女娲垂死化生天地
WN033.1.3　女娲开天辟地
WN033.1.3.1　牙巫开天辟地（伢俟开天辟地，牙线开天辟地，伢巫开天辟地）
WN033.1.4　女娲分开天地
WN033.1.4.1　女娲用5根大柱分开天地
WN033.1.4.2　女娲娘娘分开天地
WN033.1.4.3　女娲斩龟足做天柱分开天地
WN033.1.4.4　女娲用16只鳖足支撑天地

WN033.1.4.5 女娲捅出天洞的光把天地分开
WN033.1.4.6 牙巫分开天地
WN033.1.5 女娲补天地
WN033.1.5.1 女娲先补天后补地
WN033.2 女娲造天（女娲支天，女娲顶天）
WN033.2.1 女娲造天的材料（女娲造天的方法）
WN033.2.1.1 女娲拼石成天
WN033.2.1.2 女娲炼青石造天
WN033.2.1.2.1 女娲用3331万块青石板造天
WN033.2.2 女娲支天的材料（女娲支天的方法）
WN033.2.2.1 女娲造天柱支天
WN033.2.2.1.1 女娲用龟的4只脚造成4根天柱
WN033.2.2.1.2 女娲用龟的4条腿做天柱
WN033.2.2.1.3 女娲用鳌鱼的四足做天柱
WN033.2.2.1.4 女娲用虾的脚做天柱
WN033.2.2.1.5 女娲炼造铁柱支北天
WN033.2.2.1.6 女娲用石浆造天柱支天
WN033.2.2.2 女娲用鳌支天
WN033.2.2.2.1 女娲让鳌鱼支塌下的天
WN033.2.2.2.2 女娲断鳌足支四极
WN033.2.2.3 女娲用龟支天
WN033.2.2.3.1 女娲用海龟哥哥的手足支天
WN033.2.2.4 女娲用龙支天
WN033.2.2.4.1 女娲用龙王的4只脚支天
WN033.2.2.5 女娲用鱼虾支天
WN033.2.2.5.1 女娲砍下鱼的腿支天
WN033.2.2.5.2 女娲砍下鲤鱼的4条腿支天
WN033.2.2.5.3 女娲用虾的脚支天
WN033.2.2.5.4 女娲用虾的4只脚支塌的天角
WN033.2.2.6 女娲派天神扶着天柱
WN033.2.3 女娲造天的结果
WN033.2.3.1 女娲支天造成天东高西低
WN033.2.3.1.1 女娲支天时东面支高造成天东高西低
WN033.2.3.1.2 女娲用虾的后脚支东边天，前脚支西面天，造成天东高西低
WN033.2.3.1.3 女娲用不同的鳌鱼腿顶天造成东高西低
WN033.2.3.2 女娲支天造成天西高东低
WN033.2.3.3 女娲支天造成天地歪斜
WN033.2.3.3.1 女娲用长短不齐的龟足支天造成天地歪斜
WN033.2.3.3.2 天向西倾斜
WN033.2.3.4 女娲造出的天是圆的
WN033.2.4 与女娲造天有关的其他母题
WN033.2.4.1 女娲造天的帮助者（女娲支天的帮助者）
WN033.2.4.1.1 圣母、洪钧帮女娲支天
WN033.3 女娲造地（女娲补地）
WN033.3.1 女娲造地的地点
WN033.3.1.1 女娲在天的中央造地
WN033.3.2 女娲造地的材料
WN033.3.2.1 女娲用从玉帝那里偷来的球造地

WN033.3.2.2　女娲用草、泥造地
WN033.3.2.3　女娲用龙筋缠住驮地的鲤鱼稳固大地
WN033.3.2.4　女娲用五彩石补地
WN033.3.2.5　伏羲女娲用草木灰补地
WN033.3.3　女娲造地的结果
WN033.3.3.1　女娲定四方
WN033.3.3.2　补地时南方石头少造成地北高南低
WN033.3.3.3　女娲造出平原
WN033.3.3.4　女娲从地上抓出岛
WN033.4　女娲造人世
WN033.5　女娲造山川河流
WN033.5.1　女娲造山川
WN033.5.1.1　女娲撒3把土造出4座山
WN033.5.1.2　女娲抱土造山
WN033.5.1.3　造人剩下的泥巴变成山
WN033.5.1.4　女娲造出特定的山
WN033.5.1.4.1　女娲把昆仑山砸低
WN033.5.1.4.2　女娲堆出积石山
WN033.5.1.4.3　女娲造峄山
WN033.5.2　女娲造河流湖泊
WN033.5.2.1　女娲挖的洞眼溢水形成江河湖海
WN033.5.2.2　女娲造江河
WN033.5.2.2.1　女娲造出特定的河
WN033.5.2.2.2　女娲造出淮河
WN033.5.2.3　女娲用手在地上挖出湖
WN033.5.2.4　女娲造泉
WN033.5.2.4.1　女娲在昆仑山造出泉
WN033.6　女娲移山
WN033.6.1　娲皇奶奶移山疏河
WN033.7　女娲治世
WN033.7.1　女娲氏承庖羲制度

WN033.8　女娲驯养动物

WN034　女娲发明（女娲的创造）
WN034.1　女娲造万物
WN034.1.1　女娲造万物的原因
WN034.1.1.1　玉帝派女娲下凡造万物
WN034.1.2　女娲造万物的时间
WN034.1.2.1　女娲用10天时间造万物
WN034.1.3　女娲造万物的材料
WN034.1.3.1　女娲用泥造万物
WN034.1.3.2　女娲用泥巴摔出万物
WN034.2　女娲创造生命
WN034.2.1　女娲造生灵
WN034.2.1.1　女娲七天创造出生灵
WN034.3　女娲造动物、植物和人
WN034.3.1　女娲造第一是鸡，第二是狗，第三是羊，第四是猪，第五是马，第六是牛，第七是人，第八是五谷，第九是瓜果，第十是蔬菜
WN034.3.2　女娲第一天造鸡，依次是二狗、三羊、四猪、五马、六牛、七人、八谷、九果、十菜
WN034.3.3　女娲先造草木，后造动物，最后造人
WN034.4　女娲造动物和人
WN034.4.1　女娲造人和六畜
WN034.4.1.1　女娲依次造出鸡、狗、羊、猪、马、牛、人
WN034.4.1.2　女娲依次造出鸡、狗、猫、羊、牛、马、人
WN034.4.2　女娲造人和其他动物
WN034.4.2.1　女娲造了人和水牛
WN034.5　女娲造姓名（女娲命名万物

名称）

WN034.5.1　女娲创造姓氏（女娲命名姓氏）

WN034.5.1.1　女娲创造百家姓

WN034.5.1.2　女娲创造108姓

WN034.5.1.3　女娲创造120姓

WN034.5.1.4　女娲创造360姓

WN034.5.1.5　女娲创造特定的姓氏

WN034.5.1.5.1　女娲命名桃姓、李姓

WN034.5.1.5.2　女娲给凤凰加"凤"姓

WN034.5.1.6　女娲创造姓名的原因

WN034.5.1.6.1　女娲怕分不清而创造姓名

WN034.5.1.7　女娲创造姓名的方式

WN034.5.1.7.1　女娲根据地点命名姓氏

WN034.5.1.7.2　女娲根据从事的事情命名姓氏

WN034.5.1.7.3　女娲让孩子抓出姓氏

WN034.5.1.7.4　女娲不让子女随自己的姓

WN034.5.2　女娲给特定人命名

WN034.5.2.1　女娲命名"人"

WN034.5.2.2　女娲命名"炎黄子孙"

WN034.5.3　女娲给特定的事物命名

WN034.5.3.1　女娲命名河流的名称

WN034.5.3.1.1　女娲命名淮河

WN034.6　女娲造生活用品（女娲发明生活用品）

WN034.6.1　女娲造衣裳

WN034.6.1.1　伏羲女娲造衣裳

WN034.6.1.2　女娲为女人造出衣裳

WN034.6.2　女娲造缸

WN034.6.3#　女娲发明锅

WN034.6.4　女娲造壶

WN034.6.5　女娲造杯、盘、碗、盏

WN034.6.6　女娲造坛

WN034.6.7　女娲造瓮

WN034.6.8　女娲造鞭

WN034.7　女娲发明乐器

WN034.7.1　女娲造笙簧

WN034.7.1.1　女娲作笙簧的原因

WN034.7.1.1.1　女娲随感作簧

WN034.7.1.2　女娲作笙簧的材料

WN034.7.1.2.1　女娲用骨作簧

WN034.7.1.3　女娲作笙簧的寓意

WN034.7.1.3.1#　女娲作笙簧有两性交媾寓意

WN034.7.1.4　与女娲作笙簧有关的其他母题

WN034.7.1.4.1#　女娲发明簧具有历史真实性

WN034.7.2　女娲作笙

WN034.7.3　女娲制作芦笙

WN034.7.4　女娲制作葫芦笙

WN034.7.5　女娲发明箫

WN034.8　女娲发明音律

WN034.9　女娲发明火

WN034.9.1　女娲命特定的人送火种

WN034.9.2　女娲发明钻木取火

WN034.10　女娲创造文字（女娲造字）

WN034.10.1　女娲创造特定的字

WN034.11　女娲发明医药

WN034.11.1　女娲传医术

WN034.11.2　女娲发明草药

WN034.12　女娲造桥

WN034.12.1　女娲造石桥

WN034.13　女娲造屋

WN034.14　女娲制定婚育制度

WN034.15#　女娲制历法
WN034.16　女娲造兵器
WN034.16.1　女娲造箭
WN034.16.1.1　女娲炼出一支神箭
WN034.16.1.2　女娲发明弓箭
WN034.16.2　女娲造剑
WN034.17　与女娲的发明相关的其他母题
WN034.17.1　女娲创造的动力
WN034.17.1.1#　女娲的创造欲望来自本能的骚动

WN035　女娲造福后代
WN035.1　女娲福荫子孙
WN035.1.1　女娲补天福荫子孙
WN035.1.2#　女娲庇佑子孙
WN035.2　女娲拯救人类
WN035.2.1　女娲为补天献身
WN035.2.2　女娲救起落水的人
WN035.3　女娲送子
WN035.3.1　女娲为摸子孙窑的人送子
WN035.4　女娲德遗于后世
WN035.5　女娲保佑子孙绵延

WN036　女娲的经历
WN036.1　女娲与神性人物的争斗
WN036.1.1　女娲与雷公争斗
WN036.1.2　女娲斗龙
WN036.1.2.1　女娲战怪龙
WN036.1.3　女娲斗妖
WN036.1.4　女娲斗共工
WN036.1.4.1　女娲灭共工
WN036.2　女娲洗浴后蜕皮
WN036.3　女娲拜见特定的人
WN036.3.1　女娲拜见伏羲先皇
WN036.4　女娲的迁徙

WN036.4.1　女娲迁雷区
WN036.5　女娲求学
WN036.5.1　女娲伏羲兄妹上学

WN037　与女娲能力、事迹与经历有关的其他母题
WN037.1　女娲上天（女娲回天）
WN037.1.1　女娲人日上天交差
WN037.1.2　三月十八女娲回天
WN037.1.3　女娲补好天后回到天上
WN037.2　女娲助人
WN037.2.1　女娲救助人类
WN037.2.1.1　女娲偷偷给人送粮米
WN037.2.2　女娲助战
WN037.2.2.1　女娲向颛顼传授剑法
WN037.3#　女娲阻止天狗吃月
WN037.4　女娲栽神竹

5. 女娲的生活
（WN040～WN049）

WN040　女娲的生活
WN041　女娲生活的时代
WN041.1#　女娲生活在隧人氏之后、神农氏之前的时代
WN041.2#　女娲氏族生活在新石器时代
WN041.2.1#　女娲氏族部落生活的时代距今约7800—4900年
WN041.3#　女娲生活在从母系氏族社会向父系氏族社会的过渡时期
WN041.4#　女娲生活在夏朝之前
WN042　女娲生活区域（女娲活动区域）
WN042.1#　女娲生活于大地湾
WN042.2#　女娲生活于陕甘青地区

WN042.3# 女娲活动于黄河中游和部分上游流域

WN042.4# 女娲活动于陕西蓝田一带

WN042.5# 女娲生活于陇西一带

WN043　女娲的服饰

WN043.1# 女娲裸体

WN043.2　女娲的衣衫

WN043.2.1# 女娲穿袍

WN043.2.1.1　女娲穿宽袖袍

WN043.2.1.2　女娲身穿汉袍

WN043.2.1.3# 女娲外穿大翻领宽袖袍衫

WN043.2.2　女娲穿羽衣

WN043.2.3　女娲穿交领红衫

WN043.3　女娲的头饰（女娲的发型）

WN043.3.1# 女娲戴华冠

WN043.3.2# 女娲戴凤冠

WN043.3.3　女娲头梳髻

WN043.3.4# 女娲头梳高髻

WN043.3.5# 女娲头梳双髻

WN043.3.6　女娲头上系红色丝带

WN044　女娲的饮食

WN044.1　女娲饭量巨大

WN044.1.1　女娲吃十只老虎，百只小兔，三千条大活鱼

WN045　女娲的居所

WN045.1　女娲居天上

WN045.1.1　女娲娘娘住天上

WN045.2　女娲居天地中间

WN045.3　女娲居山上

WN045.3.1　女娲居昆仑山

WN045.3.2　女娲居中皇山

WN045.4　女娲居洞中

WN045.4.1　女娲住余家峡龙马洞

WN045.4.2　女娲未补天前住洞中

WN045.4.3　女娲居天地之间的山洞中

WN045.4.4　女娲住地洞中

WN045.5　女娲居树上

WN045.6　女娲居海边

WN045.7　女娲居平原

WN045.7.1　女娲居中州平原

WN045.8　与女娲居所有关的其他母题

WN045.8.1　女娲氏都于中皇之陵

WN045.8.2　女娲成长于秦安县风台

WN045.8.3　女娲居住在太密村龙泉寨

WN045.8.4# 女娲居帝都

WN046　女娲的出行

WN046.1　女娲的坐骑

WN046.1.1　女娲骑凤凰

WN046.1.1.1　女娲骑凤凰从天空东边飞来

WN046.1.2　女娲乘雷车

WN046.1.2.1　女娲乘雷车驾应龙

WN046.1.3# 女娲骑神兽

WN046.2　女娲脚踏彩云

WN046.3　女娲乘竹排

WN047　女娲的用品（女娲的工具，女娲的手持物）

WN047.1　女娲手持工具

WN047.1.1# 女娲手执规、矩

WN047.2　女娲手持神奇植物

WN047.2.1# 女娲手持灵芝

WN047.2.2# 女娲手执仙草

WN047.3　女娲手持宝器

WN047.3.1　女娲手拿法宝

WN047.3.2　女娲手持神斧

WN047.3.3　女娲获得宝石

WN047.4　女娲手持乐器

WN047.4.1# 女娲手持排箫

WN047.5　女娲手持多种物

WN047.5.1# 女娲手持日轮月轮
WN047.5.2# 女娲一手托月轮，一手执乐器
WN047.5.3# 女娲一手托月，一手执矩
WN047.5.4# 女娲一手执芝草，一手拿有绶带的璧
WN047.6 女娲手持其他用品
WN047.6.1# 女娲执扇
WN047.6.2# 伏羲女娲手擎华盖
WN047.7 与女娲手持物有关的其他母题
WN047.7.1 女娲手持物的象征意义
WN047.7.1.1# 女娲手持规、矩象征数学文化

WN048 女娲的陪伴物
WN049 与女娲生活有关的其他母题
WN049.1 女娲沐浴
WN049.1.1 女娲在梳妆楼沐浴

6. 女娲的关系
（WN050～WN059）

WN050 女娲的关系
WN051 女娲的祖先
WN051.1 盘古是女娲的祖先
WN051.1.1 女娲是盘古的后代
WN052 女娲的父母
WN052.1 女娲没有父母
WN052.2 女娲的父母是神
WN052.3 女娲的父母是神性人物
WN052.3.1# 女娲的母亲是西王母
WN052.3.2 女娲的母亲是王母娘娘
WN052.3.3 女娲是老天爷的女儿（女娲是玉皇大帝的女儿）

WN052.3.3.1 老天爷的2儿1女是神农、伏羲和女娲
WN052.3.4 女娲是伏羲的女儿
WN052.3.4.1 女娲氏是伏羲帝的女儿
WN052.3.4.2 女娲是伏羲帝的女儿
WN052.3.5 女娲是华胥的女儿
WN052.3.5.1 伏羲、女娲是华胥的子女
WN052.3.6# 女娲是炎帝的女儿
WN052.3.7# 女娲是涂山氏的女儿
WN052.4 女娲的父母是人
WN052.4.1 女娲的父母是一对老夫妻
WN052.4.1.1 女娲的父母是杞国一对老夫老妻
WN052.4.1.2 女娲的父亲是白胡子老头
WN052.4.2 女娲是首领的女儿
WN052.4.2.1 女娲是中天镇首领的女儿
WN052.4.3 女娲的父母是特定姓名的人
WN052.4.3.1 女娲的父亲叫张宝卜
WN052.4.4 与女娲父母有关的其他母题

WN053 女娲的兄弟姐妹
WN053.1 女娲的哥哥（女娲兄妹）
WN053.1.1 女娲和盘古是兄妹
WN053.1.2 女娲和伏羲是兄妹
WN053.1.3 女娲和气人是兄妹
WN053.1.4 女娲和海龟是兄妹
WN053.1.5 女娲和太昊是兄妹
WN053.2 女娲的弟弟
WN053.2.1 洪水后只剩下女娲和弟弟
WN053.2.2 女娲的弟弟伏羲
WN053.2.3 女娲的弟弟太昊
WN053.2.3.1 太昊是女娲氏的同母弟
WN053.3 女娲的姐妹
WN053.4 女娲的多个同胞

WN053.4.1　女娲兄妹3人
WN053.4.1.1　神农、伏羲与女娲是兄妹
WN053.4.1.1.1　女娲的两个哥哥是神农和伏羲
WN053.4.1.1.2　女娲氏与天皇氏、地皇氏是三兄妹
WN053.4.2　女娲兄妹4人
WN053.4.2.1　伏羲、祝融、女娲、共工是兄妹
WN053.4.2.2　女娲与共工、祝融、气人是四兄妹（女娲与共工、祝融、杞人是四兄妹）
WN053.5　与女娲兄妹有关的其他母题
WN053.5.1#　女娲伏羲不可能是兄妹
WN053.5.2#　伏羲女娲是兄弟

WN054　女娲的婚姻（女娲的配偶）

WN054.1　女娲和哥哥婚
WN054.1.1　宇宙初开时，女娲兄妹成婚
WN054.1.2　女娲与香山老祖兄妹婚
WN054.2　女娲和弟弟成婚
WN054.3　女娲与盘古婚
WN054.3.1　盘古女娲婚生后代
WN054.3.1.1　盘古女娲婚生双胞胎
WN054.3.1.2　盘古女娲婚生许多后代
WN054.4　女娲与伏羲婚（伏羲女娲婚）
WN054.4.1　伏羲女娲婚的原因
WN054.4.1.1　盘古让伏羲女娲成婚
WN054.4.1.2　伏羲女娲通过石媒成婚
WN054.4.2　伏羲女娲婚的劝婚者
WN054.4.2.1　神龟劝伏羲女娲婚
WN054.4.3　伏羲女娲婚的时间
WN054.4.3.1　盘古开天辟地后伏羲女娲成婚

WN054.4.3.2　洪水后伏羲女娲成婚
WN054.4.3.3#　伏羲女娲成婚于先秦时期
WN054.4.3.4#　伏羲女娲婚记载见于商代
WN054.4.4　伏羲女娲婚前难题
WN054.4.4.1　伏羲女娲婚前滚磨
WN054.4.5　伏羲女娲婚姻地点
WN054.4.5.1#　伏羲女娲的婚姻源于南方
WN054.4.5.2#　女娲与伏羲在昆仑山成婚
WN054.4.5.3　伏羲女娲在磨子沟成婚
WN054.4.6　伏羲女娲婚姻结果
WN054.4.6.1　伏羲女娲婚后怀孕
WN054.4.6.1.1　伏羲女娲婚后怀孕的时间
WN054.4.6.2　伏羲女娲婚生人
WN054.4.6.2.1　伏羲女娲婚生子女的数量
WN054.4.6.3　伏羲女娲婚后造人
WN054.4.6.4　伏羲女娲婚生怪胎
WN054.4.6.4.1　伏羲女娲婚生肉胎
WN054.4.6.4.2　伏羲女娲婚生石头
WN054.4.6.4.3　怪胎的处理
WN054.4.6.4.4　与伏羲女娲婚生怪胎有关的其他母题
WN054.4.6.4.5　怪胎繁衍成不同民族
WN054.4.6.4.6　怪胎繁衍出百家姓
WN054.4.6.4.7　怪胎繁衍出人和动植物
WN054.4.7　与伏羲女娲婚姻有关的其他母题
WN054.4.7.1#　女娲与伏羲代表部族间

的婚姻

WN054.5　女娲的丈夫

WN054.5.1　女娲的丈夫盘古

WN054.5.2　女娲的丈夫伏羲

WN054.5.2.1　伏羲女娲是夫妻

WN054.5.3　女娲的丈夫香山老祖

WN054.5.4　女娲的丈夫后羿

WN054.5.4.1　女娲与后羿是夫妻

WN054.5.5#　女娲的丈夫禹

WN054.5.5.1　女娲与禹婚姻地点

WN054.5.5.1.1　女娲与禹合婚于台桑

WN054.5.6　女娲的配偶是巨人

WN054.5.6.1　女娲的配偶是巨人四象

WN054.6　与女娲的婚姻有关的其他母题

WN054.6.1#　女娲部落与伏羲部落通婚

WN055　女娲的后代（女娲的子女，女娲的子孙，女娲的后裔）

WN055.1　女娲的儿子

WN055.1.1　女娲有特定数量的儿子

WN055.1.1.1　女娲生1子

WN055.1.1.1.1#　女娲生1童子

WN055.1.1.2　女娲生2子

WN055.1.1.2.1#　伏羲女娲的后代是炎帝、祝融

WN055.1.1.3　女娲生3子

WN055.1.1.4#　女娲生4子

WN055.1.1.4.1#　女娲生四神

WN055.1.1.5　女娲有稻、黍、麦、菽、麻5个儿子

WN055.1.1.6　女娲圣母的稻、黍、麦、菽、麻5个儿子是稷的侍从

WN055.1.1.7　女娲有稻、黍、麦、豆、麻5个儿子

WN055.2　女娲的女儿

WN055.2.1　女娲的女儿宓妃

WN055.3　女娲有多个子女

WN055.3.1　地上的人都是女娲的孩子

WN055.3.2　伏羲女娲婚生18对子女

WN055.3.3　女娲有15代后代

WN055.4　女娲的后代是特定的人

WN055.4.1　女娲的后代是特定的民族（女娲的后代是特定的氏族）

WN055.4.1.1#　女娲的后代是苗族

WN055.4.1.2#　女娲的后代是苗蛮集团

WN055.4.1.3　女娲的后代大庭氏

WN055.4.1.4　女娲的后代柏皇氏

WN055.4.1.5　女娲的后代中央氏

WN055.4.1.6　女娲的后代栗陆氏

WN055.4.1.7　女娲的后代骊连氏

WN055.4.1.8　女娲的后代赫胥氏

WN055.4.1.9　女娲的后代尊庐氏

WN055.4.1.10　女娲的后代混沌氏

WN055.4.1.11　女娲的后代昊英氏

WN055.4.1.12　女娲的后代有巢氏

WN055.4.1.13　女娲的后代朱襄氏

WN055.4.1.14　女娲的后代葛天氏

WN055.4.1.15　女娲的后代阴康氏

WN055.4.1.16　女娲的后代无怀氏

WN055.4.1.17#　女娲的后代女氏

WN055.4.1.18#　女娲的子孙蝴蝶人

WN055.4.2　女娲的后代是特定的神性人物

WN055.4.2.1　女娲的孩子是太上老君

WN055.4.2.2　女娲的孩子是彭祖
WN055.4.2.3#　女娲的后代是神农
WN055.4.2.4　女娲的后代是禹
WN055.4.2.4.1　女娲的十九代孙是禹
WN055.4.2.5　伏羲女娲的孩子有熊
WN055.4.2.5.1　女娲的孩子是启
WN055.5　与女娲的后代有关的其他母题
WN055.5.1　女娲后代有特定能力
WN055.5.1.1　女娲的后代会结网捕鱼
WN055.5.2　女娲的后代的居住地
WN055.5.2.1#　女娲族生活在汝水沿岸
WN055.5.3　女娲后代的抚养
WN055.5.3.1　女娲养女儿的地方在风合寨
WN055.5.4　女娲生神州

WN056　女娲的从属

WN056.1　女娲的上司
WN056.1.1　女娲辅佐伏羲
WN056.1.1.1　女娲辅佐伏羲治理天下
WN056.1.2　女娲辅佐太昊
WN056.1.3　女娲听命于天帝
WN056.2　女娲的部下
WN056.2.1　女娲的手下
WN056.2.1.1　神女是女娲的手下
WN056.2.1.2　伏羲女娲的儿子是侍从
WN056.2.1.3　黑龙是女娲的助手
WN056.2.2　女娲的臣下
WN056.2.2.1　女娲之臣娥陵氏

WN057　女娲的朋友

WN058　女娲的敌手

WN059　与女娲的关系有关的其他母题

WN059.1　女娲部落的来历

WN059.1.1#　华胥部落裂变出女娲部落
WN059.2　女娲的师傅
WN059.2.1　女娲的师傅是彭石先祖
WN059.3　女娲的帮助者
WN059.4　女娲的继位者
WN059.4.1　大庭氏继位女娲氏
WN059.5#　女娲与女魃关联紧密
WN059.6　女娲关系的变动
WN059.6.1　女娲与伏羲关系的变动
WN059.6.1.1#　伏羲、女娲从原初的单一神发展为对偶神
WN059.6.1.2#　先秦时伏羲女娲的联系很微弱，汉代开始之间有了或兄妹或夫妇的联系

7. 女娲的名称（女娲的名字）
（WN060～WN068）

WN060　女娲的名称（女娲的名字）

WN061　女娲名字的来历

WN061.1　盘古为女娲取名
WN061.1.1　盘古给天降的女子取名女娲
WN061.1.2　盘古给涡涡洞里出现的女子取名女娲
WN061.2　根据女娲的孕育情形取名
WN061.3　因语音变化出现"女娲"的名字
WN061.3.1　混沌漩涡中生的女子"涡"后来叫"女涡"，渐渐传成"女娲"
WN061.3.2　一对兄妹造的女孩取名"女

货",后来音转变成"女娲"

WN061.4　女娲名字是"女洼"变来的

WN061.5#　女娲名字来自杀母祭神与祖骨崇拜

WN061.6#　女娲名称源于圭文文化

WN062　女娲的姓氏

WN062.1　女娲姓云

WN062.1.1　女皇氏,云姓

WN062.2　女娲姓风

WN062.2.1　女娲氏风姓

WN062.3　女娲姓李

WN062.3.1　李女娲补天

WN062.4　女娲姓氏的来历

WN062.4.1　承袭庖牺氏姓氏

WN062.4.2#　嫁入龙族之后从夫姓风

WN063　女娲的姓名

WN063.1　地皇君姓云,名女娲

WN063.2　女娲姓李,名女娲

WN064　女娲的号（女娲的封号）

WN064.1　女娲封号的来历

WN064.1.1　女娲袭包牺氏之号

WN064.1.2　女娲因有功获封

WN064.1.2.1　女娲因补天有功获封

WN064.1.2.2　女娲因造人有功获封

WN064.1.3　女娲作为特定的人物获封

WN064.1.3.1#　女娲作为禹的母一级正妃获封号

WN064.2　女娲封号圣母

WN064.2.1　女娲被玉皇大帝封为圣母

WN064.3　女娲封号人皇

WN064.4　女娲号女皇

WN064.5　女娲号女

WN064.6　女娲号女希

WN065　女娲的称谓（女娲的其他名称）

WN065.1　女娲被称为娲皇（女娲被称为皇娲）

WN065.1.1　女娲因补天有功被尊为皇娲

WN065.2　女娲又称娲皇圣母

WN065.2.1　玉皇大帝因女娲造人补天有功封她为娲皇圣母

WN065.3　女娲又称娲皇奶奶

WN065.4#　女娲又称中皇

WN065.5　女娲氏又称皇姆天媒

WN065.6　女娲又称女娲娘娘

WN065.6.1　女娲娘娘是石矶娘娘

WN065.6.2　女娲用泥造人成活后被称为女娲娘娘

WN065.6.3　人为记住女娲造人的功劳称她为女娲娘娘

WN065.6.4　女娲补天穿有功,玉帝封她为娘娘

WN065.7　女娲氏又称风后

WN065.8　女娲又称人祖奶奶

WN065.9　女娲又称人祖娘娘

WN065.10　女娲又称人祖姑娘

WN065.11　女娲又称奶奶

WN065.11.1　女娲又称老奶奶

WN065.11.2#　女娲又称"当央奶奶"

WN065.11.3　女娲又称大奶奶

WN065.12　女娲氏又称女希

WN065.13　女娲又称女布

WN065.14　女娲又称女娲圣母

WN065.15　女娲又称天母女娲

WN065.16　女娲又称女娲娘

WN065.17　女娲又称女娲老母

WN065.18　女娲又称娲儿公主

WN065.18.1　女娲原来叫"娲儿公主"
WN065.19　女娲又称女娲爷
WN065.20#　女娲氏为古之女主
WN065.21#　女娲犹国名女直
WN065.22#　女娲又称女真
WN065.23#　女娲又称女娃
WN065.24#　女娲又称庖娲
WN065.25#　女娲又称后土
WN065.26#　女娲又称九皇君
WN065.27#　女娲又称九君
WN065.28#　女娲又称后地皇
WN065.29#　女娲又称南山圣妹
WN065.30#　女娲又称毓、后
WN065.31　女娲又称女皇氏
WN065.32#　女娲又称女皇
WN065.33#　女娲又称女姑

WN066　女娲的不同写法
WN066.1#　女娲写作九君
WN066.2#　女娲写作"女絓"
WN066.3#　娲字本为蜗
WN066.4　女娲写作女娇

WN067　女娲的不同读音
WN067.1#　"娲"音同"蛙""娃"
WN067.2#　伏羲女娲语音演变为盘瓠

WN068　与女娲的名称有关的其他母题
WN068.1　女娲原来的名字
WN068.1.1　女娲原名叫天女
WN068.2　女娲名称产生的时间
WN068.2.1　女娲名称出现在战国
WN068.2.2#　伏羲、女娲是战国文献中新出现的名称
WN068.3　女娲名称的含义
WN068.3.1#　女娲的意思是葫芦

WN068.4　女娲的不同代指
WN068.4.1#　禅宗中的"女娲"指释迦牟尼
WN068.4.2#　女娲是太行山的名字
WN068.4.3#　"女娲"代表女娲和伏羲
WN068.4.4#　女娲是部落首领的代称
WN068.5#　娲是姓氏
WN068.6　女娲后代的名号
WN068.6.1#　女娲后代用庖牺之号
WN068.7#　伏羲女娲被誉为中国"亚当""夏娃"
WN068.8#　伏羲、女娲合称羲娲
WN068.9　女娲的族称
WN068.9.1#　伏羲之族可称为伏羲-女娲族

8. 女娲的死亡与纪念（WN070～WN074）

WN070　女娲的寿命
WN070.1　女娲寿命130岁

WN071　女娲的死亡
WN071.1　女娲死亡的原因
WN071.1.1　女娲因补天死亡
WN071.2　女娲死亡的时间
WN071.2.1　女娲补天时冻死
WN071.3　女娲死亡的地点
WN071.3.1　女娲死在特定的山上
WN071.3.1.1　女娲补天冻死在登封县清凉山太子沟
WN071.3.2　娲儿公主累死在中国

WN072　女娲的坟墓（埋葬地）
WN072.1　女娲坟
WN072.1.1　三都城女娲坟

WN072.1.2　思都岗女娲坟

WN072.1.3#　骊山女娲坟

WN072.2　女娲墓

WN072.2.1　风后岭女娲墓

WN072.2.2#　阌乡县女娲墓

WN072.2.3　女娲墓的封号

WN072.2.3.1　女娲墓号风陵堆

WN072.3　女娲陵

WN072.3.1　蓝田县女娲陵

WN072.3.2#　风陵渡女娲陵

WN072.3.3　赵县侯村女娲陵

WN072.3.4　洪洞县侯村女娲陵

WN072.3.5　潼关县女娲氏风陵

WN072.4　风茔

WN072.4.1　秦安县风茔

WN072.5　与女娲墓有关的其他母题

WN072.5.1#　女娲墓变为风伯墓

WN072.5.2　陵墓的看守

WN072.5.2.1#　泥泥狗是女娲坟墓的看守

WN072.5.3　女娲葬于济宁凤凰山

WN073　女娲的祭祀（纪念女娲）

WN073.1　祭祀女娲的原因

WN073.1.1#　因雨不停祭祀女娲

WN073.1.2　因求子祭祀女娲

WN073.2　祭祀女娲的时间

WN073.2.1　正月初八

WN073.2.2　正月十三、十四到十八、十九

WN073.2.3#　正月十五

WN073.2.4　正月二十（正月二十一、正月二十二）

WN073.2.5#　农历正月二十一

WN073.2.6　农历二月二到三月三

WN073.2.7　农历三月

WN073.2.8#　三月初十

WN073.2.9　三月十八

WN073.2.10　农历三月初一至三月十八

WN073.2.11　三月十九和八月十三

WN073.3　祭祀女娲的地点

WN073.3.1　在三皇庙祭祀女娲

WN073.3.1.1　三皇庙祀"三皇"——伏羲、女娲、神农

WN073.3.2　在娲皇宫祭祀女娲

WN073.3.3　在女娲宫祭祀女娲

WN073.3.4　在后土祠祭祀女娲

WN073.4　祭祀女娲的方法

WN073.4.1　特定时间祭祀女娲（庙会祭女娲）

WN073.4.1.1　案道会敬土地佬

WN073.4.1.2#　正月十五祭祀女娲庙会

WN073.4.1.3#　三月初十庙会祭祀女娲

WN073.4.1.4　三月初九到三月十五举行庙会祭祀女娲

WN073.4.1.5　三月十八庙会祭女娲

WN073.4.1.6　三月十九和八月十三庙会祭女娲

WN073.4.1.7　祭女娲的其他时间

WN073.4.1.7.1　二月二到三月三"人祖庙会"祭祀女娲

WN073.4.2　歌舞祭祀女娲

WN073.4.2.1#　祭女娲时跳青蛙舞

WN073.4.2.2#　"担经挑"巫舞祭女娲

WN073.4.2.3　担花篮舞祭祀女娲

WN073.4.3　竞技活动祭祀女娲

WN073.4.3.1#　"划旱船"祭祀女娲

WN073.4.4　通过演戏祭祀女娲

WN073.4.4.1#　涉县"排赛"赛戏祭祀女娲

WN073.4.5　家庭祭祀女娲
WN073.4.5.1　分食祭品祭祀女娲
WN073.4.5.2　油煎年糕供拜女娲
WN073.4.5.3　"献食"祭祀女娲
WN073.4.6　与祭祀女娲方法有关的其他母题
WN073.4.6.1　"摆社"祭祀女娲
WN073.4.6.2　多祖共祭时祭女娲
WN073.4.6.2.1#　华胥、伏羲、女娲、炎帝、黄帝、蚩尤六祖共祭
WN073.5　祭祀女娲的禁忌
WN073.5.1　女娲祭祀禁止男性摆放"花供"
WN073.5.2　女娲祭祀中娱神表演禁止男性参加
WN073.6　女娲的朝拜者
WN073.6.1　特定的族群祭祀女娲
WN073.6.1.1　苗族祭女娲
WN073.6.2　特定的人祭祀女娲
WN073.6.2.1　纣王到女娲宫进香
WN073.6.2.2　黄帝祭女娲
WN073.7　祭祀女娲的用品
WN073.7.1　娲板
WN073.7.2　纸钱、贡品
WN073.7.3　年糕
WN073.7.4　白馍
WN073.7.5　馓子
WN073.7.6　妈托儿
WN073.7.7　花供
WN073.8　祭祀女娲的节日
WN073.8.1　过年
WN073.8.1.1　过年是为女娲造出的动植物庆贺生日

WN073.8.2　天穿日（穿天日，穿天节）
WN073.8.2.1　正月廿日是天穿日
WN073.8.2.2#　正月二十一日是天穿日
WN073.8.2.3　正月二十三日是天穿日
WN073.8.3　人庆节、人胜日
WN073.8.4　女皇节（女王节，娲婆节，补天补地节）
WN073.8.5#　三月三
WN073.9　祭女娲的目的
WN073.9.1　祭女娲祈晴
WN073.9.2#　祭女娲求雨
WN073.9.3　祭女娲求子
WN073.9.3.1　在子孙窑祭女娲求子
WN073.9.4#　祭女娲求福佑
WN073.10　与祭女娲有关的其他母题
WN073.10.1　女娲与山神共祭

WN074　与女娲的死亡与纪念有关的其他母题

WN074.1　女娲死后托生
WN074.1.1　女娲死后变成狗

9. 女娲的遗迹与遗俗（WN080～WN086）

WN080　女娲庙（女娲祠，女娲宫）

WN080.1　女娲庙
WN080.1.1　各地女娲庙
WN080.1.1.1　涉县索堡村女娲庙
WN080.1.1.2　承筐山女娲庙
WN080.1.1.3　嵩山奶奶庙（嵩山女娲庙）
WN080.1.1.4　淮阳太昊伏羲陵女娲观
WN080.1.1.5#　晋南河津高禖庙

WN080.1.1.6　洪洞县板塌村女娲庙
WN080.1.1.7　郴州伏羲女娲庙
WN080.1.1.8　章丘女娲娘娘庙
WN080.1.1.9　其他女娲庙
WN080.1.1.9.1　台湾宜兰县壮围乡女娲庙
WN080.1.1.9.2#　山东青岛韩家村女姑庙
WN080.1.2　女娲庙的别称
WN080.1.2.1#　女娲庙又称娘娘庙
WN080.1.2.2　女娲庙又称人祖奶奶庙
WN080.1.2.3　女娲庙又称人祖姑娘庙
WN080.1.2.4　女娲庙又称蛤蟆庙
WN080.1.2.5#　女娲庙又称女神庙
WN080.1.2.6　女娲庙又称哥姐庙
WN080.1.2.7　女娲庙又称补天宫
WN080.2　娲皇宫（娲皇庙）
WN080.2.1　各地娲皇宫
WN080.2.1.1　中皇山娲皇宫
WN080.2.1.2#　山西吉县娲皇宫
WN080.2.1.3　黎城县广志山娲皇庙
WN080.2.1.4　霍县娲皇宫
WN080.2.1.4.1　霍州大张镇贾村娲皇庙
WN080.2.1.5　洪洞县辛南村娲皇宫
WN080.2.1.6　泉州娲媓宫
WN080.2.1.7　襄垣县仙堂山娲皇宫
WN080.2.1.8　左权县东苇沟口娲皇庙
WN080.2.1.9　寿阳县西浮化山娲皇庙
WN080.2.2　娲皇宫的别称
WN080.2.2.1　娲皇宫俗称奶奶顶
WN080.3　女娲宫（女娲殿）
WN080.3.1　山西交城女娲殿
WN080.4　女娲祠
WN080.4.1　北山女娲祠

WN080.4.1.1　甘肃天水钟玉峡北山女娲祠
WN080.4.2　河南新密来集乡浮山岭伏羲女娲祠
WN080.4.3　河南沁阳女娲祠
WN080.4.4　河南信阳女娲祠
WN080.4.5#　河南新乡卫辉女娲祠
WN080.5　女娲观
WN080.5.1　河南周口淮阳女娲观
WN080.6　女娲城
WN080.6.1　河南周口淮阳太昊伏羲陵女娲城
WN080.6.2　河南周口西华县聂堆镇思都岗村女娲城
WN080.7　女娲堡
WN080.8　女娲洞
WN080.8.1　山东枣庄阴平镇女娲洞
WN080.9　三皇庙
WN080.10　火云宫
WN080.11　补天台
WN080.11.1#　陕西西安蓝田东川补天台
WN080.11.2　山西阳泉平定县浮化山补天台
WN080.12　女娲阁
WN080.13　山西长治天台山"望儿台"
WN080.14　山西晋城浮山"娲皇窟"
WN080.15　与女娲庙有关的其他母题
WN080.15.1#　女娲庙变为太昊陵
WN080.15.2#　最早祭祀女娲的遗迹

WN081　与女娲有关的自然物
WN081.1　女娲山
WN081.1.1　郧阳女娲山
WN081.1.2　竹山宝丰镇女娲山
WN081.1.3　沁阳女娲山

WN081.1.4　太行山又称女娲山
WN081.1.5　女娲山即凤凰山
WN081.2　女娲谷
WN081.2.1#　陕西省西安市蓝田县华胥镇女娲谷
WN081.3　女娲河
WN081.3.1　葫芦河
WN081.4　女娲潭
WN081.5　女娲泉
WN081.6　补天石
WN081.6.1　济源王屋山顶补天石
WN081.7　女娲池
WN081.7.1　宁夏陇山女娲池

WN082　与女娲有关的地名
WN082.1　陕西省西安市蓝田县与女娲有关的地名
WN082.2　甘肃省天水市秦安县与女娲有关的地名

WN083　与女娲有关的人造物
WN083.1　泥泥狗
WN083.2　扫竹、探木
WN083.3　烧糖稀的马勺

WN084　与女娲有关的生产习俗

WN085　与女娲有关的生活习俗
WN085.1　与女娲有关的祭神习俗
WN085.1.1　祭祀天神习俗与女娲有关
WN085.1.2　祭祀土地神习俗与女娲有关
WN085.1.3#　祈晴习俗与女娲有关
WN085.1.4#　生殖崇拜遗俗与女娲有关
WN085.2　与女娲有关的穿衣习俗
WN085.2.1　妇女穿衣习俗
WN085.2.1.1　戴"人胜"习俗
WN085.3　与女娲有关的饮食习俗
WN085.3.1　吃面条习俗
WN085.3.1.1　吃长寿面习俗
WN085.3.1.2　正月初七吃面羹习俗
WN085.3.1.3　正月初七吃面条
WN085.3.2#　吃煎饼习俗
WN085.3.3　捏面人习俗
WN085.3.4#　吹糖人习俗
WN085.3.5　"吃会"习俗
WN085.4　与女娲有关的伤病习俗
WN085.4.1#　陕北正月十六"燎百病"习俗
WN085.5　与女娲有关的婚姻习俗
WN085.5.1#　新婚之夜夫妇相携绕女娲祠一周
WN085.5.2　结婚红盖头习俗
WN085.5.3#　拴娃娃仪式
WN085.6　与女娲有关的葬俗
WN085.6.1　哭天习俗
WN085.6.2　夫妻死后哭丧互称兄妹习俗
WN085.7　与女娲有关的其他生活习俗
WN085.7.1#　枕蛙枕习俗

WN086　与女娲遗迹遗俗有关的其他母题
WN086.1　女娲像
WN086.1.1　女娲画像
WN086.1.1.1　女娲木画像
WN086.1.1.1.1#　女娲脚踏建木画像
WN086.1.1.2　女娲汉画像
WN086.1.1.2.1#　伏羲女娲接吻图
WN086.1.1.2.2#　伏羲女娲双龙画像
WN086.1.1.2.3#　伏羲女娲人首蛇身对立像
WN086.1.1.2.4#　汉画像中女娲居右，伏羲居左

WN086.1.1.2.5　四川彭山县伏羲女娲画像砖

WN086.1.1.2.6　东汉女娲擎日画像

WN086.1.1.2.7　汉画像中女娲居左，伏羲居右

WN086.1.1.2.8#　洛阳汉画像中女娲捧月或举日

WN086.1.1.3　女娲岩画像

WN086.1.2　女娲画像的情形

WN086.1.2.1　女娲出宫图

WN086.1.2.2　女娲像尾部有朱雀

WN086.1.2.3　女娲着波纹折叠短裙，束发，身着带星点之紫衣

WN086.1.2.4　文献中伏羲女娲汉画特征与曾侯乙墓五弦琴上伏羲女娲像差别较大

WN086.1.2.5#　女娲胸前圆圈中画有金乌

WN086.1.3　与女娲画像有关的母题

WN086.1.3.1#　湟中徐家寨女娲托月画像

WN086.1.3.2　吉县柿子滩女娲岩画

WN086.1.3.3#　伏羲女娲交尾图寓意受孕

WN086.1.3.4#　伏羲女娲交尾图寓意阴阳构精

WN086.1.3.5#　伏羲女娲画像体现出道教信仰

WN086.1.4　女娲塑像

WN086.1.4.1#　女娲怀抱婴儿塑像

WN086.1.4.2　女娲被塑造得国色天姿

WN086.1.5　女娲像的情形

WN086.1.5.1#　胸部丰满的泥泥狗女娲偶像

WN086.2　与女娲像有关的其他母题

WN086.2.0　女娲像的演变

WN086.2.0.1#　伏羲女娲交尾图的龙凤复合造型转化

WN086.2.1#　女娲与伏羲合体

WN086.2.2#　女娲像多出现在墓顶石或过梁石上

WN086.3　女娲故里

WN086.3.1　陕西平利县女娲故里

WN086.3.2　河北涉县女娲故里

WN086.3.3　甘肃兰州九州台女娲故里

WN086.3.4　甘肃天水秦安女娲故里

WN086.3.5#　甘肃天水麦积山女娲故里

WN086.3.6　山西晋城泽州女娲故里

WN086.3.7　河南周口西华女娲故里

WN086.3.8#　河南濮阳雷泽地区女娲故里

WN086.3.9　河南洛阳女娲故里

WN086.3.10　山东济宁任城女娲故里

WN086.3.11　女娲祖籍在山西太原并州

WN086.4　女娲留下的脚印

10. 与女娲有关的其他母题（WN090 ~ WN096）

WN090　女娲图腾崇拜

WN090.1#　女娲是葫芦崇拜的变体

WN090.2#　女娲氏族的图腾是瓜

WN090.3　蛇图腾

WN090.3.1#　女娲崇拜源于蛇图腾

WN090.3.2　女娲以蛇为图腾

WN090.3.3#　女娲是远古民族的龙蛇图腾

WN090.4#　女娲的图腾是鸟

WN090.5　生殖崇拜
WN090.5.1#　伏羲女娲交尾寓主宰生殖
WN090.6　图腾崇拜的演变
WN090.6.1#　伏羲女娲由祖先崇拜演变为生殖崇拜
WN090.7　女娲崇拜的内涵
WN090.7.1#　女娲崇拜是中华民族的

WN091　女娲的象征（女娲的意义）

WN091.1　女娲为其他物的象征
WN091.1.1#　女娲似朱雀的尾部代表南方
WN091.1.2#　女娲象征月亮、蟾蜍与玉兔
WN091.1.3#　女娲是羌戎蛙崇拜的神形象征
WN091.1.4#　女娲象征秋
WN091.1.5#　女娲作为母亲的象征
WN091.1.6#　女娲象征长生信仰
WN091.1.7#　女娲象征女阴
WN091.1.8#　女娲蛇身是女性生殖器的象征物
WN091.1.9#　女娲是女权的代言人
WN091.1.10#　伏羲举日、女娲捧月象征《周易》阴阳分判观
WN091.1.11#　伏羲捧月、女娲举日象征《周易》阴阳交易观
WN091.2　其他物为女娲的象征
WN091.2.1#　蛇为女娲的象征
WN091.3　与女娲象征物有关的其他母题
WN091.3.1　"担经挑"巫舞象征伏羲女娲交合之状
WN091.3.2#　女娲画像代表升仙

WN092　女娲神话

WN092.1　女娲神话的产生
WN092.1.1　女娲神话产生的原因
WN092.1.1.1　女娲神话源于特定事件
WN092.1.1.1.1#　女娲补天源于天文事件
WN092.1.1.1.2#　女娲补天源于灾难事件
WN092.1.1.2　女娲神话源于特定的学说
WN092.1.1.2.1#　女娲神话源于"种民"之说
WN092.1.1.3　女娲神话源于蛇图腾崇拜
WN092.1.1.3.1#　伏羲女娲神话是以蛇崇拜产生的神话
WN092.1.1.4　女娲神话派生于其他神话（女娲神话受其他神话影响产生）
WN092.1.1.4.1　伏羲女娲神话受南方神话影响产生
WN092.1.1.4.2#　伏羲女娲神话派生于大禹治水神话
WN092.1.1.5　女娲神话源于古代历法制度
WN092.1.1.5.1#　女娲神话原型是天文历法
WN092.1.2　女娲神话产生的时间
WN092.1.2.1#　伏羲女娲神话形成于西汉
WN092.1.2.2　女娲神话产生于母系氏族时期
WN092.1.2.3#　女娲补天神话产生于铜石并用的时代

WN092.1.2.4# 女娲补天神话产生于先秦时期
WN092.1.3 女娲神话产生的地点
WN092.1.3.1# 伏羲女娲神话产生在黄河流域
WN092.1.3.2# 女娲神话产生于西北山区
WN092.1.3.3 伏羲女娲神话发源于天水
WN092.1.4 女娲神话的流传
WN092.1.4.1# 女娲神话最初流传在豫南到河套一带
WN092.1.4.2# 女娲神话流传于秦汉帝国疆域内大部分地区
WN092.1.5 女娲神话的内涵
WN092.1.5.1# 女娲神话寓意土地崇拜
WN092.1.5.2# 女娲神话体现天地二元观念
WN092.1.5.3 女娲造人神话的内涵
WN092.1.5.3.1# 女娲造人神话有阴阳相合之意
WN092.1.5.4 女娲补天神话的内涵
WN092.1.5.4.1# 女娲补天神话代表人们祈神的幻想
WN092.1.5.4.2# 女娲补天是缝补被破坏的天维
WN092.1.5.4.3# 女娲补天是交感巫术
WN092.1.5.4.4# 女娲补天是抗地震
WN092.1.5.4.5# 女娲炼五色石神话反映制陶情形
WN092.1.5.4.6 女娲补天意在颂扬劳动崇高伟大
WN092.1.5.5 女娲治水神话的内涵
WN092.1.5.5.1# 女娲积芦灰有燎祭之意

WN092.1.5.5.2# 女娲治水神话体现了水土相争的意识
WN092.1.6 女娲神话的归属
WN092.1.6.1 早期伏羲女娲神话各属于不同部落
WN092.1.6.2# 女娲神话属于先秦苗蛮族团南系神话传说
WN092.1.7 女娲神话的演变
WN092.1.7.1# 女娲神话汉代以后向历史化民俗化发展
WN092.1.7.2# 女娲伏羲婚配是"后女娲神话"
WN092.1.7.3# 女娲补天与共工触山神话的粘连不晚于东汉
WN092.1.7.4# 女娲神话经历不同层次的裂变
WN092.1.7.5# 伏羲女娲神媒神话变型成为牛郎织女传说
WN092.1.7.6# 女娲补天神话改写原型是《天宫大战》
WN092.1.8 女娲神话的意义
WN092.1.8.1# 女娲神话是民族精神写照
WN092.1.8.2# 女娲补天神话影响阿昌族遮米麻补天神话
WN092.1.8.3# 伏羲女娲神话影响藏族白马人神话《阿尼嘎萨》
WN092.1.8.4# 女娲影响后土崇拜
WN092.1.8.5# 女娲神话演化出正月十六晚上"燎百病"
WN092.1.8.6# 女娲神话的意义由公共政治向私人情感领域流传
WN092.1.8.7 伏羲女娲神话折射出远

　　　　　　古婚姻夫妻婚制的形成
WN092.1.8.8#　女娲造人神话被公认为
　　　　　　人类起源的神话
WN092.1.9　女娲神话具有历史真实性
WN092.1.9.1#　女娲补天神话故事是远
　　　　　　古人类遭受地震的记录
WN092.1.10　与女娲神话有关的其他
　　　　　　母题
WN092.1.10.1#　伏羲神话、女娲神话
　　　　　　与盘古神话是三个不
　　　　　　同的神话谱系
WN092.1.10.2#　女娲神话是第二个神
　　　　　　话时代
WN092.1.10.3　女娲补天神话早于鲧禹
　　　　　　治水神话
WN092.1.10.4#　傩公傩母兄妹婚传说是
　　　　　　伏羲女娲神话的异文
WN092.1.10.5　女娲神话的传播载体
WN092.1.10.5.1#　帛书是女娲神话的
　　　　　　传播载体
WN092.1.10.6　女娲神话的影响
WN092.1.10.6.1#　贾宝玉继承了女娲
　　　　　　补天神话原型

WN093　女娲传说与故事

WN093.1　女娲故事的传播
WN093.1.1　女娲故事的传播时间
WN093.1.1.1#　女娲故事最迟在战国开
　　　　　　始传播

WN094　女娲文化

WN094.1　女娲文化的发祥地
WN094.1.1#　女娲文化发祥地在陕西
　　　　　　平利
WN094.2　女娲文化的流传地
WN094.2.1#　女娲文化流传于汉水流域
WN094.3　与女娲有关的舞蹈
WN094.3.1#　女娲之舞就是蛙舞

WN095　女娲资源

WN095.1　华夏女娲文化园
WN095.2#　中国女娲文化之乡
WN095.3　与女娲有关的景点开发

WN096　与女娲有关的其他母题

WN096.1　女娲形象的延伸
WN096.1.1#　女娲演化出生殖繁衍之神
　　　　　　的抓髻娃娃

参考文献

一 作品类

包玉堂主编：《仫佬族民间故事》，漓江出版社1982年版。

曹昌光：《中华人文始祖伏羲画传》，甘肃人民美术出版社2010年版。

陈建宪：《中国民间神话经典》，华中师范大学出版社2014年版。

陈庆浩、王秋桂主编：《中国民间故事全集》，远流出版事业股份有限公司1989年版。

符震、苏海鸥主编：《黎族民间故事集》，花城出版社1982年版。

高明强编：《创世的神话和传说》，上海三联书店1998年版。

耿宝山编著：《盘古与女娲：经歌篇》，人民日报出版社2016年版。

谷德明编：《中国少数民族神话》（上、下），中国民间文学出版社1987年版。

广东民族学院中文系编：《黎族民间故事选》，上海文艺出版社1983年版。

广西壮族自治区民间文艺家协会编：《中国民间创世史诗集成》（广西卷），广西人民出版社2011年版。

贵州省民间文学集成办公室主编，安文新编：《贵州彝族回族白族故事选》，贵州民族出版社1993年版。

李亮、王福榜：《女娲的传说》，大众文艺出版社2000年版。

刘雁翔：《伏羲庙志》，兰州大学出版社1995年版。

吕大吉、何耀华总主编：《中国各民族原始宗教资料集成》（分民族卷），中国社会科学出版社，其中：

（彝族卷、白族卷、基诺族卷）1996年；

（土家族卷、瑶族卷、壮族卷、黎族卷）1998年；

（傣族卷、哈尼族卷、景颇族卷、孟－高棉语族群体卷、普米族卷、珞巴族卷、阿昌族卷）1999 年；

（鄂伦春族卷、鄂温克族卷、赫哲族卷、达斡尔族卷、锡伯族卷、满族卷、蒙古族卷、藏族卷）1999 年；

（纳西族卷、羌族卷、独龙族卷、怒族卷）1999 年；

（拉祜族卷、高山族卷、畲族卷）2012 年；

（布依族卷、侗族卷、仡佬族卷）2012 年；

（苗族卷、水族卷）2013 年。

罗扬总主编：《中国民间故事丛书·××县卷》（分省县卷本），知识产权出版社，分年度出版。

满都呼主编：《中国阿尔泰语系诸民族神话故事》，民族出版社 1997 年版。

内蒙古语言文学历史研究所文学研究室编：《蒙古族民间故事集》，内蒙古人民出版社 1979 年版。

闪修山等编：《南阳汉代画像石刻》，上海人民美术出版社 1981 年版。

尚燕彬、张红梅：《中国神话故事》，北京燕山出版社 2004 年版。

孙东泉：《上古神话演义》（上），三秦出版社 2012 年版。

陶阳、牟钟秀著：《中国创世神话》，上海人民出版社 2006 年版。

陶阳、钟秀编：《中国神话》，上海文艺出版社 1990 年版。

徐毅英主编：《徐州汉画像石》，中国世界语出版社 1995 年版。

燕宝、张晓编：《贵州神话传说》，贵州人民出版社 1997 年版。

姚宝瑄主编：《中国各民族神话》（××族），山西出版传媒集团·书海出版社 2014 年版，共 15 本，按原书排序为：

 A. 汉族；

 B. 满族、赫哲族、朝鲜族；

 C. 达斡尔族、鄂伦春族、鄂温克族、蒙古族；

 D. 哈萨克族、柯尔克孜族、维吾尔族、塔吉克族；

 E. 土族、东乡族、回族、保安族、裕固族、撒拉族；

 F. 门巴族、珞巴族、怒族、藏族；

 G. 高山族、黎族、畲族；

 H. 布依族、仡佬族、苗族；

 I. 土家族、毛南族、侗族、瑶族；

 J. 羌族、彝族；

K. 仫佬族、壮族、京族；

L. 哈尼族、傣族；

M. 白族、拉祜族、景颇族；

N. 水族、布朗族、独龙族、基诺族、傈僳族；

O. 佤族、阿昌族、纳西族、普米族、德昂族。

袁捷编著：《中华神话故事》，四川人民出版社2014年版。

袁珂：《中国神话大辞典》，华夏出版社2015年版。

袁珂编著：《中国神话》，人民文学出版社1960年版。

云南省民间文学集成办公室编：《白族神话传说集成》，中国民间文艺出版社1986年版。

张声震主编，农冠品编注：《壮族神话集成》，广西民族出版社2007年版。

张振犁编著：《中原神话通鉴》（1—4卷），河南大学出版社2017年版。

中国民间文学集成全国编辑委员会编：《中国民间故事集成》（各省卷本），中国ISBN中心分年度出版，包括：

安徽卷（2008年）；

北京卷（1999年）；

福建卷（1998年）；

甘肃卷（2001年）；

广东卷（2006年）；

广西卷（2001年）；

贵州卷（2003年）；

海南卷（2002年）；

河北卷（2003年）；

河南卷（2001年）；

黑龙江卷（2005年）；

湖北卷（1999年）；

湖南卷（2002年）；

吉林卷（1992年），该卷为中国文联出版社；

江苏卷（1998年）；

江西卷（2002年）；

辽宁卷（1994年）；

内蒙古卷（2007年）；

宁夏卷（1999年）；

青海卷（2007年）；

山东卷（2007年）；

山西卷（1999年）；

陕西卷（1996年）；

上海卷（2007年）；

四川卷·上/下（1998年）；

天津卷（2004年）；

西藏卷（2001年）；

新疆卷（2008年）；

云南卷（2003年）；

浙江卷（1997年）。

中国民间文艺研究会青海省分会编：《土族民间故事选》，中国民间文艺出版社1985年版。

中华民族故事大系编委会编：《中华民族故事大系》（1—16卷），上海文艺出版社1995年版。包括：

第1卷（汉族·蒙古族·回族）；

第2卷（藏族·维吾尔族·苗族）；

第3卷（彝族·壮族·布依族）；

第4卷（朝鲜族·满族·侗族）；

第5卷（瑶族·白族·土家族）；

第6卷（哈尼族·哈萨克族·傣族）；

第7卷（黎族·傈僳族·佤族）；

第8卷（畲族·高山族·拉祜族）；

第9卷（水族·东乡族·纳西族）；

第10卷（景颇族·柯尔克孜族·土族）；

第11卷（达斡尔族·仫佬族·羌族）；

第12卷（布朗族·撒拉族·毛南族）；

第13卷（仡佬族·锡伯族·阿昌族）；

第14卷（普米族·塔吉克族·怒族·乌孜别克族·俄罗斯族·鄂温克

族）；

第 15 卷（德昂族·保安族·裕固族·京族·塔塔尔族·独龙族·鄂伦春族）；

第 16 卷（赫哲族·门巴族·珞巴族·基诺族）。

析出神话作品的历代文献（略）

二 著作类

曹明权：《女娲文化研究》，湖北人民出版社 2007 年版。

岑家梧：《西南民族文化论丛》，岭南大学西南社会研究所，1949 年版。

常玉荣：《女娲在民间——河北涉县女娲民间文化的考察与研究》，河北大学出版社 2012 年版。

陈建宪：《神话解读》，湖北教育出版社 1997 年版。

陈连山：《结构神话学：列维-斯特劳斯与神话学问题》，外文出版社 1997 年版。

陈天水：《中国古代神话》，上海古籍出版社 1988 年版。

陈伟涛：《中原农村伏羲信仰》，上海人民出版社 2013 年版。

丁山：《中国古代宗教与神话考》，龙门书局 1961 年版。

杜松奇：《伏羲文化研究》，中国社会科学出版社 2013 年版。

樊奇峰、杨复峻：《太昊伏羲陵》，河南人民出版社 1985 年版。

方刚：《女娲抟土》，陕西师范大学出版社 2011 年版。

冯天瑜：《上古神话纵横谈》，上海文艺出版总社有限公司 1983 年版。

傅小凡、杜明富：《神话溯源——女娲伏羲神话的源头及其哲学意义》，甘肃人民美术出版社 2007 年版。

高有鹏：《沉重的祭典——中原古庙会文化分析》，河南大学出版社 2000 年版。

顾颉刚：《古籍考辨丛刊》（第一集），中华书局 1955 年版。

贺学君、樱井龙彦编：《中日学者中国神话研究论著目录汇总》，中国社会科学出版社 2012 年版。

胡阳、李长铎：《莱布尼茨二进制与伏羲八卦图考》，上海人民出版社 2006 年版。

黄石：《神话研究》，上海文艺出版社 1988 年版。

霍进善：《三皇之首太昊伏羲》，河南美术出版社1998年版。

济源邵州文化研究会：《济源邵原创世神话群》，河南人民出版社2008年版。

金荣华：《中国民间故事集成类型索引》，台北口传文学学会，2000年。

金荣权：《中国神话》，天津人民出版社1998年版。

蓝鸿恩：《盘古》，广西人民出版社1981年版。

郎川萍：《数据库程序设计》，电子科技大学出版社2010年版。

李建成：《伏羲文化概论》，甘肃文化出版社2004年版。

李乃庆：《太昊陵》，中州古籍出版社2005年版。

李祥林：《女娲神话及信仰的考察和研究》，四川巴蜀书社有限公司2017年版。

梁河县民族民间文学调查组搜集：《阿昌族民间文学资料》（第一辑），梁河县文化馆内部编印，1981年。

林惠祥：《神话论》，商务印书馆1993年版。

林继富：《中国民间故事讲述研究》，中国社会科学出版社2017年版。

凌纯声、芮逸夫：《湘西苗族调查报告》，民族出版社2003年版。

刘城淮：《中国上古神话》，上海文艺出版社1988年版。

刘惠萍：《伏羲神话传说与信仰研究》，陕西师范大学出版总社有限公司2013年版。

刘守华：《中国民间故事类型研究》，华中师范大学出版社2002年版。

刘锡诚：《民间文学：理论与方法》，中国文联出版社2007年版。

刘潇瑛：《伏羲文化大揭秘：揭开中国上古历史的神秘面纱》，厦门大学出版社2011年版。

刘尧汉：《中国文明源头新探——道家与彝族虎宇宙观》，云南人民出版社1985年版。

刘知远、韩旭等：《知识图谱与深度学习》，清华大学出版社2020年版。

鹿忆鹿：《洪水神话——以中国南方民族与台湾原住民为中心》，台北：里仁书局2002年版。

吕微：《神话何为：神圣叙事的传承与阐释》，社会科学文献出版社2001年版。

栾保群：《中国神谱》，天津人民出版社2009年版。

马昌仪：《中国神话学文论选》（上、下编），中国广播电视出版社 1994 年版。
马学良、梁庭望、李云忠：《中国少数民族文学比较研究》，中央民族大学出版社 1997 年版。
毛星主编：《中国少数民族文学》（上、中、下），湖南人民出版社 1983 年版。
茅盾：《神话研究》，百花文艺出版社 1981 年版。
茅盾：《中国神话研究初探》，上海古籍出版社 2005 年版。
明跃玲：《沅水流域民间村落的盘瓠神话与文化空间》，民族出版社 2017 年版。
穆仁先：《伏羲与中华姓氏文化》，黄河水利出版社 2004 年版。
那木吉拉：《中国阿尔泰语系诸民族神话比较研究》，学习出版社 2010 年版。
祁连休：《中国古代民间故事类型研究》（上、中、下），河北教育出版社 2007 年版。
潜明滋：《中国神话学》，世纪出版集团、上海人民出版社 2008 年版。
荣真：《中国古代民间信仰研究——以三皇和城隍为中心》，中国商务出版社 2006 年版。
史镜：《走近女娲》，涉县文物旅游局，2014 年。
孙学堂、哈嘉莹等选注：《历代神话传说精华》，天津人民出版社 2000 年版。
汤建民：《基于中文数据库的知识图谱绘制方法及应用——以创新研究论文的分析为例》，浙江大学出版社 2010 年版。
田兆元：《神话与中国社会》，上海人民出版社 1998 年版。
涂子沛：《数据之巅：大数据革命，历史、现实与未来》，中信出版社 2019 年版。
万建中：《解读禁忌——中国神话、传说和故事中的禁忌主题》，商务印书馆 2001 年版。
汪立珍：《鄂温克神话研究》，中央民族大学出版社 2006 年版。
王娟：《女娲神话的民俗研究》，北京大学出版社 2007 年版。
王宪昭：《中国创世神话母题实例与索引》（1—3 卷），中国社会科学出版社 2018 年版。
王宪昭：《中国民族神话母题研究》，民族出版社 2006 年版。

王宪昭：《中国神话母题 W 编目》，中国社会科学出版社 2013 年版。

王孝廉：《中国的神话世界》，作家出版社 1991 年版。

王振堂：《黄帝之研究》，科学出版社 2015 年版。

魏朝鹏：《承传华胥文明的历史文献——伏羲〈八卦〉原创意境探析》，西北大学出版社 2007 年版。

闻一多：《伏羲考》，上海古籍出版社 2006 年版。

闻一多：《神话与诗》，天津古籍出版社 1956 年版。

吴晓东：《苗族图腾与神话》，社会科学文献出版社 2002 年版。

相振稳：《伏羲城资料选编》，新乐市文物管理所，2001 年。

项洁编：《从保存到创造：开启数字人文研究》，台湾大学出版中心 2011 年版。

项洁编：《数位人文研究与技艺》，台湾大学出版中心 2014 年版。

谢六逸：《神话学 ABC》，上海书店 1990 年版。

徐玉琼：《莫高窟北朝壁画汉式造像特征研究》，安徽美术出版社 2013 年版。

杨复竣：《中华始祖太昊伏羲》，上海大学出版社 2008 年版。

杨国荣：《中国涉县女娲祭祀文化》，河北人民出版社 2013 年版。

杨利慧：《女娲的神话与信仰》，中国社会科学出版社 1997 年版。

杨利慧：《女娲溯源——女娲信仰起源地的再推测》，北京师范大学出版社 1999 年版。

杨利慧、张成福编著：《中国神话母题索引》，陕西师范大学出版总社有限公司 2013 年版。

叶舒宪：《原型与跨文化阐释》，暨南大学出版社 2003 年版。

叶舒宪：《中华文明探源的神话学研究》，社会科学文献出版社 2015 年版。

殷复莲：《数据分析与数据挖掘实用教程》，中国传媒大学出版社 2017 年版。

尹虎彬：《河北民间后土地祇崇拜》，学苑出版社 2015 年版。

袁珂：《中国古代神话》，华夏出版社 2004 年版。

张道一：《汉画故事》，重庆大学出版社 2006 年版。

张小娟：《中国图书情报知识图谱实证研究》，中国海洋大学出版社 2018 年版。

张远山：《伏羲之道》，岳麓书社 2015 年版。

张振犁：《中原古典神话流变论考》，上海文艺出版社1991年版。
赵生辉：《中国民族事务大数据体系构建方略研究》，西安电子科技大学出版社2018年版。
郑贵祥：《伏羲与史前社会艺术心理学》，甘肃人民美术出版社2015年版。
中国社会科学院考古研究所：《新中国的考古发现和研究》，方志出版社2007年版。
中央民族学院少数民族文艺研究所：《中国民族民间文学》（上、下），中央民族学院出版社1987年版。
钟敬文：《楚辞中的神话和传说》，中山大学语言历史研究所，1930年。
钟宗宪：《中国神话的基础研究》，台北：洪叶文化公司2006年版。
周天游、王子今：《女娲文化研究》，三秦出版社2005年版。
朱炳祥：《伏羲与中国文化》，湖北教育出版社1997年版。
朱扬勇：《大数据资源》，上海科学技术出版社2018年版。
［奥］雷立柏：《圣经故事——从夏娃到女娲》，中国书籍出版社2012年版。
［德］艾伯华：《中国民间故事类型》，王燕生等译，商务印书馆1999年版。
［德］恩斯特·卡西尔：《符号·神话·文化》，李小兵译，东方出版社1988年版。
［俄］李福清编：《中国各民族神话研究外文论著目录（1839—1990）》，北京图书馆出版社2007年版。
［俄］叶·莫·梅列金斯基：《神话的诗学》，魏庆征译，商务印书馆2009年版。
［法］克劳德·列维-斯特劳斯：《结构人类学——巫术·宗教·艺术·神话》，陆晓禾、黄锡光等译，文化艺术出版社1989年版。
［法］列维-布留尔：《原始思维》，丁由译，商务印书馆2009年版。
［美］Pang-Ning Tan, Michael Steinbach, Vipin Kumar：《数据挖掘导论》，范明、范宏建译，人民邮电出版社2010年版。
［美］阿兰·邓迪斯编：《西方神话学论文选》，朝戈金、伊尹、金泽、蒙梓译，上海文艺出版社1994年版。
［美］艾伯特-拉斯洛·巴拉巴西（Albert-László Barabási）：《爆发：大数据时代预见未来的新思维》（经典版），马慧译，北京联合出版公司

2017年版。

［美］戴维·利明、埃德温·贝尔德：《神话学》，李培茱、何其敏、金泽译，上海人民出版社1990年版。

［美］丁乃通：《中国民间故事类型索引》，郑建成、李倞等译，中国民间文艺出版社1986年版。

［美］弗罗斯特：《数据库设计与开发》，清华大学出版社2007年版。

［美］斯蒂·汤普森：《世界民间故事分类学》，郑海等译，上海文艺出版社1991年版。

［日］松村武雄：《神话与神话学》，林相泰译，中国民间文艺出版社1986年版。

［苏］M.H.鲍特文尼克、M.A.科甘编著：《神话辞典》，黄鸿森、温乃铮译，商务印书馆1985年版。

［英］爱德华·泰勒：《原始文化》，连树声译，谢继胜、尹虎彬、姜德顺校，广西师范大学出版社2005年版。

［英］维克托·迈尔·舍恩伯格（Viktor Mayer-Schönberger）等：《大数据时代：生活、工作与思维的大变革》，周涛译，浙江人民出版社2013年版。

［英］詹·乔·弗雷泽：《金枝》，徐育新、汪培基等译，大众文艺出版社1999年版。

Hans-Jörg Uther, *The Types of International Folktales：A Classification and Bibliography Part* Ⅰ *Animal Tales, Tales of Magic, Religious Tales, and Realistic Tales, with an Introduction*, Academia Scientiarum Fennica Press, 2004.

Sanders Tao Tao Liu, *Dragons, Gods & Spirits from Chinese Mythology*, United States of America：Bedrick Bks, 1995.

Stith Thompson, *Motif-index of Folk-literature：A Classification of Narrative Elements in Folktales, Ballads, Myths, Fables, Mediaeval Romances, Exempla, Fabliaux, Jest-books and Local Legends*（V1-6）, Bloomington, Indiana University Press, 1989.

三　学术论文

安德明：《文体的协作与互动——以甘肃天水地区伏羲女娲信仰中的神话

和灵验传说为例》,《西北民族研究》2014 年第 1 期。

安小米、王丽丽:《大数据治理体系构建方法论框架研究》,《图书情报工作》2019 年第 24 期。

常金仓:《伏羲女娲神话的历史考察》,《陕西师范大学学报》(哲学社会科学版)2002 年第 6 期。

陈峰:《河南省南阳县辛店乡熊营画像石墓》,《中原文物》1996 年第 3 期。

陈峰:《曾侯乙墓中漆(竹匫)上"日月和伏羲、女娲"图像质疑》,《中原文物》1993 年第 1 期。

陈金文:《东汉画像石中西王母与伏羲、女娲共同构图的解读》,《青海社会科学》2011 年第 1 期。

陈丽萍:《关于新疆阿斯塔那——哈拉和卓地区出土的伏羲、女娲画像及一些问题的探讨》,《敦煌学辑刊》2001 年第 1 期。

陈明远:《说三皇》,《社会科学论坛》2015 年第 5 期。

陈斯鹏:《楚帛书甲篇的神话构成、性质及其神话学意义》,《文史哲》2006 年第 6 期。

陈泳超:《关于"神话复原"的学理分析——以伏羲女娲与"洪水后兄妹配偶再殖人类"神话为例》,《民俗研究》2002 年第 3 期。

陈战峰:《"梦游华胥"意象的文化意义》,《理论导刊》2009 年第 11 期。

崔陈:《江安县黄新乡魏晋石室墓》,《四川文物》1989 年第 1 期。

董楚平:《中国上古创世神话钩沉——楚帛书甲篇解读兼谈中国神话的若干问题》,《中国社会科学》2002 年第 5 期。

冯惠玲:《档案记忆观、资源观与"中国记忆"数字资源建设》,《档案学通讯》2012 年第 3 期。

龚德全:《论西南地区傩神信仰的文化跃迁》,《中华文化论坛》2016 年第 6 期。

郭德维:《曾侯乙墓中漆(竹匫)上日月和伏羲、女娲图象试释》,《江汉考古》1981 年第 1 期。

侯哲安:《伏羲女娲与我国南方诸民族》,《求索》1983 年第 4 期。

胡俊:《古滇文物中"蛇"、"咬尾"、"搏斗"、"狩猎"——装饰纹样的文化符号意义》,《新美术》2006 年第 6 期。

金棹：《伏羲女娲神话的文化意象——关于宗教与科学的起源和二者关系的演变》，《中国社会科学院研究生院学报》1990年第6期。

李炳海：《伏羲女娲神话的地域特征及文化内涵》，《河南大学学报》（社会科学版）1992年第2期。

李丹阳：《伏羲女娲形象流变考》，《故宫博物院院刊》2011年第2期。

李怀顺、魏文斌、郑国穆：《麦积山石窟"伏羲女娲"图像辨析》，《华夏考古》2006年第3期。

李润强：《旷古逸史——关于伏羲、女娲、黄帝和西王母的传说》，《中国典籍与文化》1994年第4期。

林继富：《中国民间故事类型索引的批评与反思》，《思想战线》2003年第3期。

刘静晶：《徐州汉画像石中的神话研究》，《艺术百家》2005年第6期。

刘守华：《再论〈黑暗传〉——〈黑暗传〉与敦煌写本〈天地开辟已来帝王纪〉》，《民俗研究》2012年第4期。

刘宗迪：《伏羲女娲兄妹婚故事的源流》，《民族艺术》2005年第4期。

吕威：《楚地帛书敦煌残卷与佛教伪经中的伏羲女娲故事》，《文学遗产》1996年第4期。

毛敏：《国内外大数据技术应用研究热点与前沿——基于2013—2018年文献的Cite Space可视化分析》，《经营与管理》2020年第3期。

孟庆利：《汉墓砖画"伏羲、女娲像"考》，《考古》2000年第4期。

田兆元：《论中华民族神话系统的构成及其来源》，《史林》1996年第2期。

王强：《武氏祠汉画像秩序形式所蕴涵的文化精神》，《艺术评论》2010年第12期。

王嵘：《高昌墓葬〈伏羲女娲图〉的文化学意义》，《西域研究》1999年第1期。

王煜：《汉代伏羲、女娲图像研究》，《考古》2018年第3期。

魏深义：《跨文化传播视阈下中西始祖神话比较探析》，《新闻知识》2015年第9期。

吴晓东：《伏羲女娲蛇尾蜴尾考——兼谈嫦娥为什么也有尾巴》，《民族艺术》2017年第5期。

武文:《阴阳和谐的思维原始——论伏羲、女娲的人文意识》,《西北师大学报》(社会科学版) 1993 年第 1 期。

萧兵:《委维或交蛇:圣俗"合法性"的凭证》,《民族艺术》2002 年第 4 期。

闫德亮:《神话与龙凤及其民族精神》,《贵州社会科学》2008 年第 1 期。

颜廷亮:《关于伏羲文化的西向传播问题》,《敦煌研究》2006 年第 6 期。

杨利慧:《伏羲女娲与兄妹婚神话的粘连与复合》,《北京师范大学学报》(社会科学版) 1997 年第 6 期。

杨瑞东:《浅析计算机文本挖掘技术在网络安全中的应用》,《中国新通信》2018 年第 18 期。

易谋远:《中华民族祖先是彝族祖灵葫芦里的伏羲女娲吗?——和刘尧汉先生商讨》,《民族研究》1994 年第 3 期。

张志尧:《人首蛇身的伏羲、女娲与蛇图腾崇拜——兼论〈山海经〉中人首蛇身之神的由来》,《西北民族研究》1990 年第 2 期。

赵吴成:《河西墓室壁画中"伏羲、女娲"和"牛首人身、鸡首人身"图像浅析》,《考古与文物》2005 年第 4 期。

郑渤秋:《吐鲁番阿斯塔那 225 号墓出土伏羲女娲图与日本龙谷大学藏伏羲女娲图的缀合》,《西域研究》2003 年第 3 期。

Susan (Sixue) Jia, "Motivation and Satisfaction of Chinese and U. S. Tourists in Restaurants: A Cross-cultural Text Mining of Online Reviews", *Tourism Management*, 2020.

Yan Shaodang, Jin Haina, "Cultural Studies of the East Asian Civilization in the Dawn: On the Dating of the Creation Mythology Period in East Asia", *Frontiers of Literary Studies in China*, Vol. 2, 2008.

后　　记

　　本书是在本人博士学位论文《中华民族伏羲女娲神话数据研究》的基础上进一步思考、修改完成，并增加了在中国科学院计算机网络信息中心从事博士后工作期间的一些研究成果。

　　这个选题主要基于对中华民族传统文化在信息时代背景下的研究方法创新方面的摸索。中国各民族有关文化祖先神话的数量很多，内容丰富，形式多样，具有形成大数据的基础。无论是广泛流传众所周知的三皇五帝神话，还是少数民族关于文化祖先的神话，都是在中华民族文明进程中积淀而成的重要文化传统，集中体现出明显的中华民族共同体意识。因此在不断发掘、采集的基础上做好数据库建设与大数据研究是人文社科研究中的一个值得关注的课题。鉴于研究对象的丰富性，本书选择其中具有代表性的伏羲女娲神话作为专题数据研究，目的在于通过这一专题性案例，将大数据方法应用于人文社科领域并作出积极的探讨与尝试。

　　本书之所以选择伏羲女娲神话进行专题研究，除绪论所言缘由之外，还有三点考虑：一是机缘巧合之下，博士期间搜集、整理了大量伏羲女娲神话文献资料，并通过参与课题、田野调研等更进一步采集梳理了不少一手相关资料信息，谈不上潜精研思，却也在"数据"层面做到了轻车熟路；二是许多学术前辈们对于伏羲女娲这一领域的研究成果斐然，不同角度的论述均可谓车载斗量，使"站在巨人肩膀上做些方法论方面的探索"成为了可能；三是从数据角度对文学研究对象的再审视，让我在跨学科之间迅速找到了新的立足点，制图软件的熟练运用和计算机相关知识储备也为本书提供了具体的理论与实践支撑。

　　目标光明且遥远。人文社科全面推进大数据应用的理论实践尚在起步阶段，在有限时间内尝试实现跨学科的融合与创新并不是一件易事。在博士学位论文具体推进过程中,导师尹虎彬先生与我共同担起了这一压力。每每与老师探讨学问时,老师便会将讨论过程中的零光片羽认真记在笔记本上,有时一场交流下来,竟能写上满满十几页。如今午夜梦回之时,眼前浮现最多的也是这一场景,在书盈四壁的办公室里,窗外斑驳的树影洒落在老师认真虔诚的额头,洒落在密密麻麻的笔记纸上,与笔尖发出的簌簌声响交织成一片,这篇论文的雏形也在这些无比珍贵的时光中逐渐明晰。"做方法创新研究失败的可能性很大,但我期待看到她的成果,本人会尽全部力量帮助完成这次研究",每次心中默念到这些话语都不禁泪流满面,这些鼓励和支持,让我在这条并不容易的跨专业之路上走了这么远。

进入中国科学院计算机网络信息中心之后,合作导师周园春研究员在许多理论、方法上都予以指导,使原来的许多研究与阐述得到提升,这些方法也进一步拓宽了大数据技术与社会科学沟通的桥梁。中心的胡良霖研究员、杜一副研究员、朱艳华高工、高瑜蔚博士以及许多部门的老师都在该问题的研究中提供了极大的帮助。

对我的研究给予帮助的还有很多。如中国社会科学院民族学与人类学研究所、民族文学研究所,中央民族大学等科研机构和高校的专家学者以及攻读博士和在站博士后期间的同学、同事都为本书的最后付梓出版给予无私指导与帮助,使我在研究中增强信心,避开了很多弯路,一步步向目标行进。同时,还要感谢书中应用到的大量神话文本、研究论文、学术著作的作者和提供者。正是这些成果和汗水,才使本书的许多结论能够站在别人的肩膀上得以展示。

该书作为中国传统文化和大数据技术的融合探讨,无论理论还是方法方面,都只能说是一种尝试。其不足之处一定难免,也恳请大家批评指正。

王京

2021 年 3 月